UTB **1637**

Eine Arbeitsgemeinschaft der Verlage

Beltz Verlag Weinheim · Basel
Böhlau Verlag Köln · Weimar · Wien
Verlag Barbara Budrich Opladen · Farmington Hills
facultas.wuv Wien
Wilhelm Fink München
A. Francke Verlag Tübingen und Basel
Haupt Verlag Bern · Stuttgart · Wien
Julius Klinkhardt Verlagsbuchhandlung Bad Heilbrunn
Lucius & Lucius Verlagsgesellschaft Stuttgart
Mohr Siebeck Tübingen
C.F. Müller Verlag Heidelberg
Orell Füssli Verlag Zürich
Verlag Recht und Wirtschaft Frankfurt am Main
Ernst Reinhardt Verlag München · Basel
Ferdinand Schöningh Verlag Paderborn · München · Wien · Zürich
Eugen Ulmer Verlag Stuttgart
UVK Verlagsgesellschaft Konstanz
Vandenhoeck & Ruprecht Göttingen
vdf Hochschulverlag AG an der ETH Zürich

Annemarie Pieper

Einführung in die Ethik

Sechste, überarbeitete und aktualisierte Auflage

A. Francke Verlag Tübingen und Basel

Annemarie Pieper ist emeritierte o. Professorin für Philosophie an der Universität Basel.

Bibliografische Information der Deutschen Nationalbibliothek

Die Deutsche Nationalbibliothek verzeichnet diese Publikation in der Deutschen Nationalbibliografie; detaillierte bibliografische Daten sind im Internet über <http://dnb.d-nb.de> abrufbar.

6., überarbeitete und aktualisierte Auflage 2007
5., überarbeitete und aktualisierte Auflage 2003
4., überarbeitete und aktualisierte Auflage 2000
3., überarbeitete Auflage 1994
2., überarbeitete und aktualisierte Auflage 1991
1. Auflage 1985 (Beck Verlag, München)

© 2007 · A. Francke Verlag Tübingen und Basel
Dischingerweg 5 · D-72070 Tübingen
ISBN 978-3-7720-8237-5

Das Werk einschließlich aller seiner Teile ist urheberrechtlich geschützt. Jede Verwertung außerhalb der engen Grenzen des Urheberrechtsgesetzes ist ohne Zustimmung des Verlages unzulässig und strafbar. Das gilt insbesondere für Vervielfältigungen, Übersetzungen, Mikroverfilmungen und die Einspeicherung und Verarbeitung in elektronischen Systemen.
Gedruckt auf chlorfrei gebleichtem und säurefreiem Werkdruckpapier.

Satz: NagelSatz, Reutlingen
Einbandgestaltung: Atelier Reichert, Stuttgart
Druck und Bindung: Hubert & Co., Göttingen
Printed in Germany

ISBN 978-3-8252-1637-5 (UTB-Bestellnummer)

Vorwort

Die erste Auflage dieses Buches erschien 1985 unter dem Titel »Ethik und Moral. Eine Einführung in die praktische Philosophie« im Beck Verlag (München). Der Text basiert auf dem dreiteiligen Kurs »Einführung in die philosophische Ethik«, den ich 1979/80 im Auftrag der Fernuniversität Hagen für Studierende der Erziehungswissenschaften erarbeitet hatte. Die zweite, gründlich überarbeitete und erweiterte Auflage, die der Entwicklung der Ethik seit 1985 Rechnung trug, erschien 1991 im Francke Verlag (Tübingen und Basel) unter dem Titel »Einführung in die Ethik«. Die dritte Auflage, in welcher das Literaturverzeichnis auf den neuesten Stand gebracht wurde, kam 1994 heraus. Die vierte Auflage (1999) wurde wiederum durchgehend aktualisiert und vor allem in den Kapiteln 2.5, 3.2.1, 3.3.2 und 8. ergänzt. Für die 5. Auflage (2003) wurde Kapitel 7 ergänzt und das Literaturverzeichnis aktualisiert. Die nunmehr vorliegende 6. Auflage trägt derzeitigen Diskussionsschwerpunkten in der Ethik Rechnung. Entsprechend kamen die Kapitel 3.1.3 (Biologie), 7.2.4 (Der körperbewußte Ansatz) und 7.3.7 (Der lebensweltliche Ansatz) neu hinzu. Ergänzt wurde Kapitel 7.2.1 um eine kommentierte Wertetafel. Schließlich wurde das Literaturverzeichnis auf den neuesten Stand gebracht.

Basel, im April 2007   *Annemarie Pieper*

Inhaltsverzeichnis

Vorwort 5
Einleitung 11

1	**Die Aufgabe der Ethik**	17
1.1	Herkunft und Bedeutung des Wortes »Ethik« ...	24
1.2	Die Rolle der Moral in der Alltagserfahrung	30
1.3	Der Ansatz ethischen Fragens	42
1.4	Der Vorwurf des Relativismus	49
2	**Ethik als praktische Wissenschaft**	60
2.1	Disziplinen der praktischen Philosophie	61
2.1.1	Politik	61
2.1.2	Rechtsphilosophie	63
2.1.3	Ökonomik	66
2.2	Disziplinen der theoretischen Philosophie	72
2.2.1	Anthropologie	72
2.2.2	Metaphysik	76
2.2.3	Logik	81
2.3	Teildisziplinen der Ethik	84
2.3.1	Pragmatik	84
2.3.2	Metaethik	86
2.4	Die Autonomie der Ethik	92
2.5	Angewandte Ethik	92
2.5.1	Medizinische Ethik	93
2.5.2	Bioethik	95
2.5.3	Sozialethik	97

2.5.4 Wirtschaftsethik 98
2.5.5 Wissenschaftsethik 99
2.5.6 Ökologische Ethik 100
2.5.7 Friedensethik 103
2.5.8 Weitere Spezialethiken; Ethikkommissionen 106

2.6 Die Bedeutung der Ethik für die menschliche Praxis 114

3 **Ethik als praktische Wissenschaft unter anderen praxisbezogenen Wissenschaften** 119

3.1 Ethik im Verhältnis zu empirischen Einzelwissenschaften 120
3.1.1 Psychologie 120
3.1.2 Soziologie 124
3.1.3 Biologie 128

3.2 Ethik im Verhältnis zu normativen Wissenschaften 132
3.2.1 Theologie 132
3.2.2 Jurisprudenz 140

3.3 Ethik und Pädagogik 143
3.3.1 Die ethische Dimension der Pädagogik 144
3.3.2 Pädagogisch vermittelte Ethik 154

4. **Grundfragen der Ethik** 164

4.1 Glückseligkeit 165
4.2 Freiheit und Determination 168
4.3 Gut und Böse 175

5. **Ziele und Grenzen der Ethik** 182

5.1 Ziele 182
5.2 Grenzen 185

6. Grundformen moralischer und ethischer Argumentation ... 189

6.1 Moralische Begründungen ... 189
6.1.1 Bezugnahme auf ein Faktum ... 189
6.1.2 Bezugnahme auf Gefühle ... 193
6.1.3 Bezugnahme auf mögliche Folgen ... 195
6.1.4 Bezugnahme auf einen Moralkodex ... 199
6.1.5 Bezugnahme auf moralische Kompetenz ... 200
6.1.6 Bezugnahme auf das Gewissen ... 201

6.2 Ethische Begründungen ... 204
6.2.1 Logische Methode ... 204
6.2.2 Diskursive Methode ... 209
6.2.3 Dialektische Methode ... 216
6.2.4 Analogische Methode ... 224
6.2.5 Transzendentale Methode ... 227
6.2.6 Analytische Methode ... 230
6.2.7 Hermeneutische Methode ... 233

7. Grundtypen ethischer Theorie ... 238

7.1 Neutralität oder Engagement? Zur Haltung des Moralphilosophen ... 238
7.1.1 Das theoretische Erkenntnisinteresse ... 240
7.1.2 Das praktische Erkenntnisinteresse ... 241
7.1.3 Die Rolle der Kritik in der Ethik ... 241

7.2 Modelle einer deskriptiven Ethik ... 242
7.2.1 Der phänomenologische Ansatz (Wertethik) ... 242
7.2.2 Der sprachanalytische Ansatz (Metaethik) ... 253
7.2.3 Der evolutionäre Ansatz (Naturalistische Ethik) ... 259
7.2.4 Der körperbewußte Ansatz (Leibzentrierte und emotivistische Ethik) ... 263

10 *Inhaltsverzeichnis*

7.3	Modelle einer normativen Ethik	269
7.3.1	Der transzendentalphilosophische Ansatz (Willensethik, konstruktive, sprachpragmatische und generative Ethik)	269
7.3.2	Der existentialistische Ansatz (Daseinsethik)	276
7.3.3	Der eudämonistische Ansatz (Hedonistische und utilitaristische Ethik)	280
7.3.4	Der vertragstheoretische Ansatz (Gerechtigkeitsethik)	286
7.3.5	Der traditionale Ansatz (Tugendethik und kommunitaristische Ethik)	289
7.3.6	Der materialistische Ansatz (Physiologische und marxistische Ethik)	292
7.3.7	Der lebensweltliche Ansatz (Ethik der Lebenskunst)	299
8.	**Feministische Ethik**	302

Anmerkungen	315
Zitierte Autoren und ergänzende Literaturhinweise	324
Bibliographie	344
Register	348
Personen	348
Sachen	351

Einleitung

Im Mittelpunkt unserer Überlegungen stehen drei Fragenbereiche:
1. Womit hat es die Ethik als philosophische Disziplin zu tun? Was ist ihr Gegenstand?
2. In welcher Weise beschäftigt sie sich mit diesem Gegenstand? Bildet sie methodische Verfahren aus, die dazu berechtigen, von der Ethik als einer Wissenschaft zu sprechen? Oder steht sie auf einer Stufe mit Weltanschauungen und Ideologien, die keine allgemeine Verbindlichkeit beanspruchen können?
3. Worum geht es der Ethik letztendlich? Was ist ihr Ziel?

Vorab lassen sich noch ohne nähere Begründung folgende Antworten auf diese Fragen skizzieren:

Zu 1. Die Ethik hat es mit menschlichen Handlungen zu tun. Dennoch ist sie keine Handlungstheorie schlechthin, denn ihr geht es vorrangig um solche Handlungen, die Anspruch auf Moralität erheben, um moralische Handlungen also. Sie fragt nach diesem qualitativen Moment, das eine Handlung zu einer moralisch guten Handlung macht, und befaßt sich in diesem Zusammenhang mit Begriffen wie Moral, das Gute, Pflicht, Sollen, Erlaubnis, Glück u.a.

Zu 2. Die Ethik beschäftigt sich auf methodische Weise mit ihrem Gegenstand – mit moralischen Handlungen –, da sie zu argumentativ begründeten Ergebnissen gelangen will und somit weder moralisieren noch ideologisieren oder weltanschauliche Überzeugungen als allgemein verbindliche Handlungsgrundlage verkünden darf. Ihr ist es demnach um Aussagen zu tun, die nicht bloß subjektiv gültig, sondern als intersubjektiv verbindlich ausweisbar sind.

Man unterscheidet in der Ethik grob zwei Kategorien von ethischen Methoden: deskriptive und normative Methode. Die deskriptive Methode ist ein beschreibendes Vorgehen: Es werden die faktischen Handlungs- und Verhaltensweisen in einer bestimmten Gesellschaft oder Gemeinschaft daraufhin untersucht, welche Wertvorstellungen und Geltungsansprüche in ihnen wirksam sind. Diese bilden den in der untersuchten Handlungsgemeinschaft geltenden, d.h. die dort übliche Praxis ebenso wie die Urteile über diese Praxis leitenden Moralkodex, dessen Verbindlichkeit von den meisten Mitgliedern dieser Gemeinschaft anerkannt ist. Die normative Methode hingegen ist ein präskriptives, ein vorschreibendes Verfahren. Bei dieser Methode ist die Gefahr der Ideologisierung von einem dogmatischen Standpunkt aus naturgemäß viel größer als beim deskriptiven Verfahren, das lediglich konstatiert, was *gilt*, ohne sich dazu zu äußern, was *gelten soll*. Aber bekanntlich kann man auch reines Faktenmaterial durch die Art der Auswahl oder die Form der Zusammenstellung so manipulieren, daß bestimmte Werturteile suggeriert werden. Normative Methoden in der Ethik sind nur als kritische Methoden zulässig, d.h. als Methoden, die keine direkten Handlungsanweisungen geben von der Art ›In der Situation Z mußt du y tun‹. Vielmehr hat eine normativ verfahrende Ethik Kriterien zu entwickeln, die eine moralische Beurteilung von Handlungen ermöglichen, ohne sie bereits vorwegzunehmen. Diese Beurteilungskriterien müssen ständig hinterfragbar, überprüfbar – eben kritisierbar sein.

Zu 3. Was das Ziel der Ethik anbelangt, so artikuliert sich ihr Interesse in einer Reihe von Teilzielen:

– Aufklärung menschlicher Praxis hinsichtlich ihrer moralischen Qualität;

– Einübung in ethische Argumentationsweisen und Begründungsgänge, durch die ein kritisches, von der Moral bestimmtes Selbstbewußtsein entwickelt werden kann;

– Hinführung zu der Einsicht, daß moralisches Handeln nicht etwas Beliebiges, Willkürliches ist, das man nach Gutdünken tun oder lassen kann, sondern Ausdruck einer für das Sein als Mensch unverzichtbaren Qualität: der Humanität.

Diese Ziele enthalten sowohl ein kognitives Moment als auch ein nicht mehr allein durch kognitive Prozesse zu vermittelndes Moment: das, was man als Verantwortungsbewußtsein oder moralisches Engagement bezeichnen kann.

Die Grundvoraussetzung jedoch, auf der jede Ethik aufbaut, ja aufbauen muß, ist der ›gute Wille‹. Guter Wille meint hier die grundsätzliche Bereitschaft, sich nicht nur auf Argumente einzulassen, sondern das als gut Erkannte auch tatsächlich zum Prinzip des eigenen Handelns zu machen und in jeder Einzelhandlung umzusetzen. Wer von vornherein nicht gewillt ist, seinen eigenen Standpunkt in moralischen Angelegenheiten zu problematisieren

- sei es, weil er prinzipiell keine anderen Überzeugungen als die eigenen gelten läßt;
- sei es, weil er in Vorurteilen verhaftet ist;
- sei es, weil er überzeugter Amoralist oder radikaler Skeptiker ist;
- sei es, weil er die Verbindlichkeit von moralischen Normen nur für andere, nicht aber für sich selbst anerkennt,

läßt es aus verschiedenen Gründen an gutem Willen fehlen. Mangelnde Offenheit und Aufgeschlossenheit für das Moralische entziehen jeglicher ethischer Verständigung das Fundament. Ethische Überlegungen hätten hier keinen Sinn mehr, so wie z.B. theologische Überlegungen zwar durchaus intellektuell relevant sein mögen, ohne jedoch an ihr eigentliches Ziel zu gelangen, wenn sie nicht zugleich in irgendeiner Form das religiöse Handeln betreffen. Wie niemand durch Theologie religiös wird, so wird auch niemand durch Ethik moralisch. Gleichwohl vermag die Ethik durch kritische Infragestellung von Handlungsgewohnheiten zur Klärung des moralischen Selbstverständnisses beizutragen. Der Gegenstand der Ethik ist also: moralisches Handeln und Urteilen. Er geht jeden einzelnen, sofern er Mitglied einer Sozietät ist, deren Kommunikations- und Handlungsgemeinschaft er als verantwortungsbewußtes Individuum auf humane Weise mitzugestalten und zu verbessern verpflichtet ist, wesentlich an. Das Leben in einer Gemeinschaft ist regelgeleitet. Die Notwendigkeit von Regeln bedeutet nicht Zwang oder Reglementierung, vielmehr signalisiert sie eine Ordnung und Strukturierung von Praxis um der größtmöglichen Freiheit aller willen. Ein regelloses Leben ist nicht menschlich. Selbst Robinson auf seiner Insel folgt gewissen, selbst gesetzten Regeln, während der Wolfsmensch Regeln der Natur und damit tierischen Verhaltensmustern folgt.

Moderne Gesellschaften sind gekennzeichnet durch eine Pluralität von weltanschaulichen Standpunkten, privaten Überzeugungen und religiösen Bekenntnissen; hinzu kommt eine rasch fortschreitende soziokulturelle Entwicklung und damit verbunden eine fortgesetzte Veränderung kultureller, ökonomischer, politischer und gesellschaftlicher Zielvorstellungen. Bei dieser zum Teil in sich heterogenen Mannigfaltigkeit ist ein Konsens über Angelegenheiten der Moral keineswegs mehr selbstverständlich, ja bleibt aufgrund gegensätzlicher Interessen und Bedürfnisse oft sogar aus. Insofern ist eine Verständigung über die Grundsätze der Moral, deren Anerkennung jedermann rational einsichtig gemacht und daher zugemutet werden kann, ebenso unerläßlich wie eine kritische Hinterfragung von faktisch erhobenen moralischen Geltungsansprüchen hinsichtlich ihrer Legitimität.

Eine solche Verständigung über Geltungsansprüche setzt die Einsicht voraus, daß der Konflikt zwischen konkurrierenden Forderungen nicht mit Gewalt ausgetragen werden soll, sondern auf der Basis von Vernunft. Keiner soll seine Wünsche uneingeschränkt durchsetzen, was zum Krieg aller gegen alle führt und zu einer Favorisierung der Prinzipien Macht, Gewalt, Tücke, List. Es gilt vielmehr, das moralische Prinzip der Anerkennung von Rechten der anderen, die durch mein Handeln betroffen sind, zu befolgen.

Die doppelte Aufgabe – Analyse und Kritik von Sollensforderungen, die Anspruch auf Moralität erheben – muß jeder einzelne nach Maßgabe seiner Selbstbestimmung in seiner Praxis ständig erneut bewältigen; sie ist gewissermaßen das moralische Rückgrat seiner Geschichte, seiner Biographie. Von jedem einzelnen als Mitglied einer mündigen, aufgeklärten Gemeinschaft wird ein gewisses Maß an moralischer Kompetenz und an Verantwortungsbewußtsein erwartet, darüber hinaus die Fähigkeit, diese beiden grundlegenden Aspekte moralischen Engagements im Konfliktfall anderen gegenüber kommunikativ bzw. argumentativ zu vermitteln, d.h. sich zu rechtfertigen und sein moralisches Engagement als unverzichtbare Basis eines kritischen, emanzipativen, für Freiheit und Humanität eintretenden Selbstverständnisses sichtbar zu machen. Dabei handelt es sich nicht um etwas Außergewöhnliches, sondern um ganz alltägliche, selbstverständliche Dinge, so wenn wir für unser Tun zur Rechenschaft gezogen werden, für etwas ein- oder geradestehen müssen, anderen Vorwürfe wegen ihres Verhaltens machen, sie der Verantwortungslosigkeit bezichtigen usf. Die methodisch-systematische Vermittlung der Einsicht in den Sinn moralischen Handelns geschieht durch die Ethik. Die Ethik ist jedoch kein Ersatz für moralisches Handeln, sondern erschließt die kognitive Struktur solchen Handelns. Das heißt, indem sie einerseits durch Beschreibung und Analyse moralischer Verhaltensmuster und Grundeinstellungen, andererseits durch methodische Begründung der Gesolltheit moralischer Praxis kritische Maßstäbe zur Beurteilung von Handlungen überhaupt liefert, löst die Ethik den komplexen Bereich moralischen Handelns begrifflich auf und macht dessen Strukturen transparent.

Damit werden demjenigen, der sich aus einem Interesse am Handeln und um des Handelns willen mit Ethik beschäftigt, Argumentationsstrategien an die Hand gegeben, vermittels deren er in der Lage ist, moralische Probleme und Konflikte menschlichen Handelns als solche klar zu erfassen, mögliche Lösungsvorschläge zu entwickeln und auf ihre moralischen Konsequenzen hin zu durchdenken sowie sich nach reiflicher Überlegung selbständig »mit guten Gründen« für eine bestimmte Lösung zu entscheiden.

Letzteres ist das eigentliche Ziel der Ethik: die gut begründete moralische Entscheidung als das einsichtig zu machen, was jeder selbst zu erbringen hat und sich von niemandem abnehmen lassen darf – weder von irgendwelchen Autoritäten noch von angeblich kompetenteren Personen (Eltern, Lehrern, Klerikern u.a.). In Sachen Moral ist niemand von Natur aus kompetenter als andere, sondern allenfalls graduell aufgeklärter und daher besser in der Lage, seinen Standort zu finden und kritisch zu bestimmen. Bei diesem Aufklärungsprozeß hat die Ethik eine sehr wichtige Funktion: Sie soll nicht bevormunden, vielmehr Wege weisen, wie der einzelne unter anderen Individuen und in Gemeinschaft mit ihnen er selbst werden bzw. sein kann.

1 Die Aufgabe der Ethik

Die *Ethik* als eine Disziplin der Philosophie versteht sich als *Wissenschaft vom moralischen Handeln*. Sie untersucht die menschliche Praxis im Hinblick auf die Bedingungen ihrer Moralität und versucht, den Begriff der Moralität als sinnvoll auszuweisen. Dabei ist mit Moralität vorerst jene Qualität gemeint, die es erlaubt, eine Handlung als eine moralische, als eine sittlich gute Handlung zu bezeichnen. Heißt dies nun aber, daß Ethik etwas so Elitäres, der Alltagspraxis Enthobenes ist, daß niemand von sich aus, quasi naturwüchsig darauf käme, Ethik zu betreiben? Keineswegs. Ethische Überlegungen sind nicht bloß dem Moralphilosophen oder Ethiker vorbehalten. Vielmehr hat sich jeder in seinem Leben gelegentlich schon mehr oder weniger ausdrücklich ethische Gedanken gemacht, in der Regel jedoch, ohne sie systematisch als eine zusammenhängende Theorie zu entfalten, weil diese Gedanken meist im Zusammenhang mit einer gegebenen Situation, einem bestimmten Konflikt sich einstellen, mit dessen Lösung auch das darin steckende ethische Problem erledigt ist. Manchmal ergeben sich Diskussionen allgemeiner Art: Dürfen Politiker sich in Krisensituationen über Moral und Recht hinwegsetzen? Wem nützt es, daß es moralische Normen gibt, wenn keiner sie befolgt? Aber auch in solchen Grundsatzdiskussionen bleiben ethische Fragen oft im Ansatz stecken.

Soviel ist fürs erste deutlich: Ohne moralische Fragen, Konflikte, Überzeugungen etc. keine Ethik. Aber wie kommt man zur Moral?

Sobald ein Kind anfängt, sich seiner Umwelt zu vergewissern, indem es nicht nur rezeptiv wahrnimmt, was um es herum geschieht, sondern zugleich seiner Umgebung seinen Willen aufzuzwingen versucht, macht es die Erfahrung, daß es nicht alles, was es will, auch ungehindert erreicht. Es lernt, daß es

Ziele gibt, die unerreichbar sind (z.B. Siebenmeilenstiefel zu haben) oder die zu erreichen nicht wünschenswert ist, weil sie entweder schlimme Folgen haben (z.B. die heiße Kochplatte anzufassen) oder von den Erwachsenen unter Androhung von Strafe verboten werden (z.B. die kleineren Geschwister zu verprügeln). Andere Ziele wiederum (z.B. der Mutter zu helfen) werden durch Lob und Belohnungen ausgezeichnet.

Mit der Zeit lernt das Kind, zwischen gebotenen (du sollst ...), erlaubten (du darfst ...) und verbotenen (du sollst nicht ...; du darfst nicht ...) Zielen zu unterscheiden und diesen Unterschied nicht nur in bezug auf das, was es selbst unmittelbar will, zu berücksichtigen, sondern auch in seine Beurteilung der Handlungen anderer einzubringen. Es lernt mithin, nicht nur Regeln zu befolgen und nach Regeln zu handeln, sondern auch Handlungen (seine eigenen wie die anderer Menschen) nach Regeln zu beurteilen.

Dieses zentralen Begriffs der Regel bedient sich auch der Schweizer Entwicklungspsychologe Jean PIAGET, um ›Das moralische Urteil beim Kinde‹ genetisch aufzuklären.

»Jede Moral ist ein System von Regeln, und das Wesen jeder Sittlichkeit besteht in der Achtung, welche das Individuum für diese Regeln empfindet.«

»Das Kind empfängt die moralischen Regeln, die es zu beachten lernt, zum größten Teil von den Erwachsenen, d.h. in fertiger Form.« (S. 7)

PIAGET trifft nun eine wichtige Unterscheidung zwischen dem, was er die *Praxis* der Regeln einerseits und das *Bewußtsein* der Regeln andererseits nennt. Das Kind lernt zunächst die Praxis der Regeln, indem es den Geboten und Vorschriften, die an es ergehen, gehorcht – so wie es beim Spielen die Spielregeln fraglos befolgt. Die ersten Formen des Pflichtbewußtseins sind demnach gemäß PIAGET im wesentlichen heteronom (fremdbestimmend, fremdgesetzlich, von griech. heteros – fremd, nomos – Gesetz), weil das Kind die Regeln als von außen kommende, nicht von ihm selbst gewählte Imperative verinnerlicht.

»Wir werden als moralischen Realismus die Neigung des Kindes bezeichnen, die Pflichten und die sich auf sie beziehenden Werte als für sich, unabhängig vom Bewußtsein existierend und sich gleichsam obligatorisch aufzwingend, zu betrachten.«

»Pflichtmoral ist in ihrer ursprünglichen Form heteronom. Gut sein heißt dem Willen des Erwachsenen gehorchen. Schlecht sein nach seinem eigenen Kopf handeln.« (S. 121, 221)

Auf diese Phase frühkindlicher heteronomer Moral folgt nach PIAGET eine Übergangsphase oder ein Zwischenstadium auf dem Wege zur autonomen Phase der Selbstbestimmung. In dieser Übergangsphase gehorcht das Kind, wenn es eine Regel befolgt, nicht mehr aus dem Grund, weil die Eltern oder andere Autoritätspersonen es befehlen, sondern weil die Regel es gebietet. Die Regel wird bis zu einem bestimmten Grad verallgemeinert und selbständig angewendet. Das Kind gehorcht also jetzt primär der Regel, weil es durch Erfahrung gelernt hat, daß die Regel nicht etwas ist, das nur einseitig dem Machtbereich der Erwachsenen zugehört, sondern Produkt einer gemeinsamen Praxis ist. »Das Gute ist ein Ergebnis der Zusammenarbeit« (ebd.). Das Kind betrachtet mithin die Regel nicht mehr als etwas ihm bloß von außen Gegebenes, das mit ihm selbst eigentlich nichts zu tun hat, sondern erkennt sie als für sein Verhalten maßgebliches Orientierungsmuster an.

Auf diese Übergangsphase folgt dann die eigentliche Moral, die mit einem Bewußtsein der Regeln verbunden ist. Dies ist die Stufe der autonomen Moral, auf der das Kind Regeln kritisch auf ihre Moralität hin zu überprüfen imstande ist.

»Damit ein Verhalten als moralisch bezeichnet werden kann, bedarf es mehr als einer äußeren Übereinstimmung seines Inhalts mit dem der allgemein anerkannten Regeln: es gehört auch noch dazu, daß das Bewußtsein nach der Moralität als nach einem autonomen Gut strebt und selbst imstande ist, den Wert der Regeln, die man ihm vorschlägt, zu beurteilen.«

»So folgt eine neue Moral auf die der reinen Pflicht. Die Heteronomie weicht einem Bewußtsein des Guten, dessen Autonomie sich aus der Annahme der Normen der Gegenseitigkeit ergibt.« (S. 458, 460)

PIAGET verdeutlicht seine These sehr instruktiv an der Gerechtigkeitsvorstellung beim Kind, die anhebt mit einem Verhalten, das auf Vergeltung für angetanes oder vermeintliches Unrecht aus ist, wobei Vergeltung verbunden ist mit dem Wunsch nach Rache und Bestrafung. In der Übergangsphase wird auch noch an der Vorstellung vergeltender Gerechtigkeit festgehalten, aber ohne den Rache- und Sühnewunsch. Die Vergeltung soll in einer einfachen Wiedergutmachung bestehen. Von dort ist es dann nicht mehr allzu weit bis zur verzeihenden Gerechtigkeit, die mit Großmut und Nächstenliebe einhergeht.

Was PIAGET als Psychologe entwicklungsgeschichtlich (genetisch) entfaltet – und zwar auf der Basis von Beobachtungen und Befragungen von Kindern verschiedener Altersstufen –, bietet reichhaltiges Material für die philosophische Ethik, die, um den Begriff der Moral zureichend reflektieren zu können, erst einmal etwas über den Ursprung der Moral in Erfahrung bringen muß, um den Sinn der Moral bestimmen zu können. Der Mensch lernt also von früh an, daß es in einer Gemeinschaft von Menschen nicht regellos zugeht, sondern daß es Regeln in Form von Geboten, Verboten, Normen, Vorschriften etc. gibt. Die eigentlich *moralische* Einsicht besteht jedoch darin, daß solche Regeln nicht als ein von außen auferlegter Zwang aufgefaßt werden, sondern als Garanten der größtmöglichen Freiheit aller Mitglieder der Handlungsgemeinschaft. Nur eine Regel, die dies gewährleistet, ist eine moralische Regel.

Hand in Hand mit der Erfahrung, daß der Mensch seine Umwelt nicht in jeder Hinsicht so hinnehmen muß, wie sie ist, sondern mit seinem Willen in sie eingreifen und sie handelnd verändern kann, geht die Einsicht, daß seinem Wollen und Handeln – und damit seiner Freiheit – Grenzen gesetzt sind. Niemand ist in dem Sinne frei, daß er beliebig, d.h. völlig willkürlich tun und lassen kann, was ihm gefällt. Jeder muß vielmehr sein Wollen und Handeln bis zu einem gewissen Grad einschränken, und zwar einmal im Hinblick auf Ziele, deren Realisierung ihm nicht möglich ist (z.B. ist für einen Querschnittsgelähmten das Gehenwollen ein zwar verständliches, aber letztlich unerreichbares Ziel, das zu verfolgen sinnlos

Die Aufgabe der Ethik 21

wäre). Hierzu bemerkt bereits EPIKTET zu Beginn des 1. Kapitels seines »Handbüchleins der Ethik« (um 100 n.Chr.):

»Von den vorhandenen Dingen sind die einen in unserer Gewalt, die anderen nicht. In unserer Gewalt sind Meinung, Trieb, Begierde und Abneigung, kurz: alles, was unser eigenes Werk ist. Nicht in unserer Gewalt sind Leib, Besitztum, Ansehen und Stellung, kurz: alles, was nicht unser eigenes Werk ist. Was in unserer Macht steht, das ist von Natur frei und kann nicht verhindert oder verwehrt werden; was aber nicht in unserer Macht steht, das ist schwach, unfrei, behindert und fremdartig.«

Was der Verfügbarkeit des Menschen prinzipiell entzogen ist, kann somit sinnvollerweise nicht Gegenstand seines Wollens und Handelns sein, da hier durch Freiheit nichts veränderbar ist, d.h. die Freiheit hat eine *natürliche* Grenze an der Unaufhebbarkeit einer nicht durch sie hervorgebrachten Faktizität. Zum anderen hat sie eine *normative* Grenze im Hinblick auf Ziele, durch die das Wollen und Handeln anderer Menschen in unzulässiger Weise beeinträchtigt würde (z.B. durch krassen Egoismus in Form von Unterdrückung schwächer Gestellter bis hin zu Verbrechen an Leib und Leben). Hier handelt es sich um Ziele, die ein Mensch mit Hilfe seiner natürlichen Kräfte durchaus verfolgen *kann*, die er aber nicht verfolgen *soll*. Der Freiheit ist hier nicht eine Grenze an der Faktizität gesetzt, sondern an der Freiheit anderer Menschen.

Diese Grunderfahrung, daß menschliche Willens- und Handlungsfreiheit nicht unbegrenzt sind, sondern an den berechtigten Ansprüchen der Mitmenschen ihr Maß haben, ist die Basis, auf der moralisches Verhalten entsteht. Solange jemand sein naturwüchsiges Wollen nur deshalb einschränkt, weil es ihm befohlen wurde oder weil es bequemer ist oder weil ihm Belohnungen versprochen wurden, so lange handelt er noch nicht moralisch im eigentlichen Sinn. Er tut zwar, was er soll, aber er tut es nicht aus eigener Überzeugung, aus der Einsicht heraus, daß es vernünftig und gut ist, so zu handeln, sondern weil er dazu »abgerichtet« wurde, das, was andere für gut und vernünftig halten, kritiklos zu übernehmen. Er urteilt nicht selbständig, sondern die Urteile anderer haben sich in ihm zum Vorurteil verfestigt. Immanuel KANT nennt diese Haltung eine »selbstverschuldete Unmündigkeit«:

> »*Aufklärung ist der Ausgang des Menschen aus seiner selbst verschuldeten Unmündigkeit. Unmündigkeit* ist das Unvermögen, sich seines Verstandes ohne Leitung eines anderen zu bedienen. *Selbstverschuldet* ist diese Unmündigkeit, wenn die Ursache derselben nicht am Mangel des Verstandes, sondern der Entschließung und des Mutes liegt, sich seiner ohne Leitung eines andern zu bedienen. Sapere aude! Habe Mut, dich deines *eigenen* Verstandes zu bedienen! ist also der Wahlspruch der Aufklärung. Faulheit und Feigheit sind die Ursachen, warum ein so großer Teil der Menschen, nachdem sie die Natur längst von fremder Leitung frei gesprochen ..., dennoch gerne zeitlebens unmündig bleiben; und warum es anderen so leicht wird, sich zu deren Vormündern aufzuwerfen. Es ist so bequem, unmündig zu sein. Habe ich ein Buch, das für mich Verstand hat, einen Seelsorger, der für mich Gewissen hat, einen Arzt, der für mich die Diät beurteilt, usw.: so brauche ich mich ja nicht selbst zu bemühen. Ich habe nicht nötig zu denken, wenn ich nur bezahlen kann; andere werden das verdrießliche Geschäft schon für mich übernehmen.« (Beantwortung der Frage: Was ist Aufklärung?, in: Werke, Bd. 9, 53)

Man könnte dieses Zitat zunächst so verstehen, als habe sich die von PIAGET so genannte heteronome Phase des Kindes in die Erwachsenenwelt hinein verlängert. Der gravierende Unterschied besteht jedoch darin, daß die Unmündigkeit des Kindes eine natürliche und keine selbstverschuldete ist. Der Erwachsene dagegen, der aus Faulheit, Feigheit oder Bequemlichkeit an seiner Unmündigkeit festhält, ist selber schuld daran, daß er sich seiner Freiheit nicht bedient. Es ist ihm lästig, selbst zu handeln, und so läßt er andere für sich handeln. Es ist jedoch unmoralisch, sich bevormunden zu lassen und damit seine eigene Unfreiheit zu wollen. Genau darüber soll der Unmündige aufgeklärt werfen, daß er zur Freiheit aufgerufen ist und es an ihm selber liegt, wie frei er ist; und daß es zur Freiheit des Mutes, der Risikobereitschaft, der Entschlußkraft bedarf.

Erst wenn ein Mensch sich nicht mehr dogmatisch vorschreiben läßt, was als gut zu gelten hat, sondern nach reiflicher

Überlegung, d.h. in kritischer Distanz sowohl zu seinen eigenen Interessen als auch zu den Urteilen anderer, selbst bestimmt, welche Ziele für ihn, für eine Gruppe von Menschen oder auch für alle Menschen insgesamt gute, d.h. erstrebenswerte Ziele sind, hat er die Dimension des Moralischen erreicht.

Damit haben wir über den Gegenstand der Ethik, das moralische Handeln, bereits einiges in Erfahrung gebracht.

Wir fällen ja tagtäglich fortwährend moralische Urteile, und dies so selbstverständlich, daß es uns kaum noch auffällt. Ob wir z.B.

- uns selber anklagen, schlampig gearbeitet zu haben,
- beim Einkaufen jemandem, der sich an der Kasse vordrängelt, Rücksichtslosigkeit vorwerfen,
- über die Reklame im Fernsehen schimpfen und dabei von Verdummungseffekten reden,
- uns über politische Ereignisse entrüsten oder
- dem Nachbarn für seine angebotene Hilfe danken,
- uns über ein besonders gut gelungenes Werk freuen,
- einen kritischen Kommentar in der Tageszeitung mit Genugtuung zur Kenntnis nehmen,

so drückt sich in allen diesen ablehnenden bzw. zustimmenden Äußerungen ein Werturteil aus über das, was wir für gut halten.

Wer es nun nicht dabei beläßt, einfach moralisch zu urteilen, sondern sich dafür interessiert, was das Moralische eigentlich ist, und ob es überhaupt einen Sinn hat, moralisch zu handeln, wie man solches Handeln begründen und rechtfertigen kann – wer solche Fragen stellt, fängt an, Ethik zu betreiben.

Die Ethik erörtert alle mit dem Moralischen zusammenhängenden Probleme auf einer allgemeineren, grundsätzlicheren und insofern abstrakteren Ebene, indem sie rein *formal* die Bedingungen rekonstruiert, die erfüllt sein müssen, damit eine Handlung, ganz gleich welchen Inhalt sie im einzelnen haben mag, zu Recht als eine *moralische* Handlung bezeichnet werden kann. Die Ethik setzt somit nicht fest, welche konkreten Einzelziele moralisch gute, für jedermann erstrebenswerte Ziele sind; vielmehr bestimmt sie die Kriterien, denen gemäß allererst verbindlich festgesetzt werden kann, welches Ziel als gutes Ziel anzuerkennen ist. Die Ethik sagt nicht, was das Gute in concreto ist, sondern wie man dazu kommt, etwas als gut zu beurteilen. Diese die Aufgabe der Ethik betreffende These wird noch weiter präzisiert werden. Soviel kann jedoch schon festgehalten werden: Die Ethik ist nicht selber eine Moral, sondern redet *über* Moral.

Moralische Urteile und Aussagen über moralische Urteile sind zweierlei Dinge, die verschiedenen Sprach- und Objektebenen zugehören – so wie es auch etwas anderes ist, ob ich etwas erkenne und diese Erkenntnis formuliere oder ob ich über mein Erkennen überhaupt rede. Im einen Fall gilt meine Rede dem *Etwas* meiner Erkenntnis, im anderen Fall der Art und Weise, *wie* ich überhaupt etwas erkenne, d.h. hier liegt der Schwerpunkt nicht mehr auf dem einzelnen Etwas, sondern auf dem Wie. Die Ethik fällt entsprechend nicht moralische Urteile über einzelne Handlungen, sondern analysiert auf einer Metaebene die Besonderheiten moralischer Urteile über Handlungen.

1.1 Herkunft und Bedeutung des Wortes »Ethik«

ARISTOTELES war der erste, der die Ethik als eine eigenständige philosophische Disziplin behandelt und von den Disziplinen der theoretischen Philosophie (Logik, Physik, Mathematik, Metaphysik) unterschieden hat. Die praktische Philosophie untergliederte er in Ethik, Ökonomik und Politik. Während es die theoretische Philosophie mit dem veränderlichen und unveränderlichen Seienden zu tun hat, geht es in der praktischen Philosophie um menschliche Handlungen und ihre Produkte.

Doch schon nahezu alle Dialoge PLATONs enthalten ethische Überlegungen – insbesondere gilt dies für die zwischen SOKRATES und den Sophisten ausgetragene Auseinandersetzung über das Ziel der Erziehung:

Erziehung wurde von den Sophisten (insbesondere von PROTAGORAS und GORGIAS) als Einübung in die von den Vätern überkommenen

Sitten und Satzungen, deren Geltung fraglos und unbestritten anerkannt war, verstanden. SOKRATES dagegen sah Erziehung als einen an der Idee des Guten orientierten Lernprozeß an, dessen Ziel der Erwerb von Mündigkeit im Sinne kritischer Urteilsfähigkeit war.

Während Erziehung also für SOKRATES ein ethisch begründeter Lernprozeß ist, betonen die Sophisten den Wert der Rhetorik als Mittel zur Gewinnung und Aufrechterhaltung von politischer Macht. Entsprechend verstanden sie Erziehung primär als Anleitung zu Rhetorik.

PLATON hat also zweifellos Untersuchungen zum Ethischen durchgeführt, jedoch sind derartige Überlegungen von ihm nicht systematisch zu einer Ethik zusammengefaßt worden. Vielmehr durchziehen sie die einzelnen Dialoge in unterschiedlicher Gewichtung und sind von PLATONs metaphysischem Denkansatz nicht abtrennbar. Die menschliche Praxis wird von PLATON immer im Zusammenhang mit der Ideenlehre und damit verbunden der Frage nach den unveränderlichen, ewigen Prinzipien des Seienden insgesamt erörtert.

Ausgehend von sophistischen und sokratisch-platonischen Thesen über die menschliche Praxis und das Gute hat dann ARISTOTELES die praktische Philosophie von der theoretischen abgegrenzt und die Ethik als eine eigenständige Disziplin begründet. Dies dokumentieren verschiedene Werke, vor allem seine Vorlesungen über das Thema Ethik: die ›Eudemische Ethik‹ und die sog. ›Große Ethik‹. Am berühmtesten aber ist seine ›Nikomachische Ethik‹ geworden, die ihren Titel vermutlich vom Namen des Sohnes Nikomachos her erhalten hat. Die Nikomachische Ethik enthält eine umfassende Theorie des Handelns, die sowohl eine Glücks- als auch eine Tugendlehre ist, und erhebt den Anspruch, den Schüler der Ethik so über sein Tun aufzuklären, daß er lernt, das Gute immer besser zu tun und sich dadurch immer mehr als ein guter Mensch zu erweisen.

Der seit ARISTOTELES verwendete Disziplintitel *Ethik* leitet sich ursprünglich von dem griechischen Wort ethos her, das in zwei Varianten vorkommt, nämlich einmal als ἔθος – Gewohnheit, Sitte, Brauch: Wer durch Erziehung daran gewöhnt worden ist, sein Handeln an dem, was Sitte ist, was im antiken

Stadtstaat, in der Polis Geltung hat und sich daher ziemt, auszurichten, der handelt »ethisch«, insofern er die Normen des allgemein anerkannten ›Moralkodex‹ befolgt. Im engeren und eigentlichen Sinn ethisch handelt jedoch derjenige, der überlieferten Handlungsregeln und Wertmaßstäben nicht fraglos folgt, sondern es sich zur Gewohnheit macht, aus Einsicht und Überlegung das jeweils erforderliche Gute zu tun: Das ἔθος wird dann zum ἦθος im Sinne von Charakter; es verfestigt sich zur Grundhaltung der Tugend.

»Also entstehen die sittlichen Vorzüge in uns weder mit Naturzwang noch gegen die Natur, sondern es ist unsere Natur, fähig zu sein sie aufzunehmen, und dem vollkommenen Zustande nähern wir uns dann durch Gewöhnung. ... Mit einem Wort: aus gleichen Einzelhandlungen erwächst schließlich die gefestigte Haltung. Wir philosophieren nämlich nicht, um zu erfahren, was Tugend sei, sondern um tugendhafte Menschen zu werden.« (Eth. Nic. 11, 1–2; 1103a 23–b28)

Das lateinische Wort *mos* (Plural: mores) ist eine Übersetzung der beiden griechischen ethos-Begriffe und bedeutet daher sowohl Sitte als auch Charakter. Von *mos* wiederum leitet sich das deutsche Wort *Moral* her, das ein Synonym für *Sitte* ist. Zur Moral oder Sitte werden jene – aus wechselseitigen Anerkennungsprozessen in einer Gemeinschaft von Menschen hervorgegangenen und als allgemein verbindlich ausgezeichneten Handlungsmuster zusammengefaßt, denen normative Geltung zugesprochen wird. Die Ausdrücke Moral und Sitte bezeichnen mithin Ordnungsgebilde, die gewachsene Lebensformen repräsentieren, Lebensformen, die die Wert- und Sinnvorstellungen einer Handlungsgemeinschaft widerspiegeln. Während der Bedeutungsgehalt von *Moral/Sitte* mehr dem entspricht, was mit ἔθος gemeint ist, stehen die Abstrakta *Moralität/Sittlichkeit* in ihrer Bedeutung dem näher, was unter ἦθος verstanden wird: der Qualität eines Handelns, das sich einem unbedingten Anspruch (dem Guten) verpflichtet weiß.

Die Adjektive *moralisch/sittlich* dagegen sind doppeldeutig und können sowohl im Sinne von ἔθος wie von ἦθος verwendet werden. Wenn eine Handlung als moralisch/sittlich beurteilt wird, so kann dies sowohl heißen: sie folgt einer Regel der geltenden Moral/Sitte, als auch: sie hat ihren Grund in der Moralität/Sittlichkeit des Handelnden. Wenn ich von jemandem sage, er sei ein unmoralischer Mensch, so meine ich entweder, sein Verhalten entspreche nicht dem von den meisten anerkannten Moralkodex, oder aber, er habe einen verdorbenen Charakter.

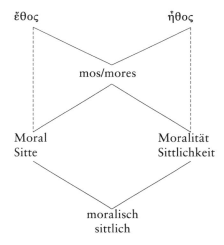

Hinsichtlich der Verwendung der Wörter Ethik und ethisch ist folgendes festzustellen: Sowohl in der traditionellen Ethik als auch in der Umgangssprache wird das Adjektiv *ethisch* häufig synonym mit moralisch bzw. sittlich gebraucht: es ist die Rede von ethischen Handlungen, ethischen Ansprüchen, ethischen Normen usf. Dieser Sprachgebrauch ist keineswegs unberechtigt, wenn man an die Herkunft des Wortes Ethik aus ἔθος denkt. Um jedoch die verschiedenen Reflexionsniveaus von vornherein bereits sprachlich scharf gegeneinander abzugrenzen, ist man in der Ethikdiskussion weitgehend dazu übergegangen, den Titel *Ethik* wie auch das Adjektiv *ethisch* ausschließlich der philosophischen Wissenschaft vom moralischen/sittlichen Handeln des Menschen vorzubehalten.

»Nach einem sich einbürgernden Sprachgebrauch bezeichnen wir als ›Moral‹ den *Inbegriff* moralischer Normen, Werturteile, Institutionen, während wir den Ausdruck ›Ethik‹ (sprachgeschichtlich mit ›Moral‹ bedeutungsäquivalent) für die *philosophische Untersuchung* des Problembereichs der Moral reservieren.« (G. PATZIG, Ethik ohne Metaphysik, 3)

»Nicht immer wird zwischen ›Ethik‹ und ›Moral‹ unterschieden. Trotzdem ist es nicht unzweckmäßig, eine solche Unterscheidung zu treffen – selbst wenn sich herausstellen sollte, daß die beiden entsprechenden Bereiche aneinander grenzen und daß eine *exakte* Grenzziehung kaum möglich ist. Deshalb wollen wir in Übereinstimmung mit einem in der Philosophie nicht ganz ungewöhnlichen Sprachgebrauch im folgenden ›Ethik‹ als gleichbedeutend mit ›Moralphilosophie‹ verstehen.« (N. HOERSTER, Texte zur Ethik, 9)

Die Sprache der Moral oder die moralische Sprache umfaßt das umgangssprachliche Reden über Handlungen, sofern sie einer kritischen Beurteilung unterzogen werden. Die Sprache der Ethik oder Moralphilosophie dagegen ist ein reflektierendes Sprechen *über* die moralische Sprache.

Die Ethik hat somit Moral (Sitte) und Moralität (Sittlichkeit)[1] zu ihrem Gegenstand. Ihre Fragen unterscheiden sich von denen der Moral dadurch, daß sie sich nicht unmittelbar auf singuläre Handlungen bezieht, also auf das, was hier und jetzt in einem bestimmten Einzelfall zu tun ist, sondern auf einer Metaebene moralisches Handeln grundsätzlich thematisiert, indem sie z.B. nach dem Moralprinzip oder nach einem Kriterium zur Beurteilung von Handlungen fragt, die Anspruch auf Moralität erheben; oder indem sie die Bedingungen untersucht, unter denen moralische Normen und Werte allgemein verbindlich sind.

Aus dieser begrifflichen Differenzierung zwischen Moral und Ethik folgt, daß *ethische* Überlegungen nicht eo ipso moralisch sind, aber durchaus aus einem Interesse an einer bestimmten Problematik der Moral hervorgehen können, so wie umgekehrt *moralische* Überlegungen nicht eo ipso ethisch sind, aber durchaus zu ethischen Fragestellungen radikalisiert werden können.

Zusammenhang und Unterschied zwischen Ethik und Moral lassen sich durch folgende Analogien verdeutlichen:

Gegenstand der Literaturwissenschaft ist die sog. »schöne Literatur«, die unter verschiedenen (z.B. linguistischen, formaltechnischen, inhaltlichen) Aspekten untersucht und klassifiziert wird. Wer Literaturwissenschaft betreibt, schreibt – indem er dies tut – keinen Roman, kein Gedicht etc., obwohl er dazu durchaus in der Lage sein mag; vielmehr analysiert er literarische Texte im Hinblick auf bestimmte regelmäßige Strukturelemente und -formen, um zu allgemeinen Aussagen über »den« Roman, »das« Drama, »die« Ode etc. zu gelangen, und versucht, vermittels dieser Regeln wiederum einzelne Romane, Dramen, Oden kritisch zu beurteilen. Wer dagegen einen Roman schreibt, betreibt nicht – indem er dies tut – Literaturwissenschaft, obwohl ihm literaturwissenschaftliche Kenntnisse bei der Abfassung durchaus von Nutzen sein können.

Eine andere Analogie:

Ein guter Theaterkritiker muß nicht notwendig auch ein guter Schauspieler sein (in der Regel wird er dies gerade nicht sein). Ihn zeichnet ja eben die Distanz zum Stück, zum Spiel aus, und nur aus dieser Distanz heraus gelingt es ihm, etwas Treffendes über das Stück, über den Schauspieler zu sagen. Wenn er selber ein unmittelbar Beteiligter wäre, könnte er nicht zugleich und in derselben Hinsicht als Kritiker fungieren, weil ihm die nötige Distanz fehlte.

Analog zum Literaturwissenschaftler und Theaterkritiker urteilt auch der Ethiker aus einer gewissen Distanz zu seinem Gegenstand über diesen Gegenstand, die Moral nämlich. Indem der Ethiker Ethik betreibt, handelt er nicht moralisch, sondern reflektiert aus theoretischer Perspektive über das Moralische und damit aus der kritischen Distanz des Wissenschaftlers.

Diese Distanz kann im Extremfall so weit gehen wie in der folgenden Anekdote: Max SCHELER, einer der führenden Wertethiker um die Jahrhundertwende, hat sich angeblich nicht immer moralisch einwandfrei verhalten und gelegentlich gegen die sogenannten guten Sitten verstoßen. Darauf angesprochen, ob dies denn nicht im Widerspruch zu dem stehe, was er in seinen ethischen Arbeiten vertrete, soll er sinngemäß gesagt haben: Kennen Sie einen Wegweiser, der selber in die Richtung geht, die er anzeigt?

Das mag zunächst frivol klingen, ist aber durchaus nicht absurd, denn die Ethik als Theorie der moralischen Praxis ist nicht selber schon die Praxis der Moral, und man kann sich sehr wohl eine richtige Theorie der Praxis vorstellen, die unabhängig davon richtig ist, ob derjenige, der diese Theorie entwickelt hat, sie auch praktiziert oder nicht. Anders gesagt: Über die Richtigkeit der Theorie entscheidet nicht die Tatsache, daß ihr Urheber sie praktiziert. Aber wenn die Theorie richtig ist, kann man sagen, daß es praktisch inkonsequent ist, wenn sie für die Praxis ihres Urhebers folgenlos bleibt. Das Bild des Wegweisers ist somit insofern zutreffend, als man den Wegweiser und den zu gehenden Weg voneinander trennen muß. Man kann also nicht sagen, im Idealfall müßte der Wegweiser tatsächlich den von ihm gewiesenen Weg gehen, d.h. Ethik und Moral müßten zusammenfallen. Der Wegweiser steht für eine richtige Theorie der Ethik, und jeder, der sie verstanden hat, hat damit zugleich eine bestimmte Form von Praxis als verbindlich anerkannt, die er handelnd verwirklichen soll.

1.2 Die Rolle der Moral in der Alltagserfahrung

Die Moral spielt im alltäglichen Erfahrungsbereich eine große Rolle: In allen menschlichen Verhaltensweisen und Sprachgewohnheiten stellt sich mehr oder weniger ausdrücklich ein bestimmtes Engagement dar, das wiederum auf bestimmten Wertvorstellungen basiert.

Es macht gerade die Humanität des Menschen als Mitgliedes einer Sozietät aus, daß er sich nicht schlechthin gleichgültig gegen alles das verhält, was seine Mitmenschen sagen und tun, sondern Partei ergreift, indem er durch die Äußerung von Lob und Tadel, von Billigung und Mißbilligung, von Zustimmung und Ablehnung erkennen läßt, was er für gut oder böse, richtig oder falsch hält. Diese grundsätzliche Möglichkeit, nicht alles, was geschieht, kritiklos hinzunehmen, sondern – sei es aus eigenem Interesse, sei es aus innerer Überzeugung oder sei es um eines allgemein für erstrebenswert gehaltenen Ziels willen – seine persönliche Stellungnahme in die Gemeinschaft der miteinander Redenden und Handelnden einzubringen, ist ein Indiz für die Freiheit als Fundament aller menschlichen Praxis.

Doch birgt diese Möglichkeit die Gefahr der Verkehrung von Freiheit in Unfreiheit. Nirgends sind die Meinungsverschiedenheiten und die Widersprüche zwischen miteinander unverträglichen Standpunkten größer als in der Beurteilung von Handlungen bezüglich ihrer Richtigkeit und Moralität. Was der eine für gut hält, lehnt der andere rigoros ab und ist oft nicht einmal dazu bereit, seinen Standpunkt zu problematisieren, d.h. der Kritik auszusetzen und Gegenargumenten zu begegnen. Solche dogmatisch als unangreifbar behaupteten, zu bloßen Vorurteilen erstarrten Haltungen sind Formen eines »Moralisten-« oder »Pharisäertums«, das Freiheit nicht als Freiheit aller begreift, sondern als Freiheit von Auserwählten mißversteht. Die Folgen eines solchen unkritisch verallgemeinerten Ethos sind bekannt: religiöse Verfolgung, Diffamierung von Minderheiten, Rassen- und Geschlechterdiskriminierung, Ächtung politisch oder ideologisch Andersdenkender, Verfemung moralisch Andershandelnder usf. Hier werden die Menschen in Klassen, in Über- und Untermenschen eingeteilt, und zwar nach Maßgabe desjenigen, der sich einen absoluten Standpunkt angemaßt hat und nicht mehr bereit ist, diesen zu problematisieren.

Freiheit als Fundament menschlicher Praxis ist keine regellose Willkürfreiheit, der gemäß jeder tun und lassen kann, was ihm beliebt. Der Mensch ist auch nicht wie das Tier schon von Natur aus durch Instinkt und Triebe so optimal eingerichtet, daß Freiheit überflüssig würde. Vielmehr besteht die menschliche Freiheit als moralische Freiheit darin, sich selber Regeln im Hinblick auf das, was man als von Bedürfnissen und Trieben abhängiges, durch diese aber nicht schlechthin determiniertes Sinnenwesen ist, zu geben und diese Regeln aus

Freiheit und zur Erhaltung der Freiheit zu befolgen. Erst durch die Selbst*bindung* an solche Regeln der Freiheit entsteht Ver*bind*lichkeit und damit eine Moral.

Regellose Freiheit ist keine menschliche, sondern unmenschliche Freiheit. Das andere Extrem, eine total von Regeln bestimmte, in Zwangsmechanismen erstarrte Freiheit – z.B. in totalitären Staaten oder Gesellschaftsformen, wo kein Spielraum mehr bleibt für die Freiheit des einzelnen – ist ebenso unmenschlich. Moralische Freiheit dagegen setzt sich selbst um der Freiheit aller willen Regeln, an die sie sich bindet, so wie man beim Spiel Regeln gehorcht, die das Spielen nicht aufheben, sondern als Spiel gerade ermöglichen sollen.

Was genau beinhaltet nun das Wort Moral?

Eine *Moral* ist der Inbegriff jener Normen und Werte, die durch gemeinsame Anerkennung als verbindlich gesetzt worden sind und in der Form von

– Geboten (Du sollst ...; es ist deine Pflicht ...) oder
– Verboten (Du sollst nicht ...)

an die Gemeinschaft der Handelnden appellieren. Jede Moral ist somit als geschichtlich entstandener und geschichtlich sich mit dem Freiheitsverständnis von Menschen verändernder Regelkanon immer eine Gruppenmoral, deren Geltung nicht ohne weiteres über die Mitglieder der Gruppe hinaus ausgedehnt werden kann.

Der Versuch, eine umfassende Menschheitsmoral aus der Vielzahl vorhandener Moralen herauszudestillieren, würde letztlich weniger daran scheitern, daß über universale Basisnormen bzw. Grundwerte keine Einigung zustande käme: Es läßt sich wohl bis zu einem gewissen Grad einsichtig machen, daß keine Moral ohne die Ideen Freiheit, Gleichheit, Menschenwürde, Gerechtigkeit u.a. auskommen kann. Die eigentliche Schwierigkeit besteht vielmehr darin, die Regeln einer solchen Universalmoral im Kontext unterschiedlicher, geschichtlich gewachsener Lebensformen und Kulturkreise »anzuwenden«, d.h. mit den jeweiligen Lebensbedingungen (Klima, geographische Lage, religiöse Überzeugungen, wirtschaftlicher Status,

Stand der Zivilisation etc.) zu vermitteln. Auch *Tradition* und *Konvention* bestimmen den durch den jeweiligen Moralkodex repräsentierten, kulturell geprägten Sinnhorizont einer Sozietät wesentlich mit und führen zu unterschiedlichen, ja manchmal sogar entgegengesetzten Ausprägungen einer und derselben Basisnorm.

»Die inzwischen vorliegenden Berichte über die moralischen Verhaltensregeln und ihren Zusammenhang in bestimmten ethnischen Gruppen sind für die Ethik deshalb bedeutsam, weil wir aus solchen Untersuchungen lernen, daß bei gleichen zugrunde liegenden moralischen Grundsätzen doch vollkommen verschiedene ›moralische Landschaften‹ entstehen können, je nach den aktuellen geographischen, ökonomischen und historischen Bedingungen, unter denen die Angehörigen solcher Gruppen leben.« (G. PATZIG: Relativismus und Objektivität moralischer Normen, in: Ethik ohne Metaphysik, 79)

Was genau heißt es, daß bei gleichen zugrundeliegenden moralischen Grundsätzen dennoch ganz verschiedene »moralische Landschaften« entstehen können? Ein extremes Beispiel mag dies veranschaulichen:

Bei manchen ›primitiven‹ Gruppen, z.B. bei den Eskimos, soll es Brauch gewesen sein, alte und schwache Leute zu töten. Diese Regel steht in krassem Widerspruch zu unserem Verständnis von Menschenwürde und wird nur nachvollziehbar vor dem Hintergrund extremer Lebensverhältnisse, die durch große Unwirtlichkeit des Lebensraums und knappe Lebensmittel gekennzeichnet sind. Nur so ist es verstehbar, daß die moralische Norm, seinen Eltern Gutes zu tun und ihnen Leid zu ersparen, dadurch erfüllt wird, daß man ihnen einen qualvollen Tod erspart, indem man sie auf schmerzlose Weise tötet und somit die Überlebenschance der Jungen vergrößert.

Hier wird also der moralische Grundsatz: ›Du sollst deinen alten Eltern Gutes tun‹ durchaus anerkannt, allerdings auf eine Weise, die uns als das genaue Gegenteil einer moralischen Praxis erscheint.

Wenn man jedoch bedenkt, wie lieblos bei uns alte Menschen oft ohne Not in Alten- oder Seniorenheime abgeschoben werden, so kann man sich mit Recht fragen, ob diese Form der »Aussetzung« in der Tat sehr viel menschenwürdiger ist als die Praxis sogenannter »primitiver« Stämme.

Wohlgemerkt: Die Tötung alter Menschen geschah bei den Eskimos nicht gegen den Willen der Alten, sondern mit ihrem Einverständnis. Sie waren ja mit dieser Regel bereits aufgewachsen und wußten um ihre Bedeutung. Ihnen wurde also keineswegs Zwang oder Gewalt im eigentlichen Sinn angetan.

Die Frage, die sich in diesem Zusammenhang stellt, ist die, wie solche unterschiedlichen Praktiken ethisch zu beurteilen sind. Hier ist es sicher nicht mit Toleranz getan, wie der Ethnologe Melville J. HERSKOVITS meint, der folgende drei Thesen aufstellt:

»1. Das Individuum verwirklicht seine Persönlichkeit im Rahmen seiner Kultur; daher bedingt die Achtung individueller auch die Achtung kultureller Verschiedenheiten. ...
2. Die Achtung kultureller Unterschiede folgt aus der wissenschaftlichen Tatsache, daß noch keine Methode zur qualitativen Bewertung von Kulturen entdeckt worden ist. ...
3. Maßstäbe und Werte sind relativ auf die Kultur, aus der sie sich herleiten. Daher würde jeder Versuch, Postulate zu formulieren, die den Überzeugungen oder dem Moralkodex nur einer Kultur entstammen, die Anwendbarkeit einer Menschenrechtserklärung auf die Menschheit als ganze beeinträchtigen.« (Ethnologischer Relativismus und Menschenrechte, in: Texte zur Ethik, 39 f.).[2]

Die *ethische* Schlußfolgerung in bezug auf den oben beschriebenen Fall müßte vielmehr die sein, daß alles darangesetzt wird, die Lebensverhältnisse und die wirtschaftlichen Bedingungen dieser Menschen so zu verbessern, daß die geschilderten Praktiken von selbst obsolet werden.

Bisher war die Rede von der Gruppenmoral im Rahmen unterschiedlicher Kulturkreise. Im alltäglichen Erfahrungsbereich begegnet einem die Moral jedoch nicht nur als ein kulturspezifisches Phänomen, das im Unterschied zu Sinndeutungen *anderer* gesellschaftlicher oder nationaler Handlungsgemeinschaften den Sinnhorizont *der* Handlungsgemeinschaft darstellt, in der der einzelne aufgewachsen ist und an der aktiv mitzuwirken er aufgerufen ist, sondern innerhalb der Gesamtmoral haben sich auch besondere Moralen herausgebildet, deren Regeln nur für einen Teil der gesamten Gruppe gelten.

- So tritt die *christliche Moral* mit dem Anspruch religiös fundierter moralischer Regeln an die Christen heran, wobei diese Regeln nach katholischer Überzeugung sowohl ihrer Form als auch ihrem Inhalt nach anders ausfallen als nach evangelischer Auffassung – von den zahlreichen Sekten und Weltanschauungslehren ganz zu schweigen.
- So hat jeder Beruf mehr oder weniger ausdrücklich sein eigenes *Berufs-* oder *Standesethos* entwickelt, dessen Normen für den verbindlich sind, der diesen Beruf gewählt hat und ausübt.

Der »Eid des Hippokrates« verpflichtet den Arzt in Anwendung der allgemeinen moralischen Forderung, seinen Mitmenschen in der Not zu helfen, auf die ärztliche Tätigkeit dazu, nach bestem Wissen und Gewissen für das körperliche Wohlergehen und die Gesundheit der ihm anvertrauten Patienten zu sorgen.

Das Ethos des Lehrers besteht in der Forderung, die Schüler über die angemessene Vermittlung bestimmter Wissensinhalte zu aufgeklärten, mündigen Menschen zu erziehen.

Das Ethos des Busfahrers liegt in der Verantwortung für seine Passagiere, die er ungefährdet an ihr Ziel zu bringen hat.

Diese Liste läßt sich beliebig fortsetzen über die »Arbeiter-«, »Angestellten-« und »Beamtenmoral« bis hin zur »Hausfrauenmoral«. Alle diese Berufsgruppenmoralen basieren auf dem allgemeinen moralischen Grundsatz, das Seine im Beruf so gut wie möglich zu tun. Hier wird also der Arbeit an sich selber ein Wert zuerkannt, oder anders gesagt: Arbeit ist nicht allein definiert durch die technischen Regeln, die einen reibungslosen Arbeitsprozeß ermöglichen, sondern Arbeit ist zugleich eine Tätigkeit, die auf der Basis von moralischen Regeln ausgeübt wird – besonders dort, wo andere Menschen mittelbar oder unmittelbar mitbetroffen sind.

Einen Sonderfall stellt die Moral einer Räuberbande dar. Auch sie ist eine Gruppenmoral, ohne die die Gemeinschaft der Räuber nicht funktionieren würde. Es muß also z.B. geregelt sein, nach welchem Schlüssel die Beute verteilt wird, damit es gerecht zugeht; wie der einzelne sich zu verhalten hat, wenn er geschnappt wird: er darf nicht ›singen‹, um die anderen nicht zu gefährden etc. Hier geht es um die sog. Ganovenehre, um das Ethos des Berufsverbrechers, das ebenfalls eine Gruppenmoral ist.

Weitere Spezialisierungen der allgemeinen Gruppenmoral einer Gemeinschaft oder Gesellschaft artikulieren sich einerseits in *Ehrenkodizes*, andererseits in oft stillschweigend respektierten Tabuzonen. Hier werden bestimmte Selbstwertvorstellungen, die durch Anerkennungsprozesse vermittelt sind, manifest.

Die Berufs- oder Standesehre z.B. ist eng mit den im Berufsethos zusammengefaßten Regeln verknüpft, und wer gegen diese Regeln verstößt, schadet nicht nur dem eigenen Ansehen, sondern dem ganzen Berufsstand.

Ein Kaufmann, der minderwertige Ware zu überhöhten Preisen verkauft, verletzt seine Berufsehre ebenso wie ein Politiker, der nur seine Machtinteressen verfolgt, anstatt sich für die von ihm zu vertretenden Belange einzusetzen, oder wie ein Handwerker, der mangelhaft arbeitet. In derartigen Fällen wird dem Betreffenden die Anerkennung sowohl von seiten der Betroffenen versagt (man kauft bei ihm nicht mehr ein, wählt ihn nicht mehr, ruft ihn nicht mehr zu Reparaturen) als auch von seiten der Berufsgruppe, was den Ausschluß aus dieser Gruppe zur Folge haben kann.

Umgekehrt wird besonders vorbildliches Verhalten im Dienst am Mitmenschen durch öffentliches Lob oder die Verleihung von Preisen und Orden ausgezeichnet.

Eine besondere Art von Ehrenkodex stellt die Stammes- und Familienehre dar. Auch hier wird ein Verstoß gegen die Regeln (z.B. eine unstandesgemäße Heirat oder ein Eingriff von außen, wie etwa eine unbefugte Grenzüberschreitung) zumeist mit dem Ausstoß aus dem Familienclan, ja gelegentlich auch heute noch mit Blutrache geahndet.

Als besonders schwerer moralischer Verstoß gegen Anstand und Sitte gilt im alltäglichen Erfahrungsbereich die Verletzung eines *Tabus*. Waren es früher hauptsächlich der religiöse und der sexuelle Bereich, in dem durch Verbote unter Androhung schlimmer Strafen gewisse Bezirke (des Heiligen, Numinosen, bzw. bestimmte erotische Spielarten) ausgegrenzt, als unzugänglich (»unberührbar«) deklariert und der menschlichen Praxis untersagt wurden, so gilt heute die individuelle Privat- und Intimsphäre eines jeden als tabu. Sowohl die zu weit gehende Zurschaustellung dieses persönlichen Bereichs von seiten bekannter Persönlichkeiten als auch unverschämte Übergriffe von seiten der Massenmedien werden trotz der Neugier des Publikums in der Regel von den meisten als schamloser, unanständiger Eingriff in Dinge, die die Öffentlichkeit nichts angehen, empfunden.

Bei allen Tabus muß grundsätzlich immer wieder gefragt werden, inwieweit sie in der Tat noch dem Schutz wirklicher Werte wie Menschenwürde und persönliche Freiheit dienen, oder ob sie nicht zu bloßen Druckmitteln entartet sind, um mißliebiges Verhalten einzuschränken und Kontrollfunktionen über das erlaubte Maß hinaus auszudehnen. Tabus können veralten und aufgehoben werden, wenn sich herausstellt, daß die Menschen inzwischen einen natürlicheren oder aufgeklärteren Zugang zu dem ursprünglich tabuisierten Bereich gefunden haben, so daß die alten Verbote hinfällig werden oder einer Modifikation bedürfen. Als Beispiele wären hier die veränderte Beurteilung des Inzests und der Homosexualität zu nennen.

Die bisher skizzierten Moralsysteme spielen in der Alltagspraxis, im Umgang mit den Mitmenschen, in den zwischenmenschlichen Beziehungen, eine große Rolle, ohne daß sich die meisten ausdrücklich darüber klar sind, wie weit ihre kommunikativen Verhaltensweisen von solchen Moralen bestimmt, ja reglementiert sind. Erst wenn im Privatbereich persönliche (Gewissens-) *Konflikte* entstehen oder in der öffentlichen Diskussion Probleme erörtert werden, die sich aus einer Normen- resp. Wertekollision ergeben, wird sich der einzelne zum einen der Selbstverständlichkeit bewußt, mit der er bestimmten internalisierten moralischen Regeln fraglos folgt, zum andern aber auch seiner persönlichen Verantwortung, derer er durch die Befolgung von Vorschriften der geltenden Moral keineswegs enthoben ist.

Es lassen sich drei Hauptklassen solcher Normen- oder Wertekollisionen, die zu einem Gewissenskonflikt führen können, unterscheiden:

- Es kann erstens passieren, daß Normen, die zu ein und demselben Moralsystem gehören, miteinander kollidieren.
  – Dies ist z.B. der Fall, wenn sich die Regel, immer wahrhaftig zu sein, in einer bestimmten Situation mit der Regel, niemandem Leid zuzufügen, nicht in Einklang bringen läßt, so daß das Sagen der Wahrheit mit der Zufügung großen Leids verbunden ist, das Verschweigen der Wahrheit aber zu ständigem Lügen zwingt.
  – Ein anderer Fall liegt vor, wenn das Leben eines Menschen nur durch den Bruch eines Versprechens oder durch Verrat gerettet werden kann.

- Es kann zweitens der Fall eintreten, daß Normen, die zu verschiedenen Moralsystemen gehören, miteinander kollidieren.
  – Für den Pazifisten ist z.B. die Forderung, keine Waffen zu tragen und sich aus Kriegshandlungen herauszuhalten, mit der Forderung des Staates, sein Vaterland notfalls mit Waffen zu verteidigen, unvereinbar.
  – Das katholische Verbot einer Schwangerschaftsverhütung durch »die Pille« kann mit einer ärztlichen oder sozialen Indikation zusammenstoßen, der gemäß eine Schwangerschaft schwerste leibliche und seelische Schäden zur Folge haben würde.

- Es kann schließlich drittens eine bestimmte, allgemein anerkannte Norm oder Wertvorstellung das Selbstverständnis eines einzelnen so tiefgreifend beeinträchtigen, daß ihre Befolgung seine freie Selbstverwirklichung, auf die er einen moralischen Anspruch hat, in unzulässiger Weise behindern würde. Hier entsteht der Konflikt nicht durch die Unvereinbarkeit von allgemeinen Normen oder Normensystemen, sondern durch den Zusammenstoß einer allgemein

anerkannten mit einer in bestimmter Weise ausgelegten Individualnorm.
– *Dies ist z.B. der Fall, wenn jemand homosexuell veranlagt ist und mit einem gleichgeschlechtlichen Partner zusammenlebt, was gegen die Institution der Ehe verstößt.*

Das Gemeinsame der oben geschilderten Konfliktsituationen liegt darin, daß sie nicht durch irgendeine öffentliche Autorität oder Instanz allgemein verbindlich für jeden Einzelfall a priori gelöst werden können, sondern von dem betroffenen Individuum selbstverantwortlich entschieden werden müssen. Zwar können öffentliche oder private Diskussionen dazu beitragen, in Pro- und Contra-Argumenten gute Gründe für die eine oder die andere Lösung zu formulieren und auf die möglichen Folgen der jeweiligen Entscheidung aufmerksam zu machen; außerdem können gesetzliche Regelungen den Entscheidungsraum einschränken, aber treffen muß die Entscheidung der einzelne, der sich in der Konfliktsituation befindet, und er muß sie im Bewußtsein seiner moralischen Verantwortung treffen, d.h. nicht nach Gutdünken und ausschließlich persönlichem Wunsch und Willen, sondern unter Berücksichtigung dessen, was in der Gemeinschaft gilt, zu der er gehört. Er muß somit bereit sein, sich vor dieser Gemeinschaft bezüglich seiner Entscheidung zu rechtfertigen, mithin die Gründe offenzulegen, die ihn bewogen haben, so zu handeln, wie er gehandelt hat bzw. handeln möchte. Ganz gleich wie seine Entscheidung de facto ausfällt, sie wird in den exemplarisch geschilderten Fällen immer gegen die eine oder die andere Norm verstoßen und insofern mit einem gewissen Maß an moralischer Schuld verbunden sein. Doch ist die grundsätzliche Bereitschaft, eine solche Entscheidung zu rechtfertigen, vor anderen zu verantworten, ein Indiz dafür, daß die betreffende Person nicht unmoralisch ist, sondern daß es vielmehr in Ausnahmefällen und Extremsituationen rechtens sein kann, den Anspruch einer bestimmten moralischen Norm zugunsten einer höher geschätzten Norm nicht zu erfüllen.

Eine geltende Moral bzw. eine moralische Regel kann aus Moralität in Frage gestellt oder negiert werden.

In den verschiedenen historisch entstandenen Moralsystemen kommt ein *Normenpluralismus* zum Ausdruck, durch den die Alltagspraxis und damit zugleich das Freiheitsverständnis von Menschen bestimmt wird. Das spiegelt sich in einer Vielzahl von inhaltlich differierenden Geboten, Verboten, Handlungsanweisungen, Regeln, Vorschriften und dergleichen mehr. Es fragt sich nun, ob es sich bei der Mannigfaltigkeit dieser Normen um eine heterogene Vielfalt handelt, oder ob sie sich nicht trotz aller inhaltlichen Differenz doch allesamt auf einen als Moralkriterium fungierenden formalen Grundsatz zurückführen lassen. Ein solcher Grundsatz, der auf die Bibel zurückgeht, ist z.B. als *»goldene Regel«* allgemein bekannt:

»Was du nicht willst, das man dir tu, das füg' auch keinem andern zu«;

oder positiv formuliert:

»Behandle deine Mitmenschen so, wie du von ihnen behandelt werden willst.« (Vgl. AT: Tobias 4, 16; NT: Matth. 7, 12; Luk. 6,31)

Diese Regel verlangt somit vor jeder konkreten Einzelentscheidung, daß man sich in die Lage des oder der von ihr Betroffenen versetzen soll, um zu prüfen, ob man die Entscheidung auch dann gutheißen würde, wenn ein anderer sie fällen würde und ich dadurch unmittelbar oder mittelbar betroffen wäre.

Die *goldene Regel* ist nicht selber eine moralische Norm, sondern soll als Maßstab von moralischen Normen fungieren, d.h. sie schreibt nicht inhaltlich vor, was im einzelnen getan werden soll; sie gebietet vielmehr rein formal, wie generell gehandelt werden muß, damit die Handlung als moralisch anerkannt werden kann. Die Handlung gilt dann als moralisch, wenn sie nicht Folge eines bloß subjektiven, unmittelbaren Wollens (Bedürfnisses oder Interesses) ist, sondern Ausdruck eines sich von seinem unmittelbaren Begehren distanzierenden und auf den Willen anderer Subjekte beziehenden, intersubjektiv vermittelten Willens.

Allerdings gibt es ein Problem, das auch die goldene Regel nicht zu lösen vermag, nämlich das Problem des Fanatikers, der dem Grundsatz huldigt: *fiat iustitia, pereat mundus* – Gerechtigkeit muß sein, auch wenn die Welt daran zugrunde geht. Der Fanatiker wäre also grundsätzlich bereit, Gewalt und Tod zu erleiden, wenn er selber in der Rolle des Betroffenen wäre. Die goldene Regel versagt in diesem Fall; sie funktioniert nur, solange es um ›normales‹ moralisches Verhalten geht. Sobald jemand die katastrophalen Folgen einer unmenschlichen Tat für sich selbst akzeptiert und zu tragen bereit ist, endet nicht nur die Plausibilität der goldenen Regel, sondern die Wirksamkeit jedes noch so vernünftigen Arguments, da moralische Eiferer und Fanatiker sich auf keinen echten Dialog einlassen.

Lenkt die goldene Regel den Blick auf die Qualität des Willens, durch den eine Tat zu einer moralischen Handlung wird, so bezieht sich eine andere Formulierung des Maßstabs der Moral, der in der Alltagspraxis ebenfalls häufig Verwendung findet, auf die möglichen Folgen einer Handlung: Nach dem *Prinzip der Verallgemeinerung* (umgangssprachlich in dem Argument enthalten: »Stell' dir vor, was passieren würde, wenn alle so handelten wie du.«) gilt eine Handlung *dann als unmoralisch,* wenn ihre generelle Ausführung unzumutbare Konsequenzen nach sich zöge.

Beispiel:
In einem sehr trockenen Sommer herrscht Wasserknappheit, und jeder ist gehalten, seinen Wasserverbrauch einzuschränken. Herr X füllt seinen Swimmingpool neu auf. Frau Y läßt den ganzen Tag den Rasensprenger laufen. Nachbar Z weist beide auf die katastrophalen Folgen hin, die sich ergäben, wenn jeder die gleichen Wassermengen verbrauchte.

Das Prinzip der Verallgemeinerung appelliert somit an das Verantwortungsbewußtsein des Handelnden, indem es ihn dazu verpflichtet, die Zukunft mitzuberücksichtigen und nicht um der Befriedigung eines aktuellen Bedürfnisses willen die eventuellen Folgen einer Handlung außer acht zu lassen. Dieses Problem stellt sich heute in besonderem Maß im Zusammenhang mit Umweltfragen. Können wir es moralisch verantworten, unseren

Nachkommen eine durch Abgase, Müll und atomare Verseuchung zerstörte Welt zu hinterlassen, nur um uns einen möglichst hohen Lebensstandard zu ermöglichen?

1.3 Der Ansatz ethischen Fragens

Im Anschluß an die Beschreibung der verschiedenen Erscheinungsformen der Moral, wie sie uns im Alltag begegnet, läßt sich nun der *Begriff* der Moral bestimmen und gegen den Begriff der Moralität abgrenzen. Zugleich kann in einem ersten Anlauf die Aufgabe der Ethik umrissen werden, die sich weniger mit Einzelphänomenen und Spezialproblemen der Moral als mit der begrifflichen Struktur des Verhältnisses von Moral und Moralität befaßt.

Im wesentlichen sind es drei Momente, die den Begriff der Moral (im Sinne von ἔθος) charakterisieren:

- Der Begriff der Moral umfaßt alle teils naturwüchsig entstandenen, teils durch Konvention vereinbarten, teils durch Tradition überlieferten, aus wechselseitigen Anerkennungsprozessen hervorgegangenen Ordnungs- und Sinngebilde (Regelsysteme), die in Form eines Katalogs materialer Normen und Wertvorstellungen einerseits die Bedürfnisbefriedigung einer menschlichen Handlungsgemeinschaft regeln und andererseits in dem, was von dieser allgemein als verbindlich (als Pflicht) erachtet wird, Auskunft über das jeweilige Freiheitsverständnis der Gemeinschaft geben.[3]

- Der Begriff der Moral ist ein Ordnungs-, kein Prinzipienbegriff. Ordnungsbegriffe (wie z.B. »Staat«, »Erkenntnis« »Kunst«) fassen mannigfaltige empirische Gegebenheiten und Tätigkeiten unter einem bestimmten Aspekt zu einem Sinnganzen zusammen. So könnte man den Begriff ›Staat‹ als Inbegriff rechtlich-politisch-ökonomischer Verhältnisse bestimmen, durch die eine Gesellschaft ihren Interaktionszusammenhang regelt. Erkenntnis wäre der Inbegriff der durch wissenschaftliche Forschung und intellektuelle Tätigkeit erzielten Ergebnisse. Kunst ließe sich als Inbegriff der durch menschliche Phantasie und Kreativität hervorgebrachten Produkte definieren.

Die vermittels solcher Ordnungsbegriffe unterstellte Ordnung setzt fraglos und unausdrücklich einen Sinn voraus, der allererst noch der Begründung bedarf. Eine derartige Begründung geschieht durch Prinzipienbegriffe, Begriffe also, die die logische Voraussetzung, die Bedingung nennen, unter der das vermittels des Ordnungsbegriffs zusammengefaßte Gebilde als ein sinnvolles Ganzes aufgefaßt werden kann. In unseren Beispielfällen ›Staat‹, ›Erkenntnis‹ und ›Kunst‹ würden etwa die Begriffe Gerechtigkeit, Wahrheit und Schönheit als Prinzipienbegriffe fungieren, durch die der Sinnanspruch der Ordnungsbegriffe eingelöst wird.

Was folgt aus dieser Unterscheidung zwischen Ordnungs- und Prinzipienbegriffen für den Gegenstand der Ethik? Auch durch den Begriff »Moral« wird etwas zusammengefaßt, das mit einem allgemeinen Geltungsanspruch verbunden ist, der gleichwohl geschichtlich veränderbar, revidierbar ist, denn mit dem Freiheitsverständnis von Menschen ändert sich auch die Moral. Eine veraltete, zu bloßen Zwangsmechanismen erstarrte, kein freiheitliches Selbstverständnis mehr begründende Moral kann, ja muß durch eine neue Moral abgelöst werden. Moralen differieren somit nicht nur in bezug auf den Inhalt ihrer Normen von Gruppe zu Gruppe, von Land zu Land, von Volk zu Volk etc., sondern machen auch selber im Verlauf kultureller, sozioökonomischer, politischer, wissenschaftlicher und anderer Entwicklungen einen dem sich verändernden menschlichen Selbstverständnis entsprechenden Wandel durch.

- Der Begriff der Moral bezieht sich auf etwas, das seinem Inhalt nach veränderlich, seinem Anspruch nach aber unveränderlich ist. Der Inhalt oder die Anwendung von Geltungsansprüchen kann veralten, unzeitgemäß werden, aber das bedeutet nicht, daß es irgendwann einmal überhaupt keine moralischen Geltungsansprüche mehr geben wird, vielmehr treten an die Stelle alter Sollensforderungen neue, als »zeitgemäßer« anerkannte Normen, die jedoch ebenfalls keineswegs »ewig« gelten, sondern in der Praxis ständig hinterfragbar, kritisierbar, modifizierbar bleiben müssen. Regeln gelten nur so lange, wie sie von der Mehrheit der Handlungsgemeinschaft anerkannt und befolgt werden. Sie sind somit Produkt einer gemeinsamen freien Willensentscheidung, und solange sie als solches bestätigt werden, sind sie sinnvoll.

Moralen können sich ändern und von Gruppe zu Gruppe variieren; dennoch ist menschliches Handeln ohne eine den Sinn solchen Handelns bestimmende Moral kein *humanes* Handeln, d.h. daß Handlungen sich an selbstgesetzten Normen orientieren, ist ein Indiz für die dem Menschen wesentliche Freiheit, die keine Willkürfreiheit, sondern durch Anerkennung intersubjektiv vermittelte Freiheit ist und als solche den Namen *Moralität* erhält. Eine Moral heißt daher so lange zu Recht eine Moral, als sie Ausdruck von Moralität ist und die Realisierung eines Unbedingten im Bedingten fordert.

Eine Moral ist eine endlich-geschichtliche Gestalt der dem Menschen wesentlichen Freiheit und bedarf als solche der ständigen Begründung und Legitimation durch den Begriff der Moralität.

Der Begriff der *Moralität* ist im Unterschied zum Begriff der Moral kein Ordnungs-, sondern ein Prinzipienbegriff: Durch ihn wird eine Mannigfaltigkeit von Phänomenen nicht als eine Einheit begriffen, sondern in ihrem Sinnanspruch begründet. Im Begriff der Moralität wird Freiheit als das Unbedingte gedacht, als der unbedingte Anspruch, Freiheit um der Freiheit willen als das höchste menschliche Gut zu realisieren. Dieser unbedingte Anspruch ist keinem geschichtlichen Wandel unterworfen; er hält sich als das Unwandelbare im Wandelbaren, als das Unveränderliche im Veränderlichen durch und fordert zu jeder Zeit eine dem jeweiligen Selbstverständnis des Menschen angemessene Verwirklichung des Unbedingten im Bedingten. Durch den Terminus »das Unbedingte« soll zum Ausdruck gebracht werden, daß Prinzipienbegriffe keine empirischen Begriffe sind, sondern Vernunftbegriffe. Sie fassen weder empirische Phänomene zusammen, noch sind sie aus solchen ableitbar. Insofern beziehen sie sich auf etwas Un-bedingtes = nicht empirisch Bedingtes. Prinzipienbegriffe wie Gerechtigkeit, Wahrheit, Schönheit, Moralität stammen aus der Vernunft, d.h. die Vernunft entwickelt solche Ideen im Hinblick auf begründungsbedürftiges Empirisches, das aufgrund seiner Bedingtheit nicht fähig ist, sich selber einen Sinn zu geben.

Moralität (im Sinne von ἦθος) ist das zur festen Grundhaltung gewordene Gutseinwollen, das sich den unbedingten Anspruch der Freiheit zu eigen und zum Sinnhorizont jedweder Praxis gemacht hat. Wer aus dieser Grundhaltung heraus handelt, besitzt *moralische Kompetenz*. Was aus Moralität geschieht, gilt zu Recht als moralisch, selbst wenn eine solche Konkretisierung von Freiheit im Grenzfall gegen Normen einer faktisch geltenden Moral verstößt. Im Begriff der moralischen Kompetenz, der Einsicht und Besonnenheit im Bereich des Praktischen meint sowie Entschlußkraft und Verantwortungsbewußtsein, vermitteln sich Moral und Moralität.

Moralische Kompetenz im eigentlichen Sinn besitzt somit nicht derjenige, der den geltenden Moralkodex und das gängige Wertesystem fraglos internalisiert hat – so jemand wäre mit NIETZSCHE gesprochen nicht viel mehr als ein gut abgerichtetes Tier –, moralische Kompetenz besitzt vielmehr ausschließlich derjenige, der sich Moralität zum Prinzip seiner Willensbildung und Praxis gemacht hat. Moralisch kompetent kann man nur aus sich selbst und durch sich selbst sein – analog wie man jemandem nur dann eine *mathematische* Kompetenz zuschreibt, wenn er nicht bloß rechnen kann, sondern darüber hinaus die Grundlagen der Mathematik kennt und von dorther jede einzelne Rechenoperation erklären kann. Wer aus moralischer Kompetenz moralisch handelt, vermag Rechenschaft abzulegen über die Gründe seines Tuns, wobei der letzte Grund aller Gründe eben das Prinzip der Moralität qua Freiheitsprinzip im Sinne von Autonomie ist: Freiheit, die sich um der Freiheit aller willen an Normen und Werte bindet, durch die der größtmögliche Freiheitsspielraum ermöglicht wird. Moralisch kompetent ist der mündige Mensch, der seine Entscheidungen nicht nur gegenüber sich selbst, sondern auch gegenüber seinen Mitmenschen zu verantworten vermag. Moralische Kompetenz und Verantwortung gehören untrennbar zusammen, sie sind die beiden Seiten einer Freiheit, die sich als Moralität versteht. Diese Freiheit ist nicht Willkür. Willkür hat die Beliebigkeit auf ihr Panier erhoben, und im Gefolge der Willkür – unter dem Motto: alles ist erlaubt; wir tun, was uns gefällt – entsteht immer Ungerechtigkeit, Unterdrückung anderer, Unfreiheit. Freiheit im Sinne von Moralität hingegen stellt sich freiwillig unter die Pflicht der Verantwortung und Rechtfertigung, denn auch einer, der guten Willens ist und moralische Kompetenz besitzt, ist nicht frei von Irrtum und Schuld. Wer sich jedoch Moralität zum Prinzip seines Handelns gemacht hat, bekundet damit auch die Absicht, seine Handlungsstrukturen so durchsichtig wie möglich zu machen, um Irrtümern und Schuld möglichst wenig Raum zu geben.

Der Begriff der Moralität ist somit das Prinzip aller Moral(en), der eine Moral als Moral legitimierende Sinngrund. Die Begriffe Moralität und Moral weisen daher wechselseitig aufeinander zurück:

Wie eine Moral sich nur im Rückgriff auf das Prinzip der Moralität rechtfertigen kann, indem sie ihre materialen Normen als Ausdrucksformen des Unbedingtheitsanspruchs der Freiheit erweist, so ist das Prinzip der Moralität zur Erfüllung seines Anspruchs auf eine Moral angewiesen, in der es sich konkretisiert und als handlungsbegründendes Prinzip wirksam wird.

Dieses *Wechselverhältnis von Moral und Moralität*, das die menschliche Praxis als eine humane Praxis fundiert, ist der zentrale Gegenstand der Ethik: Die Ethik reflektiert das Verhältnis von Moral und Moralität. Indem sie die Dialektik von Moral und Moralität in Gang setzt, erfüllt die Ethik ihre kritische Absicht, nämlich im Hin- und Hergehen zwischen den bedingten Ansprüchen der Moral einerseits und dem unbedingten Anspruch des Moralitätsprinzips andererseits einen Aufklärungsprozeß in Gang zu setzen, durch den dogmatische Fixierungen,

Vorurteile und Handlungszwänge transparent gemacht bzw. aufgelöst werden.

Ethische Fragen haben sich aus dem Problembereich der Alltagspraxis durch Radikalisierung moralischer Fragen entwickelt. Moralische Gebote treten z.B. meistens – wenn auch nicht notwendig – in Sätzen mit imperativischer Form auf:

»Versprich mir, daß du mich nicht belügen wirst!«
»Schwöre mir ewige Treue!«
»Tu deine Pflicht und mach' deine Arbeit ordentlich!«
»Hilf mir in der Not!«
»Du solltest dich gegenüber älteren Leuten höflicher benehmen!«

Aber auch indikativische Formulierungen enthalten in versteckter Form eine Handlungsaufforderung:

»Lügen haben kurze Beine.«
»Hilfsbereitschaft ist eine menschliche Tugend der Nächstenliebe.«
»Ohne Fleiß kein Preis.«

Die in derartigen Sätzen ausgesprochenen Aufforderungen zu einer bestimmten Handlung sind dann erfüllt, wenn der durch sie Aufgeforderte entsprechend handelt: sich wahrhaftig bzw. höflich und treu verhält, ordentlich arbeitet, nach Kräften hilft.

Häufig wird jedoch die Berechtigung einer solchen Aufforderung bestritten, und die geforderte Handlung bleibt aus, sei es aus mangelnder Einsicht, aus Trotz oder Mutwillen, sei es aus besserer Einsicht oder persönlicher Überzeugung. Hier liegt der Ansatz für allgemeinere, grundsätzliche Fragestellungen, wie sie dann in der Ethik eingehend thematisiert werden:

- Warum müssen Versprechen gehalten werden?
- Weshalb darf man nicht lügen, die Treue brechen?
- Wieso muß man immer seine Pflicht tun?
- Gehört es zu den Pflichten eines Menschen, ordentlich zu arbeiten?
- Muß man anderen in der Not helfen?

Diese und ähnliche Fragen gipfeln allesamt in der Frage:

Warum soll der Mensch überhaupt moralisch und nicht vielmehr nicht moralisch handeln?

Wenn die Ethik von solchen Fragen ihren Ausgang nimmt, so interessiert sie sich primär nicht für Antworten, die auf ein Bedingtes (d.h. empirische Bedingungen) rekurrieren, wie z.B. Antworten des Typs:

- weil die anderen ein bestimmtes Verhalten von einem erwarten, das man selber in einer ähnlichen Lage von den anderen ebenfalls erwartet,
- weil Respektpersonen und Autoritäten (wie Eltern, Kirche, Staat u.a.) hinter den Sollensforderungen stehen,
- weil man sich in seinem Wirkungskreis Achtung und Wertschätzung erwerben will,
- weil es, wie Erfahrung und Geschichte lehren, ohne moralische Regeln und Pflichten keine Sozietät, sondern nur Chaos, Krieg aller gegen alle geben würde.

Solche Antworten, die sich auf empirische Bedingungen beziehen und Material über das Selbstverständnis von Menschen liefern, sind zwar im Einzelfall durchaus informativ und werden bis zu einem gewissen Grad auch als ausreichend anerkannt; sie befriedigen aber ethisch nicht, weil sie selbst noch einmal hinterfragbar sind und insofern keine grundsätzlichen Antworten darstellen. Man kann ja weiterfragen:

- Warum soll man denn nur solche Erwartungen an andere stellen, die man auch an sich selbst zu stellen bereit ist?
- Inwiefern sind Autoritäten in moralischen Angelegenheiten kompetenter als man selbst?
- Weshalb soll man sich überhaupt um die Wertschätzung der Mitmenschen kümmern?
- Warum soll man nicht dem Prinzip der Gewalt folgen und sich darum bemühen, Macht über andere Menschen zu erlangen?

Auch diese Fragen lassen sich wieder durch Rückführung auf ein Bedingtes beantworten und so fort bis ins Unendliche. Ein solcher *regressus in infinitum* erbringt zwar eine Fülle von Teilantworten, aber keine letztgültige Antwort, hinter die sinnvollerweise mit keiner weiteren Frage mehr zurückgegangen werden kann. Um eine solche letztgültige Antwort aber geht es der Ethik, und diese kann sie nur im Rekurs auf ein Unbedingtes, dem per definitionem nichts mehr als seine Bedingung vorausliegt, formulieren. Die Ethik, sofern sie eine zureichende Begründung der Moral liefern will, muß auf ein Unbedingtes, Letztgültiges rekurrieren, das ihren normativen Anspruch verbürgt. Dieses Unbedingte begreift die Ethik im Prinzip der Moralität als Freiheit, und zwar als Freiheit, die keinen Grund außerhalb ihrer selbst hat, sondern sich selbst begründet. Wo immer menschliches Handeln mit einem Anspruch auf Moralität auftritt, wird behauptet, unbedingt gut gehandelt zu haben oder handeln zu wollen. Unbedingt gut kann aber nur eine Handlung heißen, die *sowohl* aus Freiheit geschieht *als auch* Freiheit (des Handelnden und der durch die Handlung Betroffenen) zum Ziel hat.

1.4 Der Vorwurf des Relativismus

Mit dieser kurzen Charakterisierung des Verhältnisses von Moral und Moralität als dem zentralen Gegenstand der Ethik wird bereits einer der Haupteinwände gegen die Möglichkeit einer philosophischen Ethik gegenstandslos. Gemeint ist der sogenannte *Relativismusvorwurf* – der besagt, aufgrund der Vielzahl von Moralen, deren konkrete, materiale Normen einander nicht selten geradezu widersprechen und sich überdies im Verlauf der Zeit ständig ändern, sei es unmöglich, eine allgemeingültige Norm zu finden, die unbedingte Verbindlichkeit beanspruchen könne. Gut und Böse als die in moralischen Urteilen verwendeten Grundprädikate seien schlechterdings relativ, so daß jeder Versuch, eine Ethik als Wissenschaft von der Moral zu begründen, mangels gültiger Letztprinzipien von vornherein zum Scheitern verurteilt sei.

Dieser Einwand trifft nur das variable inhaltliche Moment an der Moral (z.B. nach dem Prinzip der Polygamie zu leben oder – wie in der Eskimo-Moral – alte Menschen, die nicht mehr in der Lage sind, Arbeit zu leisten und sich selbst zu versorgen, zu töten), übersieht aber, daß sich in echten moralischen Geltungsansprüchen auch ein invariables Formmoment mit zum Ausdruck bringt (z.B. nach dem Prinzip zu leben, immer und überall unbedingt gut zu handeln), das in keiner speziellen Moral aufgeht, sondern als Prinzip der Moralität jedweder Konkretion von Freiheit zugrunde liegt. Da menschliches Miteinander ein nie abschließbarer Prozeß ist, der nur utopisch oder ideologisch als unüberbietbarer, statischer Letztzustand gedacht werden kann, ist die das Miteinander regelnde Moral auch gleichsam immer unterwegs, wobei Moralität, das Freiheitsprinzip der treibende Motor ist, zu immer besseren und menschenwürdigeren Normen zu gelangen. Was zunächst also als bloße Relativität erscheint, erweist sich bei näherem Zusehen als die aufgrund unterschiedlicher sozio-kultureller Randbedingungen voneinander abweichende Ausprägung eines Freiheitsverständnisses, das sich in gemeinsamen Basisnormen wie Gerechtigkeit, Gleichheit, Humanität etc. artikuliert, die sich ihrerseits in bestimmten, durch die Anerkennung einer Handlungsgemeinschaft bezeugten Geltungsregeln materialisieren bzw. konkret werden.

Von einem alles relativierenden, die gesamte Moral aufhebenden Widerspruch könnte letztlich nur dann die Rede sein, wenn eine und dieselbe Regel einer von einer Handlungsgemeinschaft anerkannten Moral eine und dieselbe Handlung in einer und derselben Hinsieht zugleich gebieten und verbieten würde. Daß jedoch aus einer und derselben Basisnorm (z.B. der Norm der Menschenwürde) in verschiedenen Kulturkreisen unterschiedliche, ja gelegentlich entgegengesetzte Regeln als allgemeine Handlungsanweisungen abgeleitet werden, ist kein Einwand gegen die Gültigkeit der Norm, sondern fordert gerade dazu heraus, nach immer vollkommeneren Formen einer gemeinsamen Lebensordnung, nach einer immer besseren, humaneren Moral zu suchen.

»Die Verschiedenheit moralischer Verhaltensregeln in konkreten Gesellschaften kann meist auf unterschiedliche Umstände, Vorstellungen und Informationen bei gleichen moralischen Prinzipien zurückgeführt werden; und wo das nicht gelingt, da ist immer noch eine rationale Prüfung der konkurrierenden moralischen Prinzipien möglich.« (G. PATZIG: Relativismus und Objektivität moralischer Normen, a.a.O., 100)

Wer also aus der kulturellen Verschiedenheit von Normen den Schluß zieht, in der Moral sei letztlich alles relativ, daher dürfe und könne man keine normativ verbindlichen ethischen Aussagen über die Gültigkeit von moralischen Normen machen, übersieht zwei Dinge. Erstens hat er den Unterschied zwischen Basisnormen und den aus diesen abgeleiteten Folgenormen nicht beachtet. Zweitens ist er nicht in der Lage, seine eigene normative Schlußfolgerung zu begründen, denn wenn in der Moral schlechthin alles relativ ist, kann niemand beanspruchen, ein gültiges normatives Urteil darüber abzugeben, wie man sich in moralischen Angelegenheiten generell verhalten soll. Um dies noch einmal an HERSKOVITS' Thesen zu verdeutlichen: HERSKOVITS folgerte ja daraus, daß moralische Normen und Werte relativ im Blick auf die Kultur sind, aus der sie stammen bzw. zu der sie gehören – weshalb es nicht erlaubt sei, sich zu diesen kritisch zu äußern – man müsse sie so achten, wie sie seien, also Toleranz in bezug auf fremde Verhaltensweisen üben, seien sie nach unserem Verständnis auch noch so unmenschlich. Wie aber läßt sich diese Norm der Toleranz selbst als allgemeingültige Forderung begründen? Inwiefern beinhaltet sie mehr als eine ebenfalls bloß kulturspezifische Wertvorstellung, die dem Relativitätsverdikt verfällt?

Nehmen wir als Beispiel den Fall des Schriftstellers Salman RUSHDIE, den Khomeini 1988 wegen der angeblichen Blasphemie seines Buches »Die Satanischen Verse« (dt. 1989) zum Tode verurteilte. Wie steht es mit unserer Toleranz in bezug auf den weltweiten Aufruf, RUSHDIE zu töten?
Nach christlicher und ethischer Auffassung in den westlichen Ländern ist ein Menschenleben das größte Gut und damit ein

Wert, der als unverletzlich gilt. Wer – und noch dazu im Namen eines Gottes – zur Tötung eines Menschen aufruft, muß nach unseren Maßstäben schärfstens als widermoralisch verurteilt werden. Bei uns wird nicht nur der Mörder, sondern auch der, der andere zum Mord anstiftet oder sich eines für seine Dienste bezahlten Mörders bedient, vor Gericht gestellt und so beurteilt, als hätte er die Tat selbst begangen. Bei RUSHDIE *handelt es sich zudem nach unseren Maßstäben nicht um einen Verbrecher, räumen wir doch Schriftstellern die Freiheit des Wortes ein und beurteilen ihre Werke nach künstlerischen Kriterien, wobei allerdings auch wir der künstlerischen Freiheit durchaus Grenzen setzen. Die Verherrlichung von Gewalt, Brutalität, Grausamkeit und Pornographie tolerieren wir keineswegs. Und wenn man sich daran erinnert, wie viele Werke z.B. die katholische Kirche auf den Index gesetzt hat und auch heute noch setzt, so zeigen sich hier deutliche Toleranzgrenzen. Immerhin beinhaltet ein Leseverbot keine Aufforderung zur physischen Vernichtung des Autors.*

Aus islamischer Sicht hingegen gibt es einen höheren Wert als den eines Menschenlebens: das ist der Wert der Religiosität. Wer das religiöse Gefühl eines Menschen verletzt und damit Gott beleidigt, der hat damit sein Recht auf Leben verwirkt. Ein solcher Frevel kann nicht anders als durch den Tod gesühnt werden – so steht es auch im Koran. Der Bezirk des Heiligen ist somit schlechthin sakrosankt, und daß RUSHDIE *in seinem Roman einen Zentralnerv des islamischen Selbstverständnisses getroffen hat, zeigen die Reaktionen auch gemäßigter Moslems, die in unserem Kulturkreis leben. Sie beurteilen* RUSHDIEs *Werk nicht als ein literarisches Opus, das künstlerischen Gesetzen gehorcht, sondern als einen verbalen Angriff auf einen Eckpfeiler ihrer Religion.*

Die Fronten stehen sich also unversöhnlich gegenüber, und es ist zu fragen, ob wir uns ethisch richtig verhalten, wenn wir uns über den Mordaufruf empören. Sind wir vielleicht sogar verpflichtet, ihn und letztlich sogar RUSHDIEs *Tod zu dulden? Diese Frage ist mit Nein zu beantworten. Wir sind ganz im Gegenteil nach den für uns verbindlichen Maßstäben zu kritischer Intoleranz aufgerufen und können dies auch rechtfertigen. Zunächst einmal haben wir das Recht, uns dagegen zu wehren, daß die Prinzipien einer regional gültigen religiösen Moral über die Grenzen ihres Geltungsbereichs hinaus ausgedehnt werden. In Europa gelten andere ethische Maßstäbe als im Iran. Wir müssen also auf unserem Boden nicht die Ausübung eines Rechts dulden, das in unseren Augen als ein Verbrechen an Leib und Leben gilt, auch wenn wir religiöse Gefühle grundsätzlich respektieren und als unverletzlich erachten.*

Aber wie steht es umgekehrt mit dem Anspruch auf Geltung unserer Normen außerhalb ihres Geltungsbereichs? Müssen wir grundsätzlich alles tolerieren, was nicht auf unserem Boden geschieht; dürfen wir uns z.B. in die nach unseren Maßstäben ungerechtfertigten Hinrichtungspraktiken in anderen Ländern nicht einmischen, weil sie möglicherweise nach deren Anschauung legitim sind? Auch hier lautet die Antwort: nein. Aber diesbezüglich gilt es zu differenzieren. Wir dürfen uns nicht deshalb einmischen, weil wir meinen, eine bessere Moral oder Religion zu haben, die absolut gilt, sondern weil wir davon ausgehen, daß es auf einer übergeordneten, neutralen Ebene möglich sein muß, über solche Praktiken vernünftig miteinander zu reden. Ohne eine solche Annahme stünde eine Organisation wie Amnesty International nicht nur moralisch auf verlorenem Posten, sondern wäre sogar illegitim. Aber gerade solche Institutionen haben ja ihre Legitimation darin, daß es so etwas wie einen überregionalen Bereich gibt, in dem man sich über das, was wir als Menschenrechte bezeichnen, die jedem Menschen unangesehen seiner Rasse, Religion und Volkszugehörigkeit unverbrüchlich zustehen, verständigen kann. Wer die Rede und damit jede Kommunikation verweigert, also jeglichen Verständigungswillen vermissen läßt, muß sich Kritik gefallen lassen und Protest dazu. Kritische Intoleranz, die im Protest manifest wird, will zum Miteinanderreden herausfordern und damit zum gewaltlosen Miteinander – auch und gerade dort, wo die Gegensätze unaufhebbar zu sein scheinen. Wo jedes Gespräch abgelehnt wird, wird die eigene Position in unzulässiger

Weise dogmatisch verabsolutiert, anstatt sie dem Diskurs auszusetzen und mit guten Gründen zu verteidigen, bei gleichzeitiger Offenheit für die Argumente der Gegenpartei.

Unkritische Intoleranz ist Argumenten nicht zugänglich und bedient sich nur noch der Mittel der Gewalt, um die eigene Ansicht durchzusetzen. Wer unbedingte Geltungsansprüche gewaltsam durchsetzt, disqualifiziert sich eben dadurch aus ethischer Sicht und läßt erkennen, daß der von dem Betreffenden angemaßte Absolutheitsanspruch maß-los ist, d.h. sich der Haltung des Fanatikers annähert, der blind und taub für die Rechte anderer lieber den Untergang der Menschheit in Kauf nimmt als sich auf eine kritische Auseinandersetzung einzulassen. Hier wird der Protest wenig nützen, aber dennoch ist er das einzige ethisch legitime Mittel, um sich zur Wehr zu setzen.

Selbst wenn sich herausstellen sollte, daß es nicht nur Gegensätze zwischen den aus einer Basisnorm abgeleiteten praktischen Regeln, sondern auch zwischen den Basisnormen selbst faktisch gibt

> Beispiel:
> Es ist moralisch richtig, erlittenes Unrecht
> – auf gleiche Weise zu vergelten (zu ahnden)
> – zu verzeihen (nicht zu ahnden),

so läßt sich aus dieser Tatsache noch nicht schließen, daß beide Seiten der Alternative gleichwertig bzw. in gleicher Weise berechtigt sind. Vielmehr muß die Frage gestellt werden, ob nicht die eine oder die andere Seite Moralität in einer dem Menschen angemesseneren – humaneren – Weise zum Ausdruck bringt und daher vorzuziehen ist.

Der Relativismusvorwurf wird aber auch häufig von Leuten erhoben, die der Meinung sind, die Moral sei etwas bloß Subjektives, das dem Objektivitätsanspruch der Wissenschaft nicht genüge und daher wissenschaftlich auch nicht erforschbar sei. Gegen diese These hat Bernard WILLIAMS das Wesentliche gesagt:

»Der Subjektivist überläßt uns ... dem Gefühl, daß Tatsachenmeinungen etwas Bestimmtes haben, was moralischen Einstellungen fehlt, und daß es sich dabei um etwas besonders Erstrebenswertes handelt, kurz: daß Tatsachenmeinungen und die Wissenschaft irgendwie *solider* sind als die Moral.«

»Was der Subjektivismus besagt, ist, daß Tatsachenmeinungen und wissenschaftliche Einsichten objektiv sind – aber daß wir nach ihnen streben sollten, ist keineswegs selbst eine Tatsachenmeinung oder eine wissenschaftliche Einsicht.«

»Natürlich besteht dieser Gegensatz, die Moral ist etwas anderes als die Wissenschaft oder das Tatsachenwissen, und es ist absolut wesentlich, daß sie etwas anderes ist. Bei der Moral kommt es nicht darauf an, die Welt widerzuspiegeln, sondern sie zu verändern; es geht bei ihr um Grundsätze des Handelns, um Entscheidungen und Verantwortlichkeit. Die Tatsache, daß gleich intelligente und gleich gut informierte Menschen in der gleichen Situation moralisch verschieden urteilen können, besagt etwas über das Wesen der Moral – nämlich, daß man hier nicht einfach alles der Verfassung der Welt in die Schuhe schieben kann. Aber es besagt nicht ..., daß mit der Moral irgend etwas nicht stimmt.«

»Der entscheidende Unterschied ist der, daß es bei moralischen Streitfragen darum geht, was getan werden sollte, und daß jede Seite sich auf die eine oder andere Weise engagieren muß. Sobald man diesen Unterschied sieht, sieht man auch, daß es unmöglich vernünftig sein kann, eine Sache nur deshalb auf sich beruhen zu lassen, weil jemand anderes mit einem selbst nicht einverstanden ist.« (Der Begriff der Moral, 37, 39, 42, 43)

Nach diesen Erläuterungen der Begriffe Moral und Moralität erledigt sich der Relativismusvorwurf von selbst. Von Relativismus kann nur die Rede sein, wenn man nur die eine Seite des Verhältnisses von Moral und Moralität untersucht, nämlich alles das, was unter den Ordnungsbegriff ›Moral‹ fällt, unter Abstraktion vom Prinzip der Moralität.

Moralen und ihre praxisregulierenden Normen sind Teil des kulturellen Selbstverständnisses einer Interaktionsgemeinschaft. Als Ensemble von gewachsenen und tradierten, mit einem Verbindlichkeitsindex versehenen Handlungsmustern sind sie ebenso vielfältig wie die Kulturen, die sich unter historischen, wirtschaftlichen, geographischen und geistig-religiösen Bedingungen als soziale Lebensformen herausgebildet haben. Kulturelle

Vielfalt wird heute im Zeitalter einer globalen Vernetzung und eines erdumspannenden Tourismus fast nur noch als folkloristische Besonderheit wahrgenommen. Darüber gerät jedoch ein Aspekt aus dem Blick, den NIETZSCHE verschiedentlich betont hat: die Abgrenzungsfunktion moralischer Wertschätzungen:

»Leben könnte kein Volk, das nicht erst schätzte; will es sich aber erhalten, so darf es nicht schätzen, wie der Nachbar schätzt. Vieles, das diesem Volke gut hiess, hiess einem andern Hohn und Schmach: also fand ich's. Vieles fand ich hier böse genannt und dort mit purpurnen Ehren geputzt. Nie verstand ein Nachbar den andern: stets verwunderte sich seine Seele ob des Nachbarn Wahn und Bosheit.« (Also sprach Zarathustra, Teil I; Von tausend und Einem Ziele)

Was NIETZSCHE zur Genealogie der Pluralität von Moralen anführt, ist deshalb wichtig, weil dadurch in Erinnerung gerufen wird, daß das Gruppenethos ursprünglich der Abwehr fremder Kulturen diente, deren prägender Kraft ein entschiedenes Anderssseinwollen entgegengesetzt wurde. Man darf somit das Feindbild nicht vergessen, welches gerade jede Gemeinsamkeit zwischen den Kulturen verhindern sollte und dem Ethnozentrismus Vorschub leistete. Dies erklärt manche der Schwierigkeiten, die heute eine Verständigung der Menschen über die Grenzen hinweg behindern oder gar unmöglich machen, obwohl die Menschheit immer näher zusammenrückt und in einer Welt, deren Ressourcen immer knapper werden, auf faire Kooperation angewiesen ist. Wie tief die Gräben zwischen den Kontinenten sind, hat die Kontroverse um die Menschenrechte exemplarisch gezeigt, in welcher die unterschiedlichen Vorstellungen vom Wert und von der Würde menschlicher Individuen zum Vorschein kommen.

Es bedarf jedoch eines Minimalkonsenses bezüglich des normativen Fundaments, auf welchem Interaktionen in globalem Maßstab erfolgen können. Hier ist vor allem die Ethik gefordert, die einen wesentlichen Beitrag zur Herbeiführung eines Konsenses über universal gültige Prinzipien menschlichen Handelns und die existentiellen Bedingungen guten Lebens argumentativ leisten kann. Die Voraussetzung dafür ist jedoch eine gründliche Kenntnis der in anderen Kulturen anerkannten und als legitimiert geltenden Normen resp. Werte, deren praxisorientierende und handlungswirksame Kraft daraufhin zu problematisieren ist, inwieweit sie universelle Gültigkeit beanspruchen kann.

Beschreibt man also nur die Vielzahl von Moralen mitsamt ihren regional unterschiedlichen Normen und Wertvorstellungen, dann entsteht der Eindruck, daß im Bereich der Moral letztlich alles relativ ist: Was die einen für gut halten, lehnen die anderen als unzumutbar ab. Was bei den einen als Pflicht gilt, erscheint anderen als lächerlich. Was die einen als hochstehendes Verhaltensmuster auszeichnen, das belegen die anderen mit Sanktionen. Besonders kraß treten diese Unterschiede hervor, wenn man die Moral eines Westeuropäers mit der eines Kannibalen vergleicht. Materiale Normenkataloge, die Binnen- oder Gruppenmoralen, sind insofern relativ, als sich ihr Gültigkeitsbereich immer nur auf die Gruppe erstreckt, in der sich die jeweilige Moral als natürlich gewachsene herausgebildet hat. Keine Moral ist absolut und allgemeingültig. Aber daraus zu schließen, daß moralisches Handeln überhaupt relativ und letzten Endes beliebig ist, scheint mir ein Fehlschluß zu sein. Selbst wenn sich auf der Ebene der Moral keine einzige materiale Form, kein einziger Wert finden ließe, der in *jeder* Gesellschaft Verbindlichkeit beansprucht, so würde das nicht bedeuten, daß in Sachen Moral am Ende alles gleich-gültig ist. Zu diesem Schluß kann man nur kommen, wenn man die ethische Prinzipienebene wegstreicht und damit den unbedingten Anspruch auf Moralität, der sich in jeder Moral, die diesen Namen verdient, als Sinnanspruch zum Ausdruck bringt.

Die Tatsache, daß in moralischen Disputen oft kein Konsens erzielt wird, kann somit nicht als Beleg dafür angeführt werden, daß mit der Moral etwas nicht stimmt, denn:

Faktisches Verhalten kann in keiner Weise über die normative Gültigkeit einer Regel oder Norm entscheiden.

Selbst wenn die meisten Menschen es für richtig hielten, immer dann zu lügen, wenn damit ein Vorteil für sie verbunden wäre, kann daraus noch nicht geschlossen werden, daß dieses Verhalten auch an sich richtig, also moralisch zu rechtfertigen ist. Die Ethik geht somit davon aus, daß Meinungsverschiedenheiten in Angelegenheiten der Moral zwar nicht immer de facto, wohl aber prinzipiell entscheidbar sein müssen, nämlich durch eine Überprüfung des jeweils vertretenen moralischen Grundsatzes am Prinzip der Moralität.

Insofern hat die Ethik es durchaus nicht mit einem Gegenstand zu tun, der der Beliebigkeit das Wort redet. Ihre bleibende Aufgabe besteht vielmehr darin, die Begriffe Moral und Moralität so aufeinander zu beziehen, daß das Bedingte vom Unbedingten, das Veränderliche vom Unveränderlichen, faktische Geltung von normativer Gültigkeit her begriffen und umgekehrt das Unbedingte, Unveränderliche, Normative auf das Bedingte, Veränderliche, Faktische bezogen wird. Der Begriff der Moral bezieht sich auf etwas Relativierbares, nicht so der Begriff der Moralität, der als Prinzipienbegriff den Anspruch der Moral begründen soll, und zwar im Sinne einer Letztbegründung durch Rekurs auf ein Unbedingtes, hinter das per definitionem nicht mehr zurückgegangen werden kann.

Die Ebene der Moral ist jene Ebene, auf der wir uns vor allem bei unseren alltagssprachlichen Diskursen befinden, wenn wir uns die Frage stellen, was wir in einer bestimmten Situation tun sollen, wenn wir mit bestimmten Geboten und Verboten konfrontiert werden, die uns im Konfliktfall das Handeln erleichtern oder erschweren können. Auf der Ebene der Moral beurteilen wir somit singuläre Handlungen im Licht jenes Moralkodex oder Regelkanons, den wir als für die Gesellschaft, zu der wir gehören, verbindlich erachten. Auf der ethischen Metaebene hingegen werden die Normen des geltenden Moralkodex bezüglich ihrer Gültigkeit problematisiert und daraufhin befragt, ob sie als Normen auch dann noch Bestand haben, wenn man davon abstrahiert, daß sie bereits seit vielen Generationen gelten, oder daß sie von einer großen Anzahl von Menschen tatsächlich befolgt werden. Die Frage nach dem Geltungsgrund von Normen ist mithin eine ethische Frage, was nicht bedeutet, daß man nicht auch in moralischen Diskursen seine Probleme so radikalisieren kann, daß man unversehens auf die Ebene des ethischen Diskurses gerät, allerdings meistens, ohne dies zu bemerken.

Wenn Ethik das Verhältnis von Moral und Moralität zu reflektieren hat, dann lassen sich von vornherein zwei Fehlformen einer ethischen Theorie charakterisieren, die aus einer einseitigen Perspektive hervorgehen. Eine Ethik, die bloß Phänomene der Moral untersucht und dabei das Prinzip der Moralität außer acht läßt, verliert sich im Relativismus. Sie hat es nur mit Variablen, d.h. mit geschichtlich sich verändernden Handlungsmustern zu tun, für deren Ordnung ihr die Konstanten, ein feststehendes Koordinatensystem sinnbegründender Prinzipien fehlen. Es würde sich um eine Ethik handeln, die sich ausschließlich auf der metamoralischen Ebene artikuliert, also letztlich deskriptive Aussagen *erster* Ordnung macht. Umgekehrt wäre eine Ethik, die sich ausschließlich mit dem Prinzip der Moralität beschäftigt und dabei die Phänomene der Moral aus den Augen verliert, realitätsfern und verbliebe im Abstrakt-Spekulativen, ohne Bezug auf das, was Menschen – wenn auch auf höchst unterschiedliche Weise – wirklich tun, indem sie moralisch handeln und urteilen. Eine solche Ethik würde ausschließlich normative Sätze *zweiter* Ordnung formulieren und sich nicht darum kümmern, in welcher Beziehung solche Sätze zu Menschen als endlich geschichtlichen Wesen stehen, die unter gegebenen Bedingungen handeln müssen. Gegenstand einer umfassenden Ethik kann also weder die Moral noch die Moralität jeweils isoliert für sich sein, sondern nur das Verhältnis von Moral und Moralität im Kontext menschlicher Praxis. Prinzipien ohne Anbindung an eine Moral, deren Sinn sie verbürgen sollen, bleiben eine unverbindliche Gedankenspielerei; Moralen ohne Bezug auf ein ihre Geltungsansprüche legitimierendes normatives Prinzip bleiben relativ und ebenfalls unverbindlich. Daher gehören Moral und Moralität untrennbar zusammen.

2 Ethik als praktische Wissenschaft

Das Verhältnis von Moral und Moralität, das die Ethik bedenkt, läßt sich nur im Zusammenhang mit moralischen Handlungen und moralischen Urteilen über solche Handlungen zureichend thematisieren. Insofern ist die Ethik eine *Philosophie der Praxis* oder eine *praktische Wissenschaft,* der es jedoch nicht um die menschliche Praxis als ganze geht, sondern ausschließlich um jene besondere Klasse von Handlungen, die als moralische Handlungen bezeichnet werden.

Die Ethik ist also eine Theorie moralischen Handelns, aber – und das ist eine weitere Besonderheit der Ethik – diese Theorie entwickelt sie primär nicht um des Wissens, sondern um des Handelns willen. Die Ethik ist somit keine Theorie um der Theorie willen; ihr geht es primär nicht um eine ausschließlich intellektuelle Befriedigung, sondern um die Beziehung des Gedachten zum Handeln, d.h. das durch die Ethik vermittelte Wissen soll keine bloß theoretische, praktisch folgenlos bleibende Information, sondern »taterzeugendes Wissen« (FICHTE) sein, das sich nur in der Praxis bewährt. Oder, um es mit ARISTOTELES zu sagen: Die Praxis ist sowohl *Voraussetzung* als auch *Ziel* der Ethik. Die Praxis, von der die Ethik ihren Ausgang nimmt, ist für ihn die Alltagspraxis in der Polis, in deren Ethos der Schüler der Ethik schon durch eigenes Handeln bis zu einem gewissen Grad eingeübt sein muß, um zu verstehen, wovon in der Ethik die Rede ist.

»Daher muß bereits über eine edle Grundgewöhnung verfügen, wer mit Nutzen eine Vorlesung über das Edle, das Gerechte, kurzum über die Wissenschaft von der Polis hören will.« (Eth. Nic. I,2; 1095b 5–7)

Die Praxis, auf die die Ethik hinzielt, ist eben jene Alltagspraxis, von der sie ausgegangen ist, doch nun als eine über sich selbst und die Bedingungen ihres Gutseins aufgeklärte Praxis.

2.1 Disziplinen der praktischen Philosophie

Im folgenden soll zunächst gezeigt werden, was die Ethik einerseits mit anderen Disziplinen der Philosophie verbindet und was sie andererseits von diesen unterscheidet. Diese Lokalisierung der Ethik im Feld der Philosophie insgesamt ist nicht nur für das Selbstverständnis der Ethik als Wissenschaft wichtig, sondern auch für die Präzisierung des Gegenstandes der Ethik von eminenter Bedeutung, insofern die menschliche Praxis im ganzen ein so vielschichtiges, komplexes Gebilde ist, daß eine immanente Klärung der verschiedenen Aspekte, unter denen die Philosophie sie aufzuschlüsseln versucht, Hinweise darauf gibt, wie sich moralisches Handeln zu anderen Formen von Praxis verhält.

Als Theorie in praktischer Absicht gehört die Ethik zu den klassischen Disziplinen der praktischen Philosophie, die außer der Ethik noch Politik, Rechtsphilosophie und Ökonomik umfaßt.

2.1.1 Politik

Reflektiert die Ethik die moralische Dimension menschlicher Praxis, so die *Politik* deren politische Dimension. Für ARISTOTELES gehören Ethik und Politik noch untrennbar zusammen, daher läßt er auf die ›Nikomachische Ethik‹ jene Schrift folgen, die den Titel ›Politik‹ trägt, denn es scheint ihm zweckmäßig,

»wenn wir ... uns mit dem Problem der Polisverfassung in seinem ganzen Umfang beschäftigen, um so nach unseren besten Kräften die Wissenschaft vom menschlichen Leben abzurunden.« (Eth. Nic. X, 10; 1181b 12–15)

Im Unterschied zur Ethik, die die Strukturen moralisch richtigen Handelns erörtert, geht die Politik auf die für die Polis optimalen Gesetze ein, die eine für alle Bürger der Polis geglückte Lebensform ermöglichen. Dabei setzt die Politik Moralität als Bedingung der den Gesetzen zugrundeliegenden Gerechtigkeit voraus:

»Das Gesetz ... hat ... zwingende Gewalt: es ist ein Ordnungsprinzip, das auf sittlicher Einsicht und Vernunft beruht.« (Eth. Nic. X, 10; 1180a 15–16)

Was für ARISTOTELES Ethik und Politik miteinander verbindet, ist der Begriff der Gerechtigkeit; *ta ethika* und *ta politika* sind zwei Aspekte ein und desselben Handelns, das einmal mehr vom Individuum und zum andern mehr vom Individuum, sofern es Individuum unter anderen Individuen ist, her reflektiert wird, wobei Gerechtigkeit beidemale die schlechthin soziale Tugend ist.

In der Neuzeit geht die enge Beziehung zwischen Ethik und Politik verloren. Bei MACHIAVELLI löst sich die Politik von der Ethik ab; an die Stelle der Idee der Gerechtigkeit tritt das Prinzip der Gewalt im Kampf um die Macht. In Angelegenheiten, die die Staatsgeschäfte betreffen, bekommt die Staatsraison den unbedingten Vorrang vor der bürgerlichen Moral und der Freiheit des einzelnen. Moralität wird in den Bereich des Privaten abgedrängt, der politisch bedeutungslos ist. KANT hat diese morallose Form politischen Handelns im Anhang zu seiner Schrift »Vom ewigen Frieden« heftig kritisiert und die »wahre Politik« wieder auf die Moral zurückbezogen:

»Die wahre Politik kann ... keinen Schritt tun, ohne vorher der Moral gehuldigt zu haben.«

KANT kann sich zwar

»einen *moralischen Politiker,* d.i. einen, der die Prinzipien der Staatsklugheit so nimmt, daß sie mit der Moral zusammen bestehen können, aber nicht einen *politischen Moralisten* denken, der sich eine Moral so schmiedet, wie es der Vorteil des Staatsmanns sich zuträglich findet.« (Werke, Bd. 9, 243, 233)

Eine auf dem Prinzip der Demokratie beruhende Politik weiß sich wiederum den moralischen Grundwerten verpflichtet und steht von daher unter dem moralischen Anspruch, ihre Ziele nicht nur hinsichtlich ihrer politischen Wirksamkeit, sondern auch hinsichtlich ihrer Humanität zu rechtfertigen.

Eine praktische politische Theorie, so hat sich gezeigt, kann ohne ethische Prämissen nicht auskommen, da der Anspruch moralischer Normen nicht auf den privaten Handlungsbereich beschränkt ist, sondern auch für öffentliche Willensbildungsprozesse verbindlich ist: Moralische Kompetenz wird auch und gerade von dem gefordert, der sich von Berufs wegen um staatliche und soziale Angelegenheiten zu kümmern hat. Mithin ist die Ethik die Basiswissenschaft, auf deren Ergebnissen die politische Philosophie aufbaut, indem sie das ethische Freiheitsprinzip rechtlich und institutionell absichert.

Otfried HÖFFE hat darauf hingewiesen, daß von der Antike bis zur Neuzeit die meisten der klassischen Philosophen auch bedeutende Rechts- und Staatsdenker waren, für die die sittliche Perspektive der politischen Gerechtigkeit eine zentrale Rolle spielte.

»Im Laufe des 19. Jahrhunderts bricht diese Tradition jedoch ab. ... In den Rechts- und Staatswissenschaften dominieren der Historismus und der Positivismus, die beide der sittlichen Perspektive mißtrauen, sie zum Teil sogar ausdrücklich ablehnen. Mit der *Entfremdung* der Philosophie von den Rechts- und Staatswissenschaften geht eine Entfremdung beider Seiten von der Ethik einher und damit die Rechts- und Staatsethik verloren.« (Politische Gerechtigkeit. Grundlegung einer kritischen Philosophie von Recht und Staat, 13 f.)

Neben O. HÖFFE sind u.a. V. GERHARDT, W. KERSTING, H. OTTMANN und E. VOLLRATH zu nennen, die sich im deutschsprachigen Raum um eine ethische Fundierung von Politik, Staat und Recht bemühen.

2.1.2 Rechtsphilosophie

Auch die *Rechtsphilosophie* oder philosophische Rechtslehre ist eine praktische Disziplin der Philosophie. Im Unterschied zu Ethik und Politik befaßt sie sich jedoch nicht mit der moralischen und der politischen Dimension von Praxis, sondern mit ihrem rechtlichen Aspekt, der gleichwohl mit den beiden anderen eng zusammenhängt: Wie politisches Handeln an das Freiheitsprinzip einerseits, an Recht und Verfassung andererseits gebunden ist, so werden Rechtsnormen politisch sowohl gesetzt als auch durchgesetzt und haben in der grundsätzlichen Anerkennung des Menschen als moralischer Person ihr ethisches Fundament. Im Unterschied zu den Normen einer Moral sind die Normen einer Rechtsordnung als Gesetze niedergelegt, die für den Fall von Zuwiderhandlungen mit Strafen drohen.

Während also die Normen einer Moral weitgehend ungeschriebenes Gesetz sind, sind die Rechtsnormen gesatzte, schriftlich festgehaltene und zusammen mit Sanktionen formulierte Regeln. Zwar ist auch der Verstoß gegen moralische Normen mit Sanktionen verbunden: Tadel, Mißbilligung und Verachtung z.B. können sehr wirksame Maßnahmen sein, um unmoralisches Verhalten zu ahnden. Aber im Unterschied zu Rechtsnormen sind Verstöße gegen moralische Normen nicht einklagbar, es sei denn, daß mit der Verletzung einer moralischen Norm zugleich ein Rechtsbruch verbunden ist: z.B. absichtliche Falschaussage vor Gericht, Vortäuschung falscher Tatsachen bei einem Vertragsabschluß etc.

Die Herkunft des Rechts ist in der Geschichte der Rechtsphilosophie umstritten. Während die einen als Vertreter des sogenannten *Naturrechts* die Rechtsnormen aus den der menschlichen Natur immanenten Zwecken ableiten (PLATON, THOMAS V. AQUIN, GROTIUS, WOLFF u.a.), behaupten die Vertreter des sogenannten *positiven Rechts,* das Recht sei eine unabhängig von irgendwelchen vorgegebenen Werten von Menschen zum Überleben geschaffene Ordnung (DUNS SCOTUS, Wilhelm von OCKHAM, HOBBES).

Die Naturrechtslehrer gehen davon aus, daß die Natur insgesamt, inklusive die menschliche Natur, ein Ordnungsgefüge darstellt, das nicht Produkt menschlichen Wollens und Handelns – gemeinsamer Interaktionen – ist, sondern jeder menschlichen Tätigkeit vorausliegt, sei es wie bei PLATON im Sinne einer hierarchisch gestuften Struktur des Kosmos, von dem der Mensch nur ein Teil ist, sei es wie bei THOMAS im Sinne einer von Gott dem Menschen vorgegebenen Sinn- und Seinsordnung. Aus diesem jeweils als Natur begriffenen Sinnganzen wurden dann die darin implizierten Zweckvorstellungen erschlossen und zu einem Rechts- bzw. Pflichtenkatalog zusammengestellt, der den Inbegriff des Naturrechts darstellen sollte. Für PLATON war z.B. die Welt, in der der Mensch lebt, nur ein Abbild einer höheren, wahren Welt, des überirdischen Orts, und der Riß zwischen dem Ursprünglich-Eigentlichen und dem Abgeleitet-Abkünftigen, zwischen dem Bereich des unveränderlichen, in sich vollkommenen ewigen Seins und dem Bereich des veränderlichen, vergänglichen, unvollkommenen Werdens geht auch durch die Natur des Menschen und bestimmt seine Rechte und Pflichten. Er ist nämlich sowohl berechtigt als auch verpflichtet, die Strukturen jener höherrangigen Welt nachzuahmen, d.h. als Maßstäbe seines Handelns anzuerkennen.

Während die Naturrechtler die Gültigkeit des als verbindlich behaupteten Rechts aus der Wert- und Sinnhaftigkeit einer dem Menschen vorgegebenen Natur ableiten, behaupten die Rechtspositivisten, daß es eine solche Natur nicht gebe und die Gültigkeit des Rechts allein daraus folge, daß es gesatztes Recht, d.h. von Menschen zur Regelung ihrer wechselseitigen Beziehungen gemeinsam beschlossene und erlassene Gesetze sind, die aufgrund des gemeinsamen Beschlusses und ihrer schriftlichen Fixierung allgemein verbindlich seien.

KANT war es, der diese Alternative von Naturrecht und positivem Recht dadurch aufhob, daß er die menschliche Natur als eine Vernunftnatur bestimmte, wobei er unter Vernunft keine naturale Anlage des Menschen verstand, die sich von selber, ohne sein Zutun entwickelt, sondern eine moralische Aufgabe, die es autonom zu bewältigen gilt, indem die Freiheit sich selbst Gesetze gibt – sich selbst ihre Grenze an der Freiheit des Mitmenschen setzt. Von daher definierte er das Recht als Inbegriff von Regeln, die lediglich das äußere Verhalten, die äußere Freiheit der sich praktisch äußernden Vernunftnatur des Menschen betreffen, wohingegen er den eigentlichen Wert der praktischen Vernunft in der inneren Freiheit als der moralischen Gesinnung sah. Entsprechend enthält die ›Metaphysik der Sitten‹ zwei Teile – sowohl eine Rechtslehre als auch eine Tugendlehre –, in denen der rechtliche und der moralische Freiheitsbegriff abgehandelt werden.

»Gesetze der Freiheit heißen, zum Unterschiede von Naturgesetzen, *moralisch*. So fern sie nur auf bloße äußere Handlungen und deren Gesetzmäßigkeit gehen, heißen sie *juridisch;* fordern sie aber auf, daß sie (die Gesetze) selbst die Bestimmungsgründe der Handlungen sein sollen, so sind sie *ethisch,* und alsdann sagt man: die Übereinstimmung mit den ersteren ist die *Legalität,* die mit den zweiten die *Moralität* der Handlung.« (Werke, Bd. 7, 318)

Rechtsnormen müssen somit nicht aus moralischen Gründen befolgt werden; es genügt, daß sie respektiert werden, aus welchen Gründen auch immer. Gleichwohl ist der Begriff des Rechts ebensowenig wie der der Politik ohne Rückgriff auf das Prinzip der Moralität zu legitimieren, wie es die verschiedenen Fassungen der sog. Menschenrechte oder Grundrechte deutlich zum Ausdruck bringen. Dort ist es überall die Freiheit, die als schlechthinniges und unveräußerliches Grundrecht postuliert wird, das weder rechtlich noch politisch angetastet werden darf, da Recht und Politik selber auf diesem Grundwert basieren.

Die Ethik erweist sich daher nicht nur gegenüber der Politik, sondern auch gegenüber der Rechtsphilosophie als die Basiswissenschaft, der unter den praktischen Disziplinen der Philosophie das Primat gebührt, da der Begriff der Moralität sich auf die dem Menschen wesentliche Freiheit bezieht, die den eine humane Praxis als humane Praxis auszeichnenden und qualifizierenden Grund ausmacht. Es sind vor allem die Menschenrechte, die als *kategorische Rechtsprinzipien* (O. HÖFFE) im Zentrum der Rechtsphilosophie stehen.

2.1.3 Ökonomik

ARISTOTELES untergliederte die praktische Philosophie in Ethik, Politik und Ökonomik. Die Ethik als Lehre vom moralischen Handeln und guten Leben war für ihn die Grundlagendisziplin einerseits für die politische Philosophie als Lehre vom gerechten Staat und von legitimer Herrschaft und andererseits für die Ökonomik als Lehre von der Hauswirtschaft. Nach ARISTOTELES handelt einer im weiteren Sinn ›ethisch‹, wenn er sein Handeln an dem orientiert, was Sitte ist, was in der Polis

Geltung hat und daher allgemeine Verbindlichkeit beansprucht. Im engeren Sinn ›ethisch‹ handelt jedoch derjenige, der den überlieferten Handlungsregeln und Wertmaßstäben nicht frag- und kritiklos gehorcht, sondern es sich zur Gewohnheit macht, aus Einsicht und Überlegung das moralisch Gute zu tun, wie es die jeweilige Situation erfordert.

ARISTOTELES hat die Ethik und die Wirtschaft noch nicht in der strikten Weise voneinander getrennt, wie dies heute geschieht. Jeder Bürger der Polis mußte moralisch erzogen, d.h. in die Wertmaßstäbe der Polisgemeinde eingeübt werden, um moralische Kompetenz zu erwerben, die ARISTOTELES als Tugend (areté) bezeichnete. Tugend ist jene Tüchtigkeit der Seele, die den einzelnen befähigt, ein Ziel zu anzustreben, über dessen Wert in der Polis ein Konsens besteht, und dieses Ziel mit wirtschaftlich vertretbaren Mitteln umzusetzen. Moralisches, wirtschaftliches und politisches Handeln sind demnach für ARISTOTELES voneinander unabtrennbar. So wie es keine nur *moralischen* Handlungen gibt in dem Sinn, daß man bloß das Gute will, ohne sich ernsthaft Gedanken darüber zu machen, wie es verwirklicht werden kann, so gibt es auch keine bloß *politischen* Handlungen: Wer in Staatsangelegenheiten – Verfassung, Gesetzgebung, militärische Erfordernisse, Gerichtswesen u.a. – Entscheidungen zu treffen hat, kann dies einerseits nicht ohne Bezugnahme auf moralische Vorgaben, insbesondere die Prinzipien der Gerechtigkeit und der Autarkie tun, und andererseits nicht ohne wirtschaftliche Überlegungen. Andernfalls würde es zu entarteten Verfassungsformen bzw. zum wirtschaftlichen Ruin der Polis kommen. Ein Politiker, der nicht das für alle Gute und damit einen moralischen Anspruch zur Grundlage seines Handelns macht, verfehlt mit dem Ethischen auch das Politische. Er beraubt sich des Handlungsmaßstabs, der ihm die Grenzen des für die Polis Erstrebenswerten aufzeigt. So wird das Politische zum Selbstzweck, und zügelloses Machtstreben, Kampf und Gewalt treten an die Stelle einer Politik, deren Ziel das Wohlergehen und das gute Leben der Bürger ist. Vernachlässigt der Politiker dagegen das Ökonomische, so bleibt er zwar der ethischen Vorstellung eines guten Lebens und den damit verbundenen Zielen der Polis verpflichtet, aber es gelingt ihm nicht, seine an sich erstrebenswerten Ziele in die Praxis umzusetzen. Schließlich gibt es auch keine bloß *ökonomischen* Handlungen. Unter Ökonomie versteht ARISTOTELES das Nützliche; darunter fällt alles, was mit der Hausverwaltung zusammenhängt: die Regelung der Arbeits- und Erwerbsverhältnisse in bezug auf die Familienangehörigen durch den *pater familias,* dessen Entscheidungen moralische Tüchtigkeit und politisches Engagement voraussetzen. Wo sich das Wirtschaftliche verselbständigt, wie dies etwa beim Gelderwerb der Fall ist, der darauf abzielt, den Reichtum über das zum Leben Benötigte hinaus zu vermehren, spricht ARISTOTELES von einer widernatürlichen Erwerbsarbeit, die weder mit dem moralischen noch mit dem politischen Ethos vereinbar ist und mit der tugendhaften Grundhaltung das Fundament der Polis insgesamt korrumpiert. Werden also die Ansprüche der Wirtschaft nicht durch ein Moralprinzip restringiert, droht der menschlichen Praxis eine Enthumanisierung, denn wo die Durchsetzung von Eigeninteressen um des größtmöglichen Profits willen zum höchsten Handlungsziel avanciert, wird es eine immer breiter werdende Kluft zwischen Reichen und Armen geben. Rigoroses Streben nach Nutzenmaximierung schafft ungerechte Verhältnisse, die ethisch nicht zu rechtfertigen sind.

Auch wenn wir heute – zweieinhalb Jahrtausende nach ARISTOTELES – dessen integratives Handlungsmodell nicht ohne weiteres heranziehen können, um unsere Probleme zu lösen, da wir es nicht mehr mit den überschaubaren Verhältnissen in einem Polisverband, wie der griechische Stadtstaat es war, zu tun haben, sondern mit den komplexen Strukturen einer Weltgemeinschaft von *global players,* so hat sich mittlerweile doch herausgestellt, daß eine Trennung von Wirtschaft, Ethik und Politik nicht wünschenswert ist, weil sie unsere demokratischen Grundlagen zerstört und damit die soziale Verträglichkeit destabilisiert.

Die in der humanistischen Idee des *homo sapiens* zusammengefaßte Vorstellung von Ganzheitlichkeit beinhaltet, daß die Tätigkeiten von Kopf, Herz und Hand (PESTALOZZI) so miteinander kooperieren, daß sie sich gegenseitig zur Entwicklung und kreativen Umsetzung von Vernunftkonstrukten anspornen. Aus diesem dem *homo sapiens* immanenten Dreierverband haben sich *homo faber* und *homo oeconomicus* abgesetzt, indem sie vom Kopf lediglich die Zweckrationalität und Erfindungsgabe, von der Hand nur die Bedienungsfunktion mitnahmen und das Herz in den Privatbereich verbannten. Das so entstandene Ideal einer instrumentell verkürzten menschlichen Praxis, die auf der Basis von Nutzenkalkülen und Maximierungsstrategien ein maschinell unterstütztes quantitatives Wachstum in Gang setzte, hat dazu geführt, daß die auf diese Weise arbeitenden Menschen ebenso verkümmerten wie die durch sie ausgebeutete Natur. Das Menschenbild, das uns heute aus der Werbung und der Unterhaltungsindustrie entgegenblickt, ist der *homo consumens*, der genuß- und vergnügungssüchtige Mensch, der sich alles einverleibt, worauf er Lust und woran er Spaß hat. Gemäß dem Motto ›Nach uns die Sündflut‹ soll das Leben voll ausgeschöpft werden, und die materielle Basis dazu wird von der Wirtschaft erwartet, die diese Erwartung umso lieber bedient, da sie ihren Profit aus dem Massenkonsum zieht.

Wie ist es zu diesem Abstieg vom *homo sapiens* über den *homo faber* und den *homo oeconomicus* zum *homo consumens* gekommen? Was ist aus unseren humanistischen Wertvorstellungen geworden, die wir doch eigentlich immer noch hochschätzen, wenn wir uns die ethische Perspektive zu eigen machen? Gibt es in unserer gewachsenen Kultur nichts, das wir bewahren oder in erneuerter Form für die Zukunft fruchtbar machen wollen? In unserer abendländischen Tradition können wir auf zwei ganz große Sinnkrisen zurückblicken. Die eine steht in einem engen Zusammenhang mit dem Idealismus der christlichen Metaphysik, in deren Gefolge das Leiblich-Materielle und damit zugleich alles mit den Sinnen Erfaß- und Erfahrbare bis zur Verteufelung jeglichen Genusses abgewertet wurde – bei gleichzeitiger Aufwertung, ja Vergöttlichung geistig-immaterieller Werte. Doch der Körper rebelliert, wenn seine Bedürfnisse unterdrückt, als etwas Verächtliches, da schlechthin Sinn- und Vernunftloses abgetan werden. So wird verständlich, daß der des Sündenfalls verdächtigte Körper seine Rechte wieder geltend machen wollte und dabei ins andere Extrem gefallen ist. Das Resultat war der *homo consumens*.

Und damit war die andere Sinnkrise vorprogrammiert, die aus dem Umschlag des extremen Idealismus in einen nicht weniger extremen Materialismus resultierte, der unsere heutigen Wertvorstellungen dominiert. Wir kennen trotz der Vielfalt an Werten in den verschiedenen Dimensionen unserer Lebenswelt nur noch einen Grundwert: den des Profits. Der Wertbegriff hat sein qualitatives Moment verloren und wird nur noch auf quantifizierbare Gegenstände bezogen. Wo von Wertakkumulierung und Wertsteigerung die Rede ist, gilt nur das als wertvoll, was zur Gewinnmaximierung beiträgt. Das Geld avanciert zum Wert schlechthin, weil es das Mittel ist, durch das man sich alles übrige, was man hochschätzt, verschaffen kann.

Aufgrund dieser Verarmung des Wertbegriffs durch seine Reduktion auf zählbare und berechenbare Größen hat auch jeder Mensch seinen Preis und wird über seinen Preis bezüglich seines Wertes taxiert. Um ihm mit dem Wert der Humanität seine Würde zurückzuerstatten, ist ein Umdenken nötig in bezug auf den Maßstab, der unseren Hochschätzungen zugrundeliegt. Zur Grundlage unseres Handelns muß neben dem quantifizierenden wieder ein qualitatives Wertbewußtsein treten. Statt noch mehr Waffen, noch mehr Macht, noch mehr Technik, noch mehr Konsum auf der einen Seite, dem auf der anderen Seite noch mehr Ohnmacht, Unterdrückung, Umweltverschmutzung und Armut entspricht, verbunden mit noch mehr Angst, Unfreiheit, Krankheit und Elend – statt eines die Unmenschlichkeit festschreibenden grenzenlosen Nutzenwachstums einiger weniger auf Kosten der großen Mehrheit muß das neue Wertbewusstsein sich auf einen einzigen Grundwert besinnen, den Wert der Menschlichkeit, der allein echte Lebensqualität verbürgt.

Menschlichkeit bedeutet: im Mitmenschen das andere Ich sehen, dem ich das schulde, was ich für mich selbst beanspruche: Solidarität, Chancengleichheit, Fairneß, Toleranz, das Recht auf freie Selbstverwirklichung. In Anwendung auf Menschen erweist sich der Nutzenkalkül als inhumanes Instrument, durch welches das Gesamtquantum Menschheit klassifiziert, hierarchisiert, instrumentalisiert, in Herrschende und Beherrschte eingeteilt wird. Wo Herrschaftsprinzipien trennen, fordern Solidarität, Chancengleichheit, Fairness und Toleranz als Ausdruck einfacher Menschlichkeit eine alle Verschiedenheiten übergreifende Einheit, die die Menschen als Menschen miteinander verbündet.

Mittlerweile ist der Ruf nach einem neuen Menschentypus, dem *homo oecologicus,* immer lauter geworden (vgl. E. MEINBERG: Homo oecologicus, Darmstadt 1995), desgleichen die Forderung eines Umdenkens *erstens* in bezug auf eine Wirtschaftlichkeit, die unter Berücksichtigung der Rechte künftiger Generationen mit den nicht erneuerbaren Ressourcen sorgsamer umgeht und die Ideologie stetigen Wachstums hinterfragt (Stichwort: nachhaltige Entwicklung); *zweitens* in bezug auf einen Umgang mit der Natur, der sich der Eingrenzung von Umweltschäden und dem Schutz der Artenvielfalt verschreibt (Stichwort: Biodiversität), sowie *drittens* in bezug auf Formen der Mitmenschlichkeit, die nicht nur den interkulturellen Austausch und die Chancengleichheit fördern (Stichwort: Erhaltung und Vernetzung kultureller Vielfalt), sondern auch die Solidarität zwischen den Mitgliedern der Gemeinschaft, deren Belastbarkeit mittelfristig allein schon dadurch einem harten Test unterworfen sein wird, daß weitere Rationalisierungsprozesse und ein kaum noch steigendes Wirtschaftswachstum eine Umverteilung der vorhandenen Arbeit nach sich ziehen müssen, mit der Konsequenz, daß Besitzstandswahrung nicht mehr als Recht eingeklagt werden kann.

Der *homo oecologicus* als postmoderner *homo sapiens* ist der Mensch der Zukunft, der – nicht nur um zu überleben, sondern auch um einigermaßen gut zu überleben – seinen individuellen und kollektiven Egoismus so weit einschränken muß, daß er verträglich wird mit den berechtigten Interessen anderer Individuen, anderer Völker und der Natur. Empathie und Toleranz sind die Tugenden, die er ausbilden muß, um jene Verstehensleistungen erbringen zu können, die die Voraussetzung für ein nichtrepressives Miteinanderumgehen sind.

2.2 Disziplinen der theoretischen Philosophie

Die Ethik steht als Grunddisziplin der praktischen Philosophie in einem engen Verhältnis zu Politik, Rechtsphilosophie und Ökonomik, deren Normen sie vermittels des Moralprinzips auf ihre Berechtigung hin kritisch hinterfragt. Insofern ist sie von den normativen Disziplinen der Philosophie die fundamentalste – die normative Grundlagenwissenschaft schlechthin. Die Ethik hat es jedoch nicht nur mit normativen Fragen (was sein soll) zu tun, sondern auch mit Fragen, die sich auf die Faktizität (was ist) beziehen, denn von einem Sollen kann sinnvollerweise nur dort die Rede sein, wo etwas ist, das sich verändern, zum Besseren hin entwickeln kann. Wenn alles schon so, wie es ist, gut wäre, würden Sollensforderungen überflüssig.

Darüber hinaus muß die Ethik auch den wissenschaftlichen Anforderungen genügen, denen jede diskussionswürdige Theorie zu begegnen hat. Insofern steht die Ethik auch in einem Verhältnis zu Disziplinen der theoretischen Philosophie, insbesondere zu Anthropologie, Metaphysik und Logik. Theoretisch bedeutet hier: Der Schwerpunkt dieser Disziplinen liegt auf dem Wissen, nicht auf dem Handeln. Um jedoch das Verhältnis von Moral und Moralität im Kontext menschlicher Praxis zureichend bedenken zu können, muß die Ethik wissen, wer bzw. was der Mensch als Adressat des moralischen Anspruchs ist: dazu wendet sie sich an die Anthropologie. Weiter muß sie wissen, welche Rolle der Mensch in der Gesamtheit des Seins spielt, welches Weltbild er hat: dazu wendet sie sich an die Metaphysik. Und drittens schließlich muß sie wissen, welche rationalen Hilfsmittel ihr zur Strukturierung normativer Sätze zur Verfügung stehen: dazu wendet sie sich an die Logik.

2.2.1 Anthropologie

Die philosophische *Anthropologie* (von griech. anthropos – Mensch, logos – Lehre) stellt die Frage nach dem Wesen des Menschen. Die

»allem geschichtlichen Wandel vorausliegenden natürlichen Konstanten des Menschseins markieren den Ansatzpunkt der philosophischen Anthropologie, die insofern immer auch Naturphilosophie des Menschen ist, d.h. das Natürlich-Vorgegebene nicht im Geschichtlich-Kulturellen aufgehen lassen kann.«

»Die Konstanz des Wesentlichen im Wandel der jeweiligen Konkretionen bleibt das Thema. Daher hat die Anthropologie auch keine Zukunftsbilder zu entwerfen, auf die hin die menschliche Entwicklung zu verlaufen hat, sie ist nicht normsetzend, keine praktische Wissenschaft, welche Prozesse in Gang setzt, sondern eine theoretische Wissenschaft, die mit phänomenologischer Sorgfalt alle Objektivationen des Menschen zu beschreiben und in einen Zusammenhang zu bringen hat.« (C. GÜNZLER: Anthropologische und ethische Dimensionen der Schule, 20,28)

Von der Antwort auf die Frage nach dem Wesen des Menschen hängt für die Ethik sehr viel ab. Um dies an zwei Extremen aufzuzeigen:

- Wird der Mensch als ein bloßes *Sinnenwesen* definiert, das ausschließlich durch seine Bedürfnisse und Triebe bestimmt ist, so wie dies z.B. die Behavioristen tun, indem sie menschliches Verhalten ausschließlich nach dem Schema ›Reiz und Reaktion‹ beobachten bzw. auswerten, dann ist Ethik von vornherein überflüssig, weil menschliches Handeln durch die Natur des Menschen so vollständig determiniert wäre, daß für moralische Überlegungen, die ein freies Verfügenkönnen über sich selbst voraussetzen, kein Spielraum bliebe.

Die These vom Menschen als Produkt seiner Anlagen und Umweltverhältnisse wird u.a. von John HOSPERS vertreten:

»Wie kann jemand für seine Handlungen verantwortlich sein, da diese doch aus einem Charakter entspringen, der durch Faktoren – zu einem gewissen Teil Erbfaktoren, zum größeren Teil jedoch Faktoren, die der frühkindlichen Umwelt entstammen – geprägt, geformt und zu dem, was er ist, gemacht worden ist, durch Faktoren, die er nicht selbst gemacht und die er sich nicht selbst ausgesucht hat?«

»Gesetzt den Fall, daß solche spezifischen Faktoren entdeckt würden: wäre dann nicht evident, daß es töricht und sinnlos und außerdem unmoralisch ist, Menschen für Verbrechen verantwortlich zu machen?«

»Denn ebensowenig wie das neurotische hat das normale Individuum den Charakter, der es zu dem macht, was es ist, selbst verursacht. ... Und wenn sich, anders als beim Neurotiker, sein Verhalten auch durch Überlegung und Einsicht ändern läßt, und wenn es genug Willenskraft besitzt, um die Effekte einer ungünstigen frühkindlichen Umwelt zu kompensieren, dann ist das nicht sein Verdienst; es hat Glück gehabt.« (Zweifel eines Deterministen, in: Texte zur Ethik, 330, 332, 334 f)

Man kann HOSPERS zustimmen, solange er seine These hypothetisch formuliert: Wenn es zutrifft, daß der Mensch ohne eigenes Zutun das ist, was er ist, daß er ausschließlich unter kausalmechanischen Zwängen agiert, die seiner Kontrolle entzogen sind, dann wäre es in der Tat sinnlos, sein Verhalten nach moralischen Kriterien zu beurteilen. Alles was man überhaupt tun könnte, bestünde darin, möglichst perfekte Konditionierungsmaßnahmen zu entwickeln, durch die die Menschen optimal an ihre Umgebung angepaßt würden[1].

- Wird der Mensch dagegen als reines *Vernunftwesen* definiert, so ist Ethik ebenfalls überflüssig, denn als ausschließlich vernünftiger wäre der Mensch immer schon der, der er sein soll, und es bedarf keines Nachdenkens darüber, wie er ein guter Mensch werden kann.

Bezeichnenderweise hat niemand bisher ernsthaft die These vertreten, der Mensch sei sozusagen naturaliter schlichtweg vernünftig. Aber die Utopisten z.B. stellen mit ihren fiktiven Staats- und Gesellschaftsentwürfen die Menschen in einem endgültigen, nicht mehr überbietbaren Endzustand dar, der keine Veränderung mehr zuläßt, aber auch keiner Veränderung mehr bedarf, weil alles in bester Ordnung ist, so daß menschliches Handeln nur noch den per se vernünftigen status quo zu bestätigen braucht.

Ethik ist also nur dort sinnvoll, wo eine Spannung zwischen Sein und Sollen, Faktizität und Normativität besteht, und die meisten anthropologischen Entwürfe haben das Wesen des

Menschen aus diesem Spannungsverhältnis heraus als ein duales, in sich zweigeteiltes, gegensätzliches Sein (Sinnlichkeit-Vernunft, Leib-Seele, Körper-Geist) begriffen, das durch das Handeln des Menschen mit sich selbst vermittelt und zur Einheit gebracht werden muß. Der Mensch ist weder ausschließlich Sinnen- noch ausschließlich Geistwesen; vielmehr versteht er sich als beides, wenn auch auf je verschiedene Weise. Die Frage, wie er von diesen beiden unterschiedlichen Aspekten her zur Identität mit sich selbst gelangen kann, hat von jeher die Anthropologie beschäftigt.

Während die einen (PLATON, ARISTOTELES, DESCARTES, SPINOZA, KANT, HEGEL u.a.) das Streben nach Einheit des Menschen mit sich selbst als einen Prozeß der *Vergeistigung,* der Überwindung des Leiblich-Natürlichen deuteten, betonten die anderen (FEUERBACH, SCHELLING, MARX, KIERKEGAARD, NIETZSCHE, SCHOPENHAUER u.a.) die Leibgebundenheit des Geistes und dachten die Selbstidentifikation des Menschen als einen Prozeß der *Verleiblichung.* Die Kategorien Vergeistigung und Verleiblichung deuten die Richtung und den Schwerpunkt an, unter dem das Verhältnis des Menschen zu sich selbst anthropologisch reflektiert wurde.

Die moderne Anthropologie nun versucht, von einer empirisch gesicherten, biologisch nachprüfbaren Basis aus zu Erkenntnissen über die »Natur« des wirklichen Menschen zu gelangen, aber auch hier begegnet der Dualismus von Leib und Geist unter anderen Vorzeichen von neuem, sei es, daß der Mensch konzipiert wird

- als werdender Gott (SCHELER),
- als nicht eindeutiges Wesen, das als Rollenträger fungiert (PLESSNER), oder
- als biologisches Mängelwesen, das seine Triebenergie zu gestalten, seine nicht festgelegte Natur durch selbstentwickelte Führungssysteme wie Kultur und Moral zu formen vermag (GEHLEN).

Wie immer der Mensch anthropologisch im einzelnen beschrieben wurde, es steht fest, daß er »mehr« als ein Tier und

»weniger« als ein Gott ist. Das spezifisch Humane seines Menschseins zeigt sich in dem, was er

»als freihandelndes Wesen aus sich selbst macht oder machen kann und soll.« (I. KANT: Anthropologie in pragmatischer Hinsicht, in: Werke, Bd. 10, 399)

In diesem Punkt berühren sich Anthropologie und Ethik: Das Wesen des Menschen kann nur unter einem ethischen Vorgriff auf das, was er idealiter sein kann und sein soll, zureichend anthropologisch definiert werden, so wie umgekehrt normative Leitbilder und Idealvorstellungen, die ein Handeln ethisch motivieren sollen, nur dann wirksam sein können, wenn sie an den anthropologisch aufgewiesenen Möglichkeiten und Grenzen des Menschseins orientiert sind.

2.2.2 Metaphysik

Bedenkt die Anthropologie das Wesen des Menschen, so bedenkt die klassische *Metaphysik* das »Sein des Seienden« und damit die Prinzipien alles dessen, was ist. Dies bedeutet eine erhebliche Erweiterung der anthropologischen Frage nach dem Sein des Menschen. Die klassischen metaphysischen Systeme sind spekulative Sinnentwürfe der Gesamtwirklichkeit, in denen auch der Mensch und seine der göttlichen Tätigkeit analoge Praxis ihren Ort haben. In diesem Horizont würde die Ethik zu einem Teil der Metaphysik und wäre keine eigenständige Disziplin mehr.

Die Metaphysik ist seit ARISTOTELES eine autonome philosophische Disziplin. ARISTOTELES gliederte die theoretische Philosophie in »erste« und »zweite« Philosophie. Während die zweite Philosophie als »Physik« sich mit den Naturdingen befaßt, sofern diese dem Prinzip der Bewegung unterstehen, untersucht die erste Philosophie das, was über die Naturdinge hinausgeht (ta meta ta physika), d.h. die allgemeinsten Voraussetzungen des Seienden schlechthin:

»Die Prinzipien und Ursachen des Seienden, und zwar insofern es Seiendes ist, sind der Gegenstand der Untersuchung.« (Metaphysik 1025b 1 ff.)

Die Ethik ist für ARISTOTELES dadurch von der Metaphysik unterschieden, daß sie zwar auch ein Seiendes bedenkt, nämlich das faktische, geschichtliche, situationsgebundene Sein, im Hinblick auf das der Mensch handelt, aber dieses Sein ist weder das ewige Sein der jederzeit gültigen Prinzipien, auf das die Metaphysik reflektiert, noch das veränderliche Sein der Naturgegenstände, das die Physik untersucht, sondern eben das durch menschliches Handeln hervorgebrachte, durch Praxis auch wieder veränderliche Sein der Lebensverhältnisse. Insofern ist die Ethik für ARISTOTELES eine durchaus eigenständige, wenn auch nicht so hochrangige Wissenschaft wie die Metaphysik. Da für ihn aber letztlich die Tätigkeit des Philosophen, die Theoria, das metaphysische Wissen, die höchste Form von Praxis ist – also nicht die Tätigkeit des Arztes, des Lehrers, des Staatsmanns, sondern die des Philosophen –, fallen in dieser höchsten Form von Praxis, in der Theoria, Metaphysik und Ethik zusammen.

Nach ARISTOTELES wurde bis hin zu KANT die Metaphysik unterteilt in allgemeine (metaphysica generalis) und besondere Metaphysik (metaphysica specialis). Die allgemeine Metaphysik war als Ontologie (= Lehre vom Sein) die Grundlagenwissenschaft für die spezielle Metaphysik, die sich in Kosmologie, Psychologie und Theologie (Lehre von der Welt, der Seele, von Gott) untergliedert.

Eine metaphysische Ethik thematisiert also auf der Grundlage eines umfassenden metaphysischen Ansatzes einen Teilbereich des Wissens im ganzen, indem sie das moralische Wissen auf seine Bedingungen reflektiert, d.h. Ethik wird hier als ›Metaphysik der Sitten‹ (wie KANT sich später ausdrückt) betrieben, als eine Spezialdisziplin der Metaphysik also, die die Bedeutung menschlichen Handelns im Kontext einer umfassenden Deutung der Welt zu erschließen versucht.

René DESCARTES geht sogar so weit zu behaupten, daß eine Ethik als Wissenschaft erst möglich ist, wenn das System der Metaphysik im Sinne einer alles umfassenden Universalwissenschaft vollständig ausgeführt und alles menschliche Wissen auf ein oberstes Prinzip zurückgeführt ist. Solange nicht feststeht, ob der Mensch überhaupt Wahrheit zu erkennen vermag oder ob er nicht vielmehr ständig von einem allmächtigen bösen Geist getäuscht wird, solange das höchste, alle Wahrheit garantierende Prinzip menschlichen Wissens noch nicht gefunden und sichere Erkenntnis geworden ist, solange kann es auch keine Ethik geben, die eine verbindliche Antwort auf die Frage gibt, was der Mensch tun soll.

Daher plädiert DESCARTES für eine »provisorische Moral« als Not- und Übergangslösung, bis es der Metaphysik gelungen ist, das Fundament allen Wissens schlechthin zu sichern und damit auch eine Ethik als Wissenschaft von der rechten Moral zu begründen (vgl. Abhandlung über die Methode, Kap. 3). Bei DESCARTES ist somit Ethik als Wissenschaft nur auf der Basis von Metaphysik möglich. Wenn man jedoch genau hinschaut, so zeigt sich, daß die metaphysische Basis nichts anderes ist als die Lösung der anthropologischen Frage ›Was ist der Mensch?‹, wie ist sein Erkenntnisvermögen beschaffen, wo liegen seine Grenzen? Für DESCARTES läßt sich die ethische Frage nach dem Sollen erst zureichend beantworten, wenn die Frage nach dem Sein gelöst ist, wobei er unter Sein nicht mehr das kosmisch-ontologische Sein der griechischen Philosophie verstand, sondern das sich menschlichem Wissen erschließende Sein, ein den Strukturen des menschlichen Bewußtseins entsprechendes Sein: also ein durch Subjektivität konstituiertes Sein.

Die zeitgenössische Ethik versucht dagegen – wie dies der Titel des bereits erwähnten kleinen Buchs von Günther PATZIG anschaulich macht –, »Ethik ohne Metaphysik« zu betreiben, weil – wie Walter SCHULZ in seinem »Aufriß einer zeitgemäßen Ethik« ausführt – die geschlossenen metaphysischen Weltbilder für uns dahin sind und daher die

»Möglichkeit, die Ethik von einer Metaphysik der ontologischen Seinsstrukturen, die dem Menschen vorgegeben sind, her zu fundieren«,

unwiederholbar, ja irreal sei (Philosophie in der veränderten Welt, 700).

Um es vielleicht etwas überspitzt, aber pointiert auszudrücken: Im Sinne von SCHULZ, PATZIG und einigen anderen könnte man fragen, was hilft uns eine Untersuchung des Seins im ganzen, wenn uns wichtige moralische Probleme auf den Nägeln brennen, für die die Ethik auch dann eine Lösung finden müßte, wenn sie nicht auf metaphysische Gesamtentwürfe zurückgreifen kann, die zwar unter dem Gesichtspunkt eines totalen systematischen Erkenntnisinteresses unverzichtbar sein mögen, zur Problematik der Frage nach dem guten Handeln aber nur mittelbar etwas beitragen. KANTs Metaphysikkritik hatte noch einem bestimmten Modell von Metaphysik gegolten, nämlich dem der rationalen Metaphysik, die die Möglichkeit einer objektiven Erkenntnis übersinnlicher Gegenstände (wie z.b. Gott, Seele, Welt) behauptete, und dem er sein Modell einer kritischen Metaphysik, »die als Wissenschaft wird auftreten können«, entgegensetzte.

»Die Metaphysik teilt sich in die des *spekulativen und praktischen* Gebrauchs der reinen Vernunft, und ist also entweder *Metaphysik der Natur,* oder *Metaphysik der Sitten.* Jene enthält alle reinen Vernunftprinzipien aus bloßen Begriffen (mithin mit Ausschließung der Mathematik) von dem *theoretischen* Erkenntnisse aller Dinge; diese die Prinzipien, welche das *Tun und Lassen* a priori bestimmen und notwendig machen. Nun ist die Moralität die einzige Gesetzmäßigkeit der Handlungen, die völlig a priori aus Prinzipien abgeleitet werden *kann.* Daher ist die Metaphysik der Sitten eigentlich die reine Moral, in welcher keine Anthropologie (keine empirische Bedingung) zum Grunde gelegt wird.« (Kritik der reinen Vernunft, A 841 f./B 869 f.)

Dagegen wird heute vor allem im angelsächsischen Sprachraum Metaphysik vielfach insgesamt als sinnlose Verdoppelung der Welt abgetan und ihre Stelle durch Wissenschaftstheorie ersetzt die ihre Kriterien zur Beurteilung der Wissenschaftlichkeit einer Theorie im Hinblick auf die empirisch verfahrenden Naturwissenschaften zu gewinnen versucht.

So berechtigt die heutige Metaphysikkritik hinsichtlich einzelner metaphysischer Thesen oder Theoreme sein mag, und so verdienstvoll vor allem die Sprachkritik ist, weil sie deutlich gemacht hat, daß manche metaphysische Fragestellung sich von selbst auflöst, wenn man sieht, daß durch die Sprache selber künstliche Probleme geschaffen werden, indem man z.B. Verben substantiviert (Sein, Werden, Sollen) und damit diesen Abstrakta stillschweigend eigene Gegenstände unterschiebt (»hypostasiert«), die ebenfalls, wenn auch auf eine ganz andere Weise, existieren sollen, so berechtigt also manche Kritik an der herkömmlichen Metaphysik sein mag, übersehen doch die zumeist positivistisch orientierten modernen Metaphysikgegner in der Regel, daß metaphysische Aussagen weder der Phantasie entspringen noch zu einem in sich abgeschlossenen spekulativen System gehören müssen. In einem gewissen Sinn ist nämlich jede These, die über unmittelbar Gegebenes hinausgeht, metaphysisch, d.h. sie enthält Momente einer gedanklich-begrifflichen Konstruktion, die als solche in der »Wirklichkeit« nicht vorhanden sind.

Das, was wir Wirklichkeit nennen als Inbegriff dessen, worin wir leben, steht uns nicht so gegenüber wie dem Bildhauer der Stein, aus dem er eine Statue herausmeißelt; vielmehr ist Wirklichkeit immer schon ein geformtes, partiell vorgeformtes Ganzes, ein Bestimmungsgefüge oder Interpretationszusammenhang, in den die Erfahrungen, ja die Geschichte der Menschheit integriert sind. Die Wirklichkeit begegnet somit nie pur, sondern immer schon als begrifflich-sprachlich vermitteltes, in bestimmten Kategorien beurteiltes und gedeutetes Sinnganzes. In diesem Sinn enthält auch jede Ethik metaphysische Sätze, sofern sie Begriffe wie Humanität, Freiheit, Moralität, Gerechtigkeit, Gleichheit usf. gebraucht, um das Qualitative menschlicher Praxis, das weder sinnlich wahrnehmbar noch sonstwie unmittelbar gegeben ist, begrifflich zu konstruieren, wobei gerade nicht die Konstruktion der Wirklichkeit, sondern die Wirklichkeit der Konstruktion entsprechen soll: Das Faktische wird am normativen Anspruch gemessen, und die Überprüfung der Berechtigung des normativen Anspruchs wiederum ist nur möglich in einer ethischen Reflexion auf das Prinzip der Moralität, dem nichts Empirisch-Faktisches entspricht, das sich aber gleichwohl in der Weise des Sinnentwurfs, der Bewertung auf das Faktische bezieht. Es soll also in der Ethik nicht das Empirisch-Faktische, sofern es Produkt menschlicher Praxis ist, metaphysisch auf den Begriff gebracht werden, sondern im

Hinblick auf die empirische Realität, sofern sie von Menschen hervorgebracht und nicht schon so, wie sie ist, schlechthin gut ist, soll ein Prinzip entwickelt werden, das es erlaubt, die von Menschen geschaffene Realität kritisch daraufhin zu überprüfen, ob sie ethischen Ansprüchen genügt, ob sie also human ist oder nicht.

2.2.3 Logik

Anders als die Anthropologie und die Metaphysik, die sich mit dem Wesen des Menschen bzw. mit den Prinzipien des Seienden befassen und insofern materiale Disziplinen sind, als sie über bestimmte Gegenstände oder Objektbereiche des Wissens Aussagen machen, ist die *Logik* eine formale Wissenschaft, der es weder um bestimmte Gegenstände noch um Gegenständlichkeit überhaupt geht, die also nicht die möglichen oder wirklichen Objekte des Wissens, sondern die Form des Wissens untersucht, indem sie die in den materialen Disziplinen vorliegenden Aussagen auf ihre Urteils- und Argumentationsstruktur hin überprüft und von daher als wahr (= in sich folgerichtig, konsistent, widerspruchsfrei) oder falsch erweist.

»Die moderne Logik hat nicht nur eine propädeutische, sondern auch eine instrumentale Bedeutung für die Wissenschaften. Sie stellt die Erkenntnisse und Verfahren zur Verfügung, um die logischen Grundlagen des theoretischen Aufbaus wissenschaftlicher Hypothesen und Theorien zu erforschen. ... Die moderne Logik wird zunehmend methodologisches Instrument jeder Wissenschaft zum Zwecke rationeller und exakter Theorienbildung.«

»Die Logik (ist) die Wissenschaft von den allgemeinsten Strukturen des richtigen Denkens.« (K. BERKA / L. KREISER (Hrsg.): Logik-Texte, X, XIV)

Logik ist danach jene Disziplin, die für jede Wissenschaft das formale Instrumentarium bereitstellt, vermittels dessen Aussagen nicht beliebig oder willkürlich, sondern als konsistente, systematische Argumente formuliert werden, d.h. mit den Mitteln der Logik werden Aussagen, Sätze, Thesen, Urteile etc. allererst wahrheitsfähig und wissenschaftlich relevant.

Für die Ethik ist die Logik in zweierlei Hinsicht von Bedeutung.

- Zum ersten hat es die Ethik mit moralischen Urteilen über geschehene oder geplante Handlungen zu tun.

   Beispiele:
   > Du solltest deinem Sohn trotz allem, was er dir angetan hat, noch eine Chance geben.
   > Du hast deinen Freund ungerecht behandelt.
   > Biete dem alten Herrn mit dem Stock deinen Platz an.

Die Aufgabe der Ethik besteht hier als »ethische Logik« darin, die Eigenart solcher Urteile zu klären: ob sie logischen Kriterien genügen und somit wahrheitsfähig sind oder nicht. So hat z.B. bereits ARISTOTELES in seiner Analyse der Struktur menschlichen Handelns die formale Denkfigur des praktischen Syllogismus verwendet.

   Beispiel:
   > A erstrebt Z.
   > Zur Erreichung von Z ist M das geeignetste Mittel.
   > A muß M tun, um Z zu erreichen.

Diese Denkfigur des praktischen Syllogismus wird heute vielfach in der deontischen Logik (auch imperativische oder Normenlogik genannt (vgl. Kap. 6.2.1)) zur Ableitung einer Handlungsanweisung aus einem allgemeinen Gebot und einer auf eine bestimmte Situation bezogenen Tatsachenaussage benutzt.

   Beispiel:
   > Versprechen soll man halten. Du hast B gestern versprochen, ihm das geliehene Geld morgen zurückzugeben. Du sollst B das geliehene Geld morgen zurückgeben.

Hier wird schon durch die Formulierung deutlich, daß der Schlußsatz im praktischen Syllogismus aus zwei (oder auch mehr) Prämissen gewonnen wird, von denen mindestens eine – in unserem Beispiel ist es der Obersatz – ein normativer Satz ist. Allgemein gilt also: Beinhaltet die conclusio ein Sollen, so muß sich unter der Prämissenmenge, aus der die conclusio gefolgert wird, mindestens ein Sollenssatz befinden. In der Regel ist der Obersatz ein solcher Sollenssatz, während der Mittelsatz eine empirische Aussage ist.

> Ein weiteres Beispiel:
> Wer ernsthaft den Frieden will, soll gegen Waffen jederArt protestieren.
> Morgen findet in H eine Friedensdemonstration statt. Peter ist Pazifist.
> Peter soll morgen an der Friedensdemonstration in H teilnehmen.

Die Ethik bedient sich also zum ersten als ethische Logik der allgemeinen Logik, um die Struktur moralischer Urteile zu systematisieren.

- Zum zweiten bedarf die Ethik der Logik, um ihre eigenen ethischen Aussagen auf ihre Wahrheit hin zu überprüfen.

> Beispiele:
> Freiheit ist ein unhintergehbares ethisches Letztprinzip.
> Moralische Urteile behaupten nicht eine Tatsache, sondern gebieten eine in einer bestimmten Weise qualifizierte Handlung.

Die Aufgabe einer »Logik der Ethik« besteht im wesentlichen in einer Methodenkritik. Sie untersucht die von ihr gemachten Aussagen im Hinblick darauf, wie sie methodisch gewonnen und argumentativ begründet werden.

Sofern die Ethik sich selbst kritisch auf ihr eigenes Verfahren zurückwendet und mit den Mitteln der Logik die Form ihrer Urteile über das Verhältnis von Moral und Moralität analysiert, wird sie nicht mehr als Ethik im eigentlichen (normativen) Sinn, sondern vielmehr als *Metaethik* betrieben, d.h. sie reflektiert vorrangig nicht ihren Gegenstand – das Verhältnis von Moral und Moralität im Kontext menschlichen Handelns –, sondern untersucht die Art und Weise, wie sie ihren Gegenstand reflektiert. Sie analysiert die logischen Bedingungen, unter denen sie als Ethik möglich ist, und erst durch diese metaethische Kritik oder ethische Selbstkritik erweist sie als Logik der Ethik ihre Aussagen als wahr.

2.3 Teildisziplinen der Ethik

Als Ergebnis unserer bisherigen Überlegungen ist festzuhalten: Die Ethik, sofern sie das Verhältnis von Moral und Moralität im Kontext menschlicher Praxis bedenkt, ist eine eigenständige Disziplin der Philosophie. Gleichwohl greift die Ethik auf die Erkenntnisse anderer praktischer wie theoretischer Disziplinen der Philosophie zurück, was bestimmte, an sich selber nicht ethische, aber ethisch relevante Aspekte ihres Gegenstandes bzw. des Wissens über ihren Gegenstand anbelangt.

Beispiele:
- die äußere Regelung des zwischenmenschlichen Verhaltens im Zusammenhang einer Gemeinschaft von Handelnden (Politik, Rechtsphilosophie)
- die Natur der Handelnden (Anthropologie)
- die Gemeinschaft von Handelnden übergreifende Sinnentwürfe (Metaphysik)
- die formale Struktur moralischer und ethischer Argumente (Logik).

Durch Einbeziehung derartiger Überlegungen versucht die Ethik, sowohl ihr materiales als auch ihr formales Wissen so zu vervollständigen, daß sie in der Lage ist, im Anschluß an ethische Grundlagenreflexionen die zur Ethik hinzugehörenden Teildisziplinen Pragmatik und Metaethik auszubilden. Zur wirksamen Durchsetzung ihrer Ziele in einer konkreten Praxis bedarf die Ethik der *Pragmatik als einer Lehre vom richtigen Handeln,* so wie sie zur Kritik ihrer selbst als Wissenschaft der *Metaethik* bedarf.

2.3.1 Pragmatik

Wir gebrauchen den Ausdruck Pragmatik hier nicht im semiotischen Sinn wie etwa Charles W. MORRIS, für den die Pragmatik »der Teil der Semiotik [= Zeichenlehre] ist, der sich mit dem Ursprung, den Verwendungen und den Wirkungen der Zeichen im jeweiligen Verhalten beschäftigt« (Zeichen, Sprache und

Verhalten, 325). Damit hat ›Pragmatik‹ für uns eine eingeschränktere Bedeutung als für Karl-Otto APEL, der im Anschluß an den »Pragmatismus« von Charles Sanders PEIRCE eine sprachpragmatische Ethikkonzeption entwickelt hat, derzufolge die Gültigkeit von Normen in praktischen Diskursen überprüft werden soll. Wir hingegen sprechen von ›Pragmatik‹ in der ursprünglichen Bedeutung des Wortes: Pragmatik im ethischen Sinn ist die Lehre vom richtigen Handeln (von griech. pragma – Handeln, Tun, Tätigkeit).

Pragmatische Überlegungen zielen nicht auf die von der Ethik als Moralität begriffene Qualität einer Praxis, sondern auf eine singuläre Handlung, die auf optimale Weise geeignet ist, das erstrebte Ziel auch tatsächlich zu erreichen. Pragmatische Vernunft ist instrumentelle Vernunft, die die zur Verfügung stehenden Mittel bezüglich ihrer Wirksamkeit zur Durchsetzung des Gewollten, d.h. des erstrebten Ziels oder Zwecks durchgeht und das beste Mittel als die gesollte Handlung auswählt.

Pragmatisch gesehen ist eine Handlung immer dann gut, wenn sie zum gewünschten Erfolg führt, unabhängig davon, ob das Ziel moralisch ist oder nicht. So ist z.B. Arsen ein ebenso gutes Mittel, um jemanden, den man umbringen will, zu töten, wie ein Boot ein gutes Mittel ist, um einen Nichtschwimmer, der ins Wasser gefallen ist, vor dem Ertrinken zu bewahren.

Daher hat KANT alle pragmatischen und technischen Handlungsweisen als *hypothetische Imperative* (der Klugheit bzw. der Geschicklichkeit) bezeichnet, die keine unbedingte (kategorische) Gültigkeit haben, sondern nur bedingt als verbindlich gelten:

Wenn du A willst, mußt du x tun. Erst wenn das Wollen des Ziels A selber noch einmal kritisch daraufhin hinterfragt wird, ob man wollen kann, jedermann solle Ziel A erstreben, ist die Handlung sowohl moralisch gut als auch pragmatisch richtig.[2]

Eine Pragmatik ohne Ethik wäre ebenso inhuman, wie eine Ethik ohne Pragmatik wirkungslos bliebe und damit ihren Sinn – nämlich dazu beizutragen, die Welt durch eine veränderte Praxis zu verbessern – verlöre. Die ethische Reflexion auf das moralische Ziel und die pragmatische Reflexion auf die angemessenen Mittel gehören in der Praxis untrennbar zusammen, soll nicht die Ethik eine praktisch folgenlos bleibende reine Theorie des menschlichen Willens und die Pragmatik eine hinsichtlich der Moralität der gesetzten Ziele unkritische Theorie des durch menschliches Tun Machbaren sein. Moralität der Zielsetzung und Wahl der richtigen Handlung ergänzen einander, d.h. ein moralisch gutes Ziel und ein pragmatisch gutes Mittel zur Erreichung des Ziels machen zusammen eine vollkommene Handlung aus.

2.3.2 Metaethik

Die *Metaethik* könnte man als die Wissenschaftstheorie der Ethik bezeichnen, sofern unter Metaethik nicht nur die seit Beginn dieses Jahrhunderts im angloamerikanischen Sprachraum unter diesem Namen bekannt gewordene Richtung in der Ethik verstanden wird, sondern in einem umfassenderen Sinn jede Reflexion, die sich nicht unmittelbar auf den Gegenstand der Ethik, sondern auf die Struktur der ethischen Reflexion selber sowie auf die Art und Weise bezieht, wie die Ethik über ihren Gegenstand spricht. Diese die ethische Reflexion in kritischer Absicht auf ihren Anspruch und ihre Grenzen hin untersuchende Reflexion ist meta-ethisch im eigentlichen Sinn.

Die angelsächsische Metaethik dagegen, die die Bedeutung von den im alltäglichen *Sprachspiel der Moral* verwendeten Wörtern (z.B. sollen, dürfen, Pflicht, gut, Gewissen u.a.) zu analysieren versucht, verfährt nicht eigentlich meta-ethisch, sondern metamoralisch, wenn man den anfangs erläuterten Unterschied zwischen Moral und Ethik (als Wissenschaft von der Moral) beachtet.

Metamoralische Aussagen über moralische Urteile sind neutrale (nicht wertende) Aussagen über Normen als Tatsachen.

> Beispiele:
> Unter einem guten Menschen versteht man bei uns in der Regel jemanden mit den Charaktereigenschaften x, y, z.

Bei den Sizilianern gilt die Blutrache bei bestimmten Ehrverletzungen als moralische Pflicht.
Die christliche Moral verbietet Unzucht.

Solche Aussagen sind insofern für eine Ethik relevant, als sie das empirische Material beibringen, dessen die Ethik bedarf, um den Begriff der Moral inhaltlich zu füllen. Doch können metamoralische Aussagen auch in anderen Wissenschaften vorkommen (z.B. in der Psychologie, Soziologie oder Historie), wenn dort im Kontext einer Handlungsanalyse von moralischen Normen oder Werten die Rede ist.

Beispiele:
Frau L. leidet seit dem Tod ihres Mannes an einem Schuldkomplex.
Die Griechen betrachteten Sklaven als Untermenschen.

Wo immer also Aussagen gemacht werden, die nicht werten oder normative Forderungen enthalten, gleichwohl aber etwas *über* Werte und Normen behaupten, handelt es sich um metamoralische Aussagen. In solchen Aussagen werden Werte und Normen – sei es eines Individuums, sei es einer Gemeinschaft – wie Tatsachen behandelt, und derjenige, der die Aussage macht, enthält sich dabei seines persönlichen Urteils bezüglich der *Gültigkeit* der in seiner Aussage vorkommenden Werte und Normen. Er behauptet lediglich, daß sie für Person X oder Gemeinschaft Y de facto Geltung haben, nicht aber, daß sie Geltung haben *sollen*.

Metaethische Aussagen dagegen behaupten nicht etwas über die Moral und die damit zusammenhängenden Gegenstände, sondern über ethische (wissenschaftliche) Sätze, Theorien, Systeme; d.h. wie die Moral Gegenstand der Ethik ist, so ist die Ethik Gegenstand der Metaethik. Die Ethik wird zur Metaethik, wenn sie sich in kritischer Selbstanalyse auf ihre methodisch-systematischen Bedingungen hin befragt und ihrer Prinzipien vergewissert. Zusammenfassend sollen die vier unterschiedenen, für die Ethik wesentlichen Aussagenhorizonte und logischen Reflexionsniveaus noch einmal gegeneinander abgegrenzt werden:

- *Moralische* Aussagen sind normative (wertende) Sätze erster Ordnung, die singuläre oder allgemeine Gebote und Werturteile beinhalten, wie sie in der Alltagspraxis mit dem Anspruch auf allgemeine Verbindlichkeit auftreten und zu einem bestimmten Handeln auffordern.

    Beispiele:
    Du mußt jetzt die Wahrheit sagen, um schlimmere Folgen zu verhüten.
    Ehrlich währt am längsten.

- *Metamoralische* Aussagen sind deskriptive Sätz erster Ordnung, vermittels deren nicht zu einem Handeln aufgefordert wird, sondern tatsächliche moralische oder moralisch relevante Verhaltensweisen unter Enthaltung eines persönlichen moralischen Urteils beschrieben, analysiert, rekonstruiert, erklärt werden.

    Beispiele:
    Bei den Indianern gilt der Skalp als Zeichen der Tapferkeit und des Sieges.
    Othello glaubte, Desdemona habe ihn betrogen.

- *Ethische* Aussagen sind normative Sätze zweiter Ordnung, die nicht unmittelbar zu einem Handeln auffordern, sondern auf einen Maßstab zur Beurteilung der Moralität von Handlungen rekurrieren und insofern generell zu einer kritischen Willensbildung vor jedwedem Handeln auffordern.

    Beispiele:
    Es soll immer und überall Freiheit um der Freiheit willen realisiert werden.
    »Handle so, daß du die Menschheit sowohl in deiner Person, als in der Person eines jeden anderen jederzeit zugleich als Zweck, niemals bloß als Mittel brauchest.« (I. KANT: Grundlegung zur Metaphysik der Sitten, in: Werke, Bd. 6,61)

- *Metaethische* Aussagen sind deskriptive Sätze zweiter Ordnung, vermittels deren keine Handlungen, sondern ethische Theorien und Systeme beschrieben, analysiert, rekonstruiert, erklärt und unter wissenschaftlichen Gesichtspunkten kritisch beurteilt werden.

Beispiel:
> Die utilitaristische Ethik behauptet das Prinzip der Nützlichkeit als Moralkriterium, gerät aber in Schwierigkeiten, wenn es darum geht, den für alle Betroffenen größtmöglichen Nutzen aus den möglichen Folgen einer Handlung quantitativ exakt zu ermitteln.

Wir haben durch die Unterscheidung zwischen moralischen, metamoralischen, ethischen und metaethischen Aussagen vier Sprachebenen gegeneinander abgegrenzt, die häufig miteinander verwechselt werden, was zu Mißverständnissen führt. Es ist schon eine ganze Menge für die Klarheit gewonnen, wenn man sich beim Nachdenken über Angelegenheiten der Moral erst einmal vergewissert, auf welcher Sprachebene die Frage anzusiedeln ist, die man behandeln möchte, damit bei der Suche nach einer Antwort nicht die Ausgangsfrage verfehlt wird. Wer in einem bestimmten Konfliktfall jemanden um Rat bittet, wird eine normative Handlungsanweisung erster Ordnung erwarten, vielleicht noch nach Gründen fragen, die für oder gegen eine bestimmte Handlung sprechen. Aber er wird sich ganz gewiß nicht für eine Antwort metaethischen Typs interessieren, die etwa die logische Struktur eines praktischen Syllogismus erläutert. Oder wenn jemand wissen will, was es überhaupt bedeutet, moralisch zu handeln, und damit auf der ethischen Ebene nach einer normativen Begründung für das Sollen fragt, wird sich nicht mit einer Antwort auf der metamoralischen Ebene zufriedengeben, die ihn z.B. an den bestehenden Moralkodex oder an die zehn Gebote verweist.

Das bedeutet nun aber nicht, daß man die Ebenen nicht wechseln darf; ganz im Gegenteil: wenn man eine die Moral betreffende Frage voll und ganz durchdenken will, stößt man sehr schnell an die Grenze der jeweiligen Sprach- und Reflexionsebene, so daß ein Weiterfragen in einem anderen kategorialen Rahmen sich von selbst ergibt. Aber man muß dann auf die veränderte Fragestellung achten und die neu entworfenen Antworten gegebenenfalls wieder auf die Ebene der Ausgangsfrage zurückübersetzen.

Nehmen wir ein Beispiel. Stellen Sie sich ein interdisziplinäres Gespräch zwischen Vertretern der Naturwissenschaften, der Medizin, der Jurisprudenz, der Psychologie, Theologie, Soziologie usf. vor. Es soll geklärt werden, ob ein bestimmtes Experiment, das bei Tieren die gewünschten Ergebnisse gebracht hat, auch an Menschen durchgeführt werden darf. Die Gefahren sind groß, aber der zu erwartende Nutzen wird noch höher veranschlagt. Ohne die Gründe, die in den folgenden Argumenten stecken, im einzelnen zu gewichten, soll das Augenmerk ausschließlich auf die jeweilige Sprachebene gerichtet werden, zu der sie gehören.

A sagt also: Unser Rechtsstaat verbietet Humanexperimente, sofern sie das Leben der Versuchsperson gefährden. B unterstützt dies noch mit dem Hinweis, daß auch die Kirche lebensgefährliche Eingriffe ablehne – sei der experimentelle Zweck auch noch so gut. C fügt hinzu, daß man in gewissen Staaten Schwerverbrecher als Versuchspersonen heranziehe. Alle drei Personen – A, B und C – haben deskriptive Aussagen erster Ordnung gemacht, also metamoralische Aussagen. Selbst wenn ersichtlich ist, daß alle drei Gesprächspartner mit der von ihnen vorgetragenen staatlichen, kirchlichen oder gesetzlich sanktionierten Regel einverstanden sind, haben sie mit ihrem Beitrag lediglich beschrieben, was der Fall ist, d.h. welche Regel faktisch befolgt wird. Nun äußert sich D und sagt: Ein Wissenschaftler, sei er auch noch so qualifiziert, habe nicht das Recht, über fremdes Leben zu verfügen. E kontert, indem er erwidert, er fühle sich als Arzt verpflichtet, seinen Patienten zu helfen, auch wenn es einen gewissen Preis koste. D und E fällen somit normative Urteile erster Ordnung, also moralische Urteile. Nun tritt F auf und erklärt: Menschliches Leben ist schlechthin unantastbar. G schränkt ein: Jeder hat jederzeit das Recht, im Rahmen seiner autonomen Selbstverfügung darüber zu entscheiden, ob er den Tod einem nicht mehr lebenswerten Leben vorzieht. Mit diesen grundsätzlichen Aussagen, die jederzeit kategorisch formuliert werden können, befinden sich F und G auf der normativen Ebene zweiter Ordnung, auf der ethischen Ebene also, auf der universalisierbare bzw. für universalisierbar gehaltene Grundsätze problematisiert werden. Nun lassen wir abschließend noch H und I zu Wort kommen. H sieht sich genötigt, den Begriff Autonomie zu klären, und schlägt vor, Autonomie mit KANT als ein selbst gegebenes Gesetz der Freiheit um der Freiheit willen aufzufassen. I wendet dagegen ein, daß Autonomie eigentlich ein politischer Begriff sei und daher völlig ungeeignet sei, ein Tun- und Lassen-Können im Sinne von Willkür zu umschreiben. Überhaupt wäre es viel vernünftiger, anstatt der Philosophen die Psychologen zu befragen, was genau unter Freiheit zu verstehen ist, und ob dieser Begriff überhaupt operationalisierbar sei. H und I reden auf der deskriptiven Ebene zweiter Ordnung, der metaethischen Ebene.

Man könnte dieses fingierte Gespräch ins Unendliche fortsetzen. Die Argumente haben alle etwas miteinander zu tun, und es wird zweifellos schwierig sein, zu einem Konsens zu gelangen. Aber es sollte immerhin deutlich geworden sein, daß aus deskriptiven Aussagen (gleich ob erster oder zweiter Ordnung) ohne zureichende Begründung keine normativen Aussagen gewonnen werden können. Die Tatsache, daß die Kirche lebensgefährliche Humanexperimente verbietet, ist noch keine zureichende Begründung dafür, daß solche Verfahren prinzipiell verboten sind. Ebensowenig wie die Tatsache, daß in bestimmten Staaten Schwerverbrecher als Versuchskaninchen benutzt werden, schon ein Freibrief dafür ist, daß man dies überall darf. Aber auch auf den normativen Ebenen ist die behauptete Rechtmäßigkeit eines Geltungsanspruchs nicht ohne zureichende Begründung zuzustehen. Daraus folgt, daß auf allen vier Ebenen die Aussagen grundsätzlich problematisierbar sein müssen und jeder Ebenenwechsel deutlich kenntlich gemacht werden muß, damit der am Ende erzielte Konsens – wenn er denn zustande kommt – für jeden Gesprächsteilnehmer dasselbe (deskriptiv) beinhaltet und dieselbe (normative) Verbindlichkeit hat.

2.4 Die Autonomie der Ethik

Die Ethik steht als praktische Disziplin der Philosophie in einem engen Verhältnis zu anderen praktischen und theoretischen Disziplinen, ist aber gleichwohl eine eigenständige Wissenschaft, insofern nur sie das Verhältnis von Moral und Moralität begrifflich und kategorial zureichend bedenkt.

Die Ethik teilt mit Politik und Rechtsphilosophie den Gegenstand: menschliche Praxis. Insofern sie politische und Rechtsansprüche hinsichtlich ihrer Verbindlichkeit für das menschliche Handeln am Unbedingtheitsanspruch des Moralitätsprinzips mißt, ist die Ethik die Grundlagenwissenschaft aller übrigen Disziplinen der praktischen Philosophie.

Mit der Anthropologie teilt die Ethik das Interesse am Menschen, mit der Metaphysik die Problematik der Stellung des Menschen im Weltall und mit der Logik schließlich die Frage nach den formalen Strukturen menschlichen Wissens (insbesondere moralischen Wissens) und wissenschaftlicher Argumentation. Gegenüber diesen Disziplinen der theoretischen Philosophie bewahrt die Ethik dadurch ihre Selbständigkeit, daß sie die bloß theoretischen Informationen von Anthropologie, Metaphysik und Logik unter dem Gesichtspunkt des Moralitätsprinzips hinsichtlich ihrer Bedeutung für das menschliche Handeln reflektiert.

Die Begründung und Rechtfertigung aller Moral aus einem Unbedingten ist die bleibende Aufgabe der Ethik, die sich in der Erfüllung dieser Aufgabe als eine autonome Wissenschaft erweist.

2.5 Angewandte Ethik

Ethik läßt sich nicht nur als autonome, sondern auch als angewandte Wissenschaft betreiben; sie wird durch Anwendung allgemeiner ethischer Prinzipien auf bestimmte Lebens- und Handlungsbereiche zu einer speziellen, »konkreten« Ethik, die den Unbedingtheitsanspruch der Moralität im Zusammenhang mit der Moral bzw. dem Ethos einer einzelnen Handlungswissenschaft auslegt.

2.5.1 Medizinische Ethik

Die *medizinische* oder *ärztliche Ethik* betrachtet die Tätigkeit des Arztes als eine Konkretisierung der allgemeinen Norm, Hilfsbedürftigen in angemessener Weise zu helfen. Die Hilfsbedürftigen sind in diesem Fall kranke Menschen, und die angemessene Hilfe ist in erster Linie medizinischer Natur, d.h. der Arzt hat primär die Pflicht, wirksame Mittel zur Erhaltung und Wiederherstellung der Gesundheit einzusetzen, ohne dem Patienten in unzumutbarer Weise zu schaden oder ihn *gegen* seinen erklärten Willen zu behandeln.

Darüber hinaus ist er jedoch – gemäß dem heute noch gültigen, in der »Genfer Erklärung« der »World Medical Association« 1948 neu formulierten »Eid des Hippokrates« – dazu verpflichtet, seinen Patienten nicht wie einen zu reparierenden Gegenstand unter bloß technischen Gesichtspunkten zu behandeln, sondern ihn als ein menschliches Gegenüber zu respektieren, das berechtigten Anspruch auf eine humane Zuwendung und Betreuung von seiten des Arztes hat.

Als die wesentlichen Probleme einer medizinischen Ethik werden heute vor allem folgende Themen diskutiert:

- *Schwangerschaftsabbruch*
  Ist bzw. unter welchen Voraussetzungen ist der Schwangerschaftsabbruch mit der Pflicht des Arztes, Leben zu erhalten, vereinbar?
- *Euthanasie*
  Ist bzw. unter welchen Voraussetzungen ist Tötung auf Verlangen, aktive oder passive Sterbehilfe, Vernichtung von sogenanntem lebensunwertem Leben mit der Pflicht des Arztes, Leben zu erhalten, vereinbar?

- *Apparatemedizin*
  In welchem Ausmaß sollen lebenserhaltende und -verlängernde Maßnahmen bei Schwerstkranken auf der Intensivstation getroffen werden? Dürfen Todkranke gegen ihren eigenen Wunsch künstlich am Leben erhalten werden?
- *Manipulation am Erbmaterial*
  Darf der Arzt beim Menschen Genmanipulation betreiben, d.h. Eingriffe in die Keimbahn vornehmen, z.B. um Erbkrankheiten auszumerzen oder mögliche schwere körperliche Defekte zu verhindern?
- *Humanexperimente*
  Ist bzw. unter welchen Bedingungen ist der Arzt berechtigt, mittels Medikamenten oder Operationen Experimente an Menschen durchzuführen? Darf mit Embryonen experimentiert werden?
- *Künstliche Erzeugung von Menschenleben*
  Ist bzw. unter welchen Voraussetzungen ist der Arzt befugt, menschliches Leben auf nicht natürliche Weise – durch homologe oder heterologe Insemination, durch In-vitro-Fertilisation, intratubaren Gametentransfer oder Klonierung – zu ermöglichen?
- *Gehirnchirurgie*
  Ist es dem Arzt erlaubt, z.B. Querulanten und Triebtäter durch eine Gehirnoperation »ruhigzustellen« bzw. an das gesellschaftliche Normengefüge »anzupassen«?
- *Organverpflanzung*
  Wann ist der Arzt befugt, einem »Spender« ein Organ zu entnehmen, um es einem anderen Menschen zur Erhaltung oder Wiederherstellung seiner Gesundheit einzupflanzen? Ist der Hirntod ein hinreichendes Kriterium, einen Menschen als tot zu erklären?
- *Genkartierung*
  Welche Gefahren bringt die vollständige Entzifferung des menschlichen Genoms mit sich? Wie läßt sich der »gläserne Mensch« vor Mißbrauch seiner Daten schützen?

- *Informationspflicht*
  Ist der Arzt verpflichtet, seine Patienten über Art und Schwere ihrer Krankheit sowie über das Risiko der zur Herstellung ihrer Gesundheit erforderlichen Eingriffe und Mittel vollständig aufzuklären?
- *Paternalismus*
  In welchem Maß darf die Patientenautonomie durch ärztliche Anordnungen eingeschränkt werden; darf sie unter Umständen sogar aufgehoben werden?

Alle diese Fragen sind letztlich ethischer Natur und bedürfen einer grundsätzlichen Klärung, die es dem Arzt ermöglicht, in den jeweils verschiedenen Einzelfällen nach bestem Wissen und Gewissen zu entscheiden, ob z.B. der rein biologische Wert eines nur noch künstlich zu erhaltenden Lebens den Vorrang vor einem bewußtlosen und als solchen nicht mehr menschenwürdigen Dasein hat, ob es richtig ist, einem Todkranken zu sagen, wie es um ihn steht und ihm damit möglicherweise die letzte Hoffnung zu nehmen etc.

Es geht bei den angedeuteten Problemen insgesamt darum, in einer Konfliktsituation generell anerkannte Werte zu gewichten und Gründe dafür anzugeben, warum im einen Fall der eine Wert, im andern Fall der andere Wert vorgezogen wurde. Man hat die Beantwortung solcher Fragen nicht den Ärzten allein überlassen, sondern sogenannte Ethikkommissionen gebildet, denen außer Ärzten und Ethikern auch Juristen, Theologen, Soziologen u.a. angehören. Solche Ethikkommissionen haben die Aufgabe, Rahmenrichtlinien für die anstehenden ethischen Probleme zu erarbeiten und falsche Argumentationsstrategien zu kritisieren. Damit bereiten sie den Boden für ethisch verantwortbare Entscheidungen.

2.5.2 Bioethik

Gegenstand der *Bioethik* ist das Leben, nicht nur das menschliche Leben im engeren Sinn, das im Zentrum der medizinischen Ethik steht, sondern das Leben aller in der Natur als solcher vorkommenden Organismen. Die Bioethik wurde vor allem durch die modernen Gentechnologien auf den Plan gerufen, durch die insbesondere die Molekularbiologen ins Zwielicht geraten sind. Ursprünglich dazu erfunden, nicht nur neue Perspektiven in der Grundlagenforschung zu eröffnen, sondern auch gezielt die Erbsubstanz von Menschen, Tieren und Pflanzen zu verbessern, um dadurch eine größere Lebensqualität insgesamt zu erzielen, stoßen die Gentechnologien mittlerweile auf erhebliche Zweifel, da Gefahren durch Mißbrauch oder unvorhersehbare Schäden nicht ausgeschlossen werden können.

Reinhard LÖW ist der Auffassung, »daß innerhalb der Biologie Moral nicht vorkommt«, woraus jedoch nicht folge, daß die biologische Forschung sich moralischen Ansprüchen entziehen könne (Leben aus dem Labor, 74). Gegen die Verbesserung der genetischen Ausstattung von Nutzpflanzen (zur Bekämpfung des Hungers) und die gentechnologische Veränderung von Mikroorganismen (zur Therapie von Krebs, Aids u.a.) wendet er ein, daß gute Zwecke noch nicht die Mittel heiligen; es bedürfe einer sorgfältigen Güterabwägung, um das ethisch Erlaubte vom Verbotenen (Klonieren, Erzeugung von Mensch-Tier-Mischwesen, Embryonen verbrauchende Forschung u.a.) zu trennen (199f.).

Ähnlich argumentiert auch die Enquête-Kommission »Chancen und Risiken der Gentechnologie« des 10. Deutschen Bundestages in ihrem Bericht. Sie empfiehlt neben gründlichen Technikfolgenabschätzungsverfahren insbesondere das Verbot gentechnischer Eingriffe in die Keimbahn des Menschen, Genomanalysen an Arbeitnehmern, die unkontrollierte Freisetzung gentechnisch veränderter Mikroorganismen sowie die Anwendung der Gentechnologie zu militärischen Zwecken (biologische Waffen).

Die Bioethik ist überall dort gefordert, wo in Wissenschaft und Forschung unabschätzbare Gefahren für Leib und Leben einerseits, für Freiheit und Würde der Person andererseits durch die modernen Technologien drohen. Dem verantwortungslosen technischen Machbarkeitswahn sind unter Berücksichtigung des Allgemeinwohls Grenzen zu ziehen derart, daß letzteres nicht oder nur mit ausdrücklicher Zustimmung der betroffenen Bürger beeinträchtigt werden darf.

2.5.3 Sozialethik

Die *Sozialethik* ist gewissermaßen das Gegenstück zur Individualethik, insofern sie die Rechte und Pflichten akzentuiert, die der einzelne nicht gegenüber sich selbst, sondern gegenüber der menschlichen Gemeinschaft hat, in der er lebt.

Da der Mensch ein soziales Wesen ist, das, um seine Bedürfnisse befriedigen zu können, auf die Hilfe und Anerkennung anderer Menschen angewiesen ist, haben sich gewisse Formen des Zusammenlebens und -handelns etabliert bzw. institutionalisiert (Ehe, Familie, Gesellschaft, Staat etc.). Deren Ordnungsprinzipien sind aus den ethischen Grundprinzipien Freiheit, Gleichheit, Gerechtigkeit und Menschenwürde hervorgegangen und gebieten damit ein Verhalten, das nicht nur das physische Überleben der Mitglieder der Gemeinschaft ermöglicht, sondern auch zum größtmöglichen Glück und Wohlergehen aller beiträgt.

Gegen natürliche Neigungen und Veranlagungen wie Egoismus, Neid, Machtstreben, Haß und dergleichen führt die Sozialethik Nächstenliebe, Mitleid, Toleranz, Rücksichtnahme und Solidarität ins Feld, um den Sozialisationsprozeß als ein nicht bloß naturwüchsiges, sondern im wesentlichen moralisches Geschehen zu erweisen, das einem unbedingten Anspruch genügen muß.

Die Sozialethik als »Ethik der gesellschaftlich übergreifenden Normen, Institutionen und sozialen Systeme« (Wilhelm KORFF, Sozialethik, 1282) hat es demnach mit jenen Formen menschlicher Vergesellschaftung zu tun, die auf dem Boden eines freiheitlich-verantwortlichen Miteinandergehens mündiger Handlungssubjekte entstanden oder als solche zu rechtfertigen sind.

Die Diskussion in der *Sexualethik* als einem wichtigen Teilbereich der Sozialethik hat in den letzten Jahren zugenommen. Fragen wie die nach der Moralität außerehelichen Geschlechtsverkehrs, des Gebrauchs empfängnisverhütender Mittel, sexu-

98 Ethik als praktische Wissenschaft

eller Praktiken, homosexueller Betätigung usf. verlangen über die von den Kirchen festgelegten Richtlinien hinaus nach einer verbindlichen Antwort, die dem Recht auf individuelle Selbstbestimmung Rechnung trägt.

2.5.4 Wirtschaftsethik

Die *ökonomische* oder *Wirtschaftsethik* ist ein Teilgebiet der Sozialethik. Sie versucht, die ethischen Prinzipien eines guten Lebens mit den Ansprüchen des Wirtschaftshandelns auf Effizienz, Nutzenwachstum und Wertsteigerung zu verbinden. Angesichts der Umweltprobleme, mit denen wir uns heute als Folge eines rücksichtslos fortschreitenden Wirtschaftswachstums konfrontiert sehen, aber auch im Hinblick auf die durch Megafusionen und damit verbundene Rationalisierungsmaßnahmen knapper werdende Arbeit werden kritische Stimmen, die ein neues Leitbild einer gerechten und solidarischen Wirtschaftsordnung fordern, immer lauter. Nicht nur der einzelne ist aufgefordert, die Wirtschaftlichkeit seines Handelns über das Eigeninteresse (Profitsteigerung, Gewinnmaximierung) hinaus im Kontext der gesamtgesellschaftlichen Praxis selbstkritisch zu reflektieren; auch die Betriebe sollen *Unternehmensethik* betreiben, um damit einerseits ihrer Verantwortung sowohl gegenüber den Mitarbeitern (Führungsstil, Management, Mitspracherecht, Leistungsbewertung) als auch gegenüber den Kunden (Sach- und Preisgerechtigkeit der Waren) und den Konkurrenzbetrieben (Wettbewerbsbedingungen, Rivalitätsverhalten) nachzukommen, andererseits die schädlichen Nebenwirkungen der Warenproduktion so weit wie möglich zu reduzieren und für sie gemäß dem Verursacherprinzip aufzukommen. Peter KOSLOWSKI formuliert als wirtschaftsethischen Imperativ:

»Handle so, daß dein wirtschaftliches Handeln der Doppelaufgabe der Wirtschaft, die Menschen in effizienter Weise mit Gütern zu versorgen und einen zentralen Bereich menschlicher Praxis und Selbstrealisierung zu bilden, entspricht.« (Prinzipien der Ethischen Ökonomie, 304)

Als Spezialthemen werden in der Wirtschaftsethik heute u.a. diskutiert (Peter ULRICH, Bernd BIERVERT, Karl HOMANN, Peter KOSLOWSKI)

- Theorien ökonomischer und ethischer Werte,
- Möglichkeiten einer Beschränkung ökonomischer Macht,
- ökonomische und ethische Güterlehre,
- ethische Verpflichtungen in der freien Marktwirtschaft,
- Legitimation zweckrationalen und technokratischen Handelns,
- ökonomische und moralische Kompetenz,
- Modelle einer integrativen Wirtschaftsethik,
- emanzipatorische Sozialpolitik.

2.5.5 Wissenschaftsethik

Die *Wissenschaftsethik* reflektiert den moralischen Anspruch, unter dem die Wissenschaftler Wissenschaft betreiben.

Artikel 5, Absatz 3 des Grundgesetzes lautet: »Kunst und Wissenschaft, Forschung und Lehre sind frei.« Das den Wissenschaftlern eingeräumte Recht auf freie Forschung und Lehre ist jedoch kein Freibrief für beliebige wissenschaftliche Untersuchungen und Experimente. Die Freiheit der Wissenschaft muß wie jede andere Freiheit verantwortet werden und ist somit rechtfertigungspflichtig.

Die Verantwortung des Wissenschaftlers ist eine doppelte: eine *interne* und eine *externe*. Seine interne Verantwortung wird ihm durch sein Berufsethos diktiert: herauszufinden, wie die von ihm erforschten Dinge sich in Wahrheit verhalten. Wahrheitssuche und Wahrheitsfindung müssen einerseits nach den international geltenden Standards korrekten wissenschaftlichen Vorgehens erfolgen (es dürfen keine Daten manipuliert werden; die Ergebnisse müssen, z.B. durch trial-error-Verfahren, durchsichtig hergeleitet oder durch Experimente unter gleichen Bedingungen wiederholbar sein; Gesetzeshypothesen müssen sich jederzeit bestätigen lassen). Andererseits machen die Regeln des Fairplay, der Unbestechlichkeit und kritischen Distanz sowie Präzision und Zuverlässigkeit das Ethos des Wissenschaftlers aus.

Seine externe Verantwortung gegenüber der Gesellschaft besteht darin, daß er auf potentielle Risiken von Projekten aufmerksam macht, vor möglichen Gefahren durch Mißbrauch warnt und auf Forschungen verzichtet, die voraussehbar schädigende, in keinem vernünftigen Verhältnis zu ihrem erhofften Nutzen stehende Folgen haben. Hans JONAS plädiert für eine freiwillige »Selbstzensur der Wissenschaft im Zeichen der Verantwortung«, die »unserer so groß gewordenen Macht nicht erlauben darf, zuletzt uns selbst (oder die, die nach uns kommen) zu überwältigen« (Technik, Medizin und Ethik 80, 108).

2.5.6 Ökologische Ethik

Am lautesten wurde in jüngster Zeit der Ruf nach Ethik von seiten der Umweltschützer. Nachdem der Mensch die Erde systematisch ausgebeutet hat und die Schäden mittlerweile unübersehbar geworden sind, ist eine »neue Ethik der moralischen Verantwortung für die Umwelt« besonders dringlich geworden (F. FRASER-DARLING: Die Verantwortung des Menschen für seine Umwelt, in: Ökologie und Ethik, 18). Eine solche Umweltethik macht ein Umdenken notwendig. Der Umgang mit der Natur darf nicht mehr ausschließlich von menschlichen Interessen und Bedürfnissen her bestimmt werden. Es gilt, die »prometheische Überheblichkeit« abzulegen, um wieder eine Art »Ehrfurcht vor der Natur« empfinden zu können (M. ROCK: Theologie der Natur, in: Ökologie und Ethik, 83, 93). R. SPAEMANN präzisiert:

»Es ist notwendig, die anthropozentrische Perspektive heute zu verlassen. Denn solange der Mensch die Natur ausschließlich funktional auf seine Bedürfnisse hin interpretiert und seinen Schutz der Natur an diesem Gesichtspunkt ausrichtet, wird er sukzessive in der Zerstörung fortfahren. Er wird das Problem ständig als ein Problem der Güterabwägung behandeln und jeweils von der Natur nur das übrig lassen, was bei einer solchen Abwägung im Augenblick noch ungeschoren davonkommt. Bei einer solchen Güterabwägung im

Detail wird der Anteil der Natur ständig verkürzt.« (Technische Eingriffe in die Natur als Problem der politischen Ethik, in: Ökologie und Ethik, 197)

Kurt BAYERTZ weist der ökologischen Ethik drei vordringliche Ziele zu: (1) Sorgfältige Analyse der »Ursachen unserer aktuellen ökologischen Probleme, einschließlich der Ursachen für die Schwierigkeiten und Widerstände, die eine ›ökologische Wende‹ bisher verhindert haben«. (2) »Bereitstellung und Begründung von *normativen Orientierungen* unseres Handelns gegenüber der Natur.« (3) Durchsetzung der normativen Orientierung in der Praxis (Ökologische Ethik, 7).

Die enge Verflochtenheit von außermenschlicher und menschlicher Natur erlegt den heute Lebenden bezüglich des Umgangs mit dem Ökosystem Erde Verpflichtungen auf, die aus einer Solidargemeinschaft mit allen Menschen, einschließlich unseren Nachkommen, erwachsen. Die ökologische Ethik ist in dieser Hinsicht wesentlich Zukunftsethik.

Hans JONAS weist in seinem Buch ›Das Prinzip Verantwortung‹ ausdrücklich darauf hin, daß die Menschen auch für die Zukunft verantwortlich seien und daher die Pflicht hätten, ihre Handlungen unter der Perspektive eines menschenwürdigen Lebens für spätere Generationen zu überdenken. Seine Imperative lauten:

»Handle so, daß die Wirkungen deiner Handlung verträglich sind mit der Permanenz echten menschlichen Lebens auf Erden; oder negativ ausgedrückt: Handle so, daß die Wirkungen deiner Handlung nicht zerstörerisch sind für die künftige Möglichkeit solchen Lebens; oder einfach: Gefährde nicht die Bedingungen für den indefiniten Fortbestand der Menschheit auf Erden; oder, wieder positiv gewendet: Schließe in deine gegenwärtige Wahl die zukünftige Integrität des Menschen als Mit-Gegenstand deines Wollens ein.« (Das Prinzip Verantwortung, 36)

Die Generationen nach uns haben ein »Recht auf ein bejahbares So-sein« (ebd., 89), und daraus ergibt sich für JONAS die moralische Forderung, die der Natur immanenten Zwecke und Werte zu erhalten und zu schützen (ebd., 150).

Dieter BIRNBACHER hat entsprechend einen Katalog von Praxisnormen formuliert, in denen sich die Zukunftsverantwortung der jetzigen Generationen artikuliert:

- Keine Gefährdung der Gattungsexistenz des Menschen und der höheren Tiere: kollektive Selbsterhaltung
- Keine Gefährdung einer zukünftigen menschenwürdigen Existenz: Nil nocere
- Erhaltung und Verbesserung der vorgefundenen natürlichen und kulturellen Ressourcen: Bebauen und Bewahren
- Unterstützung anderer bei der Verfolgung zukunftsorientierter Ziele: Subsidiarität
- Erziehung der nachfolgenden Generationen im Sinne der Praxisnormen. (Verantwortung für zukünftige Generationen, Kap. 6, 197–240)

Die ökologische oder Umweltethik hat demnach die Aufgabe, eine veränderte Einstellung gegenüber der Natur herbeizuführen, der gemäß die Menschen um ihrer selbst und um späterer Generationen willen aufhören müssen, die Natur »wie ein Warenlager« zu behandeln (W. VAN DEN DAELE / W. KROHN: Anmerkungen zur Legitimation der Naturwissenschaften, 418). Die Verantwortung des Menschen erstreckt sich auch auf den Bereich des Nichtmenschlichen, dem ein Eigenwert zuzugestehen ist, eine Unverletzlichkeit, an der das menschliche Verfügenwollen und -können seine Grenze haben muß.

Es bedarf einer alles Lebendige einschließenden Theorie ökologischer Gerechtigkeit (Beat SITTER, 1987), die die Menschen um ihrer selbst willen dazu verpflichtet, sich zum Anwalt der Natur zu machen und die dieser zustehenden Rechte stellvertretend für sie wahrzunehmen (Erhaltung der Artenvielfalt von Pflanzen und Tieren, Tierschutz, Einschränkung von Tierversuchen in der Forschung, Respektierung der »Würde der Kreatur«) und dafür zu sorgen, daß die Umweltbedingungen insgesamt verbessert werden.

Eine weitere Aufgabe der ökologischen Ethik besteht darin, eine »Makroethik der Menschheit auf der begrenzten Erde« zu entwickeln (K.-O. APEL: Transformation der Philosophie II, 359). Es gilt dabei nicht nur, den menschlichen Lebensraum zu erhalten, sondern auch die Güter dieser Erde – sowohl die vorhandenen Ressourcen als auch die mit Hilfe von Maschinen erwirtschafteten bzw. hergestellten Produkte – gerecht zu verteilen. Um Hunger und Armut weltweit zu beseitigen, bedarf es einer Umverteilung dieser Güter, damit alle Menschen möglichst gleichmäßig an den Chancen und Privilegien des Wohlstands beteiligt werden können. Auch dies setzt freilich ein Umdenken voraus. Was bereits für die Natur konstatiert wurde, hat erst recht im Hinblick auf den Mitmenschen unbedingte Gültigkeit: Eine schrankenlose Ausbeutung ist schlechterdings unmoralisch und ethisch zu verurteilen.

2.5.7 Friedensethik

Die Friedensethik wird vielfach zur ökologischen Ethik gerechnet, weil vor allem Umweltschützer und Grüne es waren, die nicht nur den Frieden mit der Natur, sondern – insbesondere in ihren Friedensbewegungen – auch den Frieden der Menschen untereinander (»Weltfrieden«) auf ihr Panier geschrieben haben. Der Sache nach gehört die Friedensethik jedoch zur politischen Ethik, deren grundlegendes Prinzip das der Gerechtigkeit ist. Eine die gesamte Menschheit als Solidargemeinschaft umfassende Vorstellung von Gerechtigkeit, wie sie in den global verbindlichen Menschenrechten ihren Ausdruck gefunden hat, verbietet Waffengewalt und Krieg als Mittel zur Durchsetzung »gerechter« Ziele. In welches Dilemma und in welche Begründungsnot man gerät, wenn ein regionaler Krieg ethisch gerechtfertigt werden soll, hat der Krieg gegen Jugoslawien gezeigt, den man nicht gegen das serbische Volk zu führen vorgab, sondern gegen dessen Diktator.

Im Zeitalter der Atomwaffen und ihres vernichtenden Zerstörungspotentials muß man nach Ernst TUGENDHAT »Nuklearpazifist« sein (Rationalität und Irrationalität der Friedensbewegung und ihrer Gegner, 10), denn die Alternative »Sein oder Nichtsein« betrifft nunmehr die gesamte Menschheit in unüberbietbarer Radikalität. Die ethischen Vorschläge jedoch, wie der Ost-West-Konflikt entschärft und ein dauerhafter Friedenszustand erreicht werden kann, sind höchst konträr. Während Franz ALT, die Botschaft der Bergpredigt aufgreifend, für »eine Umkehr der Herzen« plädiert (Frieden ist möglich, 29 f.), tritt André GLUCKSMANN für eine »Philosophie der Abschreckung« ein.

ALT betont immer wieder: »Die atomare Bedrohung ist eine ökologische Bedrohung der gesamten Schöpfung. Die Atombombe ist die Spitze unseres zivilisatorischen Eisberges« (Frieden ist möglich, 32). Daß es so weit gekommen ist, sieht er als eine Folge der Verherrlichung der technischen Rationalität des Menschen, »der Vergötzung von Vernunft und Wissenschaft« an (ebd., 47). »Unser Verstand muß (daher) wieder bei unseren Emotionen und Intuitionen in die Schule gehen, um Überlebensphantasie, um Frieden zu lernen« (ebd., 41). Eine fundamentale Umbesinnung ist nötig, eine Umkehr, die »nicht den homo oeconomicos zum Ziel (hat), sondern den homo humanus, den ganzen Menschen« (ebd., 78). Diese Umkehr muß beim einzelnen einsetzen; den ersten Schritt, um dem Frieden den Boden zu bereiten, muß nach ALT das Individuum tun, indem es sich die Frage stellt:

»Wie kann ich dem anderen, der vor mir Angst hat, so wie ich vor ihm Angst habe, seine Angst nehmen? Unser Hauptproblem darf nicht länger sein, wie ich mich vor meinem Feind schütze. Unser Hauptproblem muß werden, wie ich meinen Feind vor mir schütze. Das wäre intelligente Feindesliebe. Wir kommen dem Frieden nur näher, wenn wir moralische Überheblichkeit ablegen. Wir müssen begreifen, daß unsere bisherige politische Ethik weitgehend eine Zeigefinger-Ethik war, mit der wir immer nur auf das Böse im anderen gezeigt und dabei das Böse in uns übersehen haben.« (Ebd., 68)

Für GLUCKSMANN dagegen ist Pazifismus, vor allem die Friedenslehre der »Grünen«, eine Philosophie der Feigheit. Er leitet aus dem Recht des Widerstands seine These von der legitimen Herstellung eines Gleichgewichts des Schreckens ab. »Durch die Gleichsetzung der Ungleichen vor der höchsten Gefahr streift der Knecht sein Knechtsein ab und verweigert sich den Umerziehungsmaßnahmen des großen Bruders« (Philosophie der Abschreckung, 383). Da jeder nur ein Leben zu verlieren und zu verteidigen hat, nämlich das seine, resultiert daraus sein Recht, sich mit allen Mitteln gegen die atomare Bedrohung zur Wehr zu setzen, also auch mit Hilfe der Atombombe, denn: »Die Kernwaffen schützen den Frieden« (ebd.).

»Haben wir das Recht, Frauen, Kinder und Kindeskinder eines ganzen Planeten als Geiseln zu nehmen? Dürfen wir die Zivilbevölkerungen, zu denen wir selbst gehören, mit der Apokalypse bedrohen? Verdient eine Kultur weiterhin diesen Namen, wenn sie, um zu überleben, wissentlich ihre Auslöschung riskiert? Das ist die höchst philosophische, ernsteste und einfachste Frage, die uns von der banalen Aktualität gestellt wird. Die Antwort lautet – was die allzu ruhigen Gewissen auch immer sagen mögen – ja.« (Ebd., 388)

Während GLUCKSMANN im Durchgang durch die Geschichte und die Geschichte der Philosophie nachzuweisen strebt, daß der Friede immer bewaffnet war und als solcher theoretisch begründet wurde, hält ALT dem entgegen:

»Das neue, 2000 Jahre alte Menschenbild der Bergpredigt ist ein Aufruf: Entscheidet euch gegen das Gesetz der Gewalt und Vergeltung für das Gesetz der Liebe und Vergebung! – Bedenkt, daß ihr Menschen seid, und vergeßt alles andere! Arbeitet an der Überwindung des unmenschlichsten aller Dogmen: daß der Mensch unverbesserlich sei!« (Frieden ist möglich, 116)

Wolfgang HUBER und Hans-Richard REUTER halten fest:

»Die Angst um das Überleben macht Politik in einer neuen Weise zum Thema der Ethik. Freilich kann sich diese Ethik des Politischen nicht mehr darin erschöpfen, den Gehorsam gegenüber der staatlichen Autorität zu begründen und dessen Grenzen zu bestimmen. Vielmehr wird politische Ethik nun unausweichlich zur Kritik der Politik. Den Maßstab dieser Kritik aber bildet das, was heute am notwendigsten und gefährdetsten zugleich ist: der Frieden. Deshalb ist eine Ethik des Politischen als Friedensethik zu entwerfen.« (Friedensethik, 20)

2.5.8 Weitere Spezialethiken; Ethikkommissionen

In den letzten Jahren haben sich weitere Spezialethiken herausgebildet, besonders im Zusammenhang mit Berufsfeldern, auf welchen sich im Zuge von bestehenden Machtverhältnissen brisante Probleme entwickelt haben. (Vgl. A. PIEPER / U. THURNHERR (Hg.): Angewandte Ethik, München 1998) So versucht die *Technikethik*, die ethischen Voraussetzungen des Herstellungshandelns zu eruieren und eine Verantwortungsethik für jene Personengruppen zu entwickeln, die durch die Erzeugung technischer Produkte massiv in unsere Lebensverhältnisse eingreifen. Der nicht mehr ohne weiteres kalkulierbare Nutzen weitgehender Eingriffe in die menschliche und die außermenschliche Natur bedarf komplizierter Technikfolgenabschätzungsverfahren, in denen nach bestem Wissen und Gewissen die potentiellen Schäden und Risiken einer Technologie mit ihren erwarteten Vorteilen gegeneinander abgewogen werden müssen. Das technisch Machbare wird auf diese Weise durch das ethisch Wünschenswerte restringiert. (Vgl. H. JONAS: Technik, Medizin und Ethik, Frankfurt 1985; G. ROPOHL: Technologische Aufklärung, Frankfurt 1991)

Die *Medienethik* beschäftigt sich mit Fragen einer korrekten Information seitens der Journalisten, Redakteure und der übrigen Medienschaffenden, die auf der Basis genauer Recherchen und unvoreingenommener Berichterstattung ihrer Wahrheitspflicht nachkommen sollen. Fingierte Fakten, einseitig selektive Nachrichten, Voyeurismus, manipulative Maßnahmen, um an geheimes Material zu gelangen, tendenziöse Berichte disqualifizieren den Journalismus, da sie eine sachgerechte Meinungsbildung in der Öffentlichkeit verhindern. (Vgl. S. WEISCHENBERG: Medienethik. In: PIEPER/THURNHERR (Hg.): Angewandte Ethik, 219 ff.)

Die verschiedenen Spezial- und Berufsethiken treten in Ethikkommissionen zueinander in Beziehung, wenn es darum geht, komplexe Sachverhalte, deren Probleme interdisziplinär gelöst werden müssen, aus unterschiedlichen Perspektiven zu untersuchen und nach ethischen Gesichtspunkten zu beurteilen.

Mediziner, Naturwissenschaftler, Techniker, Juristen, Soziologen, Theologen und Politiker sitzen mit Ethikern an einem Tisch, um über die Probleme zu beraten. Ethikkommissionen sind der Idee nach nichts Neues. Schon immer wurde in ethisch-politischen Theorien ein unabhängiges Gremium gefordert, welches als Rat der Weisen dafür Sorge tragen sollte, daß das gemeinsame, allgemein verpflichtende Ethos in allen Bereichen gesellschaftlicher Praxis seine bindende Kraft ungehindert entfalten kann. Heute sind Ethikkommissionen unverzichtbar, weil Individualismus und Pluralismus das Ethos fragmentarisiert haben, so daß niemand mehr Verantwortung für das Ganze trägt. Ethiker als Anwälte des Ganzen haben daher die Aufgabe, die partikularen Interessen im Kontext des gesamtgesellschaftlichen Interesses kritisch zu beurteilen.

Der von vielen Menschen weltweit als immer prekärer empfundene Zustand des Systems Erde und die Erfahrung zunehmender Brüchigkeit des sozialen Netzes haben zu einer Sensibilisierung für die Verantwortungslosigkeit von Handlungen und Interaktionen geführt, deren gigantischer Nutzen für die einen mit einem unverhältnismäßig hohen Schaden für die anderen verbunden ist. Der Leidensdruck auf den Menschen und der lebendigen Natur insgesamt hat zugenommen, und nachdem sich auch die Medien verstärkt zum Anwalt der Benachteiligten gemacht haben, ist der Ruf nach Ethik im ausgehenden 20. Jahrhundert immer lauter geworden. Wie läßt sich dieses Verlangen gerade nach Ethik erklären? Leben wir in einer derart moralosen Zeit, daß man sich von den Ethikern als den Fachleuten für moralisches Verhalten Richtlinien erhofft, die zu verantwortungsbewußterem Handeln und damit zu einer Verbesserung der Lebensqualität aller führen? Wird von den Ethikern gar erwartet, daß sie den sich in einem moralfreien Raum wähnenden Akteuren die Leviten lesen? Sind Ethikkommissionen überhaupt das geeignete Instrument, um die beklagten Mängel an moralischer Einsicht und ethischer Kompetenz zu beheben? Üben sie nicht letztlich eine bloße Alibifunktion aus?

Ein Blick zurück in die Vergangenheit hilft, diese Fragen zu klären. Gab es früher schon Ethikkommissionen – wenn ja, welche Aufgaben hatten sie; wenn nein, warum waren sie nicht nötig? In der griechischen Antike finden sich zwei unterschiedliche Antworten. PLATON konzipierte sein ideales Staatsmodell als ein Dreiklassensystem in Analogie mit den Seelenteilen: Während der mutige Teil durch das Militär und der begehrliche Teil durch die Ackerbauern und Handwerker repräsentiert wird, personifiziert sich in den Philosophen der vernünftige Teil. Während sich die Gerechtigkeit der Seele in einem ausgewogenen Verhältnis der drei Seelenteile unter der Herrschaft der Vernunft darstellt, handeln die Bürger der Polis auf der Folie eines gerechten Interaktionsmusters, wenn jeder so gut wie möglich das seine tut – nämlich seine spezielle Tugend der Tapferkeit, Besonnenheit bzw. Weisheit ausbildet – und damit zum Gelingen des Ganzen beiträgt. PLATONs berühmte These von den Philosophenkönigen *(Politeia,* 473c–d) fordert an der Spitze des Staates ein hochkarätiges Expertengremium, dessen Mitglieder sich in jahrzehntelanger Ausbildung theoretisch mit der Idee des Guten vertraut gemacht haben und deren Umsetzung in die Praxis zu bewerkstelligen vermögen.

Die Regierungsgeschäfte werden also in PLATONs Staat von einer Ethikkommission geführt, was von PLATON mit der Ungerechtigkeit der bestehenden Verhältnisse und der allgemeinen Sittenverderbnis der bisherigen Herrscher begründet wird. Anstatt das Staatsschiff mit Hilfe der Gestirne sicher durch unruhiges Wasser zu steuern, lassen sie sich von einer betrunkenen Mannschaft beschwatzen, das Steuer aus der Hand zu geben, und überlassen den Kurs einer unkundigen, ziellos navigierenden Meute, deren zersplitterte Interessen das Schiff in den Untergang reißen. *(Politeia,* 488a–489c) Nur eine Ethikkommission, die sich an bleibenden Werten orientiert und die Tugend der Gerechtigkeit als Kompass benutzt, vermag die vielfältigen Bedürfnisse der Passagiere auf das gemeinsame Interesse aller an einem guten Leben auszurichten und dafür Sorge zu tragen, daß niemand hinsichtlich seiner berechtigten Ansprüche unzulässig bevorzugt oder benachteiligt wird.

Im Staat des ARISTOTELES gibt es keine Ethikkommissionen. Sie sind überflüssig, weil jeder Bürger der Polis ein *zoon politikon* (soziales Lebewesen) ist und als solches moralische Kompetenz besitzt. Durch Erziehung in ein Ethos eingeübt, das ihn dazu befähigt, seinen Handlungen die tradierten Wert- und Normvorstellungen zugrunde zu legen, befindet sich der einzelne bezüglich der allgemein verbindlichen Ziele in einem Konsens mit den Mitgliedern der Gemeinschaft und kann Konflikte selbständig lösen. Zwar ist die Ethik für ARISTOTELES ein wichtiges Aufklärungsinstrument, das dem Handelnden seine Willensbildungsprozesse transparent macht und ihn dazu anleitet, praktische Urteilskraft auszubilden, indem er lernt, wie dem Streben nach dem Guten sowohl im Polisverband als auch im Kontext eines persönlichen Lebensentwurfs Erfolg zuteil wird. Doch weit davon entfernt, die Regierungsvollmacht einer Ethikkommission zu übertragen, gesteht ARISTOTELES den Philosophen sogar politische Abstinenz zu, damit sie fernab von gesellschaftlichen Verpflichtungen ihren Gedanken nachhängen und in der *Theoria* ihre kontemplative Erfüllung suchen können. (Vgl. Nikomachische Ethik, I,1; X,6–9)

Da nun aber auch ein Ethiker, obwohl er bereits Lebensklugheit und praktische Urteilskraft besitzt, sich bei der Anwendung seiner moralischen Prinzipien trotzdem irren kann, wurde in der Folge die ethische Führung einem *Rat der Weisen,* dessen Mitglieder sich gegenseitig kontrollieren, übertragen. Am deutlichsten zeigt sich dies in den Renaissance-Utopien, die allesamt als Versuche einer Ethisierung der sozialen und politischen Verhältnisse begriffen werden können. In Francis BACONs *Nova Atlantis* bildet das »Haus Salomons« bzw. die »Gesellschaft der Werke der sechs Tage« den Rat der Weisen, der Parlament, Wissenschaftsverband, religiöser Orden und Ethikkommisssion in einem ist. Diese Bruderschaft von Weisen legitimiert ihre Doppelfunktion als Wissenschaftler und Politiker damit, daß sie einen göttlichen Auftrag erfüllt, indem sie auf theoretischem Gebiet »die Erkenntnis der Ursachen und Bewegungen sowie der verborgenen Kräfte in der Natur« erforscht, um »des wahren und inneren Wesens aller Dinge« teilhaftig zu werden (Neu-Atlantis, in: Der utopische Staat, Reinbek 1960, 205, 194), und im praktisch-sozialen Bereich eine auf dem Prinzip der Humanität beruhende patriarchale Gesellschaftsordnung zu bewahren. Wissenschaftliches und politisches Ethos haben ihre Wurzel in der Kommunikation mit dem Schöpfergott, dessen Absichten durch Entzifferung der Naturgesetze aufgedeckt werden und dessen Kreativität durch technische Erzeugung einer zweiten Natur mittels menschlicher Erfindungen nachgeahmt wird, während sich in der Familienstruktur, insbesondere im Kinderreichtum die göttliche Zeugungskraft widerspiegelt. Als Ethikkommission fungiert der Rat der Weisen, wenn er darüber entscheidet, ob brisante Forschungsergebnisse wegen ihrer potentiellen Gefährlichkeit der Öffentlichkeit vorenthalten werden sollen. »Auch ist es bei uns üblich, genau zu erwägen, was von unseren Erfindungen und Versuchsergebnissen zu veröffentlichen angebracht ist, was dagegen nicht. Ja, wir verpflichten uns sogar alle durch einen Eid, das geheimzuhalten, was wir geheimzuhalten beschlossen haben.« (Ebd., 214)

Noch enger ist die Verschränkung von göttlicher Persönlichkeits- und menschlicher Interaktionsstruktur in Tommaso CAMPANELLAS *Sonnenstaat* auf der Insel Bensalem. Dort repräsentieren drei hohe Staatsbeamte – Pon (für *potentia* = Macht), Mor (für *amor* = Liebe) und Sin (für *sapientia* = Weisheit) – Gottvater, Gottsohn und den Heiligen Geist. Die Einheit des Dreierverbandes wird durch eine als Sol oder Metaphysikus bezeichnete Person gewährleistet, deren Wissen und Klugheit so umfassend sind, daß sie als Stellvertreter der Idee des Guten imstande ist, die drei Kompetenzbereiche (Regierung/Kriegsführung, Erziehung/Gemeinschaft, Wissenschaft/Bildung) so miteinander in Einklang zu bringen, daß der Staat als ein sinnvoll gegliedertes Ganzes erscheint – vergleichbar einem Organismus, dessen Teile eine Funktionseinheit bilden. Dieser Gesellschaftskörper ist durch und durch ethisiert, insofern nicht nur der ›Kopf‹, sondern auch der ›Leib‹ als Ethikkommission konstruiert ist. »Soviele Namen wir für die Tugenden haben, soviele Behörden gibt es bei [den Bürgern von Bensalem; sie haben also ein Amt für] Großmut, Tapferkeit, Keuschheit, Freigebigkeit, richterliche und bürgerliche Gerechtigkeit,

Gewissenhaftigkeit, Wahrheit, Wohltätigkeit, Dankbarkeit, Heiterkeit, Fleiß, Nüchternheit usw.« *(Sonnenstaat,* in: Der utopische Staat, 124) Von der Spitze bis zur Basis stellt sich der Sonnenstaat als personifizierter Moralkodex dar, in welchem jedes Glied für die ethischen Belange seines Regelkreises zuständig ist, wobei die normative Kraft der Tugend als solcher gemeinschaftsbildend wirkt und den Zusammenhalt des Ganzen gewährleistet.

In den utopischen Konstrukten der politischen Philosophie der Antike und der frühen Neuzeit wurden demnach Ethikkommissionen als ein unbedingtes Erfordernis erachtet, um der moralischen Verrohung und der Sittenverderbnis vorzubeugen. Im Idealfall funktioniert das ethische System ›bottom up‹, dann nämlich, wenn jeder Bürger aufgrund seiner moralischen Kompetenz ein vollwertiges Mitglied der gesamtgesellschaftlichen Ethikkommission ist. Andernfalls muß die ethische Führung ›top down‹ durch eine Ethikkommission erfolgen, die sich entweder aus den höchsten politischen Amtsträgern zusammensetzt oder neben diesen eine eigene Instanz bildet, die die gesamtgesellschaftliche Praxis aus normativer Perspektive beurteilt. Historisch wurden die Aufgaben einer Ethikkommission vom Senat, dem Rat der Alten wahrgenommen, deren Autorität sich auf langjährige Erfahrung und praktische Urteilskraft stützte.

In der Neuzeit wandelte sich im Zuge der Verselbständigung der Naturwissenschaften mit dem Weltbild auch das Menschenbild. Der Mensch begreift sich von nun an nicht mehr vorrangig als *soziales* Lebewesen, sondern als *autonomes* Subjekt, das ein alle verpflichtendes vorgegebenes Gutes nicht mehr akzeptiert, sondern sein Gutes aus eigener Kompetenz allererst hervorbringt. Infolgedessen zerfällt der soziale Organismus in Individuen, die unter Berufung auf das Prinzip der Freiheit ihre eigenen Normen und Werte schaffen. An die Stelle der bindenden Kraft eines gemeinsamen Ethos tritt entweder das Kantische Universalisierungsprinzip, das in Gestalt des kategorischen Imperativs die Erfüllung persönlicher Bedürfnisse auf Kosten der Gemeinschaft verbietet, oder das utilitaristische Nutzenprinzip, das im Sinne der Formel vom größten Glück der größten Zahl die Verfolgung subjektiver Interessen von der Steigerung nicht nur des eigenen, sondern auch fremden Glücks abhängig macht.

Die Kehrseite der mit der Autonomisierung des Subjekts einhergehenden Individualisierung und Interessenpluralisierung ist der Verlust an Gemeinschaftswerten, der dem Egoismus Vorschub leistet. Der Autoritätszerfall auch der Religionen, die ihre Mitglieder im religiösen Ethos eines Gottesglaubens zusammenhielten und in den klassischen Theorien das normative Fundament des gesamten Staatswesens bildeten, hat das solidarische Netz noch grobmaschiger gemacht, so daß im Grunde niemand sich mehr für die anderen verantwortlich fühlt. Zwar werden die Freiheitsrechte mit beträchtlichem Pathos als Menschenrechte hochgehalten, aber die Tendenz, jeden nach seiner Façon selig werden zu lassen, Hauptsache, man selbst bleibt in der Ausführung seines eigenen Lebensentwurfs ungestört, nimmt zu und gibt sich unter dem Deckmantel der Toleranz sogar einen moralischen Anschein.

Hatte KANT »Autonomie« noch als eine ethische Kategorie aufgefaßt, der gemäß der Gebrauch der Freiheit an selbst gesetzte Regeln gebunden ist, die jedes andere Individuum prinzipiell muß bejahen können, wodurch die Instrumentalisierung anderer Menschen moralisch ausgeschlossen wird, so gelten heute diejenigen als autonom, die sich politisch und wirtschaftlich durchzusetzen vermögen. Wo die Wertvorstellungen der einen mit denen der anderen konkurrieren, wird nicht mehr moralische Charakterstärke, sondern schieres Durchsetzungsvermögen als Leistung ausgezeichnet. Führungskraft, Effizienz, zweckrationales und strategisches Know-how avancieren im Zeitalter der ›freien‹ Marktwirtschaft zu quasimoralischen Gütesiegeln, denen das sportlich-markige Etikett Fairplay angehängt wird, um zu verschleiern, daß der individuelle Egoismus im Verbund mit Gruppen- und nationalen Egoismen die Menschheit wieder dem von HOBBES beschriebenen Zustand des Krieges aller gegen alle annähert.

Das ethische Universalisierungsprinzip ist durch das ökonomische Globalisierungsprinzip ersetzt worden. Dabei sind nicht nur diejenigen auf der Strecke geblieben, die im Rivalitätskampf keine Chance haben, sondern auch die Moral wurde vielfach als unnötiger Ballast über Bord geworfen, damit der Gewinnmaximierungszug desto schneller über alle Grenzen hinweg durch die verschiedenen Dimensionen unserer Lebenswelt sausen kann. In dieser Situation haben es Ethikkommissionen schwer, weil mit schwindender Moral auch die Ethik auf verlorenem Posten steht (so wie ohne Religion die Theologie überflüssig wird). Die Ethik vermag keine Moral zu erzeugen, sie ist ganz im Gegenteil auf ein Moralbewußtsein angewiesen, sei es auch noch so schwach ausgeprägt. Nur unter der Voraussetzung, daß eine grundsätzliche Bereitschaft zu ›gutem‹ Handeln besteht, konnte in den klassisch-utopischen Konzepten dem Ideal eines Rates der Weisen eine Funktion zugeschrieben werden: die Menschen zwar nicht gut, sehr wohl aber besser zu machen, indem sie über die Bedingungen und den Sinn guten Handelns aufgeklärt wurden. Auf diese Weise sollten sie in den Stand versetzt werden, aus eigener Kompetenz Entscheidungen zu treffen, d.h. aus Einsicht in die Verbindlichkeit des gemeinsamen Ethos ihre Praxis selbstverantwortlich zu strukturieren und nicht am Gängelband der Tradition.

Wenn der Ruf nach Ethik heute unüberhörbar ist, wenn in fast allen Praxisfeldern Ethikkommissionen aus dem Boden sprießen, um diesem Ruf Folge zu leisten, so scheint dies ein Indiz dafür zu sein, daß das Moralbewußtsein noch nicht völlig verdrängt wurde, auch wenn es vielfach als Relikt eines antiquierten Menschenbildes verspottet wird, das sich die Schlechtweg- und Zukurzgekommenen zu eigen gemacht haben, um sich durch ›humanistischen Kitsch‹ dafür schadlos zu halten, daß sie auf der Verliererseite stehen. Ethikkommissionen sind heute nötiger denn je, aber man darf ihre Aufgabe nicht überschätzen. Sie können keine moralische Einstellung bewirken, keinen guten Willen hervorbringen, kein Ethos erzeugen. Autonomie als die Errungenschaft des modernen Menschen respektierend, haben sie dafür Sorge zu tragen, daß über der Verfolgung partikularer Interessen das Ganze nicht aus dem Blick gerät. Die Vertreter der Ethik sind Platzhalter und Anwälte für das Ganze, für das niemand mehr Verantwortung trägt, wo Verantwortung parzelliert und nur innerhalb des jeweiligen Kompetenzbereichs übernommen wird. Die in den Ethikkommissionen einsitzenden Ethiker müssen daher stets die mit dem Freiheitsprinzip verbundenen Verpflichtungen im Auge behalten, wenn es darum geht, Gruppeninteressen hinsichtlich ihrer sozialen Verträglichkeit zu evaluieren. Was immer unter politischem, wirtschaftlichem, wissenschaftlichem, technischem oder medizinischem Aspekt wünschenswert sein mag, bedarf selbst dann, wenn es durch das jeweilige Berufsethos legitimiert ist, einer ethischen Problematisierung, in deren Verlauf ein Projekt an der Norm eines guten Lebens für alle überprüft und nur dann gut geheißen wird, wenn es nicht gegen die Menschenwürde als jenen unverrechenbaren, unverlierbaren Wert verstößt, der jedem menschlichen Individuum als Mitglied der Gattung Mensch diskussionslos zuzuerkennen ist. Der Sinn von Ethikkommissionen kann jedoch nicht der sein, daß man die Moral an Experten delegiert und sich damit ein gutes Gewissen verschafft. Moralität kann überhaupt nicht delegiert, das Gewissen kann nicht ausgelagert werden, sondern seinem Anspruch, sich *menschlich* zu verhalten, muß jede Person selbstverantwortlich Folge leisten.

2.6 Die Bedeutung der Ethik für die menschliche Praxis

Die Ethik ist eine Theorie der Praxis um der Moralität dieser Praxis willen. Ausgehend vom Begriff der Moral, entwickelt sie den Sinn eines Handelns, das nicht Folge eines unmittelbaren, beliebigen, willkürlichen, unverbindlichen, subjektiv-privaten Wollens ist, sondern Folge eines aus kritischer Distanz sich selbst frei bestimmenden und im Hinblick auf andere Freiheit einschränkenden Willens.

Indem die Ethik die Struktur moralischer Handlungen und Urteile explikativ entfaltet und Moralität als die dem Menschen eigentümliche, sein Sein als Mensch bzw. seine Humanität konstituierende und ihm aufgegebene praktische Wesensqualität erweist, geht sie über die Alltagspraxis und ihre konkreten Belange hinaus auf das Grundsätzliche, Prinzipielle. Insofern hat sie keinen direkten Nutzen für das menschliche Handeln, da sie keine Lösungsvorschläge oder Handlungsanweisungen bietet, die sich unmittelbar auf singuläre Fälle beziehen und in die Praxis umsetzen lassen. Aber hat sie deshalb überhaupt keinen Nutzen für das Handeln?

Die Ethik fällt selber keine moralischen Urteile über das, was hier und jetzt zu tun ist. Vielmehr vermittelt sie die Einsicht, wie gehandelt werden muß, damit die Handlung als moralisch anerkannt werden kann. Aber sie kann Moralität nicht argumentativ erzeugen; sie kann nur mittelbar – über die kognitive Erschließung der Struktur moralischen Handelns und über den Appell an das moralische Bewußtsein – auf die Qualität einer Praxis als das, was unbedingt gesollt ist, aufmerksam machen. Sie kann aber nicht den jeweiligen Inhalt und auch nicht den tatsächlichen Vollzug einer Handlung ursächlich herbeiführen, da dieser ein vom Handelnden selber zu erbringender Freiheitsakt ist. Dieses Verhältnis von Ethik und Praxis läßt sich vielleicht durch folgende Analogie veranschaulichen:[3]

Wer einen Kompaß benutzt, um an sein Ziel zu gelangen, hat dieses Instrument mißverstanden, wenn er meint, darauf seinen Standort und den Weg zu seinem Ziel einfach ablesen zu können. Weder über das eine noch über das andere gibt der Kompaß eine direkte Auskunft; er zeigt immer nur in eine Richtung, nämlich nach Norden. Trotzdem führt er den Wanderer ans Ziel, vorausgesetzt, er weiß, wohin er will und somit auch die Himmelsrichtung, in der sich von seinem Standort aus gesehen sein Ziel befindet. Der Kompaß schreibt somit nicht direkt den richtigen Weg vor, sondern gibt an, wie der richtige Weg zu ermitteln ist.

Überträgt man dieses Bild des Kompasses auf die Ethik, so wird deutlich, daß ihre Funktion nicht darin besteht, eine bestimmte Handlung direkt zu gebieten; sie gebietet immer nur Moralität als die dem Menschen wesentliche Freiheit. Trotzdem gibt sie

Auskunft darüber, wie in einem Einzelfall die moralisch angemessene Handlung zu ermitteln ist, vorausgesetzt der Handelnde weiß hinreichend über die Situation Bescheid, in der er sich befindet, und hat von dieser bestehenden Situation her eine Vorstellung von der zu erstrebenden zukünftigen Situation, die durch sein Handeln verwirklicht werden soll.

Wie der Kompaß die Richtung nach Norden als festen, unverrückbaren Bezugspunkt anzeigt, der es ermöglicht, den Weg zu einem gewünschten Ort zu bestimmen, so verweist die Ethik auf die Idee der Freiheit als jenen unbedingten Bezugspunkt, von dem her sich eine Handlung aus dem Verhältnis zwischen ihrem Ausgangs- und Zielpunkt als gesollt bestimmen läßt.

Doch wie der Kompaß seinem Benutzer nur dazu verhilft, den richtigen Weg zu finden, ohne ihn dazu zwingen zu können, diesen als den richtigen erkannten Weg auch tatsächlich zu gehen, so leitet die Ethik den Handelnden nur dazu an, seinen Willen moralisch zu bestimmen, ohne ihn dazu zwingen zu können, die als moralisch erkannte Handlung auch tatsächlich auszuführen. Faktisch kann sich jemand weigern, eine als moralisch gesollt eingesehene Handlung auszuführen, ja er kann letztlich sogar widermoralisch handeln. Menschliche Freiheit ist nicht nur Freiheit zum Guten, sondern auch Freiheit zum Bösen. Der Mensch kann das Gute tun, er kann es aber auch lassen, und er kann schließlich das Gegenteil des Guten erstreben. Als Fazit aus dem bisher über den Nutzen der Ethik für die menschliche Alltagspraxis kann festgehalten werden: Die Ethik ist nicht unmittelbar praxiswirksam, hat aber gleichwohl entscheidende Bedeutung für die menschliche Praxis. Dies soll abschließend noch durch eine andere Analogie verdeutlicht werden:

Jemand kann ein guter Autofahrer sein, ohne die geringste Ahnung von der technischen Konstruktion seines Wagens zu haben. Indem er alle Hebel, Schalter, Knöpfe etc. richtig bedient und die Verkehrszeichen beachtet, hat er ein gewisses Fahrgefühl erworben und fährt mit der Zeit korrekt Auto. Erst wenn der Wagen einen Defekt hat, wird ihm bewußt, daß das Funktionie-

ren seines Autos nicht allein von seinen Handgriffen und Fahrkünsten abhängt, sondern von dem mechanischen Zusammenspiel verschiedener Einzelteile nach einer Konstruktion, von der er nichts weiß und deren Kenntnis ihm zum Steuern seines Wagens unmittelbar auch gar nichts nützt, ihn möglicherweise sogar daran hindern würde, die erforderlichen Handgriffe unbefangen auszuführen, die aber gleichwohl zur Behebung eines Defekts notwendig ist.

Auf die Ethik übertragen besagt diese Analogie: Jemand, der durch Erziehung daran gewöhnt worden ist, nach bestimmten moralischen Grundsätzen zu handeln, bedarf keiner Ethik, um zu wissen, was er tun soll. Wer völlig selbstverständlich und unbeirrt das Gute tut, dem nützen ethische Überlegungen unmittelbar nichts und stören ihn möglicherweise sogar in seinem Selbstverständnis.

Erst wenn er Problemen begegnet, die er nicht mehr auf die gewohnte Weise zu lösen vermag, wenn er in Konfliktsituationen gerät, zu deren Bewältigung seine bisherige Erfahrung und Lebenspraxis nicht ausreichen, wird ihm bewußt, daß seinen Handlungen eine »Konstruktion« zugrunde liegt, deren Kenntnis er bislang nicht bedurfte, um handeln zu können, die er sich nun jedoch aneignen muß, um seinen Konflikt als solchen begreifen und lösen zu können. Denn anders als der Autofahrer – hier trägt die Analogie nicht mehr –, der seinen nicht mehr funktionierenden Wagen von einem Fachmann reparieren lassen kann, kann der moralisch Handelnde nicht zu einem Fachmann für Moral gehen und von diesem seine Probleme lösen lassen, sondern er muß selber moralische Kompetenz entwickeln und nach Wegen zur angemessenen Bewältigung seines Konflikts suchen.

Hier tritt die Ethik auf den Plan, die ihm die Konstruktion seines Handelns durchsichtig macht, indem sie ihn über die Bedingungen und den Sinn moralischer Praxis aufklärt und dadurch in die Lage versetzt, sich selbst in bezug sowohl auf seine vergangenen als auch auf seine zukünftigen Handlungen kritisch zu beurteilen und die Normen, die er bislang fraglos befolgt hat, auf ihre Moralität hin zu überprüfen.

In den letzten Jahren wurden weltweit Philosophische Praxen gegründet, in denen Beratungen über Lebens- und Sinnfragen stattfinden. »In der Philosophischen Praxis geht es primär um Methoden und Strategien der Sinnfindung sowie um Konzepte und Technologien der Lebenskunst, um die Entwicklung und Umsetzung von ganz konkreten, personen- und situationsbezogenen Programmen der Lebensgestaltung, um die Lösung von speziellen moralischen Konflikten, um die Entwicklung und Umsetzung einer eigenen Ethik, einer eigenen Philosophie.« (U. THURNHERR: Philosophische Praxis, in: PIEPER/THURNHERR: Angewandte Ethik, 361) So verstanden ist eine Philosophische Praxis ein ethisches Unternehmen im Sokratischen und Aristotelischen Sinn: Die Ratsuchenden werden dazu angeleitet, ihre Urteilskraft zu gebrauchen und ihre Probleme auf der Basis eines gemeinsam erarbeiteten Konzepts eigenständig zu lösen.

3 Ethik als praktische Wissenschaft unter anderen praxisbezogenen Wissenschaften

Nachdem wir bislang Gegenstand und Aufgabe der Ethik umrissen und die Autonomie der Ethik im Verhältnis zu anderen philosophischen Disziplinen geklärt haben, soll nun zunächst die Beziehung der Ethik zu nichtphilosophischen Wissenschaften, für die der Praxisbezug wesentlich ist, zur Sprache kommen. Dabei soll deutlich werden, in welcher Weise die Ethik und diese Wissenschaften wechselweise aufeinander angewiesen sind und welche speziellen Fragen nur im autonomen, kategorialen Rahmen der jeweiligen Wissenschaften zureichend beantwortet werden können.

Die Ethik konstruiert die Bedingungen, unter denen menschliches Handeln als moralisch begriffen werden kann; sie bedenkt das Verhältnis von Moral und Moralität im Kontext menschlicher Praxis und steht insofern in enger Verbindung mit anderen praxisbezogenen Wissenschaften: den Human- und Handlungswissenschaften.

Da aber einige dieser Wissenschaften dazu tendieren, ihr Wissenschaftsmodell zu verabsolutieren, indem sie den Anspruch erheben, menschliches Handeln vollständig erklären zu können, ohne auf die Erkenntnisse anderer Wissenschaften angewiesen zu sein, ist zu fragen, in welcher Weise diese praxisbezogenen Wissenschaften menschliches Handeln erklären, und ob sie in der Tat das Verhältnis von Moral und Moralität zureichend mitbedenken, so daß Ethik als eine eigenständige praktische Disziplin überflüssig würde; oder ob nicht vielmehr gewisse Fragen übrigbleiben, die über die Einzelwissenschaften hinausweisen, innerhalb deren sie nicht einmal zureichend als Fragen gestellt, geschweige denn beantwortet werden können.

3.1 Ethik im Verhältnis zu empirischen Einzelwissenschaften

Von den empirischen Einzelwissenschaften sind es insbesondere Psychologie und Soziologie, die sich ausdrücklich mit der Praxis von Menschen beschäftigen. Diese noch verhältnismäßig jungen Wissenschaften gehörten früher einmal zur Philosophie, haben sich aber mehr und mehr auf die Ausbildung empirischer Verfahren zur Feststellung von Formen menschlicher Aktion und Interaktion spezialisiert, aus dem Umkreis der Philosophie emanzipiert und inzwischen als selbständige Wissenschaften etabliert.

3.1.1 Psychologie

Noch bis zu KANT war die rationale Psychologie als spekulative Lehre von der menschlichen Seele ein Teilgebiet der speziellen Metaphysik (vgl. Kap. 2.2.2) und befaßte sich überwiegend mit Fragen der Selbsterkenntnis, der Unsterblichkeit der Seele, der Identität der Person in der Einheit des Bewußtseins u.a.

Im Gefolge des Neukantianismus begann sich das Erkenntnisinteresse der Psychologie zu wandeln. Sie wandte sich zusehends von den metaphysischen Problemen ab und mehr den konkreten Ausprägungen psychischen Erlebens zu, die sie entsprechend ihrem neuen Selbstverständnis als Erfahrungswissenschaft teils in Anlehnung an naturwissenschaftliche (kausalmechanische), teils unter Einbeziehung geisteswissenschaftlicher (hermeneutischer – verstehender, deutender) Erklärungsmodelle aufzuschlüsseln versuchte.

Im Zusammenhang mit der von der Ethik behandelten Problematik des Verhältnisses von Moral und Moralität ist vor allem die praktische oder angewandte Psychologie, insbesondere die Psychotherapie, wichtig. Die Psychotherapie entwickelt Möglichkeiten einer Heilung krankhafter (neurotischer, psychotischer u.a.) Fehlformen und Störungen von Verhaltensweisen, mit dem Ziel, psychische Gesundheit wiederherzustellen. Die verschiedenen psychotherapeutischen Verfahren (wie vor allem Verhaltenstherapie, Gestalttherapie und psychoanalytische Therapie) versuchen im Unterschied zur organischen Therapie, die durch medikamentöse Behandlung, chirurgische Eingriffe oder Heilbäder eine Heilung erzielen will, die emotionale Vorgeschichte des Kranken unter bestimmten kategorialen Interpretationsschemata (z.B. Belohnung/Strafe, Traumdeutung) *dialogisch so* aufzuarbeiten, daß er wieder befähigt wird, frei über sich selbst zu verfügen, indem er die Ursachen des Leidensdrucks, der seine Krankheit ausgelöst hat, durchschaut und bewußt an der Lösung seines Konflikts mitwirkt.

Das Ziel der Psychotherapie – den Menschen von jenen psychischen Zwängen zu befreien, die ihn daran hindern, wahrhaft als Mensch, d.h. als zu sich selbst befreites Wesen zu leben – ist zweifellos ein moralisches Ziel, das dem Therapeuten ein hohes Maß an Verantwortung abverlangt.

Dieses Ziel verbindet sie mit der im Moralprinzip der Ethik formulierten Forderung, Freiheit um der Freiheit willen als Maßstab jeglicher Praxis anzuerkennen.

Die auf die Erkenntnisse der Psychologie gestützte Psychotherapie ist somit ebenfalls eine Wissenschaft in praktischer Absicht und beruht auf einem moralischen Ethos.

Dennoch geht es der praktischen Psychologie primär nicht um Moralität im eigentlichen Sinn: Sie will den Menschen nicht über Moralität und die Bedingungen moralischen Handelns aufklären, sondern ihn heilen und damit erst wieder in den Stand versetzen, ohne Leidensdruck moralisch zu handeln. Sie *begründet* keine moralischen Handlungsmaßstäbe, sondern *setzt* sie schlicht *voraus,* ohne ihre Legitimität kritisch zu hinterfragen.

Die Psychotherapie versucht somit, nicht die Moralität von Handlungen, sondern die Genese ihrer Faktizität aufzuklären, wenn sie z.B. im psychoanalytischen Gespräch frühkindliche Erlebnisse als Ursachen für bestimmte Verhaltensanomalien oder Konflikte aufdeckt; d.h. sie ist bestrebt, dem Patienten die ihn in seinem Handeln einschränkenden, determinierenden

Faktoren sichtbar zu machen und dadurch seine Interaktionsfähigkeit wiederherzustellen.

Ziel einer solchen dialogischen Therapie ist somit eine vom Patienten unter Anleitung des Therapeuten zu vollziehende Selbsterkenntnis, die Jürgen HABERMAS am Verfahren der FREUDschen Traumdeutung als Selbstreflexion verdeutlicht.

»Der Analytiker leitet den Patienten an, damit er die eigenen, von ihm selbst verstümmelten und entstellten Texte lesen und Symbole von einer privatsprachlich deformierten Ausdrucksweise in die Ausdrucksweise der öffentlichen Kommunikation übersetzen lernt. Diese Übersetzung erschließt einer bis dahin blockierten Erinnerung die genetisch wichtigen Phasen der Lebensgeschichte und macht den eigenen Bildungsprozeß bewußt: insofern zielt die psychoanalytische nicht wie die geisteswissenschaftliche Hermeneutik auf das Verstehen symbolischer Zusammenhänge überhaupt, sondern der *Akt des Verstehens*, zu dem sie führt, *ist Selbstreflexion.*«

»Ausgangspunkt der Theorie ist die Erfahrung des Widerstandes, eben jener blockierenden Kraft, die der freien und öffentlichen Kommunikation der verdrängten Gehalte entgegensteht. Das analytische Bewußtmachen erweist sich als Reflexionsprozeß daran, daß es nicht nur ein Vorgang auf kognitiver Ebene ist, sondern zugleich auf affektiver Ebene Widerstände löst.«

»Weil die Analyse dem Kranken die Erfahrung der Selbstreflexion zumutet, verlangt sie eine ›sittliche Verantwortung für den Inhalt‹ der Krankheit. Denn die Einsicht, zu der die Analyse führen soll, ist ja einzig die, daß sich das *Ich* des Patienten in seinem durch die Krankheit repräsentierten Anderen als in *seinem* ihm entfremdeten *Selbst* wiedererkennt und mit ihm identifiziert. Wie in HEGELs Dialektik der Sittlichkeit erkennt der Verbrecher in seinem Opfer das eigene zugrundegerichtete Wesen, eine Selbstreflexion, durch welche die abstrakt auseinandergetretenen Parteien die zerstörte sittliche Totalität als ihren gemeinsamen Grund erkennen *und dadurch* in ihn zurückkehren. Die analytische Erkenntnis ist zugleich eine sittliche Einsicht« (Erkenntnis und Interesse, 280, 281, 288)

HABERMAS gebraucht hier den Ausdruck »Selbstreflexion« in einem eminent moralischen und nicht im kognitiven Sinn, d.h. der mit der Krankheit einhergehende Freiheitsverlust kann nicht durch eine bloß intellektuelle Einsicht in die Faktoren, durch die sich der Kranke in seinem Denken, Fühlen, Wollen und Tun hat determinieren lassen, beseitigt werden, sondern nur wiederum durch einen Freiheitsakt, ein Sichdistanzieren von allem, was ihn unfrei gemacht hat, und ein Sichneubestimmen im Hinblick auf das, was er wirklich sein will und sein soll: autonome Person. Im Hinblick auf dieses Sich-selber-in-Freiheit-bestimmen-Können soll die Psychoanalyse gewissermaßen Hebammenkünste leisten.

Der psychoanalytischen Therapie geht es also sehr wesentlich um Freiheit und Moralität, doch steht für sie der Aspekt der Heilung im Vordergrund, nicht der Gesichtspunkt von Gut und Böse. Der Heilungsprozeß wird vielmehr selber als ein moralisches Geschehen aufgefaßt. Solange also die Psychoanalyse ihre Angewiesenheit auf ein ethisches Fundament anerkennt, so lange ist sie als eine Disziplin im Dienst von Moralität und Freiheit gerechtfertigt. Löst sie sich jedoch aus der engen Verbundenheit mit der Ethik, um sich radikal auf sich selbst zu stellen, so gerät sie in die Gefahr einer Untergrabung bis zur völlig Nivellierung des Moralischen – eine Gefahr, die vor allem Walter SCHULZ sehr eindringlich vor Augen führt, wenn er behauptet, die Psychoanalyse verdränge die ethischen Grundkategorien, sie verharmlose das Böse, wenn sie, anstatt von menschlicher *Grausamkeit* und *Bosheit* zu sprechen, die Begriffe *Frustration* und *Aggression* verwende und damit die Ursachen für menschliches Fehlverhalten, ja für inhumanes Verhalten, ausschließlich außerhalb des Individuums suche und die Momente von *Schuld* und *Verantwortung* des einzelnen völlig ausklammere. Diese Gefahr besteht dort, wo nur von unmenschlichen Zwängen die Rede ist, ohne daß zugleich deutlich gemacht wird, bis zu welchem Grad diese Zwänge vom Menschen selbst gemacht und durch ihn auch wieder aufgehoben werden können.

»Die Psychoanalyse und ebenso die modernen Verhaltenswissenschaften klammern die ethisch-moralische Fragestellung aus, und zwar aus folgenden Gründen: Die wissenschaftliche Erkenntnis soll ja das Fundament für die Praxis abgeben. Die wissenschaftliche Erkenntnis ist aber als solche wertfrei und hat mit Moral nichts zu tun. Sodann: Eine moralische Beurteilung des Verhaltens ist, so lehrt die Psychoanalyse, auch in praktisch-therapeutischer Hinsicht problematisch, weil sie den Menschen zu einem moralischen Skrupulantentum erzieht, dessen Kennzeichen eine Selbstquälerei ist, die unter Umständen zu einer Neurose führt. FREUD warnt immer wieder sehr eindringlich davor, die komplizierten seelischen Vorgänge auf moralischem Wege anzugehen, anstatt sie genetisch von den Kindheitserfahrungen her, insbesondere dem Ödipuskomplex, aufzulösen. FREUDs Einstellung zur Moral ist ambivalent. FREUD stellt immer wieder heraus, daß Kultur nur durch institutionalisierte Triebregelung und institutionalisierten Triebverzicht möglich sei. Aber zugleich legt FREUD dar, daß es verfehlt ist, dem Menschen ein Schuldbewußtsein anzuerziehen.« (Vernunft und Freiheit, 82 f. Vgl. auch: Philosophie in der veränderten Welt, 687 f.)

Für das Verhältnis von Psychologie und Ethik ist festzuhalten: Voraussetzungen und moralische Implikate insbesondere der praktischen Psychologie und der Psychoanalyse kann die Ethik klären helfen, so wie umgekehrt die Ethik der Ergänzung durch die Psychologie bedarf, da sie im Zusammenhang mit der Thematisierung des Verhältnisses von Moral und Moralität einen Handlungsbegriff voraussetzt, dessen empirische Implikate und Voraussetzungen sie nicht selber erforscht und kausal rekonstruiert.

3.1.2 Soziologie

Etwa zur gleichen Zeit wie die Psychologie begann sich um die Mitte des 19. Jahrhunderts auch die Soziologie von der Philosophie abzulösen und zu verselbständigen. Hatten soziologische Überlegungen ursprünglich ihren Ort im Naturrecht, das Gegenstand sowohl der Staatsphilosophie wie der Moralphilosophie war, so wurden sie seit Auguste COMTE, der als Begründer der Soziologie gilt, zu einer eigenen Wissenschaft von der Organisation der menschlichen Gesellschaft zusammengefaßt.

Im Unterschied zur Psychologie geht es der *Soziologie* nicht um die Erklärung der seelischen, sondern der kollektiven Bedingtheit menschlichen Handelns und damit um die Aufdeckung jener empirischen Ursachen, aus denen sich bestimmte

Formen menschlicher Gemeinschaft als Weisen eines sinnvollen Zusammenhandelns herleiten lassen. Dabei bezieht die Soziologie auch jene Normen und Werte in ihre Untersuchung mit ein, die das soziale Handeln und den kulturellen Hintergrund entscheidend mitbestimmen, doch tut sie dies vor allem deskriptiv-analytisch und nicht normativ-kritisch.

Max WEBER z.B. definiert:

»Soziologie ... soll heißen: eine Wissenschaft, welche soziales Handeln deutend verstehen und dadurch in seinem Ablauf und seinen Wirkungen ursächlich erklären will. ›Handeln‹ soll dabei ein menschliches Verhalten (einerlei ob äußeres oder innerliches Tun, Unterlassen oder Dulden) heißen, wenn und insofern als der oder die Handelnden mit ihm einen subjektiven *Sinn* verbinden. ›Soziales‹ Handeln aber soll ein solches Handeln heißen, welches seinem von dem oder den Handelnden gemeinten Sinn nach auf das Verhalten *anderer* bezogen wird und daran in seinem Ablauf orientiert ist.« (Methodologische Schriften, Frankfurt 1968, 280)

Dabei steht es für WEBER

»gar nicht zur Diskussion ..., inwieweit praktische Wertungen, insbesondere also: ethische, ihrerseits *normative* Dignität beanspruchen dürfen.« (Ebd., 241)

Er ist der Meinung,

»daß es niemals Aufgabe einer Erfahrungswissenschaft sein kann, bindende Formen und Ideale zu ermitteln, um daraus für die Praxis Rezepte ableiten zu können.«
»Eine empirische Wissenschaft vermag niemanden zu lehren, was er *soll,* sondern nur, was er *kann* und – unter Umständen – was er *will*«. (Ebd., 4,6)

Entsprechend beschäftigt sich die Soziologie nach WEBER nur mit dem »empirischen Gelten«, nicht aber mit dem »normativen Gelten« sozialer Handlungen (ebd., 312).

Max WEBERs These, daß die Soziologie eine Erfahrungswissenschaft sei, die sich jeglichen Werturteils bezüglich der von ihr beschriebenen und analysierten Eigentümlichkeiten sozialen Handelns enthält, ist innerhalb der Soziologie nicht unbestritten geblieben, sondern hat zum sog. »Werturteilsstreit« geführt (vgl. hierzu Hans ALBERT / Ernst TOPISCH (Hrsg.): Werturteilsstreit, Darmstadt 1971). Diese Kontroverse ist noch nicht abgeschlossen, aber soviel dürfte aus dem Blickwinkel der Ethik feststehen: Wenn sich die Soziologie über die Frage nach dem »empirischen Gelten« hinaus auch mit der »normativen Gültigkeit« sozialer Handlungen befassen will, kann sie dies nicht qua Soziologie, sondern nur im Verbund mit der Ethik tun; es sei denn, sie entwickelt sich in ihrem eigenen Selbstverständnis von einer empirischen zu einer normativen Wissenschaft – aber dann benötigt sie erst recht die Ethik.

Die Soziologie beschränkt sich also auf die Faktizität moralischen Handelns und überläßt die Klärung des Problems der Gültigkeit oder Moralität solchen Handelns der Ethik. Diese wiederum greift auf die Ergebnisse der Soziologie zurück, um ihre empirischen Kenntnisse über menschliches Handeln um den sozialen Aspekt der intersubjektiven Vermitteltheit der gemeinsamen Handlungswelt zu erweitern.

Was die Ethik mit Psychologie und Soziologie verbindet, ist das Interesse an einer Aufklärung menschlichen Handelns hinsichtlich der es bedingenden Faktoren. Im Unterschied zu diesen Wissenschaften ist das Interesse der Ethik jedoch ein normatives, d.h. ihr geht es primär nicht um die faktischen Bedingungen (empirischen Ursachen) des Handelns, sondern um die Frage, ob solches Handeln einem moralischen Anspruch genügt und wie sich dieser Anspruch begründen läßt.

Zum Verhältnis von Ethik und empirischen Einzelwissenschaften läßt sich zusammenfassend folgendes festhalten: Die Begriffe Moral und Moralität kommen auch in anderen Wissenschaften vor. So bedeutet für den Psychoanalytiker Moralität ein oft zu Störungen der Psyche führender Gehorsam gegenüber Autoritäten, die bestimmte Verhaltensweisen diktieren. Der Soziologe versteht unter Moralität die Anerkennung der Geltung bestimmter gesellschaftlicher Maßstäbe, Normen, Werte und Sitten. In diesen Erklärungsmodellen wird Moralität als eine bestimmte Form menschlichen Handelns aufgefaßt, wobei diese Form in ihrer Bestimmtheit eben psychologisiert bzw. soziologisiert wird, d.h. Moral und Moralität stellen sich unter psychologischem und soziologischem Aspekt je anders dar, und dieses »je anders« bestimmt sich jeweils nach dem kategorialen Rahmen der Wissenschaft. Formal ist beiden Wissenschaften aufgrund ihres deskriptiv-analytischen Vorgehens eines gemeinsam, nämlich die Art und Weise, wie menschliche Handlungen erklärt werden. Menschliches Handeln wird erklärt nach dem Modell der Rückführung von Fakten auf Fakten. Das Faktum, daß sich jemand so und so verhält, wird auf bestimmte Tatsachen zurückgeführt: z.B. auf frühkindliche Erlebnisse, auf soziale Verhältnisse, genetische Faktoren, politische Umstände etc. Diese zur Erklärung von Handlungen herangezogenen Tatsachen sollen das *Daß* der Handlung, ihre Faktizität erklären, und zwar jeweils mit Hilfe der in der untersuchenden Wissenschaft entwickelten Terminologie. Wo immer also in solchen Erklärungsmodellen Begriffe der Moral vorkommen, erscheinen sie nicht als normatives Moment, sondern ebenfalls als etwas Faktisches. Das aber bedeutet, daß diese Wissenschaften, wenn sie zur Erklärung von Handlungen auf Phänomene der Moral rekurrieren, dies in Form metamoralischer Aussagen tun, d.h. sie fällen weder moralische noch ethische Urteile; vielmehr enthalten sie sich jeglicher Wertung und Normierung, da es ihnen ja nicht um die Begründung der Gesolltheit von Handlungen, sondern um eine Erklärung ihrer Faktizität geht. Kurz: Psychologie und Soziologie reflektieren die menschliche Praxis bezüglich ihrer empirischen Beschaffenheit, während es der Ethik um deren normative Gültigkeit zu tun ist, die sich nur in der Thematisierung des Verhältnisses von Moral und Moralität angemessen bedenken läßt. Gleichwohl setzt die Ethik voraus, daß eine Handlung sowohl psychische als auch soziale Bedingungen hat, die jeweils von eigenen Wissenschaften untersucht werden. Da die Wirklichkeit niemals als factum brutum begegnet, sondern immer schon in bestimmten, bereits konstituierten Zusammenhängen und Ordnungen (wie z.B. Natur, Gesellschaft, Geschichte, Staat), müssen diese als Faktoren, durch die menschliches Handeln de facto mitbestimmt ist, in die ethische Reflexion einbezogen werden – und zwar als durch

Moralität formbares bzw. veränderbares Material, d.h. als jenes Sein, auf das sich das Sollen bezieht. Psycho-soziale Faktoren bestimmen Handlungen hinsichtlich ihrer empirischen Gehaltlichkeit und ihrer Zielgerichtetheit entscheidend mit, begründen aber nicht ihre unbedingte Gesolltheit aus einem für alle Vernunftwesen einsichtigen Prinzip.

3.1.3 Biologie

Der Mensch ist ein körperliches Wesen. Vor allem idealistische Ethik-Modelle haben dem Körper kein Mitspracherecht bei der Lösung moralischer Probleme eingeräumt und über der Erfüllung geistig-seelischer Ansprüche die Befriedigung natürlicher Bedürfnisse vernachlässigt. Inzwischen ist das Pendel in die andere Richtung ausgeschlagen. Die Soziobiologie und die Neurobiologie versuchen die Ethik biologisch zu erklären, indem sie moralisches Verhalten auf die Gene bzw. auf neuronale Prozesse zurückführen. So hält Richard DAWKINS die Gene für die eigentlichen Agenten, die den Organismus als ihre »Überlebensmaschine« im Kampf um knappe Ressourcen steuern. Das menschliche Genom als Sammelbecken der molekularbiologischen Erbanlagen ist die Kommandozentrale, deren Befehle der Mensch ausführt, sich dabei frei in seinem Denken und Handeln wähnend. Freiheit, Moral, Recht und Religion sind jedoch Illusionen, erzeugt durch die List der auf Überlebensvorteile programmierten Gene, die dem Menschen ein Selbstbestimmungsrecht vorgaukeln, um ihn für ihre Zwecke zu instrumentalisieren. (Das egoistische Gen, 72) Robert WRIGHT resümiert: »Laßt jeden Gedanken an einen freien Willen fahren! Keinen trifft die Schuld an irgendetwas, keinem kommt Verdienst für irgendetwas zu! Wir sind alle Sklaven unserer Biologie!« (Diesseits von Gut und Böse, 557f.)

Gestützt wird der genetische Determinismus durch Vertreter der Neurobiologie, die die materielle Bedingtheit kognitiver Prozesse aus Leistungen der Großhirnrinde erklären. Was aus der Perspektive der ersten Person als freie, selbstbewußte

Entscheidung eines verantwortlich handelnden Individuums erlebt wird, lässt sich aus der naturwissenschaftlichen Perspektive der dritten Person als physiko-chemische Interaktion in den Nervennetzen beschreiben, durch welche das Gehirn in seinen Funktionen durch Naturgesetze kausal determiniert erscheint. »Keiner kann anders als er ist.« (Wolf SINGER: Selbsterfahrung und neurobiologische Fremdbestimmung, 159) Entscheidungen, die wir für frei halten, beruhen ebenso wie fremdbestimmtes Handeln »auf gleichermaßen deterministischen neuronalen Prozessen« (ebd., 156) und erweisen Freiheit als illusionär bzw. als ein soziales Konstrukt: Indem sich die Mitglieder eines Kollektivs wechselseitig als autonome Agenten widerspiegeln, verinnerlichen sie die Vorstellung , ihren Willlen frei bestimmen zu können. Doch vom Diktat der Neuronen kann man sich grundsätzlich ebensowenig losreißen wie vom Diktat der Gene.

Haben wir einen freien Willen? Oder sind wir vollständig determiniert – so festgelegt durch unsere biologische Mitgift, daß wir als Marionetten an den Drähten unserer Gene und Neuronen zappeln, ohne jeglichen Spielraum für selbstbestimmtes Handeln? Das Problem der Willensfreiheit ist so alt wie der Mensch als intelligentes, seiner selbst bewußtes Lebewesen. Seitdem er denken kann, schreibt er sich Freiheit zu – und Verantwortung für sein Handeln.

Autonomie als die dem Menschen wesentliche Freiheit, die sich auf das Selbstbestimmungsrecht gründet, kann, so läßt sich entgegnen, aus naturwissenschaftlicher Perspektive gar nicht in Frage gestellt werden, denn Freiheit ist kein empirischer Begriff. Die Soziobiologie und die Neurobiologie sind Seinswissenschaften, aber keine Sollenswissenschaften. Ihre Erforschung des menschlichen Körpers gilt empirischen Ist-Beständen, die sich mittels Beobachtung oder experimenteller Methoden nachweisen lassen. Entsprechend können empirische Wissenschaften nirgends Freiheit ausmachen, denn Freiheit ist ein normativer Begriff, der sich nicht auf einen faktisch vorliegenden Sachverhalt, sondern auf etwas Gesolltes bezieht.

Der Kurzschluß der Naturwissenschaften besteht darin, daß sie ihre eigene Perspektive verabsolutieren und jede andere Perspektive als unwissenschaftlich deklarieren. Wie wir jedoch aus unserem Alltag wissen, pflegen wir die Dinge aus vielen unterschiedlichen Perspektiven zu betrachten, wenn wir daran interessiert sind, uns ein möglichst umfassendes Bild von einer Sache zu machen. Wenn also die Naturwissenschaftler behaupten, daß sie für die menschliche Autonomie keine Belege finden, so ist dies völlig korrekt, denn mit naturwissenschaftlichen Methoden wird man der Freiheit nicht habhaft. Die weitergehende Behauptung indes, daß es Autonomie nicht gäbe, Freiheit eine Illusion sei, ist nicht haltbar. Unter *ästhetischer* Perspektive läßt sich Freiheit im Zusammenhang mit der schöpferischen Kreativität rekonstruieren – als Voraussetzung, unter welcher der Mensch künstlerische Gebilde zu erzeugen und der physikalischen Welt als Korrektiv entgegenzusetzen vermag. Unter *ethischer* Perspektive tritt Freiheit als Postulat auf, als die Forderung, sich selbst und seine Mitmenschen nach Maßgabe moralischer Regeln zu behandeln.

Wenn Freiheit kein empirischer Begriff ist, kein Begriff also, der sich auf eine Beschaffenheit oder Qualität der menschlichen Natur bezieht, dann ist von vornherein klar, daß das angebliche Diktat der Gene, selbst wenn ihm der Körper (also die Natur) des Menschen vollständig unterworfen ist, hinsichtlich des Freiheitsverständnisses nichts auszurichten vermag. Freiheit ist wie alle übrigen ästhetischen und ethisch-praktischen Begriffe – wie zum Beispiel Schönheit, Maß, Gerechtigkeit, Gleichheit, Toleranz, Menschenwürde – ein normativer Begriff, und normative Begriffe sind Sollensbegriffe: durch sie wird nicht etwas, das ist, beschrieben, sondern etwas, das noch nicht ist, vorgeschrieben. Der Mensch ist nicht von Natur aus gerecht, tolerant, frei; im Gegenteil. Aber daß er sich dazu entschieden hat, als moralisches Wesen zu existieren, das Rücksicht nimmt auf die berechtigten Bedürfnisse und Wünsche seiner Mitmenschen, ist ein Indiz dafür, daß er sich anders entworfen hat, als die bloße Natur es für ihn vorsah. Normative Konstrukte weisen auf den Menschen als ihren Urheber zurück, der seine eigenen

Ziele verfolgt und für die Verfolgung dieser Ziele Vorschriften erläßt, die auf der Grundregel beruhen, daß niemand befugt ist, seine Freiheit auf Kosten der Freiheit anderer auszuleben.

Freiheit im strengen Sinn von Autonomie wurde von Anfang an ethisch definiert: als Qualität eines Handelns, das bestrebt ist, seine Ausgangsbedingung aufrecht zu erhalten. Wer Freiheit für sich beansprucht, verpflichtet sich, so zu handeln, daß die Freiheit der anderen nicht verunmöglicht wird. Wenn also die Biologen behaupten, daß die Natur im Prozess der Evolution des Organischen die individuellen Daten der Menschen in deren genetischem Code gespeichert habe, der das Verhalten des Einzelnen unausrottbar präge. Wenn die Neurowissenschaftler, die derzeit das Monopol auf die Erklärung der Unfreiheit des Willens beanspruchen, zu dem Ergebnis gelangt sind, das Gehirn habe immer schon längst entschieden, was zu tun sei, bevor sein Träger sich darüber klar geworden ist, was er will –, so folgt daraus nicht, daß der Mensch aufgrund seiner genetischen und neuronalen Prägung unfrei ist, zur Autonomie nicht fähig. Denn Freiheit ist kein empirischer, sondern ein normativer Begriff. Als Urheber von Sollensforderungen kommt nicht die Natur, sondern nur der Mensch in Frage, der sich selbst zu Handlungen autorisiert, die seinen eigenen Sinnvorstellungen entsprechen.

Durch Kultivierung der menschlichen und der außermenschlichen Natur ist es dem Menschen gelungen, sich bis zu einem gewissen Grad vom Kausalmechanismus unabhängig zu machen. Selbstbewußtsein und lebenslanges Lernen haben über Generationen hinweg in der *Auseinandersetzung mit Fremdbestimmungen* aller Art zur Bildung von Gehirnstrukturen geführt, die das menschliche Streben nach Autonomie unterstützen. Entsprechend ist Ergebnis der Neurowissenschaften umzudrehen. Das Gehirn programmiert nicht seinen Träger, sondern das Individuum programmiert sein Gehirn. Das Individuum erweist sich als autonome Person, indem es ästhetisch und moralisch Spielregeln befolgt, die es mittels Phantasie und ethisch-praktischer Vernunft seinem Gehirn einprogrammiert hat. Der Mensch prägt die »Form, die lebend sich entwickelt« (GOETHE). So trägt das Leben den Stempel der Willensfreiheit.

3.2 Ethik im Verhältnis zu normativen Wissenschaften

Von den normativen Wissenschaften sind es vor allem Theologie und Jurisprudenz, die die menschliche Praxis zum Gegenstand haben. Dabei interessieren sie sich weniger als Psychologie und Soziologie für die Erklärung der Faktizität von Handlungen durch psycho-soziale Faktoren; vielmehr geht es ihnen vorrangig um die Gesolltheit bzw. Nichtgesolltheit bestimmter Handlungsweisen, deren Ausführung mit bestimmten Sanktionen verbunden wird. Wie die Bibel in den Zehn Geboten die dem Menschen von Gott auferlegten Pflichten artikuliert, deren Befolgung ihm ewige Seligkeit verheißt, so enthalten die in den Tatbeständen des Strafgesetzbuches formulierten Rechtsnormen jene Handlungsweisen, die unter Androhung von Strafen verboten sind. Normative Wissenschaften sind solche, die menschliches Handeln weniger beschreiben als bestimmte Handlungsweisen vorschreiben oder gebieten und Prinzipien entwickeln, die solche Gebote rechtfertigen.

3.2.1 Theologie

Die *Theologie,* insbesondere die katholische Moraltheologie, vertritt eine theonome Ethik (von griech. theos – Gott, nomos – Gesetz), d.h. sie führt alle verbindlichen Handlungsnormen letztlich auf den Willen Gottes zurück.

»So ergibt sich für eine religiös begründete Ethik, daß im sittlichen ›Du sollst‹ letztlich Gott den Menschen anspricht. Sittliche Verantwortung bedeutet Antwort an Gott.«

»Gott ist sowohl der Heilige als auch der Gute. Das Sittlich-Gute wurzelt im Heiligen, die Sittlichkeit in der Religion«. (N. KRAUTWIG:

Art. »Sittlichkeit«, in: Handbuch theologischer Grundbegriffe, Bd. 4, 108)

Da Gott sich in seinem Sohn offenbart und durch Jesus Christus den Menschen nicht nur seinen Willen, sondern auch seine Liebe mitgeteilt hat, ist der einzelne dazu aufgerufen, in der Nachfolge Christi zu leben, seine Lebensform am göttlichen Vorbild zu orientieren und auf diese Weise Gottesliebe und Nächstenliebe miteinander zu verbinden.

»Die *Liebe* ist Prinzip christlicher Sittlichkeit, nicht im Sinne eines Erkenntnisprinzips, als ob aus der Liebe alle anderen Tugenden Gebote und Verpflichtungen ableitbar wären, wohl aber ist sie das Lebensprinzip christlicher Sittlichkeit, insofern sie alles sittliche Handeln überformt, es auf Gott ausrichtet und den sittlich handelnden Menschen in die Gemeinschaft mit Gott trägt.« (Ebd., 111)[1]

Nachdem im Zuge der Erneuerungsbewegungen die bis zur Mitte des 20. Jahrhunderts entwickelten Konzepte einer theologisch fundierten Moral (Idee des Reiches Gottes, Nachfolge Christi, Liebe, Königsherrschaft Gottes, sakramentale Christusebenbildlichkeit u.a.) dem Vorwurf einer einseitigen Theologisierung der Moral begegnen mußten, versteht sich die zeitgenössische Moraltheologie als ethische Theorie vom moralischen Handeln des Christen. Ihr Interesse gilt drei Schwerpunkten; sie befaßt sich

»(1) mit der durch die neuzeitliche Emanzipations- und Freiheitsgeschichte verschärft aufgeworfenen Frage nach Rationalität, Plausibilität und Kommunikabilität des Sittlichen, nach der theonomen Letztbegründung der sittlichen Sollensforderung und nach der spezifisch christlichen Begründung christlicher Ethik; (2) mit den Methoden der Argumentation für die Findung und Begründung sittlicher Normen und für die Problematik spezifisch christlicher material-ethischer Normen innerweltlichen Verhaltens; (3) mit der Vermittlung von Werten und Normen sittlichen Verhaltens durch das kirchliche Lehramt sowie durch den Staat und durch gesellschaftliche Institutionen«. (Wilhelm ERNST, Art. »Moraltheologie«, 1228)

Auch der Moraltheologie geht es um die Begründung von Formen gelungenen Menschseins. Anders jedoch als die Ethik macht eine Glaubensethik nicht die praktische menschliche Vernunft, sondern das christliche Selbstverständnis zum Fundament der Moralität.

Der Anspruch der Theologie, moralisches Handeln religiös zu begründen, macht somit eine ethische Begründung solchen Handelns nicht überflüssig, sondern fordert sie geradezu, da moralisches Handeln prinzipiell jedem Menschen abverlangt wird, ganz gleich ob er Christ, Mohammedaner oder Atheist ist. Daher muß die Verbindlichkeit moralischen Handelns grundsätzlich jedem Menschen ohne Rückgriff auf Religion einsichtig gemacht werden können – wobei jedoch unbestritten ist, daß diese Einsicht durchaus religiös vertieft werden kann.

Ethik und Theologie sind somit durch ihr Interesse an einer normativen Begründung moralischen Handelns miteinander verbunden; im Unterschied zur Theologie bezieht sich die Ethik jedoch nicht auf einen göttlichen Willen als den Urheber aller moralischen Normen, sondern auf den vernünftigen Willen des Menschen, der sich in autonomer Selbstverfügung im Verbund mit anderen Menschen frei dazu bestimmt, er selbst zu sein.

Aus diesem Grund ist das *Projekt Weltethos,* wie es von Hans KÜNG 1990 umrissen und 1993 vom »Parlament der Weltreligionen« (vgl. H. KÜNG: Ja zum Weltethos, München 1995, 21–44) in Form einer Grundsatzerklärung verabschiedet wurde, zwiespältig. Zwar dokumentiert es in eindrücklicher Weise ein utopisches Unternehmen, dessen Notwendigkeit all jenen einleuchtet, denen die Lebensqualität der nachfolgenden Generationen nicht gleichgültig ist angesichts der heutigen desolaten Verhältnisse, deren Extrapolation in die Zukunft eher die Verabschiedung des Planeten Erde mit einem Endknall nahelegt als eine friedlich miteinander verkehrende Weltgesellschaft, die nicht nur auf ihr Überleben, sondern auch auf ein möglichst gutes Leben für alle bedacht ist, aber die Frage ist, ob man sich als Ausgangspunkt auf ein gewachsenes, in den Weltreligionen verankertes Ethos stützen kann, das sich ohne weiteres für ein postmodernes Selbstverständnis wiederbeleben läßt. Denn gerade dieses Ethos hat sich überlebt, ja sogar zu den heutigen Zuständen beigetragen, und anstatt jungen Wein in alte Schläuche zu gießen, wäre es sinnvoller, das kreative Potential einer *utopisch* inspirierten Vernunft für innovative Entwürfe menschlicher Lebensformen fruchtbar zu machen, die ethisch überzeugen, ohne realitätsfern zu sein. Es kann heute nicht mehr darum gehen, die Welt im Namen welches Gottes auch immer zu missionieren. Vielmehr sind realutopische Entwürfe nötig, denn es sollen ja nicht nur diejenigen angesprochen werden, die ihre moralischen Überzeugungen dezidiert auf ein kirchlich oder theologisch vermitteltes Gottes- und Menschenbild gründen, sondern auch die Vielzahl all jener, die sich nur in einem vagen Sinn als religiös oder ausdrücklich als nichtreligiös bezeichnen. Insofern das »Parlament der Weltreligionen« seinen Appell an »alle Menschen, ob religiös oder nicht« (KÜNG 1995, 24, 44) richtet, stützt es sich ohnehin auf moralische Prämissen, die sich zwar mit einem Gottesglauben verbinden lassen, selber aber nicht religiös begründet sind, sondern als allgemeinmenschliche in die Religionen Eingang gefunden haben. Daher ist es nicht nur gerechtfertigt, sondern auch sachlich unumgänglich, die Initiative zur Einübung in ein Weltethos auf ein breiteres – im eigentlichen Sinn *ethisches* – Fundament zu stellen.

Ohne die Bedeutung eines theologischen Brückenschlags über die Religionen und Konfessionen hinweg schmälern zu wollen, hängt das Gelingen eines interreligiösen Diskurses wesentlich von ethischen Überlegungen ab, die – zum mindesten im abendländischen Raum – ein humanes Selbstverständnis begründet haben, das ohne einen religiösen Glauben auskommt, für einen solchen aber Freiräume gelassen hat. Theologische Ethik und philosophische Ethik sollten daher an einem Strick ziehen und sich so weit wie möglich gegenseitig mit ihrem jeweiligen Reflexionspotential vertraut machen.

Aus heutiger Sicht wird sowohl das tradierte Ethos als auch das Ethos der autonomen Person einer Kritik unterzogen, weil beide Konzeptionen sich Machtstrukturen verdanken, die in ihrem Kern logozentristisch sind. Was ARISTOTELES noch – gestützt auf ›die Natur‹ – mit einer gewissen Unbefangenheit als selbstverständlich auffaßte: die das jeweilige Ethos präformierende hierarchische Struktur zwischenmenschlicher Verhältnisse, die die einen (die autarken Bürger der Polis) als Herren, die anderen (Sklaven, Frauen, Kinder) als Untergebene bestimmen, das setzte sich im christlichen Ethos der autonomen Person ungebrochen fort, indem das Herrschaftsmodell nun auf das individuelle Verhältnis von Seele und Leib übertragen wurde. Um das Fleisch unterdrücken zu können, mußten die natürlichen Triebe und Begehrungen als böse (›sündig‹) deklariert werden. Die Verteufelung von Lust und sinnlichem Genuß ging einher mit der Vergöttlichung einer reinen, vom Schmutz der Empirie gesäuberten spirituellen Vernunft, die ihr Freiheitsethos auf dem Rücken (und auf Kosten) der für unwürdig erklärten wertlosen ›Materie‹ resp. ›Natur‹ durchzusetzen suchte.

Die hierarchisierende vertikale Logik hat das Ethos, das die Weise des Sich-zu-sich-selbst-Verhaltens als eine Form der Selbstverfügung und damit als ein Machtverhältnis bestimmt, vertikalisiert. Dabei spielt es letztlich keine Rolle, ob das Ethos idealistisch fundiert ist und die Unterdrückung der Sinnlichkeit gebietet oder materialistisch und die Vernunft in den Dienst des Strebens nach Lust stellt. In beiden Fällen wird durch das Ethos ein Machtgefüge etabliert, und es ist letztlich müßig darüber zu streiten, ob es ›besser‹ ist, wenn die Vernunft herrscht oder die Begierde – in beiden Fällen handelt es sich um Gewaltausübung.

Liest man die *Erklärung zum Weltethos,* so kann man sich des Eindrucks nicht erwehren, daß hier immer noch das alte abendländische Ethos in seiner idealistischen Spielart propagiert wird. Wie in den klassischen Utopien eines Thomas MORUS oder Tommaso CAMPANELLA ballen sich alle Aussagen um eine Idee des Guten, die in Gestalt von ethischen Prinzipien, religiösen Überzeugungen, moralischen Forderungen und Tugenden die Vision einer friedlich kooperierenden, einem Weltethos verpflichteten globalen Gemeinschaft transportieren soll. Obwohl auf die schlimmen Zustände in der Welt und die Wirklichkeit des Bösen Bezug genommen wird, suggeriert der Tenor des Papiers, daß man die Menschen lediglich mit einer gewissen Penetranz über das Gute aufklären müsse, um das Böse zum

Verschwinden zu bringen. Daß die Herbeiführung noch so wünschenswerter Zustände an der *Böswilligkeit* von Menschen scheitern kann, wird nicht ernsthaft in Betracht gezogen und damit das Böse verharmlost.

Am problematischsten ist jedoch die Anknüpfung an ein bereits existierendes Ethos, das in den Weltreligionen seit jeher praktiziert werde und dessen kulturübergreifende »uralte Richtlinien« (KÜNG 1995, 32) – Gewaltlosigkeit, Ehrfurcht, Solidarität, Gerechtigkeit, Toleranz, Wahrhaftigkeit, Gleichberechtigung – das Wertfundament des Weltethos bilden sollen, auf dessen Annahme durch Herbeiführung eines Bewußtseinswandels hingewirkt werden müsse. Hier soll offensichtlich etwas für die Zukunft fortgeschrieben werden, das im Kontext einer dem Ideal von Macht und Herrschaft verhafteten autoritären Denk- und Gesellschaftsstruktur entstanden ist. Ohne eine radikale Kritik des dem bereits existierenden Ethos innewohnenden Gewaltpotentials bleibt jedoch letztlich alles unverändert, wie es war und ist. Mit alten Sprach- und Handlungsmustern kann man keine neuen Lebensformen hervorbringen. Solange das überlieferte Ethos repressiv ist, ist auch die Rede von Gewaltlosigkeit, Gerechtigkeit, Toleranz usf. ihrer Intention zum Trotz in ihrem Kern repressiv und erzeugt repressive Kontexte.

Will man ein neues Sprachspiel des Ethos im Sinne eines Weltethos kreieren, so müssen die althergebrachten moralischen Begriffe und Prinzipien für den Übergang zu einem horizontalen Ethos entvertikalisiert werden, um sie von der Betonkruste logozentristischer Rationalitätsstrukturen zu befreien und durch die Anbindung an konkrete Interaktionsverhältnisse zu flexibilisieren. Da es keine gewachsene Menschheitsmoral gibt und es fraglich ist, ob die verschiedenen existierenden Moralen dereinst zu einer einzigen zusammenwachsen, kann von einer Menschheitsmoral nur in dem Sinn die Rede sein, daß sie ein horizontales Ethos bezeichnet, welches die Menschen als fühlende Sinnenwesen miteinander vernetzt. Wenn es diesseits aller Antagonismen, die Politik, Wirtschaft, Wissenschaft, Kulturen und Religionen aufgrund ihrer Durchdrungenheit vom alten vertikalen Ethos erzeugt haben, etwas gibt, das die konkreten Menschen als organische Lebewesen miteinander verbindet, dann ist es ihre Leidensfähigkeit und Schmerzempfindlichkeit: ihre Verletzlichkeit. Die allererste Erfahrung, die Individuen unmittelbar miteinander teilen, ist die von Angst, Schmerz, Trauer, Not. Aber auch Freude, Liebe, Glück, Lust teilen sich direkt mit, unabhängig von den unterschiedlichen Anlässen, die solche Gefühle hervorrufen. Was wir am und mit dem eigenen Leibe spüren, gibt die Folie ab, auf welcher wir fremdes Leid und Glück mitsamt den jeweiligen Bedürfnissen ohne weiteres nachvollziehen und verstehen. Die Befolgung des *neminem laede* (niemandem zu schaden), auf dem die Goldene Regel basiert, reicht für ein globales humanes Ethos aus. Wer sich nach Kräften darum bemüht, soviel wie möglich von den anderen physischen und psychischen Schaden abzuwenden, der tut mehr als einer, der im Namen eines Gottes oder einer abgespaltenen ›reinen‹ Vernunft das Gute predigt. Die Vertrautheit mit dem eigenen Leib, mit Freude und Leid als sinnlich erlebten Qualitäten verbindet die menschlichen Lebewesen über alle trennenden Schranken hinweg und begründet eine einfache Menschlichkeit, die in der Einsicht besteht, daß es unsere Pflicht ist, die Mit-Individuen vor Verletzungen zu bewahren. Indem wir die Integrität unserer Natur als ein schützenswertes Gut erachten, geben wir zu verstehen, daß dieser Schutz allen organischen Wesen als ein unverbrüchliches Recht zugestanden werden muß.

Wir brauchen also für das Projekt Weltethos letztlich kein neues Menschenbild, sondern ein vom Ballast des traditionellen Ethos mitsamt seinen repressiven Idealen befreites Selbst-Verständnis, das auf der Idee einer Menschheitsmoral auf-bauend horizontale Verhaltensmuster entwickelt, deren normative Kraft sich aus einer Anerkennungsbereitschaft herleitet, welche dazu führt, daß Individuen fest entschlossen sind, einander *als* Individuen in ihrer Unterschiedlichkeit zu respektieren. Diese einfache und eigentlich selbstverständliche Voraussetzung individueller Integrität als unbedingt zu schützendes Gut bildet die Grundlage einer humanen Gemeinschaft im ethischen

Sinn. Auch das religiöse Ethos bedarf einer Horizontalisierung in dem Sinn, daß mit dem Namen ›Gott‹ nicht mehr eine transzendente Entität bezeichnet wird, ausgestattet mit jenen überdimensionierten Merkmalen der Allmacht und Allwissenheit, die ein sich selbst hypertrophierendes rationalistisches Denken in ein überempirisches Wesen projizierte, sondern die unbedingte Bindung an das Ethos der Menschheitsmoral, deren Geltungsanspruch sich wie ein Netzwerk über das Diesseits erstreckt.

Ludwig FEUERBACHs Versuch einer Rückführung der Religion auf ihre anthropologischen Voraussetzungen (Das Wesen des Christentums, Stuttgart 1994), Karl JASPERS' Bemühungen um einen existentiellen Glauben jenseits aller Autoritäts- und Absolutheitsansprüche (Der philosophische Glaube, München 1984) sowie Hans JONAS' These vom guten, aber ohnmächtigen Gott (Der Gottesbegriff nach Auschwitz, Frankfurt 1987) sind für die notwendige Transformation des herkömmlichen Christentumsverständnisses hilfreich. Erst wenn theologische und philosophische Ethik gleichermassen bereit sind, ihre Konzepte zu horizontalisieren, kann eine gemeinsame Plattform für den Entwurf eines Weltethos bzw. einer Menschheitsmoral gefunden werden, deren weltumspannende Normen und Werte nicht von oben übergestülpt werden, sondern in der Basis fest verankert sind. Die Ent*gött*lichung des theologischen Ethos und die Ent*herr*lichung des philosophischen Ethos treffen sich dann im gemeinsamen Streben nach einer Vermenschlichung der Moral, die mit wenigen Prinzipien und Handlungsregeln auskommt, weil nicht mehr die zersplitterten und entzweienden Ideologien des Geistes, sondern die verbindenden Erfahrungen des Leibes und der diesem zugeschriebenen Würde das Fundament allgemeinmenschlicher Wertvorstellungen bilden.

Carola MEIER-SEETHALER hat in einer bedenkenswerten Vision vorgeschlagen, durch ein »Projekt interkultureller Ethikforschung« die »sprachlichen Ausdrucksformen für wertorientiertes Fühlen und Denken« global zu untersuchen, indem ethnographisch repräsentativ Kulturkreise (rund 150) hinsichtlich ihrer Wertschätzungen und Vorstellungen von einem guten Leben interdisziplinär erforscht werden, um auf diese Weise eine verläßliche empirische Basis für das Projekt einer Menschheitsmoral zu gewinnen. (Vgl. Gefühl und Urteilskraft, München 1997, 389 ff.)

3.2.2 Jurisprudenz

Auch die *Jurisprudenz* befaßt sich mit menschlichen Handlungen, aber nicht unter dem Gesichtspunkt der Moralität, sondern der *Legalität*. Durch Rechtsnormen, die sowohl Rechte als auch Pflichten umfassen, werden die »äußeren« Handlungen von Menschen, die zu einer politischen Gemeinschaft gehören, nach dem Gleichheitsprinzip formell so geregelt, daß ein weitgehend konfliktfreies Zusammenleben in einer Sozietät möglich ist. Rechtsnormen garantieren in der Form von Gesetzen jedem Mitglied der Gemeinschaft das, was ihm zusteht, und repräsentieren die für alles soziale Handeln verbindliche Ordnung.

Rechtsnormen sind nicht zugleich moralische Normen, setzen aber moralische Normen als Bedingung ihrer Verbindlichkeit voraus, denn eine freiheitlich-demokratische Rechtsordnung z.B. basiert auf der moralischen Prämisse, daß Freiheit, Gerechtigkeit und Gleichheit als unbedingte Werte anerkannt sind, deren Verwirklichung jedermann aufgegeben ist. Nur wer sich selbst als unter einem moralischen Anspruch stehend begreift, versteht, daß er sein Handeln im Hinblick auf den davon möglicherweise betroffenen Mitmenschen kritisch überprüfen und gegebenenfalls einschränken muß.

Weil aber die Menschen nicht immer schon von Natur aus gut handeln und den Mitmenschen berücksichtigen, indem sie seine Freiheit respektieren, sondern de facto ihre Freiheit auch zur Unterdrückung anderer Freiheit benutzen, bedarf es einer Rechtsordnung, die die äußeren Grenzen der Freiheit eines jeden so festsetzt, wie sie ein vernünftig Handelnder von sich aus festsetzen würde. Rechtsnormen sind somit indirekt ein Ausdruck von Moralität, auch wenn sie direkt nichts mit Moral zu tun haben: Jemand kann rechtlich völlig korrekt und dennoch unmoralisch handeln; bestraft wird jedoch nur ein Rechtsbruch, nicht aber ein Verstoß gegen moralische Normen.

»Die Selbstverwirklichung des Menschen im Mitsein mit den anderen ist nur dann möglich, wenn ihm in seinem geschichtlichen Dasein das ihm Zustehende gesichert ist, wenn ihm das Seine gewährt wird. Dieses suum iustum, dieses dem Menschen als Person im Mitsein mit den anderen Zustehende, ist das, was man das subjektive Recht nennt. Und indem das objektive Recht die subjektiven Rechte des Menschen schützt und garantiert, dient es der Selbstverwirklichung der sittlichen Persönlichkeit.« (A. KAUFMANN: Recht und Sittlichkeit, 16)

Eine in den 70er Jahren weltweit diskutierte »Theorie der Gerechtigkeit« hat John RAWLS in seinem gleichnamigen Buch vorgelegt. Darin versucht er eine vertragstheoretische Begründung von Rechtsnormen und -institutionen. In der hypothetisch-fiktiven Annahme eines »Urzustandes«, in dem sich die Menschen auf bestimmte Grundsätze einigen würden, die jedem von ihnen ein menschenwürdiges Dasein und eine optimale Form des Zusammenlebens ermöglichen, unterstellt er den Menschen von vornherein einen moralischen Willen, den Willen nämlich, das Prinzip der Gerechtigkeit als Grundlage jedweder sozialen Gemeinschaft unbedingt anzuerkennen. Die beiden Rawlsschen Grundsätze der Gerechtigkeit lauten:

»*Erster Grundsatz*
Jedermann hat gleiches Recht auf das umfangreichste Gesamtsystem gleicher Grundfreiheiten, das für alle möglich ist.

Zweiter Grundsatz
Soziale und wirtschaftliche Ungleichheiten müssen folgendermaßen beschaffen sein:
(a) sie müssen unter der Einschränkung des gerechten Spargrundsatzes den am wenigsten Begünstigten den größtmöglichen Vorteil bringen und
(b) sie müssen mit Ämtern und Positionen verbunden sein, die allen gemäß fairer Chancengleichheit offenstehen.« (Eine Theorie der Gerechtigkeit, 336)

In der *Rechtsphilosophie* wird die enge Verflochtenheit von moralischen Prinzipien und Rechtsnormen im Zusammenhang mit dem Verhältnis von Naturrecht und positivem Recht reflektiert. Auf der Naturrechtsebene haben Dekalog- und Grundrechtsformeln (Tötungsverbot, Recht auf körperliche Unversehrtheit u.a.) eine unbestreitbare, bedingungslose Gültigkeit und sind daher von hoher Akzeptanz. Probleme ergeben sich erst bei der Anwendung oder Konkretisierung des unbedingten Naturrechts unter empirischen Bedingungen. Wertkonflikte und Interessenkollisionen sind hierbei unvermeidlich. So muß z.B. im Strafrecht der Rechtsgüterschutz mit dem ethischen Verbot der Freiheitsberaubung in Einklang gebracht werden.

Die Freiheitsstrafe ist »in ihrer Qualität als Übelszufügung nicht deshalb etwas in sich Positives, weil sie zum Rechtsgüterschutz erforderlich ist. Sie bleibt vielmehr an sich böse, wie überhaupt Macht und Gewalt an sich böse sind. Deshalb gibt es auch die Utopie von einem besseren Recht, das das Strafrecht nicht zu verbessern, sondern abzulösen hätte. Die Unbedingtheit des Dekalogsatzes: ›Du sollst niemanden seiner Freiheit berauben‹ wird auf diese Weise gegen die einschränkenden Bedingungen seiner praktischen Geltung festgehalten, wenn auch nur auf der Wertebene. Aber diese meldet sich als utopischer Anspruch, als Naturrecht im Stande der Unschuld, oder als Zeiger auf das Reich der Freiheit, wo es die Opferung von Werthaftem nicht gäbe«. (Günter ELLSCHEID, Das Naturrechtsproblem, 152)

Auch die Jurisprudenz bedarf also der Ethik, da sie sich ausschließlich mit der rechtlichen Relevanz sozialen Handelns beschäftigt und eine Klärung des moralischen Fundaments von Praxis nicht selber vornimmt, sondern der Moralphilosophie überläßt, die wiederum den Begründungszusammenhang zwischen moralischen Normen und Rechtsnormen entwickelt.

Mit Theologie und Jurisprudenz verbindet die Ethik das Interesse an einer Normenbegründung. Anders als die Theologie versucht die Ethik jedoch ein Begründungsverfahren zu entwickeln, das ohne den Gottesbegriff als oberstes Prinzip auskommt und statt dessen auf Freiheit als ethisches Letztprinzip zurückgeht. Dieses Prinzip ist auch grundlegend für die Jurisprudenz, deren Rechtsnormen, wie sie z.B. im Bürgerlichen Gesetzbuch oder in den Tatbeständen des Strafgesetzbuchs formuliert sind, der menschlichen Handlungsfreiheit ihre Rechte und Grenzen bestimmen.

3.3 Ethik und Pädagogik

Eine besondere Nähe hat die Ethik zur *Pädagogik,* da *Moralität* und *Erziehung* wechselweise aufeinander zurückweisen: Der Mensch ist nicht schon von Natur aus ein moralisches Wesen, sondern muß zur Moralität erzogen werden.

Natürliches menschliches Verhalten ist zunächst egoistisch oder »egozentrisch« (PIAGET), und zwar in dem Sinn, daß allein der Gesichtspunkt der Bedürfnisbefriedigung und damit des eigenen Vorteils bzw. Nutzens maßgebend für das Handeln ist. Würde diesem Gesichtspunkt nicht die moralische Forderung entgegengestellt, die Bedürfnisse des Mitmenschen als gleichberechtigte Interessen anzuerkennen, so ergäbe sich der von Thomas HOBBES in seinem ›Leviathan‹ dargestellte Naturzustand: Krieg aller gegen alle, in dem sich der jeweils Stärkste und Listenreichste durchsetzt.[2]

Eine andere Auffassung von der menschlichen Natur hat dagegen Jean-Jacques ROUSSEAU, der in seinem ›Emile‹ die These vertritt, daß die menschliche Natur ursprünglich gut sei und unter den Händen des Menschen, d.h. durch Zivilisation und Kultur pervertiert werde. Daher sein Aufruf: Zurück zur Natur, zurück zu einer Erziehung, die die natürliche Entwicklung des Menschen nicht behindert, sondern fördert.[3]

Es scheint jedoch am plausibelsten, weder von der einen noch von der anderen Annahme auszugehen, sondern davon, daß die menschliche Natur ursprünglich moralisch indifferent, also weder gut noch böse ist, sehr wohl aber eine »Anlage« für das eine wie das andere mitbringt, mithin offen für beides ist. Daher kommt der Erziehung eine so ungemein wichtige Rolle zu, stellt sie doch die Weichen dafür, ob aus einem Kind ein guter Mensch wird oder nicht.

Aber nicht nur der Lernprozeß des Zöglings hat Moralität zum Ziel, sondern auch die Erziehung durch den Lehrer steht selbst wiederum unter moralischen Kategorien. Dieser doppelte Aspekt, unter dem sich das Verhältnis von Moralität und Erziehung zum einen im Hinblick auf die Haltung (das Ethos) des Lehrers und zum andern in bezug auf den Lerninhalt des Schülers betrachten läßt, macht eine Besinnung sowohl auf die ethische Vermitteltheit der Pädagogik als auch auf die pädagogische Vermittlung der Ethik erforderlich.[4]

3.3.1 Die ethische Dimension der Pädagogik

Das Verhältnis von Moralität und Erziehung sowie entsprechend von Ethik und Pädagogik ist sowohl von seiten der Philosophie als auch von seiten der Pädagogik in immer neuen Anläufen reflektiert worden. Diese Überlegungen gipfeln zumeist in der exemplarischen Schilderung eines Mannes, der sich nicht nur durch hervorragende didaktische Fähigkeiten auszeichnet, sondern durch seine Lebensform auch selber zum moralischen Vorbild wird, der also seinen Schülern genau das beispielhaft vorlebt, was er sie lehrt.

Für PLATON ist es z.B. die Gestalt des SOKRATES, die den moralisch vorbildlichen Lehrer verkörpert. Die Besonderheit der ethischen Lehre und Existenz des SOKRATES wird vor dem Hintergrund des Gegentyps jenes Lehrers und Erziehers gezeichnet, den PLATON als unmoralisch abgelehnt und daher stets negativ dargestellt hat: der Typus des Sophisten. PLATON schildert in seinem Dialog PROTAGORAS den Sophisten als einen, der es versteht, »gewaltig zu machen im Reden« (Protagoras, 312d), und mit Kenntnissen hausieren geht, die er den jungen Leuten für Geld verkauft (ebd., 313c). PROTAGORAS, einer der hervorragendsten Rhetoriker unter den Sophisten, erhebt ausdrücklich den Anspruch, eine Kenntnis zu vermitteln, durch die der Lernende mit jedem Tag besser und damit ein tugendhafter Mensch werde (ebd., 318a).

»Diese Kenntnis aber ist die Klugheit in seinen (des Lernenden) Angelegenheiten, wie er sein Hauswesen am besten verwalten, und dann auch in den Angelegenheiten des Staates, wie er am geschicktesten sein wird, diese sowohl zu führen als auch darüber zu reden.« (Ebd., 318e–319a)

PLATON wurde nicht müde, diesen Anspruch, die jungen Leute zu moralischen Bürgern zu erziehen, als einen Betrug zu entlarven (vgl. Sophistes, 268c–d) und das formal glänzende Wissen der Sophisten als eine Einübung in die Kunst der Überredung, keineswegs aber der Tugend zu erweisen.

Ein geschickter Rhetoriker, der seine Überredungsgabe dazu benutzt, die Mitmenschen zu manipulieren, indem er ihre geringere geistige Beweglichkeit und emotionale Verführbarkeit für seine eigenen Zwecke mißbraucht, ein solcher Mensch mag durchaus ein guter politischer Stratege sein, aber seine Tätigkeit ist keine moralische, auf die Freiheit der anderen abzielende Tätigkeit, sondern eine strategische Manipulation und insofern gerade unmoralisch.

SOKRATES dagegen vertrat und lebte die These, Tugend sei nicht lehrbar (vgl. Protagoras, 319a ff.). Diese Einsicht prägte die gesamte Lehrtätigkeit des SOKRATES, der sich nur als »Geburtshelfer« in Sachen Tugend verstand und sich ironisch auf den Standpunkt des Nichtwissenden zurückzog, wenn man von ihm fertige Erkenntnisse und Definitionen über den Bereich der Moral erwartete. Er hielt keine langen Vorträge oder Reden über die Tugend wie die Sophisten, sondern verstand es in seinen Gesprächen mit Schülern, so geschickt zu fragen, daß diese – zunächst verwirrt über die Fragwürdigkeit jener als selbstverständlich geltenden eigenen und fremden Meinungen – selber nach Lösungsvorschlägen für das jeweils behandelte Problem suchten. Dabei erkannten sie, daß Tugend nicht Produkt einer bloßen Verstandesleistung ist, das der Lehrer dem Schüler durch eine Begriffsexplikation oder -definition direkt theoretisch vermitteln kann, sondern eine allgemein verbindliche Form von Praxis, die jeder an seinem Ort und auf seine Weise handelnd zu erbringen hat. Moralische Kompetenz erwirbt sich nur der, der gelernt hat, aus eigener Kraft verantwortlich zu handeln, nicht aber derjenige, der bloß Formeln oder Definitionen der Tugend parat hat, die keine Praxiswirksamkeit und -relevanz haben.

Für SOKRATES gehören somit Ethik und Pädagogik untrennbar zusammen derart, daß seine ethischen Erkenntnisse sein pädagogisches Selbstverständnis leiten, demgemäß der Lehrer sich gerade darum bemühen muß, den Schüler von der Person des Lehrers abzulenken und auf das eigene Handlungspotential hinzuweisen, das es nach Maßgabe des Guten selbständig zu verwirklichen gilt. Der Lehrer fungiert weder als moralisches Vorbild noch als Autorität, sondern nur als Geburtshelfer: Die Fähigkeit zur Tugend hat der Schüler in sich selbst, und er muß sie auch selbst hervorbringen.

Für KANT besteht die Aufgabe der Erziehung darin, den Menschen zum Menschen zu machen.

»Der Mensch kann nur Mensch werden durch Erziehung. Er ist nichts, als was die Erziehung aus ihm macht.«

»Gute Erziehung ist gerade das, woraus alles Gute in der Welt entspringt. Die Keime, die im Menschen liegen, müssen nur immer mehr entwickelt werden. Denn die Gründe zum Bösen findet man nicht in den Naturanlagen des Menschen. Das ist nur die Ursache des Bösen, daß die Natur nicht unter Regeln gebracht wird. Im Menschen liegen nur Keime zum Guten.« (Über Pädagogik, in: Werke, Bd. 10, 699, 704 f.)

Der Mensch hat also nach KANT eine Anlage zum Guten in sich, die nicht schon fix und fertig ist, sondern der Entwicklung bedarf. Die menschliche Natur enthält somit nichts Böses, vielmehr entsteht das Böse erst dadurch, daß man die Natur entarten läßt, indem man sie regellos, d.h. verwildern läßt, anstatt ihre Anlage zum Guten durch Regeln zu stützen und zu fördern.

Der Erziehungsprozeß, durch den die menschliche Natur »unter Regeln gebracht« wird, ist nach KANT ein Vorgang der Disziplinierung, der Kultivierung, der Zivilisierung und der Moralisierung (vgl. ebd., 706 f.), ein Prozeß, in dem der Lehrer nicht bloß »Informator«, sondern zugleich »Hofmeister« ist.

»Jener erzieht bloß für die Schule, dieser für das Leben.« (Ebd., 709)

Der gute Lehrer weiß sich selber der ethischen Idee der Freiheit verpflichtet, die zugleich Ziel seiner erzieherischen Tätigkeit ist insofern sie den Schüler zu einem aufgeklärten, mündigen, autonomen, über sich selbst bestimmenden und für sein Handeln eintretenden Staatsbürger machen will.

Den Gedanken KANTs, Erziehung ziele im wesentlichen darauf, den Menschen zu sich selbst zu befreien, greift SCHILLER in seinen Briefen ›Über die ästhetische Erziehung des Menschen‹ auf, bezieht aber zugleich HERDERs These von den sich natürlich entfaltenden Stufen der Entwicklungsgeschichte der Menschheit ebenso in seine Theorie mit ein wie LESSINGs Vorstellung einer »Erziehung des Menschengeschlechts« durch die göttliche Offenbarung.

Für SCHILLER ist der Mensch im Spiel wahrhaft und ganz Mensch, wenn es ihm gelungen ist, seine unter empirischen Bedingungen stehende Natur (sinnlicher Stofftrieb) und seinen unbedingten moralischen Anspruch (vernünftiger Formtrieb) spielerisch (Spieltrieb) so miteinander zu versöhnen, daß daraus Freiheit im Sinne von Schönheit hervorgeht. Die Totalität des Charakters (die Idee der Menschheit) entfaltet sich nur im ästhetischen Zustand (im Reich des schönen Scheins), und um diesen Zustand herbeizuführen, muß der Lehrer zum »pädagogischen Künstler« werden, »der den Menschen zugleich zu seinem Material und zu seiner Aufgabe macht« (4. Brief), der also aus der Harmonie seines Seins daran arbeitet, den Schüler im Umgang mit sich selbst darin einzuüben, ebenfalls zum Lebenskünstler zu werden, der es versteht, sich in Freiheit geschichtlich als der zu entwickeln, der er seinem Wesen nach ist und sein soll. Der Lehrer als Künstler hat mithin die Aufgabe, zur Harmonie zu erziehen, in der sich die menschlichen Antriebskräfte nicht gegenseitig bekämpfen, sondern wechselseitig ergänzen, so daß sich Denken, Fühlen, Wollen und Handeln wie im Spiel als gleichberechtigte Partner frei zu entfalten vermögen.

FICHTE hat nicht nur Vorlesungen über die Pflichten der Gelehrten gehalten, sondern sich auch konkret mit Problemen der Erziehung und Bildung auseinandergesetzt. Für ihn ist es der Typ des Gelehrten, in dem sich Geisteskraft und moralisches Vermögen vorbildlich zu einem freien Menschentum vereinigen.

»Dem Gelehrten aber muß die Wissenschaft nicht Mittel zu irgendeinem Zweck, sondern sie muß ihm Selbstzweck werden; er wird einst, als vollendeter Gelehrter, in welcher Weise er auch künftig seine wissenschaftliche Bildung im Leben anwende, in jedem Falle allein in der Idee die Wurzel seines Lebens haben, und nur von ihr aus die Wirklichkeit erblicken, und nach ihr sie gestalten und fühlen, keineswegs aber zugeben, daß die Idee nach der Wirklichkeit sich füge.« (Deduzierter Plan einer in Berlin zu errichtenden höheren Lehranstalt, in: Die Idee der deutschen Universität, 138)

Die Tätigkeit des Gelehrten soll jedoch nach FICHTE wiederum der Gesellschaft zugute kommen, denn der Lehrer wurde ausgebildet,

»um der Gesellschaft dasjenige, was sie für (ihn) getan hat, wiedergeben zu können; demnach ist jeder verbunden, seine Bildung auch wirklich anzuwenden zum Vorteil der Gesellschaft.« (J.G. FICHTE: Von den Pflichten des Gelehrten. Hamburg 1971, 30)

FICHTE sieht somit in der Gestalt des Gelehrten oder Wissenschaftlers, der sich einer Idee verpflichtet weiß und sein Leben lang nichts anderes tut, als seinen Schülern diese Idee so zu vermitteln daß sie auch ihnen zum Handlungsregulativ wird, die ideale Verkörperung von Ethik und Pädagogik.

Für KIERKEGAARD ist wie für PLATON die Figur des SOKRATES die ausgezeichnete Gestalt des ethischen Lehrers oder pädagogischen Moralphilosophen. KIERKEGAARD geht von der Einsicht aus, daß jede »ethische Mitteilung« nur indirekt sein kann, da sie nicht als direkte Vermittlung einer Information in Gestalt eines theoretischen Wissens möglich ist, sondern bloß als Hinweis auf ein »Können«, dessen Verwirklichung nur handelnd durch die Freiheit des einzelnen geschehen kann. Daher benutzt KIERKEGAARD in bewußter Anlehnung an den sokratischen Dialog verschiedene pseudonyme Verfasserfiguren als pädagogisches Mittel, um den Leser einerseits von der Person des Autors abzulenken und ihn andererseits zu einem moralischen Urteil über die von dem jeweiligen Pseudonym gelebte Existenzweise herauszufordern. Auch hier soll der Lehrer die dialektische Kunst beherrschen, selber gemäß den moralischen Kategorien zu existieren, die in seiner indirekten pädagogischen Methode als ethisches Regulativ wirksam sind und ihn als Person hinter den unbedingten Anspruch der Moralität zurücktreten lassen, um es dem Schüler zu ermöglichen, er selbst zu werden.

»Zwischen Mensch und Mensch ist dies das Höchste; der Schüler ist für den Lehrer die Veranlassung, sich selbst zu verstehen, der Lehrer für den Schüler Veranlassung, sich selbst zu verstehen; der Lehrer hinterläßt beim Tode keine Forderung auf die Seele des Schülers, ebensowenig wie der Schüler Forderung darauf erheben kann, daß der Lehrer ihm etwas schulde.« (Philosophische Brosamen, 33)

Es wäre ein Mißverständnis anzunehmen, der Schüler könne dadurch ein moralischer Mensch werden, daß er den Lehrer einfach imitiert. Wenn Moralität vom einzelnen selbst im Vollzug seines Existierens hervorgebracht werden muß, dann muß der Lehrer als Erzieher eine Methode entwickeln, die dem Schüler eine »Abnabelung« ermöglicht und es ihm erlaubt, sich als er selbst bzw. sein eigenes Können frei zu entfalten. Daher hat KIERKEGAARD eine Unzahl pseudonymer Verfasser erfunden, die einen direkten Kontakt zwischen Autor und Leser verhindern und den Leser zu einer selbständigen, engagierten Stellungnahme provozieren.

NIETZSCHE schließlich hat in der Gestalt des Zarathustra ebenfalls eine Figur geschaffen, in der er moralisches Engagement und pädagogisches Interesse zu einer Einheit verschmelzen ließ. Zarathustra lehrt in Gleichnissen und Bildern die Menschen eine neue Moral, die er selbst lebt: die Moral des Übermenschen als der Sinn der Erde. (Also sprach Zarathustra, Vorrede 3.)

»Bleibt mir der Erde treu, meine Brüder, mit der Macht eurer Tugend! Eure schenkende Liebe und eure Erkenntnis diene dem Sinn der Erde! Also bitte und beschwöre ich euch.«

»Man vergilt einem Lehrer schlecht, wenn man immer nur der Schüler bleibt. Und warum wollt ihr nicht an meinem Kranze rupfen?

Ihr verehrt mich; aber wie, wenn eure Verehrung eines Tages umfällt? Hütet euch, daß euch nicht eine Bildsäule erschlage!«

Wahres Menschsein, das seinen materiellen Sinn, den »Sinn der Erde« in sich selbst hat, ist Unterwegssein zum Übermenschen; ein Ziel, das nicht ein für allemal erreicht werden kann, sondern nur je und je im Augenblick, im ›großen Mittag‹, in dem der einzelne seine Identität findet: Die Sonne steht im Zenit, und die Gegenstände werfen keine Schatten mehr. Das Ziel jedoch ist das Gehen des Weges, nicht das Ankommen; der Weg hat das Ziel in sich.

Die bisher exemplarisch angeführten Autoren, deren Zahl sich noch beträchtlich erweitern ließe, haben das Verhältnis von Ethik und Pädagogik mehr im Kontext ethischer Überlegungen oder eines ethischen Systems reflektiert, indem sie prototypisch eine moralisch hervorragende Gestalt als Lehrer beschrieben haben, wobei der Lehrer als *Philosoph, Hofmeister, Künstler, Gelehrter* oder *Dichter* konzipiert wurde. Andere Autoren haben umgekehrt das Verhältnis von Ethik und Pädagogik mehr im Zusammenhang mit grundlegenden pädagogischen Überlegungen oder einem systematischen Abriß der Pädagogik thematisiert und davon getrennt ein eigenes ethisches System entwickelt.

So hat Johann Friedrich HERBART unter dem Titel ›Allgemeine praktische Philosophie‹ (1808) eine Ethik ausgeführt, die den Menschen sowohl als Individuum wie als soziales Wesen unter den Ideen Freiheit, Vollkommenheit, Wohlwollen, Recht und Billigkeit betrachtet (vgl. Sämtliche Werke, Bd. 2, 329–458), doch sind diese grundlegenden ethischen Überlegungen bereits in seinem Werk ›Allgemeine Pädagogik aus dem Zweck der Erziehung abgeleitet‹ (1806) enthalten (vgl. ebd., 1–139). Dort bestimmt er »Vielseitigkeit des Interesses« und »Charakterstärke der Sittlichkeit« als die Grundziele der Erziehung, im Hinblick auf die er dann im einzelnen den Gang des Unterrichts erläutert und stufenweise expliziert.

Auch Friedrich SCHLEIERMACHER hat verschiedentlich Vorlesungen über philosophische Ethik gehalten (insbesondere 1812/13 und 1816: Grundriß der philosophischen Ethik), und zwar unter den Haupttiteln: Das höchste Gut, Tugendlehre und Pflichtenlehre, doch bringt er das Verhältnis von Ethik und Pädagogik erst in der Einleitung zu seinen Vorlesungen über Pädagogik aus dem Jahre 1826 ausführlich zur Sprache (vgl. Pädagogische Schriften, Bd. I, 7–65). Erziehung wird dort bestimmt als eine sittliche Aufgabe, der gemäß die ältere Generation auf das jüngere Geschlecht einwirkt (vgl. ebd., II).

»Somit steht die Theorie der Erziehung in genauer *Beziehung zur Ethik,* und ist eine an dieselbe sich anschließende Kunstlehre. ... *Die Pädagogik ist eine rein mit der Ethik zusammenhängende, aus ihr abgeleitete Wissenschaft,* der Politik koordiniert.« (Ebd., 12)

Ziel der pädagogischen Einwirkung ist die Mündigkeit der jüngeren Generation, die in die Lage versetzt werden soll, selbständig an der Erfüllung der allgemeinen sittlichen Aufgabe mitzuwirken. Daher kann die Pädagogik nur im Rückgang auf die von der Ethik zu entwickelnde *Idee des Guten* entscheiden, was sie aus dem Menschen machen darf (vgl. ebd., 15 f.), bzw. wo dem Erzieher Grenzen gesetzt sind.

»Die Erziehung soll bewirken, daß der Mensch ... durch die Einwirkungen auf ihn der Idee des Guten möglichst entsprechend gebildet werde.« (Ebd., 20)

Und dies geschieht nach SCHLEIERMACHER dadurch, daß das sittlich Gute gefördert, dem Unsittlichen, Bösen aber entgegengewirkt wird. Je vollkommener die sittliche Einsicht in die Idee des Guten, desto vollkommener die Theorie der Erziehung (vgl. ebd., 26–28).

Wenn auch nach SCHLEIERMACHER die Ethik die Grundwissenschaft für die Pädagogik ist, so bedarf doch umgekehrt auch die Ethik der Pädagogik, insofern alle sittliche Vervollkommnung nur durch Erziehung realisiert werden kann (vgl. ebd., 33).

»Jedes System der Ethik kann nur zeigen, daß es Wahrheit in sich habe, wenn eine Methode aufgestellt werden kann, dasselbe zu realisieren. Die Pädagogik ist die Probe für die Ethik.« (Ebd., 421)

Die Ethik vermag also nur vermittels der Pädagogik Praxiswirksamkeit zu erlangen.

Wilhelm DILTHEY hat in seiner Abhandlung ›Versuch einer Analyse des moralischen Bewußtseins‹ (1864; in: Gesammelte Schriften, Bd. 6, 1–55) die Gemeinsamkeit von Ethik, Pädagogik und Religionsphilosophie in ihrer Wirkung auf das Leben gesehen (vgl. ebd., 2) und führt dann in seiner Schrift ›Über die Möglichkeit einer allgemeingültigen pädagogischen Wissenschaft‹ (1888) weiter aus (vgl. ebd., 56–58), daß eine systematische Pädagogik, die Anspruch auf Allgemeingültigkeit erhebt,

»von der Ethik die Kenntnis ihres Zieles empfange und von der Psychologie die Kenntnis der Einzelvorgänge und Maßregeln, in denen die Erziehung dies Ziel zu erreichen strebt.« (Ebd. 57)

Da jedoch die Ethik das Ziel des Lebens und damit auch das Ziel der Erziehung nicht ein für allemal allgemeingültig zu bestimmen vermag, sondern nur als historisch bedingtes und somit veränderliches Ideal, ist die Pädagogik nur insoweit eine allgemeingültige Theorie, als sie sich auf jene unbedingten Normen des sittlichen, geistigen und schöpferischen Lebens stützt, die unabhängig von geschichtlichen Veränderungen zu jeder Zeit Gültigkeit beanspruchen (vgl. ebd., 67).

Josef DERBOLAV hat einen ›Abriß einer pädagogischen Ethik‹ vorgelegt (in: Systematische Perspektiven der Pädagogik, 124–155), in dem er die pädagogische Ethik als Ethik des erzieherischen Handelns auf das Prinzip der Erziehungsverantwortung zurückführt. Im Zusammenhang mit diesem Prinzip entwickelt er eine »pädagogische Tugendlehre«, deren Grundtugenden

- sachbestimmte Autorität
- pädagogischer Eros
- pädagogischer Takt
- pädagogischer Humor

den sowohl in moralischer als auch in didaktischer Hinsicht guten Pädagogen auszeichnen (vgl. ebd., 136 ff.).

Josef FELLSCHES schließlich plädiert als Vertreter der Kritischen Theorie der Frankfurter Schule für eine moralische Erziehung, die auf eine Besserung der gesellschaftlichen Verhältnisse abzielt und somit zugleich eminent politische Erziehung ist (Moralische Erziehung als politische Bildung, 11).

»Kritische Erziehungswissenschaft ... sieht für unsere historische Situation moralisches Bewußtsein darin gegeben, daß die Heranwachsenden und Erwachsenen die Notwendigkeit der Anstrengung erfahren, die gesellschaftlichen Verhältnisse – und damit die des einzelnen Menschen – auf einen besseren Zustand voranzutreiben, also das Bewußtsein von der produktiven Funktion der Moral.« (Ebd., 13) Erziehung wird damit als ein Modus gesellschaftlicher Praxis begriffen, die durch Einübung in rationale Kommunikation zur Ermittlung konkreter Handlungsverbindlichkeiten sowie zu deren Realisierung anleiten und damit die Inhumanität bestehender Realverhältnisse aufheben will (vgl. ebd., 142/159). Daher muß der Lehrer selber politisch engagiert sein und dieses Engagement auch kritisch zur Diskussion stellen, um die Schüler zu motivieren, an einer Verbesserung der Verhältnisse in Gesellschaft und Staat, wo immer dies nötig ist, mitzuwirken.

So verschieden die philosophischen und pädagogischen Versuche einer Bestimmung der Aufgabe der Erziehung und der Persönlichkeit des Lehrers im einzelnen auch ausfallen mögen, es läßt sich doch eine grundlegende Übereinstimmung in zwei Punkten feststellen:

1. Ethische Zielvorstellungen sind für eine Theorie der Erziehung unverzichtbar. Denn letztlich entscheidet das Menschenbild, die normative Vorstellung, was und wie der Mensch sein soll, um ein guter Mensch zu sein, über die Lerninhalte und die Form ihrer Vermittlung. In diese normative Vorstellung vom guten Menschen als Maßstab der Erziehung gehen freilich empirische, durch den jeweiligen Zeitgeist und die entsprechenden Lebensumstände bedingte Bestimmungsmomente mit ein. Dies hat auch seinen guten Sinn.

Doch ist es gerade hier die Aufgabe der Ethik, ständig daran zu erinnern, daß dieses durch den Zeitgeist mitgeprägte Menschenbild nicht als endgültig ausgegeben und dogmatisch fixiert werden darf, sondern durch kritische Distanzierung offen gehalten werden muß für neue, bessere, menschenwürdigere Bestimmungen. Bleibendes Ziel der Erziehung ist der selbständige, seiner Freiheit mächtige Mensch, nicht aber ein abgerichtetes, Befehle kritiklos entgegennehmendes und ausführendes Wesen.

2. Dieses ethische Ziel des sich immer mehr zu eigenverantwortlichem Handeln befreienden Menschen bestimmt auch die Funktion des Lehrers sehr wesentlich mit. Der Lehrer hat den Prozeß der sich entwickelnden Freiheit, die Emanzipation des Schülers zu unterstützen, indem er sich zum Instrument dieses Prozesses macht, d.h. sein Unterricht soll nicht in Form einer Indoktrination vor sich gehen, sondern im Schüler schon den künftigen mündigen, ihm prinzipiell ebenbürtigen Menschen berücksichtigen und ihn dazu motivieren, dieses Ziel unbedingt anzustreben.

3.3.2 Pädagogisch vermittelte Ethik

Wurde bisher das Verhältnis von Ethik und Pädagogik im Kontext des Zusammenhangs von Moralität und Erziehung mehr unter dem Gesichtspunkt der moralischen Qualität des Lehrens, d.h. der Normen, unter denen die erzieherische Tätigkeit ausgeübt werden soll, betrachtet, so soll nun untersucht werden, wie sich die Ethik als Gegenstand des Lernens darstellt.

Es stellt sich vorab bereits eine Reihe von Fragen:

- Wie kann der Schüler dazu motiviert werden, sich in moralisches Verhalten einzuüben, d.h. moralische Kompetenz zu erwerben?
- Ist es überhaupt möglich, Gerechtigkeit, Freiheit, Toleranz etc. in der Schule ebenso zu lernen wie lateinische Grammatik oder historische Daten?
- Wie hätte ein Ethik-Unterricht auszusehen, der Einsichten in moralisches Verhalten vermitteln soll?

Erste Hinweise zur Beantwortung dieser Fragen bieten einerseits das unter dem Titel »Lifeline« bekannt gewordene englische Projekt moralischer Erziehung und andererseits die Kinderphilosophie.

Ziel des Projekts *Lifeline* ist es,

»Jungen und Mädchen zu einem guten Leben zu verhelfen; gutes Leben in dem Sinn, daß sie lernen, sich für und um ihr Handeln Gedanken zu machen sowie wählen und entscheiden zu können.« (FELLSCHES, Moralische Erziehung als politische Bildung, 205)

»Gutes Leben« meint hier weniger persönliches Wohlergehen im egoistischen Sinn, sondern vielmehr im sozialen Sinn eine für alle gemeinsame Lebensform, an der jeder in gleicher Weise Anteil hat.

Um dieses Ziel zu erreichen, wurde umfangreiches Material erarbeitet, das bis zu seiner Veröffentlichung im Jahre 1972 mit mehr als 20 000 Schülern erprobt worden ist. Dieses Material wurde auf das Alter der Schüler abgestimmt und bezog Ergebnisse einer repräsentativen Befragung von Schülern bestimmend mit ein. Man arbeitet in Form von Bildkarten und erklärenden Texten mit Beispielen, die Probleme und Situationen schildern, mit denen die Schüler aus ihrem eigenen Lebens- und Erfahrungsbereich vertraut sind.

Diese Beispiele werden teils in Rollenspielen, teils in Gruppendiskussionen, teils in schriftlichen Arbeiten auf mögliche Lösungsvorschläge hin analysiert. Dies wiederum geschieht unter drei wesentlichen Gesichtspunkten, die das gesamte Material strukturieren:

- In anderer Leute Haut.
- Die Regel bestätigen?
- Was hättest du getan?

Das Material zu »In anderer Leute Haut« (In other people's shoes) besteht aus einer Anzahl von Bildkarten, die jeweils eine typische Konfliktsituation für Dreizehn- bis Sechzehn-Jährige darstellen. Das Kartenmaterial gliedert sich in drei Serien. Die erste Serie »Sensitivity« soll dem Schüler helfen, seine eigenen Interessen, Gefühle, Bedürfnisse und Wünsche und die der anderen kennenzulernen, d.h. er soll versuchen, sich einzufühlen. (Stell dir vor, du bist ein farbiges Kind und wirst von den anderen wegen deiner Hautfarbe gehänselt.) Die zweite

Serie »Consequences« soll zur Entwicklung der Fähigkeit beitragen, die möglichen Folgen von Handlungen richtig einzuschätzen. (Von zu Hause weglaufen: Folgen für die Eltern und Geschwister.) Die dritte Serie »Points of view« stellt verschiedene Haltungen und Einstellungen zu grundsätzlichen Problemen einander gegenüber und soll in die Fähigkeit einüben, Entscheidungen zu treffen. (Regelung des Taschengelds: ab welchem Alter, wie hoch?)

Während dieser erste Teil des Unterrichtsmaterials überwiegend auf Konfliktsituationen aus dem Bereich von Familie, Schule und Nachbarschaft eingeht, behandelt der zweite Teil »Proving the rule«, der aus fünf Broschüren besteht, mehr die soziale Identität, die Beziehung zwischen Gruppen und die Konflikte, die sich zwischen verschiedenen Menschen innerhalb solcher Gruppen ergeben. Dabei geht es im wesentlichen um Autoritäts- und Persönlichkeitskonflikte, den Zwang zur Konformität usf.

Der dritte Teil des Programms »What would you have done?«, der aus sechs Broschüren besteht, bezieht sich auf komplexe Situationen aus der Zeitgeschichte von etwa 1900 bis 1970. Es werden u.a. Fragen der Kriegsdienstverweigerung, der Rassendiskriminierung, des Bürgerkrieges usf. aufgeworfen. Hier sollen das sozialpolitische Bewußtsein und das Verantwortungsgefühl gestärkt werden.

Ein ähnliches Programm wie das Projekt »*Lifeline*« enthalten die vom Staatsinstitut für Schulpädagogik in München 1973 veröffentlichten ›Handreichungen für das Unterrichtsfach Ethik mit Abdruck des curricularen Lehrplans‹. Im Artikel 137 Absatz 2 der Verfassung des Freistaates Bayern heißt es:

»Für Schüler, die nicht am Religionsunterricht teilnehmen, ist ein Unterricht über die *allgemein anerkannten Grundsätze der Sittlichkeit* einzurichten.«

Hier wird also bereits unterstellt, daß es nicht nur Grundsätze der Moralität bzw. Sittlichkeit gibt, sondern daß sie auch allgemein anerkannt sind. Damit der Ethik-Unterricht nicht letztlich doch wiederum ein bloß verkappter Religionsunterricht ist, soll er in der Regel nicht von Religionslehrern erteilt werden. Dies setzt jedoch eine qualifizierte Ausbildung des Ethik-Lehrers voraus. Diesbezüglich schlägt Otfried HÖFFE vor:

»Wie für das Fach Religion, so ist auch für den Ethikunterricht ein eigener Fachstudiengang Ethik einzurichten, der eine wissenschaftlich fundierte Fachkompetenz vermittelt.

Als sinnvoll erscheinen dafür folgende *Studienziele:*

(a) *Sozialerfahrung:* Der Studierende sollte Sozialerfahrung in einem anderen sozialen System als dem der eigenen Familie und der Hochschule erwerben.

(b) *Kenntnisse:* Der Studierende sollte einen historisch und systematisch fundierten Einblick sowohl in die Probleme der philosophischen Ethik als auch in die Grundfragen der für den Ethikunterricht nötigen Humanwissenschaften erwerben.

(c) *Problembewußtsein:* Der Studierende sollte die Dringlichkeit und Fragwürdigkeit sowohl historischer als auch gegenwärtiger sittlicher Problemstellungen erkennen und vermitteln können.

(d) *Urteilsfähigkeit:* Der Studierende sollte die Fähigkeit erwerben, Probleme aus dem persönlichen, sozialen und politischen Leben unter sittlichem Gesichtspunkt zu beurteilen.

(e) *Problemdarstellung:* Der Studierende sollte Sachprobleme aus den ihm angebotenen Lehrveranstaltungen klar und übersichtlich darstellen und im Kontext ethischer Diskussion beurteilen können.

(f) *Textinterpretationen:* Der Studierende sollte in der Lage sein, zentrale Texte aus seinen Lehrveranstaltungen zu interpretieren, Probleme, die darin formuliert sind, zu erkennen und Begriffe ihrem thematischen Gehalt nach zu explizieren sowie in ihrem jeweiligen Zusammenhang mit anderen Begriffen darzustellen.

(g) *Weiterbildung:* Der Studierende sollte fähig sein, auch nach abgeschlossenem Studium den Verlauf philosophischer und humanwissenschaftlicher Forschung kritisch weiter zu verfolgen und für seinen Unterricht nutzbar zu machen.« (Ethikunterricht in pluralistischer Gesellschaft, in: Ethik und Politik, 477)

Der bayerische Lehrplan für den Ethik-Unterricht bestimmt als Leitziel:

»*Die Hinführung des Schülers zu moralischer Mündigkeit durch das Erlernen werteinsichtigen Urteilens und Handelns*«. Als Richtziele werden genannt: Fähigkeit zur Selbstbestimmung und Fähigkeit zur sozialen Verantwortung.

Ausgehend von bestimmten Themenkreisen – z.B. »Der Mensch in Gemeinschaft mit anderen«; »Der Mensch und sein persönliches Leben«; »Sinndeutung des Lebens in Weltanschauungssystemen«; »Autorität und Selbstfindung«; »Normen und ihre Berechtigung« –, werden dann den Jahrgangsstufen 5–13 entsprechend die jeweiligen Lernziele (Grobziele), Lerninhalte, Unterrichtsverfahren und Lernzielkontrollen einander zugeordnet.

So lautet z.B. innerhalb des für die 7. Jahrgangsstufe (für etwa Dreizehnjährige) erarbeiteten Themenkreises »Der Mensch in Grenzsituationen« das Lernziel: »Wissen um Grenzsituationen im menschlichen Leben«.

Unter der Rubrik Lerninhalt heißt es: »Beispiele von Menschen in Grenzsituationen (u.a. Unglück, Vereinsamung, Verzweiflung, Schuld, Krankheit, Tod)«.

Als Unterrichtsverfahren werden genannt: »Textinterpretationen, Schilderung als Hilfe zur Identifikation mit Menschen in Grenzsituationen, Bildmeditation«.

Als Lernzielkontrolle werden angeführt: »Beispiele für Grenzsituationen aus der persönlichen Erfahrung nennen; lernzielbezogene Presseberichte sammeln und in der Klasse vortragen«.

Beide Projekte bzw. Programme einer moralischen Erziehung durch Ethik-Unterricht haben die *moralische Kompetenz* des Schülers zum Ziel, die durch vorwiegend theoretisch orientierte Lernprozesse vermittelt werden soll. (Schließlich kann der Lehrer die Schüler nicht zum Vollbringen guter Taten »ausschwärmen« lassen!) Dabei wird jedoch übersehen, daß moralische Kompetenz nicht nur die (kognitive) Einsicht in die Richtigkeit von Handlungen und Normen voraussetzt, sondern darüber hinaus den Willen, dieser Einsicht in der Praxis auch tatsächlich zu folgen.

Insofern kann und soll die Schule nur die Verantwortung für die Vermittlung der reflexiven Struktur moralischen Handelns übernehmen, nicht aber für die »Anwendung« oder »Umsetzung« des Gelernten in der Praxis. Der Lehrer kann und soll nicht die Moralität des Schülers mit einer Note versehen, sondern nur seine theoretischen Fähigkeiten, Angelegenheiten der Moral kritisch zu beurteilen.

»Die Frage, ob der Unterricht den Anspruch erheben soll, sittliche Kompetenz zu vermitteln, kann weder mit einem einfachen Ja noch mit einem strikten Nein beantwortet werden. Während das strikte Nein den Sinn des Ethikunterrichts verfehlt, kann ein Ja nicht behauptet werden, ohne den Unterricht auf Aktion und Interaktion nach sittlichen Prinzipien festzulegen; denn der Unterricht vermittelt nur so viel an sittlicher Kompetenz, als er in seiner Praxis sittliche Qualität hat und herausfordert. Das wiederum sollte nicht allein im Ethikunterricht geschehen.

Das Lernziel des Unterrichts in Ethik entzieht sich der planen Alternative: sittliche Kompetenz oder sittlich neutrales Wissen. Der Unterricht in Ethik, so sein Spezifikum, sollte sich auf die kognitiven Momente sittlichen Handelns konzentrieren, diese Momente aber vollständig behandeln.« (O. HÖFFE, ebd., 463)

Bezüglich der Beurteilung der Schüler im Ethikunterricht heißt es in den »Handreichungen«:

»Der *Ethikunterricht,* der es mit Normen und Werten zu tun hat, muß sich in besonderem Maße davor hüten, Gesinnungsnoten zu erteilen. Nicht *wofür* sich ein Schüler entscheidet, sondern *wie* informiert und schlüssig er sein Urteil begründet, wird bewertet.

Das *Richtziel* ›Selbstbestimmung in sozialer Verantwortung‹ setzt nicht nur affektive Fähigkeiten voraus (z.B. Selbstwertgefühl, Selbsteinsatz, Rücksichtnahme, Toleranz). Jeder sittlichen Entscheidung geht ein Denkprozeß voraus. Der Ethikunterricht hat es – vor allem auf der Oberstufe – vornehmlich mit den intellektuellen Voraussetzungen moralischer Mündigkeit zu tun: mit der Fähigkeit, sich zu informieren und zu orientieren. Nur diese *Fähigkeit* kann benotet werden: z.B. Wissen erwerben, Wissen bewahren, Wissen anwenden, Vorurteile durchschauen, andere Standpunkte verstehen, verschiedene Gesichtspunkte abwägen, Prioritäten setzen und begründen, Augenmaß für das Mögliche und Angemessene.« (73 f.)

Im Ethikunterricht, der in den meisten der neuen Bundesländer zum Pflichtfach geworden ist, kann somit die kognitive Kompetenz in Sachen Moral benotet werden, das kritische Urteilsvermögen, das sich darin zeigt, wie weit der Schüler in bezug auf Moralprobleme sein Urteil argumentativ zu begründen weiß. Das bedeutet nicht, daß der Lehrer nicht auch gelegentlich Lob und Tadel aussprechen sollte, wenn ein Kind in der Schule durch sein Verhalten beweist, daß es das eine oder den anderen verdient. Aber auch dies sollte jeweils von seiten des Lehrers argumentativ begründet und damit als sachlich berechtigt ausgewiesen werden.

Grundsätzlich aber ist festzuhalten: Der kognitive Aspekt ist nur die eine Seite des moralischen Urteils. Wenn das im moralischen Urteil Behauptete nicht zugleich auch willentlich bejaht und handelnd realisiert wird, bleibt es unvollständig, bloß theoretisch und wird nicht praxiswirksam.

Diese Kluft zwischen dem theoretischen und als solchem didaktisch vermittelbaren Wissen um das Gute und dem tatsächlichen Tun des Guten zu ignorieren, hieße entweder, die Rationalität überzubewerten und die Faktizität des Bösen als zufälliges Abfallprodukt gesellschaftlicher Mechanismen zu verharmlosen oder die moralische Freiheit des Menschen, die als autonome, durch keine äußeren Bedingungen strategisch steuerbare Leistung definiert ist, aufzuheben. KANT schreibt zu diesem Problem 1773 in einem Brief an Markus HERZ:

»Wenn ich durch den Verstand urteile, daß die Handlung sittlich gut ist, so fehlt noch sehr viel, daß ich die Handlung tue, von der ich so geurteilt habe. Bewegt mich aber dieses Urteil, die Handlung zu tun, so ist das das moralische Gefühl. Urteilen kann der Verstand freilich, aber diesem Verstandesurteil eine Kraft zu geben, daß es Triebfeder werde, den Willen zu bewegen, die Handlung auszuüben, das ist der Stein der Weisen.«

Da es diesen »Stein der Weisen« nicht gibt und es vielleicht nicht einmal wünschenswert wäre, ihn zu besitzen, wenn es ihn gäbe (man denke an das Problem der Manipulation), *muß die Aufgabe des Erziehers in Sachen Moral und Ethik auf die*

Vermittlung der Einsicht in das Gute beschränkt bleiben, in der Hoffnung, daß die Tat der moralischen Einsicht auf dem Fuße folgen möge.

Der Erwerb moralischer Kompetenz setzt jedoch mehr voraus als nur eine theoretische Wissensvermittlung. Er fordert eine vom je einzelnen in seiner Praxis unter Beweis zu stellende Willensbildung gemäß der theoretisch vermittelten Einsicht in das Gute sowie eine dieser Willensbestimmung entsprechende Handlung.

Noch früher als der Ethikunterricht an den Schulen setzt die Kinderphilosophie ein, die bereits Kinder im Vorschulalter zum Philosophieren anregen möchte. Es war nicht Jostein GAARDER, der als erster die Idee hatte, mit Kindern zu philosophieren, wenn er auch mit »Sofies Welt« (München 1993) einen riesigen Erfolg verbuchen konnte, der erkennen ließ, wie groß das Interesse einer breiten Bevölkerung an Philosophie tatsächlich ist. Vielmehr war es der amerikanische Philosoph Matthew LIPMAN, der Anfang der 70er Jahre an der Columbia University unter dem Titel »Philosophy for Children« ein Konzept für kindliches Philosophieren zu entwickeln begann. Vor ihm hatte schon Karl JASPERS in seiner 1953 erschienenen »Einführung in die Philosophie« festgehalten, daß Kinder bereits in einem ursprünglichen Sinn philosophieren und dies mit dem Erwachsenwerden wieder verlernen.

»Wer sammeln würde, könnte eine reiche Kinderphilosophie berichten. Der Einwand, die Kinder hätten das vorher von Eltern oder anderen gehört, so daß diese Kinder doch nicht weiter philosophieren und daß solche Äußerungen nur zufällig sein können, übersieht eine Tatsache: Kinder besitzen oft eine Genialität, die im Erwachsenenalter verlorengeht. Es ist, als ob wir mit den Jahren das Gefängnis der Konventionen und Meinungen, der Verdeckungen und Unbefragtheiten eintreten, wobei wir die Unbefangenheit des Kindes verlieren. Das Kind ist noch offen im Zustand des sich hervorbringenden Lebens, es fühlt und sieht und fragt, was ihm dann bald entschwindet.« (12)

Eigentlich haben die Griechen die Welt bereits mit den Augen eines Kindes betrachtet, indem sie das philosophische Denken mit dem Staunen beginnen ließen. (Vgl. PLATON, Theaitetos,

155d; ARISTOTELES, Metaphysik 982b) Mit dem Staunen stellte sich eine andere Form des Sichverhaltens zu den Dingen ein: die Skepsis, und damit verbunden eine tiefe Neugier, wie es sich denn nun tatsächlich mit Gott, der Welt, den Mitmenschen und dem eigenen Wissen verhalten mag. Das Sokratische Wissen des Nichtwissens führte dazu, daß alles und jedes in Frage gestellt wurde. Die Beharrlichkeit und Unerbittlichkeit des Sokratischen Fragens findet sich in den ständigen Warum-Fragen der Kinder wieder, die nicht locker lassen und sich erst dann zufrieden geben, wenn sie Antworten bekommen, die den Dingen auf den Grund gehen.

Kinder können philosophieren, und es hat sich als sinnvoll erwiesen, eine speziell auf das Fassungsvermögen von Kindern ab etwa fünf Jahren zugeschnittene Kinderphilosophie zu entwickeln, die nicht als akademische Philosophie daherkommt, sondern den Interessen und Neigungen von Kindern entspricht. So findet z.B. Harry Stottlemeier, der 10jährige Held einer Kindergeschichte von LIPMAN (Harry Stottlemeiers Entdeckung, Hannover 1983 – der Name ist eine Verballhornung von Aristotle), Schritt für Schritt mit Hilfe eines seinem Alter gemäßen trial-error-Verfahrens heraus, wie die Logik von Wörtern und Sätzen funktioniert, welche logischen Schlußformen zu einem unwiderlegbaren Resultat führen. Wie einst die abenteuerlustigen Seefahrer unterwegs waren, um fremde Länder zu entdecken, so macht sich Harry auf, die Geographie des Denkens zu ermitteln. Ohne zu wissen, was ein Umkehrschluß ist oder wie ein Syllogismus aufgebaut ist, findet er die logischen Strukturen argumentativer Rede ganz von selbst heraus, indem er darauf achtet, wie die Erwachsenen umgangssprachlich miteinander disputieren, wenn sie etwas behaupten, begründen, bestreiten, verwerfen, widerlegen.

Ähnlich kann man Kinder auch dazu animieren, sich Gedanken über moralische Angelegenheiten zu machen. Wie bei der Logik stoßen die Kinder bei der Entdeckung der Ethik auf Kommunikations- und Handlungsstrukturen, die das Sprachspiel der Moral begründen und den größeren gesellschaftlichen Rahmen, das Netz der sozialen Beziehungen sichtbar machen, in das auch schon ein Kind vermöge seines Sprechens und Agierens hineinverwoben ist. Es nimmt mit Erstaunen zur Kenntnis, daß all die lästigen Gebote und Verbote, die es von früh an zu hören bekommt und als willkürliche Einschränkungen seiner Freiheit empfindet, nicht auf bloßen Machtansprüchen der Erwachsenen beruhen, sondern Teil einer Gesamtordnung sind, die gerade darin ihre Rechtfertigung findet, daß sie jedem einzelnen ein Höchstmaß an Freiheit sichern und erhalten soll.

Wie wichtig Regeln und Grenzziehungen sind, hat Bernhard BUEB in seinem Plädoyer für Sekundärtugenden gezeigt, indem er vor allem für die Disziplin eine Lanze bricht. Freiheit im Sinne von Autonomie erwerben junge Menschen nicht, indem man ihnen mehr oder weniger ihren Willen lässt, sondern durch die Vorgabe klarer Regeln und die Verhängung von Sanktionen bei Regelverstößen.»Freiheit ist mehr als Unabhängigkeit, sie bezeichnet den Willen und die Fähigkeit, sich selbst ein Ziel zu setzen, dieses Ziel an moralischen Werten auszurichten, mit dem eigenen Leben in Übereinstimmung bringen und konsequent verfolgen zu können.« (Lob der Disziplin, 33) Mut zur Erziehung heiße Mut zur Disziplin, zur Durchsetzung von Anordnungen und zur Einforderung von Gehorsam gegenüber Autoritäten.

4 Grundfragen der Ethik

Nachdem im 3. Kapitel der Schwerpunkt auf dem Beitrag lag, den die Ethik im Verbund mit den Human- und Handlungswissenschaften zur Klärung der moralischen Praxis des Menschen leistet, führt nun das 4. Kapitel in spezielle Grundprobleme der Ethik ein.

Welche Probleme eine ethische Theorie als ihre zentralen Fragen behandelt, hängt jeweils

- vom Erkenntnisinteresse,
- von den aktuellen Zeitkonflikten, in denen unvereinbare Geltungsansprüche miteinander konkurrieren,
- von praxisrelevanten Kontroversen in den Humanwissenschaften,
- von Meinungsverschiedenheiten unter den Moralphilosophen selber und vielem anderen ab.

Gleichwohl lassen sich trotz unterschiedlichster Themenwahl und Schwerpunktbildung gewisse Fragen ausmachen, die von allen Moralphilosophen als ethische Grundfragen anerkannt worden sind und zum unverzichtbaren Problemhorizont einer jeden Ethik gehören. Im wesentlichen sind es drei Fragenbereiche, für die die Ethik als Wissenschaft vom moralischen Handeln Lösungsvorschläge erarbeiten muß:

- Glück(seligkeit),
- Freiheit,
- Gut und Böse.

Diese Begriffe – vor allem ›gut‹, ›das Gute‹, ›Freiheit‹ – sind bisher schon öfter, teils mehr in umgangssprachlicher, teils mehr in terminologischer Bedeutung vorgekommen und sollen nun im Zusammenhang hinsichtlich ihres Stellenwerts innerhalb einer philosophischen Ethik erörtert werden.

4.1 Glückseligkeit

Auch wenn es dem Menschen nicht gelingt, ein Leben lang glücklich zu sein, sei es, wie FREUD meint, weil

»die Absicht, daß der Mensch ›glücklich‹ sei, ... im Plan der ›Schöpfung‹ nicht enthalten ist« (Das Unbehagen in der Kultur, in: Abriß der Psychoanalyse, 105),

sei es, daß sich der Mensch das Recht auf Glück ein für allemal verscherzt hat (Sündenfall-Lehre des Christentums), so ist es doch eine unbezweifelbare Tatsache, daß jeder Mensch von Natur aus danach strebt, glücklich zu werden, was auch immer jeder einzelne für sein Glück halten mag. Die Ethik hat nun dieses natürliche Streben des Menschen nach Glück zu problematisieren, um herauszufinden, *ob* und *wie* es moralisch zu rechtfertigen ist. Umgangssprachlich ist von »Glück« in zwei Grundbedeutungen die Rede:

- Wenn jemand aufgrund günstiger Umstände einer Gefahr entgangen ist, oder wenn einer unversehens in den Besitz von höchst erwünschten Dingen gelangt, die er normalerweise kaum aus eigener Anstrengung hätte erlangen können, so sagt man von dem Betreffenden, er habe Glück gehabt. *Glück haben* bedeutet: Etwas, das Freude, Vergnügen, Lust bereitet, fällt einem unerwartet, unvorhersehbar und ohne eigenes Zutun unverdientermaßen in den Schoß.

- In genau entgegengesetzter Bedeutung ist von Glück die Rede, wenn es heißt: ›*Jeder ist seines Glückes Schmied*‹, oder wenn man von jemandem sagt, er habe ›sein Glück gemacht‹. Hier meint Glück nicht etwas, das meiner Verfügung entzogen, durch mich nicht herstellbar oder steuerbar ist, sondern etwas, zu dessen Erreichung ich sehr wesentlich beitragen kann, indem ich planmäßig all meine Kräfte zur Verwirklichung des Ziels einsetze, durch das ich mein Glück zu machen hoffe. Aber auch das »machbare« Glück ist selbst mit den größten Anstrengungen nicht ohne weiteres erreichbar. Zwar muß ich selbst viel dazu tun, um mein Glück zu machen, aber um es tatsächlich zu machen, gehört auch eine Portion Glück (in der ersten Bedeutung des Wortes) mit dazu. Ob ich tatsächlich glücklich werde, hängt somit wesentlich von mir, aber nicht nur von mir ab.

Für die Ethik spielt der *Begriff des Glücks* in der zweiten Bedeutung als Prinzip der Glückseligkeit die Hauptrolle.

– Soll der Mensch überhaupt nach Glück streben?
– Worin besteht denn bzw. was ist das Glück des Menschen?

Diese beiden Fragen sind von den Moralphilosophen unterschiedlich beantwortet worden. Im Hinblick auf die erstere wurden zwei entgegengesetzte Thesen vertreten. Während die einen (vor allem die Vertreter einer eudämonistischen, egoistischen, hedonistischen oder utilitaristischen Ethik) das naturale Streben des Menschen nach Glück als den Sinn jedweder Praxis behaupten und das Prinzip der Glückseligkeit als oberstes normatives Prinzip auszeichnen, erkennen die anderen (vor allem PLATON, SPINOZA, KANT, deutscher Idealismus) dem Streben nach Tugend, Sittlichkeit, Vernünftigkeit den Vorrang vor dem Glücksstreben zu und ordnen das Prinzip der Glückseligkeit dem Prinzip der Pflicht unter.

John Stuart MILL erklärt z.B.:

»Wenn die menschliche Natur so beschaffen ist, daß sie nichts begehrt, was nicht entweder ein Teil des Glücks oder ein Mittel zum Glück ist, ... ist Glück der einzige Zweck menschlichen Handelns und die Beförderung des Glücks der Maßstab, an dem alles menschliche Handeln gemessen werden muß – woraus notwendig folgt, daß es das Kriterium der Moral sein muß. Glück ist ›der Endzweck des menschlichen Handelns‹ und daher auch ›die Norm der Moral‹.« (Der Utilitarismus, 66 f., 21)

Ist für MILL das Streben nach dem Glück zugleich ein Gebot der Pflicht, so bestreitet KANT dies entschieden und unterscheidet strikt zwischen Glückseligkeit und Pflicht:

»Aber diese *Unterscheidung* des Glückseligkeitsprinzips von dem der Sittlichkeit ist nicht so fort *Entgegensetzung* beider, und die reine praktische Vernunft will nicht, man solle die Ansprüche auf Glückseligkeit *aufgeben,* sondern nur, so bald von Pflicht die Rede ist, darauf gar *nicht Rücksicht* nehmen ...; seine Glückseligkeit zu befördern, kann unmittelbar niemals Pflicht, noch weniger ein Prinzip aller Pflicht sein. ... Daher ist auch die Moral nicht eigentlich die Lehre, wie wir uns glücklich *machen,* sondern wie wir der Glückseligkeit *würdig* werden sollen.« (Kritik der praktischen Vernunft, in: Werke, Bd. 6, 217 f., 261)

Die zweite Frage, was das Glück des Menschen ist, hat beinahe ebenso viele Antworten gefunden, wie es ethische Theorien gibt. Der Bogen reicht von Geld, Reichtum, Macht, Ruhm über Gesundheit, Sinnenlust, geistige Freuden und Genüsse bis hin zu Liebe, Tugend und Humanität. Die Vielfalt der Glücksvorstellungen läßt sich mit KANT formal als ein Zustand charakterisieren, in dem »alles nach Wunsch und Willen geht« (ebd., 255), und einen solchen Zustand der Glückseligkeit beschreiben die Mythen vom Paradies und vom Goldenen Zeitalter ebenso wie die klassischen Utopien und das Märchen vom Schlaraffenland. Ein solches Glück ist zwar imaginativ vorstellbar, aber nicht realisierbar, da eine Harmonisierung aller – auch der heterogenen – Glücksansprüche und -erwartungen nicht möglich ist, so daß jeder um des Glücks der anderen willen zu einem gewissen Glücksverzicht moralisch verpflichtet ist.

Im Hinblick auf den Glücksbegriff ist im Zusammenhang mit ethischen Überlegungen folgendes festzuhalten:

- Das Streben nach Glück ist ein unverzichtbares Moment jedweden menschlichen Handelns.
- Glück kann nicht unmittelbar und direkt als Ziel an sich selbst erstrebt werden, sondern nur vermittelt über konkrete Ziele, deren Erlangung Befriedigung und damit Glück zu gewähren verspricht.
- Glück stellt sich nicht von selbst ein, sondern nur im tätigen Vollzug einer Praxis, deren Gelingen (»Glücken«) zu einem sinnerfüllten Leben beiträgt.
- Glück als Qualität eines sinnvollen, gelungenen, geglückten Lebens kann moralisch nicht geboten werden. Es kann

lediglich geboten werden, sich mit seinen Mitmenschen über einen gemeinsamen Sinnhorizont zu verständigen und unter den jeweils gegebenen Bedingungen und Umständen alles daran zu setzen, die als sinnvoll erkannten Ziele auch tatsächlich zu erreichen.
- Glück ist kein normativer, sondern ein deskriptiver Begriff der Ethik. Der Mensch soll nicht nach Glück streben, strebt er doch von Natur aus immer schon danach. Vielmehr soll er danach streben, immer und überall nach besten Kräften gut zu handeln, darin besteht letztlich unter moralischem Gesichtspunkt sein Glück, denn:

»Die Glückseligkeit ist nicht der Lohn der Tugend, sondern die Tugend selbst.« (B. de SPINOZA: Die Ethik, V. Teil, Lehrsatz 42.)

4.2 Freiheit und Determination

Mit dem Problem von Freiheit und Determination steht und fällt die Moral und damit zugleich die Ethik als die Wissenschaft von der Moral. Wenn die These des Behavioristen B.F. SKINNER zutrifft, daß Freiheit und Würde nichts als Illusionen sind, da alles menschliche Verhalten ausschließlich durch die genetische Ausstattung und die »Verstärkung« oder »Schwächung« von angeborenen Verhaltenstendenzen mittels bestimmter Konditionierungsmechanismen (Lohn und Strafe) determiniert ist (vgl. Jenseits von Freiheit und Würde, 25), dann wäre es sinnlos, noch vom *moralischen* Handeln des Menschen zu sprechen, weil Moralität Freiheit und Verantwortung voraussetzt. Wenn menschliches Verhalten lückenlos durchdeterminiert bzw. determinierbar ist, so tritt an die Stelle der Ethik, die das Verhältnis von Moral und Moralität aus einem Interesse an Freiheit bedenkt, die Verhaltenstechnologie, die die Menschen durch eine perfekte Konditionierung und Kontrolle nach Belieben zu manipulieren und zur »automatischen Tugend« abzurichten sucht (ebd., 72 f.).

Wenn SKINNER recht hätte, wäre die gesamte abendländische Ethik als ein Irrtum erwiesen, aber nicht nur das: die Menschen hätten sich auch seit mehr als zwei Jahrtausenden bezüglich des Sinns ihrer eigenen Praxis geirrt, Moral, Rechtsordnung und demokratische Verfassung entbehrten jeder Grundlage. Daher ist zu fragen,

- ob das Prinzip des methodischen Determinismus, dem gemäß die empirischen Wissenschaften verfahren, wenn sie die Tätigkeiten des Menschen ausschließlich als Produkt äußerer, d.h. kausal-mechanischer Einwirkungen begreifen, menschliches Handeln in der Tat zureichend und vollständig zu erklären vermag oder nicht,
- ob aus dem deterministischen Ansatz die Unmöglichkeit von Freiheit hergeleitet werden kann oder nicht.

Die *Ethik der Neuzeit* ist eine Ethik der Freiheit. Nicht, daß der Freiheitsbegriff in der *antiken Ethik* keine Rolle gespielt hätte, aber er war dort als eine selbstverständliche Voraussetzung menschlichen Handelns begriffen, die nicht weiter problematisiert wurde. Für ARISTOTELES z.B. ist die Polis eine Gemeinschaft von Freien, die sich zum Zweck der Autarkie miteinander verbunden haben (vgl. Eth. Nic. I, 1; 1094a 33 ff.); in der Polis repräsentiert sich das Gute schlechthin, ihre Normen sind die bereits in der Praxis anerkannten und bewährten Ziele, die sich im Hinblick auf das höchste menschliche Gut als erstrebenswert erwiesen haben und daher fraglos bejaht und handelnd verfolgt werden.

Freilich ist es für uns heute allenfalls historisch verständlich, aber ethisch nicht zu rechtfertigen, daß zu ARISTOTELES' Zeiten eine große Zahl von Menschen nicht als Menschen anerkannt und entsprechend als unfrei behandelt wurde: die Sklaven.

In der neuzeitlichen Ethik sind die zu erstrebenden Ziele nicht schon in der Polis vorgegeben und als solche immer schon anerkannt, sondern die eigentliche moralische Leistung besteht nun in der Setzung eines Ziels aus Freiheit und um der Freiheit willen. Freiheit wird damit als Willensfreiheit zum Prinzip und zum Kriterium moralischen Handelns schlechthin. Nicht bloß *einige* wenige Auserwählte haben ein Recht auf freie Selbstverfügung, sondern *alle* Menschen sollen ihrem Wesen nach als frei anerkannt werden.

Die KANTsche Ethik hat die Problematik von Freiheit und Determination in einer Weise erörtert, die richtungweisend gewesen ist. Wenn man davon ausgeht, daß der Mensch ein vernünftiges Lebewesen (»animal rationale«) ist, dann sind »Natur« und »Vernunft« zwei Aspekte des Menschseins, die sich nicht aufeinander zurückführen lassen. Als »Naturwesen« steht der Mensch wie jedes andere Lebewesen unter Bedingungen physiologischer, biologischer, ethnologischer, geographischer o.a. Art, die er nicht selbst gemacht hat und die somit seiner Verfügung entzogen sind. KANT drückt diesen Sachverhalt so aus, daß er sagt, der Mensch unterstehe als Glied der Natur objektiven Naturgesetzen, d.h. kausal-mechanischen Bestimmungen.

»Die sinnliche Natur vernünftiger Wesen überhaupt ist die Existenz derselben unter empirisch bedingten Gesetzen, mithin für die Vernunft *Heteronomie*.« (Kritik der praktischen Vernunft, in: Werke, Bd. 6, 156)

Heteronomie oder Fremdbestimmung liegt dann vor, wenn sich der Mensch in seinem Wollen unmittelbar durch seine Sinnlichkeit (Triebe, Instinkte, Begierden, Gefühle, Leidenschaften, Bedürfnisse, Interessen) bestimmen läßt und damit in eine völlige Abhängigkeit von ihn determinierenden Faktoren begibt. Nicht daß es dem Menschen möglich wäre, die seine sinnliche Natur und damit seinen empirischen Willen determinierenden Ursachen (die Naturgesetze) durch einen Willensakt eigener Art aufzuheben bzw. außer Kraft zu setzen; aber im Unterschied zu anderen Lebewesen ist es ihm sehr wohl möglich, diese Determinanten *als solche* zu erkennen und sich zu ihnen zu verhalten. Er kann aus kritischer Distanz heraus allererst entscheiden, ob er das, was er sozusagen naturwüchsig will, auch als vernünftiges Wesen bejahen und somit wirklich wollen kann bzw. wollen soll oder nicht. Durch diesen Akt der kritischen Überprüfung seiner selbst als »Natur« setzt der Mensch *in* seinem Willen eine Differenz: die Differenz von Sich-bestimmen-Lassen und Sich-selbst-Bestimmen.

Für die Selbstbestimmung des Willens hat KANT den Begriff der *Autonomie* eingeführt:

»Die Autonomie des Willens ist das alleinige Prinzip aller moralischen Gesetze und der ihnen gemäßen Pflichten: Alle *Heteronomie* der Willkür gründet dagegen nicht allein gar keine Verbindlichkeit, sondern ist vielmehr dem Prinzip derselben und der Sittlichkeit des Willens entgegen. In der Unabhängigkeit nämlich von aller Materie des Gesetzes (nämlich einem begehrten Objekte) und zugleich doch Bestimmung der Willkür durch die bloße allgemeine gesetzgebende Form, deren eine Maxime fähig sein muß, besteht das alleinige Prinzip der Sittlichkeit. Jene *Unabhängigkeit* aber ist Freiheit im *negativen,* diese eigene Gesetzgebung aber der reinen, und als solche, praktischen Vernunft, ist Freiheit im *positiven* Verstande. Also drückt das moralische Gesetz nichts anders aus, als die *Autonomie* der reinen praktischen Vernunft, d.i. der Freiheit.« (Ebd., 144)

Diese überaus konzentrierten Kernthesen der KANTschen Ethik sollen nun etwas erläutert werden, um KANTs Lösung der Problematik von Freiheit und Determination näherzukommen.

Empirisch betrachtet ist nicht Autonomie, sondern Heteronomie die erste Art der Willensbestimmung: Der Mensch erfährt sich von Anfang an als ein Wesen, das immer etwas Bestimmtes will, um seine Bedürfnisse zu befriedigen. Welche Bedürfnisse er hat und wie er sie befriedigt, hängt einerseits von seiner »natürlichen« Ausstattung ab und andererseits von äußeren Einflüssen. Bedürfnisse und Wünsche können auch künstlich erzeugt und suggeriert werden, wie die Erfolge von Werbung und Reklame, aber auch von gezielten Lernprozessen beweisen, in denen z.B. ästhetische, literarische oder wissenschaftliche Bedürfnisse »geweckt« werden. Empirisch gesehen ist der Mensch also in der Tat durch Erziehung, Sozialisation, Psychologie etc. manipulierbar und insofern Produkt von Fremdbestimmungen aller Art. Auch dort, wo er glaubt, die Freiheit der Wahl zu haben und nach seinem Belieben entscheiden zu können, kann seine Wahl bereits ohne sein Zutun vorentschieden sein (Extremfall: »Gehirnwäsche«), so daß seine vermeintliche Freiheit nur eine besonders subtile Form von Unfreiheit ist.

Daß der Mensch faktisch in dem, was er will, immer schon heteronom bestimmt ist, ist eine Tatsache. Aber, so fragt nun die Ethik, kann dies die *ganze* Bestimmung des Menschen sein, soll, ja muß er ausschließlich den Zwängen seiner Natur und der Verhältnisse, in denen er lebt, gehorchen? Das Prinzip der Heteronomie ist nach KANT ein »Naturprinzip«, mithin kein verbindliches, normatives Prinzip, denn es kann nicht allgemein geboten werden, jedermann solle sich in seinem Handeln ausschließlich von seinen Bedürfnissen leiten lassen. Die Folge wäre, daß die Starken ihre Bedürfnisse auf Kosten der Schwachen befriedigten (HOBBES definiert den Naturzustand als einen Krieg aller gegen alle), und damit wäre das Heteronomieprinzip als für *jedermann* verbindliches Prinzip disqualifiziert, da seine Befolgung nicht nur für die meisten sinnlos wäre, sondern die Menschen – anstatt sie miteinander zu verbinden – gerade gegeneinander aufbringt und zu Feinden macht.

Als Prinzip einer für jeden Menschen verbindlichen (allgemeingültigen) Willensbestimmung kann demnach nur ein Prinzip in Frage kommen, dessen Befolgung jedem in gleicher Weise zugemutet werden kann. Es ist aber jedem zuzumuten, daß er – ganz gleich, was immer er unmittelbar begehrt – von der Befriedigung seines Begehrens zunächst Abstand nimmt, um es auf seine Berechtigung zu hinterfragen. Erst indem er sich von den Zwängen heteronomen Sich-bestimmen-Lassens befreit, um selbst allererst autonom zu bestimmen, was er legitimerweise wollen kann, gebraucht der Mensch seine *moralische Freiheit.*

Dient der Begriff der *Willkür* zur Bezeichnung jener indifferenten, noch vor aller Bestimmung (durch sich selbst oder durch anderes) zu denkenden regellosen Freiheit, so ist mit moralischer Freiheit jene Freiheit gemeint,

- die sich wesentlich auf andere Freiheit bezieht,
- sich mit anderer Freiheit verbindet
- und im Verbund mit anderer Freiheit Freiheit als unbedingtes praktisches Prinzip (als das schlechthin Ver»bind«liche) anerkennt.

Diese Anerkennung von Freiheit als dem Unbedingten (im Sinne von: nicht empirisch Bedingten) im moralischen Wollen bringt sich nach KANT darin zum Ausdruck, daß der Wille sich selbst aus Freiheit und um der Freiheit willen ein Gesetz gibt (kategorischer Imperativ), d.h. eine Grundregel oder -norm, gemäß der die als regellos gedachte Willkürfreiheit sich selbst beschränkt – nicht um Unfreiheit zu bewirken, sondern gerade um Freiheit im eigentlichen, moralischen Sinn hervorzubringen und zu erhalten. Moralische Freiheit ist durch den Widerspruch charakterisiert, daß sie ihrem Wesen nach grenzlose, unbedingte Freiheit ist, sich aber gleichwohl um der Freiheit willen an anderer Freiheit begrenzt und auf das Bedingte einläßt.

Daher ist die Alternative Freiheit *oder* Determination in bezug auf den menschlichen Willen falsch, insofern der Mensch

– weder absolut frei ist in dem Sinn, daß es für sein Wollen keinerlei empirische Ursachen gibt,
– noch absolut determiniert ist in dem Sinn, daß sein Wollen ausschließlich durch empirische Ursachen bestimmt ist.

Vielmehr sind Freiheit *und* Determination die beiden Aspekte, unter denen die moralische Praxis des Menschen ethisch als geschichtliche Realisierung

– des Unbedingten im Bedingten,
– des Normativen im Faktischen,
– der Vernunft in der Natur

begriffen wird. Wenn menschliche Praxis als Verfolgen bestimmter materialer Zwecke beschrieben wird, so erweist sich die Moralität solcher Praxis in der Überprüfung der erstrebten Zwecke am Freiheitsprinzip, dem gemäß nur die Zwecke moralisch legitimierbar sind, die Freiheit realisieren, indem sie dem Menschen neue Freiräume eröffnen oder bestehende Unfreiheiten abbauen. Nur wer Freiheit als das unbedingt Gesollte, *vor* allem empirisch Gewollten schlechthin zu Wollende bejaht und in seiner Praxis realisiert, handelt moralisch.

Im Unterschied zum Begriff der *Willensfreiheit* bezieht sich der Begriff der *Handlungsfreiheit* nicht auf die (autonome oder heteronome) Willensbestimmung, sondern auf die aus der Willensbestimmung folgende Handlung, durch die das Gewollte erreicht werden soll. Moralische Freiheit ist *handlungsbegründende* Freiheit; Handlungsfreiheit dagegen ist *instrumentelle*

Freiheit, d.h. die Freiheit, zwischen mehreren möglichen Mitteln und Wegen, die zum erstrebten Ziel führen können, zu wählen.

Die Handlungsfreiheit hat ihre Grenze an der Faktizität: Nur im Idealfall gelingt es, die zur Verwirklichung des Ziels als optimal erkannte Handlung auch tatsächlich auszuführen. Meistens sind die Handlungsmöglichkeiten (und entsprechend die Handlungsfreiheit) begrenzt; in der Regel sind Kompromisse erforderlich; manchmal gibt es nur einen einzigen und dazu noch schlechten Weg, der das Ziel möglicherweise verfehlt; und im Extremfall ist jegliches Handeln unmöglich: wenn z.B. jemand einen Ertrinkenden unbedingt retten will, aber weder schwimmen kann, noch ein Boot zur Verfügung hat, noch andere potentielle Retter alarmieren kann.

Während der moralischen Freiheit als dem Unbedingten keinerlei Grenzen gesetzt sind, Freiheit als das Gute zu *wollen*, ist die Handlungsfreiheit, das als das Gute Gewollte auch zu *tun*, durch

- die jeweilige Situation,
- knappe Ressourcen,
- unglückliche Umstände,
- unvorhergesehene Hindernisse etc.

beschränkt. Dadurch erweist sich menschliche Freiheit als prinzipiell endliche Freiheit, da die Handlungsfreiheit nicht notwendig aus der moralischen Freiheit folgt, so daß dem guten Willen trotz aller Anstrengungen der Erfolg versagt bleiben kann. Zum *Wollen* des Guten gehört Moralität, zum *Tun* des Guten gehört auch Glück.

Moralische Freiheit ist nicht etwas, das man von Natur aus besitzt bzw. wahrnehmen kann, so wie man Augen hat, um zu sehen. Moralische Freiheit muß man vielmehr in der Praxis und für die Praxis erwerben, und Erziehung zur Mündigkeit heißt letztlich nichts anderes als pädagogische Hinleitung zu autonomer Selbstverfügung, zum richtigen Gebrauch von Freiheit, durch den sich ein Individuum als freies Individuum unter anderen freien Individuen bestimmt.

In demokratischen Verfassungen sind bestimmte *Grundfreiheiten* gesetzlich garantiert, wie z.B.

- Meinungs- und Pressefreiheit,
- Versammlungs- und Wahlfreiheit,
- Religions- und Gewissensfreiheit,
- Freiheit von Forschung und Lehre,
- Freizügigkeit und Freiheit des Eigentums.

Auch diese Freiheiten sind nicht grenzen- und regellos, sondern dem Prinzip der moralischen Freiheit verpflichtet, das nicht die Freiheit einiger weniger (und die Unfreiheit aller übrigen), sondern aller Menschen meint.

Pervertierte Freiheiten wie

- eine Meinungsfreiheit, die zum Meinungsterror ausartet,
- eine Pressefreiheit, die die Tatsachen manipuliert,
- eine Gewissensfreiheit, die nur den persönlichen Vorteil im Auge hat,
- eine Freiheit des Eigentums, die zur Ausübung von Macht und zur Unterdrückung mißbraucht wird,

verdienen den Namen Freiheit nicht mehr und sind moralisch zu verurteilen.

4.3 Gut und Böse

Das Attribut »gut« verwenden wir im Alltag in Werturteilen sehr häufig. Wir sagen: gutes Essen, ein gutes Auto, ein gutes Messer, gute Musik, ein guter Dieb, eine gute Handlung, ein guter Mensch. Mit dem Attribut »böse« dagegen gehen wir sehr viel sparsamer um. Wir sagen zwar: eine böse Absicht, aber statt »ein böser Mensch« sagen wir eher »ein schlechter Charakter«, und statt »eine böse Tat« eher »eine schlechte Handlung«. Das Attribut »schlecht« aber ist wiederum auch auf alle oben genannten Beispiele anwendbar. »Gut« und »schlecht« gebrauchen wir somit sowohl in moralischer als auch in außermoralischer Bedeutung, wohingegen »böse« (auch »böswillig«, »bösartig«) eine ausschließlich moralische Bedeutung hat.

Mit *gut, böse, schlecht* bezeichnet man in der Regel eine bestimmte Qualität einer Sache bzw. das Fehlen dieser Qualität oder das qualitative Gegenteil. Die Ethik interessiert sich dabei vorwiegend für die *moralische* Bedeutung dieser Wörter. In *außermoralischer* Bedeutung heißt etwas gut, wenn es im instrumentellen Sinn gut, d.h. gut zu etwas ist:

Ein Essen ist gut, wenn es lecker schmeckt und verdaulich ist, d.h. wenn es gut zur Befriedigung des Appetits ist; ein Auto ist gut, wenn es schnell und sicher, d.h. gut zum Fahren ist; eine Musik ist gut, wenn sie gefällt, d.h. gut zum akustischen Kunstgenuß ist; ein Dieb ist gut, wenn er geschickt und fingerfertig, d.h. gut zum Stehlen ist.

Alles, was im instrumentellen Sinn als gut bezeichnet wird, ist nicht gut in sich selber, sondern um eines anderen willen gut, das den Maßstab seiner Güte in sich enthält. Im Hinblick auf diesen Gütemaßstab oder -standard, der festsetzt, wie eine Sache beschaffen sein muß, um ihre Funktion gut auszuüben, wird die Sache in ihrer Güte beurteilt und entsprechend als gut oder schlecht bewertet.

Moralisch gut dagegen heißt etwas, das nicht im Hinblick auf etwas anderes oder um eines anderen willen, sondern in sich selbst gut ist. In diesem Sinn beginnt KANT seine ›Grundlegung zur Metaphysik der Sitten‹ mit dem Satz:

»Es ist überall nichts in der Welt, ja überhaupt auch außer derselben zu denken möglich, was ohne Einschränkung für gut könnte gehalten werden, als allein ein guter Wille. ... Der gute Wille ist nicht durch das, was er bewirkt oder ausrichtet, nicht durch seine Tauglichkeit zu Erreichung irgend eines vorgesetzten Zweckes, sondern allein durch das Wollen, d.i. an sich gut.« (Werke, Bd. 6, 18 f.)

Die Ethik hat sich seit jeher Gedanken über »das Gute« gemacht. Die griechische Philosophie thematisierte das Gute im Kontext metaphysischer Überlegungen als den Sinn allen Seins. So ist für PLATON die Idee des Guten als die Idee aller Ideen höchstes Seins- und Erkenntnisprinzip: das Gute ist unüberbietbare Sinnfülle (vgl. Staat, 505b–509b), die nur dem zuteil wird, der wie SOKRATES dem Logos folgt, d.h. ein Leben aus Einsicht und Vernunft führt. Auch ARISTOTELES bezeichnet das Gute als »das Ziel, zu dem alles strebt« (Eth. Nic. I, I; 1094a 2–3). Das Gute ist jenes Endziel, über das hinaus kein Ziel mehr als erstrebenswert gedacht werden kann und das somit um seiner selbst willen erstrebt wird. Als dieses höchste Gut gilt ARISTOTELES das Glück, wobei er unter Glück das Gelingen eines tugendhaften, moralischen Lebens versteht:

»Das oberste dem Menschen erreichbare Gut stellt sich dar als ein Tätigsein der Seele gemäß der ihr wesentlichen Tugend.« (Ebd., 1098a 16 ff.)

Im Gefolge des Christentums trat neben das Gute die Vorstellung des Bösen, das keine eigene Sinnqualität für sich beanspruchen kann, sondern als die pure Faktizität der Negation bzw. Perversion von Sinn zur Kenntnis genommen werden muß. Im Zusammenhang mit der Frage nach der Herkunft des Bösen wurde das *Theodizeeproblem* (von griech. theos – Gott, dike – Recht) drängend, nämlich inwieweit Gott als Schöpfer der Welt zugleich für das Böse in der Welt verantwortlich gemacht bzw. gegenüber diesem Vorwurf gerechtfertigt werden kann.

Wenn Gott nur Gutes schaffen kann, muß der Mensch der Urheber des Bösen sein. Das aber bedeutet, daß auch das Gute nicht mehr metaphysisch als umfassendes Prinzip sinnerfüllten, vollkommenen Seins begriffen werden kann, sondern zu einer Qualität des menschlichen Willens wird, der im Verhältnis zu sich selbst Freiheit als das Gute aber auch verfehlen kann und de facto aus eigener Schuld immer schon verfehlt hat (Faktum der Sünde). Die menschliche Freiheit ist nach SCHELLING »ein Vermögen des Guten und des Bösen« (Sämtliche Werke, Bd. 7, 336), d.h. Gut und Böse sind Produkt des zur Freiheit aufgerufenen Willens.

Die Tatsache, daß der Wille in freier Entscheidung das Böse als das Böse gewollt hat und ständig neu zu erzeugen vermag, ist philosophisch unbegreiflich und unerklärbar; es bleibt letztlich unableitbar, wie der Mensch angesichts des Guten das Böse und damit die Unfreiheit wählen konnte – auch die mythologischen Deutungen einer Erhebung des Menschen über Gott, in denen von einer Losreißung des Menschen von Gott in einem Akt maßlosen Stolzes und von – als absolute Freiheit – mißverstandener Selbstüberheblichkeit die Rede ist, vermögen das Geschehen des Sündenfalls nur bildhaft als ein Paradox zu beschreiben.[1]

Wie immer man sich den Ursprung des Bösen zu deuten sucht – ob man die Veranlassung für die vielfältigen Formen von Unfreiheit (Grausamkeit, Unterdrückung, Versklavung, Tötung u.a.), in denen sich das Böse dokumentiert, den Umständen, der Gesellschaft oder dem Teufel als der personifizierten Bosheit zuschreibt –, Urheber des Guten wie des Bösen ist gleichwohl der einzelne, der das Gute als das Gute bzw. das Böse als das Böse (freilich als das für ihn Gute) will und handelnd realisiert. Daher sind alle Theorien, die darauf abzielen, die Menschheit durch eine Beseitigung der sogenannten Bedingungen des Bösen (Herrschaftsstrukturen in Form von ökonomischen Bedingungen, gesellschaftlichen Verhältnissen etc.) zum Besseren hin zu verändern, ethisch von vornherein verfehlt, soweit sie die Bedingungen des Bösen ausschließlich außerhalb des Menschen (in heteronomen Bestimmungen) anstatt im menschlichen Willen selbst suchen, der die Rangordnung der Prinzipien verkehren kann, indem er sich des Prinzips der Heteronomie bedient, um seinen Ausschließlichkeitsanspruch auf Autonomie zu befriedigen.

Wenn der Mensch selber durch sein Wollen Urheber des Guten und Bösen ist, kann man die Bedingung des Bösen nicht aufheben, ohne zugleich auch die Bedingung des Guten aufzuheben, denn die Bedingung des Guten und Bösen ist die Freiheit. Eine Veränderung der allgemeinen Praxis auf einen besseren Zustand hin kann daher nur durch Erziehung zu moralischer Freiheit bewirkt werden, zu einer Freiheit, die sich in ihrem jeweiligen geschichtlichen Kontext um der Freiheit aller willen selbst begrenzt, ohne ihren Unbedingtheitsanspruch aufzugeben, ja die erst in der Anerkennung anderer Freiheit ihren Unbedingtheitsanspruch erfüllt sieht.

Es wäre jedoch utopisch anzunehmen, daß es der Menschheit eines fernen Tages gelingen werde, die Faktizität des Bösen durch moralische Freiheit vollständig und endgültig aufzuheben und damit ein für allemal zur Vergangenheit zu machen. Das Böse (die Anerkennung von Unfreiheit) wird zwar durch die Realisierung des Guten (die Anerkennung von Freiheit) als dem schlechthin Gesollten ausgeschlossen, aber nur je und je, nicht für immer und ewig. Keine noch so optimale Erziehung vermag den Menschen vor allen Anfechtungen und Verführungen zu bewahren, die ihm das Böse gelegentlich als wünschenswert erscheinen lassen, und da das Gute Tag für Tag in den kleinsten alltäglichen Handlungen ebenso zu tun ist wie in extremen Grenzsituationen, die den einzelnen oft überfordern, ist die Geschichte eines Menschen in der Regel keine reine Freiheitsgeschichte, sondern immer auch eine Unfreiheitsgeschichte. Gleichwohl ist die Vorstellung einer autonomen Menschheit das bleibende Ziel einer moralisch berechtigten *Hoffnung*.

Gut und Böse sind in ursprünglicher (moralischer) Bedeutung Qualitäten eines sich selbst (zur Freiheit bzw. zur Unfreiheit) bestimmenden Willens. Wenn man eine Handlung als gut oder böse (bzw. schlecht) beurteilt, so werden diese moralischen Prädikate der Handlung nur in abgeleiteter Bedeutung zugeschrieben, d.h. die Handlung ist nicht an sich und aus sich selber gut/böse (schlecht), sondern in bezug auf den guten/bösen Willen, aus dem sie hervorgegangen ist. Betrachtet man die Handlung dagegen nicht unter *moralischem,* sondern unter *pragmatischem* Gesichtspunkt, d.h. im Hinblick darauf, ob sie den durch den Willen gesetzten Zweck tatsächlich erreicht, unabhängig davon, ob dieser Zweck an sich selber ein moralischer ist, so beurteilt man sie als richtig oder falsch.

- Eine Handlung ist *richtig,* wenn sie ihr Ziel erreicht;
- sie *ist falsch,* wenn ihr dies nicht gelingt.
- Eine moralisch gute Handlung ist nicht notwendig auch richtig *(Eine Hilfeleistung kommt zu spät oder ist völlig unzureichend),*

- so wie eine moralisch schlechte Handlung nicht notwendig falsch ist *(Um jemanden, der herzkrank ist, erfolgreich umzubringen, ist eine Überdosis Digitalis das richtige Mittel).*

Oder umgekehrt ausgedrückt:

- Nicht jede richtige Handlung ist notwendig auch gut *(Jemand rettet ein Kind, das ins Wasser gefallen ist, aber nicht um des Kindes willen, sondern weil er weiß, daß es das einzige Kind eines Millionärs ist, von dem er sich eine hohe Belohnung erhofft),*
- und nicht jede falsche Handlung ist notwendig auch schlecht *(Jemand geht zum Fundbüro, um einen gefundenen Wertgegenstand abzuliefern; da das Büro bereits geschlossen ist, behält er ihn zunächst und vergißt schließlich die Rückgabe).*

Eine Handlung ist ethisch gesehen vollkommen, wenn sie sowohl (moralisch) gut als auch (pragmatisch) richtig ist. Doch ob eine Handlung tatsächlich vollkommen ist, ist empirisch außerordentlich schwer entscheidbar, da der gute Wille sich nicht unmittelbar äußert, sondern nur über die Handlung erschlossen werden kann. Und dabei kann man sich nicht nur in bezug auf fremde Handlungen, sondern auch bezüglich des eigenen Tuns irren. KANT geht sogar so weit zu sagen, daß die moralische Qualität einer Praxis letztlich empirisch nur unterstellt, aber nicht mit völliger Sicherheit gewußt werden kann:

»Die eigentliche Moralität der Handlungen (Verdienst und Schuld) bleibt uns daher, selbst die unseres eigenen Verhaltens, gänzlich verborgen. Unsere Zurechnungen können nur auf den empirischen Charakter bezogen werden. Wie viel aber davon reine Wirkung der Freiheit, wie viel der bloßen Natur und dem unverschuldeten Fehler des Temperaments, oder dessen glücklicher Beschaffenheit (merito fortunae) zuzuschreiben sei, kann niemand ergründen, und daher auch nicht nach völliger Gerechtigkeit richten.« (Kritik der reinen Vernunft, A 551/B 579 Anm.)

Moralische Urteile sind auch dann, wenn sie nicht die Form von Imperativen, sondern von Wertaussagen haben, normative

Gut und Böse 181

Urteile, Urteile also, die ausdrücklich oder unausdrücklich einen als wertvoll behaupteten Sachverhalt gebieten (bzw. sein Nichtsein oder Gegenteil verbieten) und damit zugleich den unbedingten Anspruch erheben, daß das Gute sein soll.

Die Ethik hat im Begriff des höchsten Guts jenen Inbegriff einer als Ganzen gelungenen, schlechthin erfüllten, unüberbietbaren Praxis gedacht, die die vollkommenste Weise des Menschseins darstellt. Es sei noch einmal KANT zitiert:

Die Vernunft »sucht, als reine praktische Vernunft, zu dem Praktisch-Bedingten (was auf Neigungen und Naturbedürfnis beruht) ... das Unbedingte, und zwar nicht als Bestimmungsgrund des Willens, sondern ... als die unbedingte Totalität des *Gegenstandes* der reinen praktischen Vernunft, unter dem Namen des *höchsten Guts.*« (Kritik der praktischen Vernunft, 235)

Wie für ARISTOTELES ist das höchste Gut auch für KANT die Synthese von Tugend und Glückseligkeit:

»Es ist a priori (moralisch) notwendig, *das höchste Gut durch Freiheit des Willens hervorzubringen.* ... In dem höchsten für uns praktischen, d.i. durch unseren Willen wirklich zu machenden, Gute, werden Tugend und Glückseligkeit als notwendig verbunden gedacht.« (Ebd., 241 f.)

Im Begriff des höchsten Guts vereinigen sich somit die drei großen Themen der Ethik: Glückseligkeit, Freiheit, das Gute. Das höchste Gut ist der Sinnhorizont, innerhalb dessen menschliche Freiheit ihre Erfüllung findet, indem sie zum tätigen Vollzug einer im ganzen geglückten Lebenspraxis wird.

5 Ziele und Grenzen der Ethik

Die Ethik bedenkt das Verhältnis von Moral und Moralität im Kontext menschlicher Praxis und rekonstruiert in der begrifflichen Aufarbeitung dieses Verhältnisses das Prinzip der Freiheit als den letzten Sinngrund menschlichen Handelns überhaupt. Die Ethik bestimmt sich somit als philosophische Freiheitslehre. Entsprechend diesem Selbstverständnis der Ethik als einer Lehre von der moralischen Freiheit des Menschen wird durch den Freiheitsbegriff sowohl das *Ziel* als auch die *Grenze* der Ethik markiert, insofern die Ethik

– einerseits Freiheit als das unbedingt Gesollte zwar reflexiv zu vermitteln vermag,
– andererseits aber den wirklichen Vollzug von Freiheit in einer Praxis nicht herstellen kann.

5.1 Ziele

Die Ziele der Ethik sind allesamt Modifikationen des ihr wesentlichen Gesamtziels: Freiheit als das Unbedingte im menschlichen Wollen und Handeln zu erweisen.

- *Erstens* geht es der Ethik im Hinblick auf dieses Ziel um eine reflexive Aufklärung von Praxis und Geltungsansprüchen hinsichtlich ihrer moralischen Berechtigung. Sie untersucht, ausgehend von alltäglichen Sprach- und Handlungsgewohnheiten, die Bedingungen, unter denen menschliches Handeln als moralisch gut begriffen werden kann, und grenzt moralisches Handeln gegen andere mögliche (außermoralische und unmoralische) Handlungen des Menschen ab. Moralisches Handeln wird dann als eine ausgezeichnete Form von

Praxis einsichtig gemacht, in der der Mensch wahrhaft Mensch ist und sein Menschsein erfüllt.

Der Mensch ist als Individuum unter anderen Individuen aber nur dann wahrhaft Mensch, wenn es ihm gelingt, seine Geltungsansprüche im Hinblick auf die Geltungsansprüche seiner Mitmenschen jeweils so zu modifizieren, daß er nicht rücksichtslos auf Kosten der anderen seine Bedürfnisse befriedigt, sondern in gemeinsamer Praxis mit ihnen jene Freiräume mitsamt ihren Grenzen absteckt, die es jedem im Kontext wechselseitiger Anerkennung ermöglichen sollen, ein lebenswertes Leben zu führen und darin sich selbst zu verwirklichen.

- *Zweitens* geht es der Ethik um eine Einübung in die kritische Beurteilung von Praxis und Geltungsansprüchen hinsichtlich ihrer moralischen Berechtigung. Die mit dem ersten Ziel der reflexiven Aufklärung erreichte Einsicht in die Struktur moralischen Handelns und damit verbunden in die Eigenart der dem Menschen wesentlichen Freiheit muß in einem erneuten Anlauf so vermittelt werden, daß sie nicht als ein praktisch folgenlos bleibendes Wissen in der bloßen Theorie verbleibt, sondern als Anstoß für eine kritische Beurteilung von Praxis wirksam wird. Das bedeutet, die von der Ethik im Hinblick auf das Prinzip der Freiheit entwickelte Struktur des Verhältnisses von Moral und Moralität muß als ein normativer Zusammenhang begreiflich gemacht werden, als ein Zusammenhang also, der nicht die konstitutiven Bedingungen für etwas, das schon so ist, wie es ist, enthält, sondern die regulativen Bedingungen für eine Praxis, durch die allererst etwas bewirkt werden soll, das die Qualität des Guten hat. Diese regulativen oder normativen Bedingungen fordern dazu auf, jede ausgeführte oder geplante Handlung grundsätzlich kritisch daraufhin zu prüfen, ob sie dem Anspruch der Moralität genügt, d.h. Freiheit als unbedingtes Prinzip realisiert, oder ob sie Unfreiheit als das Gesollte bejaht.

Einübung in moralische Freiheit heißt demnach Einübung in die kritische Unterscheidung zwischen Gut und Böse,

Erwerb der Fähigkeit von moralischer Urteilskraft, die sich nur im alltäglichen Bewältigen der jeweils bestehenden Situation einstellt, von der Ethik aber in ihrer Bedeutung und Funktion für die menschliche Praxis durchsichtig gemacht wird.

- *Drittens* schließlich hat die Ethik das Ziel, über die reflexive Aufklärung des Handelnden bezüglich seines Handelns und die Einübung in moralische Urteilskraft hinaus auf die fundamentale Bedeutsamkeit von moralischer Kompetenz und sozialer Verantwortung aufmerksam zu machen.

  Wer sich in kritisch-praktische Urteilskraft einübt, erwirbt im Verlauf seines Lern- und Lebensprozesses eine mehr und mehr sich festigende Grundhaltung, die als moralische Kompetenz bezeichnet werden kann. *Moralische Kompetenz* dokumentiert sich in der Fähigkeit, in allen Situationen, die ein Handeln erforderlich machen, im Hinblick auf das Prinzip der Freiheit verbindlich, d.h. mit guten Gründen zu entscheiden, was zu tun ist. Moralische Kompetenz – sozusagen als der moderne Begriff von Tugend – impliziert soziale Verantwortung, insofern die jedem abverlangte Fähigkeit, moralisch zu handeln und zu urteilen, die Bereitschaft einschließt, in jedem menschlichen Gegenüber die Freiheit zu achten und vor dieser Freiheit jederzeit Rechenschaft über das eigene Handeln abzulegen.

Diese drei Ziele der Ethik gehen insofern über die Ethik als Wissenschaft vom moralischen Handeln hinaus, als sie nicht durch die ethische Theorie als solche erreicht werden können, sondern nur in der Praxis als der gelebten Theorie. Die Ethik als philosophische Freiheitslehre weist somit über sich hinaus auf einen Lebensvollzug, in dem sich die Ziele, zu deren Realisierung die Ethik appellativ auffordert, erfüllen.

5.2 Grenzen

Eine Reihe von kritischen Einwänden und Vorwürfen, die bis auf den heutigen Tag, sei es von seiten der Handelnden, sei es von seiten der Moralphilosophen selber, gegen die Ethik vorgebracht worden sind, sie sei unwirksam und nutzlos, da praktisch folgenlos geblieben, ja sie habe letztlich auf ganzer Linie versagt, beruhen allesamt auf einem Mißverständnis des Freiheitsbegriffs und demzufolge der Aufgabe der Ethik.

Wenn das Ziel der Ethik Freiheit im Sinne von moralischer Freiheit ist, so ist dieses Ziel nicht schon durch die begriffliche Analyse und genetische Rekonstruktion des Freiheitsbegriffs erreicht, vielmehr erweist diese ethische Rekonstruktion den Begriff der Freiheit als ein *normatives* Prinzip, was gerade besagt, daß mit dem reflexiven Nachvollzug der ethischen Rekonstruktion des Freiheitsbegriffs nicht schon alles getan ist: Freiheit ist erst wirklich im praktischen Vollzug, in der handelnd realisierten Anerkennung von fremder Freiheit als Bedingung meiner Freiheit.

»Die Freiheit ist kein ›Faktum‹, welches festgestellt und beschrieben werden könnte. Vielmehr ist sie eine Bewegung des Standnehmens auf dem Boden der Freiheit. Nur in solchen paradoxen Sätzen kann man ›über‹ die Freiheit sprechen, damit die Aussagen ›über‹ Freiheit ihrem Charakter gerecht werden, der darin besteht, Bewegung des Denkens und Wollens und zugleich die in dieser Bewegung erreichte Verfassung des Denkens und Wollens zu sein.«

Freiheit bedeutet nach LEIBNIZ Selbst-stand, und die »gegenseitige Anerkennung des Selbst-standes ... der Personen schließt ein, daß ich den rationalen Dialog mit ihnen als verbindlich ansehe, in welchem ich mein Vorgehen objektiv begründe und rechtfertige.« (F. KAULBACH: Ethik und Metaethik, 169, 20)

- Als *erste* von der Ethik selbst gesetzte Grenze an der Freiheit ist also festzuhalten: Die Ethik ist nicht die Praxis, deren Theorie sie ist. Ihr Ziel – die Realisierung von Freiheit – liegt außerhalb ihrer selbst, und insofern ist die Ethik keine in sich abschließbare, sondern eine auf Praxis hin offene Theorie, die in der Praxis allererst ihre Erfüllung und Vollendung findet bzw. finden soll.

- Wenn Freiheit etwas ist, das die Ethik reflexiv nicht herstellen kann, da Freiheit eine von jedem einzelnen zu erbringende moralische Leistung ist, läßt sich die zweite Grenze der Ethik an der Freiheit so formulieren: Die Ethik macht die Menschen nicht moralisch. Ein Mensch wird ausschließlich aus sich selbst und durch sich selbst – durch seine Willensbestimmungen – zu einem guten oder bösen Menschen. Doch so wie es Anlässe oder Anstöße zum Bösen gibt, gibt es auch Anstöße zum Guten, und als ein solcher versucht die Ethik wirksam zu werden, indem sie den Handelnden über die Bedingungen moralischen Handelns aufzuklären und ihm Freiheit als das unbedingt gesollte Gute einsichtig zu machen sucht.

  Insofern sich die Ethik um der Freiheit willen nur des Zwangs der besseren Argumente und des vernünftigen Appells, nicht aber irgendeines anderen Zwangs bedienen kann, um den Handelnden zur Moralität zu bewegen, hat sie an der freien Willensbestimmung des Handelnden ihre unaufhebbare Grenze. Wenn die Menschheit im Verlauf der Geschichte moralisch besser oder schlechter geworden ist bzw. wird, so ist das weder das Verdienst noch die Schuld der Ethik, die nur ständig ihre Methoden und Argumente zu verbessern trachten kann, um die Menschen rational zum Guten zu motivieren, aber sie kann nicht auch nur in einem einzigen Fall einen guten Willen ohne bzw. gegen die Freiheit des Individuums erzeugen. Dies liegt außerhalb ihrer Macht, aber auch außerhalb ihrer Befugnis.

- Die *dritte* Grenze, die sich die Ethik im Hinblick auf die Freiheit setzt, läßt sich in der These zum Ausdruck bringen: Die Ethik ist keine Supermoral. Sie stellt keinen materialen Normenkatalog auf, der für die gesamte Menschheit verbindliche Handlungsregeln beinhaltet. Moralische Normen sind praktische Regeln der Selbstbeschränkung von Freiheit um der Freiheit aller willen; sie gehen aus wechselseitigen

Anerkennungsprozessen in einem Lebenskontext hervor. Daher wäre es ein grundlegendes Mißverständnis von Freiheit, wollte man der Ethik die Aufgabe zuweisen, ein für allemal und endgültig materialiter festzulegen, wie die Menschen handeln sollen, was einer autoritativen Übermächtigung der Handelnden gleichkäme. Auf diese Weise würden moralische Normen zu Dogmen oder Ideologien verfestigt, die die Freiheit der Selbstbestimmung letztlich aufheben würden.

Wenn die Ethik ihre Grenze an der Freiheit hat, kann ihre Aufgabe nur darin bestehen, formale Normen zu begründen, die als Maßstab zur Beurteilung materialer Normen fungieren, wobei die kritische Beurteilung selber nicht von der Ethik stellvertretend für alle vorweggenommen, sondern jedem einzelnen als seine bleibende Aufgabe ständig abverlangt wird.

- Daher muß als die *vierte* Grenze der Ethik an der Freiheit formuliert werden: Die Ethik ist keine Kasuistik (= Fallsammlung; von lat. casus – Fall). Sie entwickelt nicht nur keinen materialen Normen- und Wertekatalog für die gesamte Menschheit, sondern fungiert auch nicht als höchste moralische Instanz, die im Hinblick auf vorgegebene moralische Normen entscheidet, was in einem bestimmten Einzelfall zu tun ist. Die Ethik kann und soll sich somit nicht stellvertretend für handelnde Subjekte moralische Kompetenz anmaßen, sondern die Handelnden dazu anleiten, selber moralische Kompetenz zu erwerben und auszuüben.

Das bedeutet nicht, daß sich die Ethik nicht gelegentlich eines kasuistischen Verfahrens bedient: sie tut dies in der Regel in »Anwendungsbeispielen«, wenn sie mit Hilfe eines Fallbeispiels etwa die Vermittlung von Norm und Faktum (Situation) durch die praktische Urteilskraft anhand einer aktuellen Problematik oder eines konkreten Einzelfalles zu veranschaulichen sucht. Daraus folgt jedoch nicht, daß eine Kasuistik das zentrale Anliegen der Ethik wäre, demgemäß sie geltende Normen auf vorkonstruierte Situationsmuster so anwendet, daß sich daraus für den Ratsuchenden eine bestimmte Handlungsanweisung ergibt. Die Ethik gibt überhaupt keine konkreten Handlungsanweisungen oder -vorschriften; vielmehr will sie denjenigen, der gut handeln will, dazu auffordern, die in wechselnden Situationen jeweils relevanten Normen zu problematisieren und selbst zu entscheiden, was in einem besonderen Fall das Gesollte ist. Nur im Selbstdenken, -wollen und -handeln jedes einzelnen ist Freiheit real, und eben dazu will die Ethik als philosophische Freiheitslehre anleiten.

Gemessen an den (falschen) Erwartungen, mit denen das Unternehmen der Ethik häufig belastet wird, nimmt sich der Anspruch der sich als philosophische Freiheitslehre verstehenden Ethik relativ bescheiden aus: Es geht ihr weder um Indoktrination oder Ideologisierung noch um moralische Belehrung, sondern schlicht darum, angesichts der vielfältigen Formen von Unfreiheit und Unmenschlichkeit in der Alltagspraxis an das Prinzip der Freiheit zu erinnern, das gewissermaßen das Humanum der menschlichen Existenz ist.

Bedenkt man jedoch, daß die Ethik daran interessiert ist, Freiheit als das Unbedingte im menschlichen Handeln sichtbar zu machen und gegen alle dogmatischen wie ideologischen Fixierungsversuche von seiten derer, denen aus Machtinteressen an der Unfreiheit von Menschen gelegen ist, als das schlechthin verbindliche Kriterium ausnahmslos jedweder Praxis zu behaupten, so ist ihr Anliegen zugleich höchst anspruchsvoll, geht es ihr doch gerade um die Vermittlung der Einsicht, daß keine Theorie und keine Wissenschaft – seien sie ethisch auch noch so hochqualifiziert – dem Menschen die Freiheit nehmen können, zu der er aufgerufen ist: sich *selbst* als Freier unter anderen Freien zu verstehen und handelnd zu realisieren.

6 Grundformen moralischer und ethischer Argumentation

Sowohl in der Moral als auch in der Ethik kann man verschiedene Argumentationsstrategien und Methoden unterscheiden, vermittels deren moralische Handlungen und Urteile einerseits, ethische Thesen über moralische Handlungen und Urteile andererseits begründet werden.

6.1 Moralische Begründungen

In der Alltagspraxis ist es oft der Fall, daß eine geschehene Handlung moralisch unterschiedlich beurteilt oder die Ausführung einer geplanten Handlung von dem einen bejaht, von dem anderen verneint wird. In derartigen Fällen, in denen eine Handlung moralisch umstritten ist, aber auch jedesmal dann, wenn sich jemand für sich allein über eine vergangene oder zukünftige Handlung seiner selbst oder eines anderen Gedanken macht, um sich ein moralisches Urteil zu bilden, wird Bezug auf »gute« Gründe genommen, die geeignet sind, die Handlung und das darin sich äußernde moralische Urteil des Handelnden zu rechtfertigen.

Solche guten Gründe, vermittels deren sich jemand von der Rechtmäßigkeit der Handlung überzeugt oder einen anderen zu überzeugen sucht, lassen sich grob in sechs Klassen von Begründungsstrategien unterteilen.

6.1.1 Bezugnahme auf ein Faktum

Die wohl häufigste und typischste Form einer moralischen Begründung bedient sich zur Stützung eines singulären normativen Urteils oder Werturteils eines bestimmten Faktums, dessen Objektivität die Rechtmäßigkeit der Handlung garantieren soll.

So gibt z.B. jemand auf die Frage, warum er einem ihm fremden Menschen oder auch einem Bekannten in einer bestimmten Weise zu Hilfe gekommen sei, Antworten des Typs:

- *weil die Frau blind und die Straße stark befahren war;*
- *weil die Frau schwanger war und sehr müde aussah;*
- *weil er um Hilfe gerufen hatte;*
- *weil er mein Freund ist;*
- *weil sie so zart und hilflos wirkte.*

Antworten dieser Art werden in der Regel ohne weiteres als zureichende Begründung für die Rechtmäßigkeit eines Tuns anerkannt, jedoch nicht deshalb, weil es sich um besondere moralische Fakten handelt, sondern weil sich in einem solchen Rekurs auf ein Faktum eine allgemeine Norm bzw. ein allgemeines Werturteil zum Ausdruck bringt, deren Verbindlichkeit von den meisten fraglos anerkannt ist: Blinden, Schwangeren, in Gefahr Geratenen, Freunden und Hilflosen muß man in einer Situation, die sie allein nicht zu bewältigen vermögen, ohne sich zu gefährden, nach Kräften helfen.

Besteht hinsichtlich dieser allgemeinen Regel ein Konsens, so ergibt sich daraus die moralische Notwendigkeit (Pflicht) zu handeln, und die Handlung kann dann allenfalls noch hinsichtlich ihrer Wirksamkeit bzw. ihres Erfolgs (ob sie das beste Mittel zur Durchsetzung des gesetzten Zwecks war bzw. ist), nicht aber mehr bezüglich ihrer Moralität in Frage gestellt werden.

Anders verhält es sich jedoch, wenn sich in einem Rekurs auf ein als guter Grund bzw. als moralische Begründung angeführtes Faktum nicht die Anerkennung einer allgemein als verbindlich erachteten Norm, sondern lediglich ein Vorurteil zum Ausdruck bringt. Dies ist z.B. der Fall, wenn jemand auf die Frage, warum er sich auf eine bestimmte (negative oder positive) Weise zu einem anderen verhält, Antworten des Typs gibt:

- *weil er ein Farbiger, Jude, ehemaliger Nazi, Sohn einer Hure, eines Arbeiters ist;*
- *weil er adlig ist;*
- *weil er akademisch gebildet ist.*

Antworten dieser Art werden in der Regel nicht als zureichende Begründung für die Rechtmäßigkeit eines Sichverhaltens anerkannt, weil die pauschale Diskriminierung oder Wertschätzung von Menschen wegen ihrer Zugehörigkeit zu einer bestimmten Gruppe/Klasse und die damit verbundene Unterteilung der Menschen in wertvolle und wertlose Menschen moralisch höchst fragwürdig ist. Nur ist es oft sehr schwierig festzustellen, wo die Grenze zwischen einem Vorurteil und einer verbindlichen Norm liegt, eine Grenze, die ja nicht einfach festgelegt werden kann im Hinblick auf die statistische Häufigkeit der von den meisten gefällten Urteile, denn es ist durchaus denkbar, daß in einer Gesellschaft eine Norm durchgängig anerkannt ist, die gleichwohl ein (kollektiv geteiltes) Vorurteil ist, so wie umgekehrt eine Minderheit sich auf Fakten beziehen kann, die keine allgemein anerkannte Norm repräsentieren und trotzdem kein Vorurteil beinhalten, sondern Ausdruck von Moralität sind.

Es ist also bei Argumenten, die auf einem Vorurteil beruhen, zu fragen, weshalb jemand der Meinung ist, die Handlungen von Farbigen oder Juden seien von vornherein mit einem Minuszeichen, hingegen diejenigen von Adligen oder Akademikern mit einem Pluszeichen zu versehen. Wenn der so Befragte dann wiederum auf ein Faktum Bezug nimmt: etwa, daß die einen schlechtes, die anderen gutes Blut hätten, dann kann man ihm zeigen, daß er biologisch falsch informiert ist. Wenn auch dies nichts nützt, kann man nur noch konstatieren, daß er voreingenommen ist und auf der Basis einer selbst verschuldeten Blindheit willkürlich, d.h. ungerecht urteilt.

Eine dritte Weise des Bezugnehmens auf ein Faktum, um ein Verhalten moralisch zu begründen, ist zumeist im Zusammenhang mit schweren Konfliktsituationen anzutreffen.

– *So begründet z.B. jemand, der in einer ausweglosen Lage sein Leben auf Kosten des Lebens eines anderen gerettet hat, sein Tun damit, der andere sei alt und krank gewesen und hätte die unmenschlichen Strapazen bis zur Rettung ohnehin nicht überlebt.*

– *Oder jemand rechtfertigt seine Lebenslüge mit dem Hinweis darauf, daß er anders nicht leben könne.*

Ob derartige Begründungen als moralisch hinreichend anerkannt werden können, muß von Fall zu Fall erst geklärt werden, indem geprüft wird, ob die in ihnen artikulierte Regel als moralische Norm gelten kann oder ob aus bloß egoistischen bzw. unmoralischen Motiven gehandelt wurde.

In Extremsituationen lassen wir durchaus Ausnahmeregeln gelten. Allerdings haben auch solche Regeln ihre Grenze an der menschlichen Würde und können im Einzelfall versagen. Menschenleben lassen sich z.B. nicht verrechnen. Das ist das Fatale bei all den – meist stark konstruierten – Beispielen, die nach einer Lösung suchen, wo es um das Überleben geht. Ist das Leben eines alten Menschen weniger wert als das eines jungen? Reicht der Hinweis darauf, daß der eine sein Leben bereits hinter sich, der andere es aber noch vor sich hat, aus, um zu entscheiden, daß der jüngere ein größeres Recht auf Leben hat? Und wie entscheidet man bei Gleichaltrigen? Wer soll die bessere Chance erhalten? Der Stärkere, der Gebildetere, der Ranghöchste, der Optimist? Diese Fragen lassen sich nicht a priori beantworten, und selbst wenn man die Situation noch so genau beschreibt, läßt sich keine Regel finden, die ein eindeutiges Urteil erlaubt. In Extremsituationen versagen die moralischen Urteile und ihre Kriterien, die für den Regelfall, nicht aber für die Ausnahme gelten. Wie auch immer in einer Extremsituation gehandelt wird, es bleibt ein Unbehagen, weil jede denkbare Lösung sich auf Fakten stützt, denen allesamt die gleiche unlösbare Problematik zugrunde liegt, daß etwas verrechnet wird, das seiner Natur nach überhaupt nicht verrechenbar ist, der Wert menschlichen Lebens nämlich.

Nun könnte jemand grundsätzlich gegen die Begründung moralischer Urteile durch Fakten einwenden, daß dies schon deshalb nicht zulässig ist, weil sich aus Fakten keine Normen ableiten lassen, aus dem, was der Fall ist, nicht gefolgert werden kann, was sein soll. Wie wir jedoch gesehen haben, geschieht die

Bezugnahme auf Fakten immer schon bei stillschweigender Unterstellung einer normativen Setzung oder im Rückgriff auf anerkannte Normen und Werte, deren Geltung außer Frage steht.

Wo immer also zur Stützung eines als moralisch behaupteten Urteils über eine Handlung auf Fakten Bezug genommen wird, wird letztlich nicht ein Sollen auf ein Sein gegründet – was logisch nicht zulässig wäre –, sondern es ist bereits in der Tatsachenaussage unausdrücklich oder versteckt ein normatives Urteil bzw. ein Werturteil enthalten, ein Urteil also über etwas, von dem man behauptet, daß es sein soll. Und dieses versteckte Urteil ist es, das einer kritischen Überprüfung bedarf, nicht die Tatsachenaussage als solche. Es ist also nicht zu prüfen, ob jemand tatsächlich blind, ob er Jude etc. ist, sondern es ist zu fragen, ob die Tatsache des Blind- oder Judeseins bestimmte Verhaltensweisen, in denen sich ein Werturteil zum Ausdruck bringt, rechtfertigt oder nicht.

6.1.2 Bezugnahme auf Gefühle

Zur Begründung der Rechtmäßigkeit einer Handlung oder eines Urteils über eine Handlung wird ebenfalls häufig auf ein Gefühl verwiesen, das sich als Antwort auf Warum-Fragen in Aussagen des folgenden Typs artikuliert:

- *weil ich einfach nicht anders konnte und helfen mußte;*
- *weil ich es ganz entsetzlich finde, daß er gestohlen hat;*
- *weil mir ganz schlecht war vor Angst, er könnte jemanden schwer verletzen;*
- *weil er mir so ausnehmend gut gefiel;*
- *weil ich mich ihr gegenüber zu Dank verpflichtet fühle;*
- *weil er ein verdammter Faschist ist;*
- *weil ich mich vor ihm ekelte.*

Werden solche (eigenen oder anderen Menschen unterstellten) Gefühle und Empfindungen als Grund für eine bestimmte Handlungsweise angeführt, so wird die Handlung dadurch zwar bis zu einem gewissen Grad erklärt und verständlich, nicht aber schon moralisch gerechtfertigt. Denn kein noch so intensives Gefühl (der Zu- oder Abneigung, der Billigung oder Mißbilligung, der Sympathie oder Antipathie, des Wohlwollens oder Widerwillens) kann die Verbindlichkeit einer moralischen Norm beanspruchen. Es wäre absurd, wollte man jemandem vorschreiben, er solle ein bestimmtes Gefühl haben bzw. nicht haben.

Moralische Normen erheben ja einen allgemeinen Geltungsanspruch. Jeder soll in einer der Situation S vergleichbaren Situation S' eine der Handlung H vergleichbare Handlung H' ausführen, weil z.B. Wahrhaftigkeit oder Gerechtigkeit oder Hilfe unbedingt gefordert ist. Die Anerkennung solcher verbindlicher Handlungsmaßstäbe muten wir jedem Handelnden ohne weiteres zu, ganz gleich, was für ein Mensch er ist, welche persönlichen Vorlieben und Abneigungen er haben mag. Aber wir muten anderen nicht ohne weiteres zu, daß sie unsere Gefühle teilen sollen. Wir können nicht *fordern* – obwohl wir es gelegentlich von uns Nahestehenden oder Gleichgesinnten *erwarten* –, daß jedermann bei gleichen Anlässen die gleichen Ekel-, Freude- oder Angstgefühle empfindet wie wir, d.h. wir können niemanden dazu *verpflichten,* solche Gefühle zu haben und deshalb auf eine bestimmte Weise zu handeln.

Obwohl moralische Argumentationen oft sehr emotionsgeladen sind, ist der Rekurs auf ein Gefühl somit nicht hinreichend, um die *Moralität* einer Handlung zu begründen. Vielmehr muß – analog wie bei der Bezugnahme auf Tatsachenaussagen – das sich im und als Gefühl äußernde Werturteil erst kritisch auf seine Rechtmäßigkeit hin befragt werden, bevor eine Handlung zu Recht als moralisch bezeichnet werden kann. Auch der Appell an die Gefühle des Gesprächspartners kann eine moralische Begründung nicht ersetzen, sondern allenfalls psychologisch unterstützen; sonst dient die Argumentation nicht der Überzeugung, sondern der Überredung, ja ist letztlich ein (an sich selber unmoralisches) Mittel der Manipulation, wie sich durch Erfahrungen mit der Werbung und Wahlkampagnen belegen läßt. So wird z.B. durch bestimmte Reklamesprüche versucht, in der Hausfrau ein schlechtes Gewissen zu erzeugen:

sie wäscht nicht sauber genug, ernährt ihre Familie mit den falschen Produkten, pflegt sich nicht richtig etc. Oder dem Bürger wird vor Wahlen suggeriert, der politische Gegner sei an allen möglichen Miseren schuld bzw. würde solche heraufbeschwören, und einen Teil dieser Schuld würde auch der Wähler auf sich laden, wenn er es versäume, die Partei XYZ zu wählen. In solchen Fällen wird meistens nicht an den Verstand, sondern an die Gefühle von Menschen appelliert, um ein bestimmtes Ziel zu erreichen, wobei auch Lob und Schmeichelei oft zum Erfolg führen.

Wenn also bestimmte Gefühle als gute Gründe für eine Handlung herhalten müssen, ist stets zu fragen, welches Werturteil sich in oder hinter diesen verbirgt, und dieses Werturteil gilt es zu problematisieren. Wenn sich z.B. bei den erwähnten Werbestrategien nachweisen läßt, daß die Werte Sauberkeit, gesunde Ernährung nur vorgeschoben sind, um den eigentlichen Wert – die Steigerung des Profits – zu verschleiern, dann ist der kritische Konsument dazu aufgerufen, sich zu fragen, ob er nicht bloß getäuscht wird, indem ihm etwas als wertvoll suggeriert wird, das vielleicht nur dem Hersteller nützt.

6.1.3 Bezugnahme auf mögliche Folgen

Fragen von der Art »Warum hast du das getan?« oder »Warum soll ich so und nicht anders handeln?« werden nicht selten mit dem Hinweis auf mögliche Folgen beantwortet:

– *weil die Kinder darunter zu leiden hätten;*
– *weil meine ganze Zukunft zerstört worden wäre;*
– *weil meine Eltern sehr enttäuscht gewesen wären;*
– *weil es vielen Menschen Freude bereiten könnte;*
– *weil dadurch viel Leid verhindert werden kann.*

Der Rekurs auf mögliche (negative oder positive) Folgen als Grund für die Gesolltheit oder Nichtgesolltheit einer Handlung ist die Argumentationsform, die der *Utilitarismus* als die einzige moralische Begründung gelten läßt. Danach ist eine Handlung dann gerechtfertigt, wenn sie durch einen Nutzenkalkül als die

Handlung erwiesen werden kann, die für alle Betroffenen das größtmögliche Maß an Nutzen (im Sinne von Glück, Vergnügen, Lust, Freude) und das geringstmögliche Maß an Schaden (im Sinne von Unglück, Schmerz, Unlust, Leid) bewirkt.

Es ist jedoch zu überlegen, ob das Prinzip der Nutzenmaximierung in der Tat für die moralische Begründung einer Handlung hinreichend ist.

Kann es nicht auch Handlungen geben, die moralisch geboten sind, obwohl sie möglicherweise Folgen haben, die nicht nur niemandem unmittelbar nützen, sondern sogar mit einem gewissen Maß an Schaden oder Leid verbunden sind, ohne daß dadurch die Moralität der Handlung in Frage gestellt würde? Pflicht und Glück sind nicht in jedem Fall miteinander vereinbar, und besonders in Konfliktfällen kann es vorkommen, daß eine Handlung geboten ist, die nicht das Glück der Betroffenen zur Folge hat.

Jemand hat seinem Vater versprochen, das alte Familienunternehmen weiterzuführen, und fühlt sich auch nach dem Tod des Vaters trotz großer persönlicher und materieller Opfer an sein Versprechen gebunden.

Oder – ein extremes Beispiel:

Wer sein Leben für eine Idee opfert,
- *der Tod des Sokrates (um der Gerechtigkeit willen)*
- *der Tod Jesu Christi (um der Erlösung der Menschheit willen)*
- *der Tod der Märtyrer (um des Glaubens willen),*

schadet nach utilitaristischer Auffassung nur sich selbst, ohne anderen zu nützen. Im Gegenteil: Die Schüler des Sokrates galten als gottlos und verdorben, die Christen wurden verfolgt, den Anhängern von Märtyrern drohte ein ähnlich gewaltsames Schicksal. Also ist eine solche Handlung utilitaristisch gesehen nicht moralisch.

Um herauszufinden, ob bzw. inwieweit eine Handlung durch Rekurs auf mögliche Folgen moralisch gerechtfertigt ist, müssen die Folgen nicht nur hinsichtlich ihres erwarteten Nutzens gewichtet werden, sondern darüber hinaus ist zu prüfen, ob der erstrebte Nutzen und die Mittel, durch die er erreicht werden soll, Anspruch auf Moralität erheben können.

– *Die Erhaltung eines alten Schlosses mit großen Kunstschätzen verschlingt Unsummen. Die staatlichen Zuschüsse reichen bei weitem nicht aus. Der Besitzer beschließt, sich auf illegale Weise die nötigen Gelder zu beschaffen, um der Nachwelt das Schloß zu erhalten.*
– *Eine Gruppe von Verbündeten wird mit dem Tod bedroht, wenn sie nicht einen bestimmten Mann ausliefert. Wohl wissend, daß der Mann unschuldig ist und in den sicheren Tod geht, liefern sie ihn gegen seinen Willen aus, um die Mehrheit der übrigen zu retten.*

Das erste Beispiel könnte man unter die Rubrik subsumieren: der Zweck heiligt die Mittel. Gemäß dem utilitaristischen Nutzenkalkül ist die illegale Geldbeschaffung (z.B. durch Unterschlagung oder Steuerhinterziehung) moralisch gerechtfertigt, wenn diese Handlung des Schloßbesitzers insgesamt weniger Schaden verursacht als der Verfall des Schlosses. Oder anders gesagt: Das Plus auf der Seite der Erhaltung des Schlosses ist quantitativ höher zu veranschlagen als das Minus auf der Schadenseite.

Was das zweite Beispiel betrifft, so wäre auch hier die Verlust- bzw. Gewinnrechnung utilitaristisch höchst einfach. Ein toter Mann ist ein geringerer Schaden als fünf tote Männer. Also ist es moralisch gerechtfertigt, den einen zu opfern, selbst auf die Gefahr hin, daß das Opfer unschuldig ist und durch seinen Tod dem Schuldigen das Überleben ermöglicht.

In beiden Beispielfällen haben wir ein gewisses Verständnis für die beschriebene Handlungsweise. Vielleicht ist es wirklich manchmal besser, etwas an sich Schlechtes zu tun – um eines guten Zwecks willen. Aber wir würden wohl kaum so weit gehen zu sagen, der Betrug des Schloßbesitzers oder der Verrat eines Verbündeten sei eine *moralische* Handlung. Wir sind allenfalls bereit, solche Handlungen als Ausnahmen zuzulassen und damit das Moralprinzip auf sie *nicht* anzuwenden. Aber dadurch suspendieren wir das Moralprinzip, und das bedeutet, daß wir uns eines moralischen Urteils über die Handlung enthalten, nicht jedoch, daß wir sie als moralische akzeptieren.

Weder der erwartete noch der tatsächliche Nutzen einer Handlung ist somit ein hinreichendes Kriterium für deren Moralität, so wie umgekehrt der erwartete oder tatsächliche Schaden einer Handlung diese nicht automatisch moralisch disqualifiziert.

Es ist sicher nicht zu bestreiten, daß der Vorausblick auf die Zukunft unsere Überlegungen, wie wir handeln sollen, entscheidend mitbestimmt. Zwar sind wir außerstande, alle Folgen unserer Handlungen richtig abzuschätzen, aber – und hierbei ist der Blick in die Vergangenheit hilfreich – wir wissen aus der Erfahrung, mit welcher Art von Folgen bei Handlungen eines bestimmten Typs in der Regel gerechnet werden muß und in welchem Ausmaß die Mitmenschen, die Umwelt, die Natur davon betroffen sind.

Risikoberechnungsstrategien und Folgenabschätzungsverfahren, die wir im kleinen aus unserem Alltag kennen, werden heutzutage im großen Stil betrieben, weil sich herausgestellt hat, daß wir mittlerweile gezwungen sind, mit den verheerenden Folgen zu leben, die vergangene Handlungen bewirkt haben, Handlungen nämlich, die ausschließlich den unmittelbaren Nutzen für die Gegenwart im Auge hatten und das Nachdenken über mögliche zukünftige Folgen völlig außer acht ließen. Wir wissen heute, daß wir auf dem besten Weg sind, den Untergang der Menschheit durch systematische Zerstörung unseres Lebensraumes herbeizuführen, und daß es höchste Zeit ist, die Kosten zu überdenken, die uns unser bisheriges Streben nach immer mehr materiellem Gewinn eingebracht hat. Wenn wir wollen, daß auch die künftigen Generationen auf dieser Erde überleben und ein menschenwürdiges Dasein führen können, müssen wir heute die Folgen unseres Handelns langfristig in die Zukunft hinein abschätzen und auf solche Handlungen verzichten, die mit größter Wahrscheinlichkeit dazu beitragen, daß mit der Umwelt auch die Menschheit zerstört wird: Das fängt bei der Eindämmung des Raubbaus an den natürlichen Ressourcen an und hört bei der Geburtenregelung in den kinderreichen armen Ländern noch lange nicht auf. Sich um die Zukunft kümmern, indem Folgen abgeschätzt und Verhaltensweisen darauf abgestimmt werden – dies kann nur ein Wesen, das ein geschichtliches Bewußtsein besitzt und aus diesem Bewußtsein heraus verantwortlich handelt. Aber dieses Bewußtsein verpflichtet uns auch, alles Menschenmögliche daran zu setzen, den nach uns Kommenden die Bedingungen zu erhalten, unter denen es möglich ist, als Mensch zu existieren.

Folgenüberlegungen sind mithin in allen Dimensionen unserer Lebenswelt unabdingbar, im kleinen wie im großen. Es ist jedoch zu fragen, ob das utilitaristische Prinzip der Nutzenmaximierung allein für die moralische *Begründung* einer Handlung hinreichend ist.

6.1.4 Bezugnahme auf einen Moralkodex

Eine weitere Form von moralischer Begründung einer Handlung oder eines Urteils über eine Handlung stellt sich im Rekurs auf einen Moralkodex (als dem meist ungeschriebenen und stillschweigend anerkannten Normen- oder Regelkatalog) bzw. auf eine bestimmte Norm einer geltenden Moral dar. Dabei beziehen wir uns auf Handlungsmuster, von denen wir annehmen, daß ihre allgemeine Verbindlichkeit außer Frage steht. Auf die Frage, warum jemand auf bestimmte Weise gehandelt hat oder zu handeln beabsichtigt, werden dann Antworten folgenden Typs gegeben:

- *weil die Kirche eine Scheidung verbietet;*
- *weil man seine Versprechen halten muß;*
- *weil Ehrlichkeit eine Tugend ist;*
- *weil das Recht auf ein menschenwürdiges Leben ein unverbrüchliches Grundrecht unserer Verfassung ist.*

Derartige Gründe werden in der Regel von den Mitgliedern der Gruppe, auf die sich die Geltung des Moralkodex erstreckt, als hinreichend anerkannt. Gleichwohl kann, ja muß auch hier die jeweils zur Begründung angeführte Norm hinsichtlich ihrer Auslegung von Fall zu Fall problematisiert und stets von neuem auf ihre Gültigkeit hin befragt werden, vor allem dann, wenn solche Regeln von Anhängern einer anderen Religionsgemeinschaft, von Mitgliedern anderer kultureller oder politischer Gesellschaften etc. als für sie nicht verbindlich anerkannt werden. Kein Moralkodex ist in dem Sinn sakrosankt, daß die bloße Bezugnahme auf eine seiner Normen fraglos ausreicht, um eine Handlung moralisch zu rechtfertigen.

Aber auch keine Norm eines solchen Moralkodex gilt immer und ewig in der Gemeinschaft, deren Mitglieder die Norm autorisiert haben. Solange ein Konsens darüber besteht, daß die Norm dem Moralprinzip konform ist, so lange ist ihre Geltung legitim, und so lange sind wir bereit, eine Handlung, die sich auf diese Norm als ihren guten Grund beruft, für gerechtfertigt zu halten. Haben sich jedoch die Bedürfnisse und mit ihnen das Selbstverständnis geändert, können, wie wir gesehen haben, Normen veralten, unzeitgemäß werden, und das führt vor allem in Zeiten des Umbruchs zu Konflikten. Während sich die Älteren noch an den alten Normen orientieren, folgen die Jüngeren schon neuen Regeln. Das aber bedeutet, daß die einen die Praxis der anderen als unmoralisch deklarieren und umgekehrt. Hier ist eine Verständigung über das Moralprinzip nötig, durch die das jeweilige Freiheitsverständnis offenbar wird und günstigenfalls eine Einigung im Sinne des Toleranzprinzips erfolgt.

6.1.5 Bezugnahme auf moralische Kompetenz

Ähnlich wie auf die zu einem Moralkodex zusammengefaßten Normen und Wertvorstellungen wird auch sehr oft auf die moralische Kompetenz bestimmter, als Autoritäten anerkannter Personen oder Instanzen rekurriert, um eine Handlung moralisch zu begründen:

– *weil der Vater (der Papst, der Lehrer, der Pfarrer, der Kanzler, der Chef, der Freund u.a.) gesagt haben, das und das sei gut;*
– *weil der oberste Gerichtshof dieses Urteil gesprochen hat.*

Auch das Urteil solcher Respektspersonen in Sachen Moral gilt bei vielen bis zu einem gewissen Grad als hinreichende Begründung für die Rechtmäßigkeit einer Handlung. Aber auch hier ist eine kritische Hinterfragung der in dem jeweiligen Urteil mitartikulierten Werturteile auf ihre Berechtigung unerläßlich, wenn der Handelnde sich nicht bevormunden, sondern lediglich beraten lassen will, um dann aus eigener Einsicht (eigenständiger moralischer Kompetenz) das jeweils Gute zu tun.

In moralischen Angelegenheiten kann sich niemand seiner persönlichen Verantwortung entledigen, indem er die Begründungspflicht für seine Handlungen anderen zuschiebt. Ebensowenig kann jemand auf seine eigene moralische Kompetenz als unfehlbare Instanz pochen und eigenmächtig anderen diktieren, was sie zu tun haben, ohne seine Forderungen eigens zu begründen. Blinder Glaube an fremde oder die eigene moralische Kompetenz ist somit ebenfalls keine hinreichende Begründung für die Moralität einer Handlung oder Haltung.

Es soll natürlich nicht bestritten werden, daß wir in einer Welt, deren Sinndefizit uns in zunehmendem Maß bedrückt, Ausschau nach Vorbildern halten müssen, nach integren Figuren, deren moralische Kompetenz einen hohen Prestigewert hat, der uns hoffen läßt, daß das Prinzip Freiheit einmal den Sieg über das Machtprinzip gewinnen könnte. Aber solche Vorbilder – wie Mahatma Gandhi, Martin Luther King, Mutter Theresa – entheben uns nicht der Pflicht, selbst etwas zu tun, unseren Beitrag zur Durchsetzung der Vernunft gegen Gewalt und Unterdrückung zu leisten.

6.1.6 Bezugnahme auf das Gewissen

Als letzte Form einer moralischen Begründung sei noch der Rekurs auf das Gewissen angeführt. Viele Rechtfertigungsversuche laufen darauf hinaus, daß jemand auf die Frage nach dem Grund seines Handelns antwortet:

– *weil ich es mit meinem Gewissen nicht vereinbaren konnte;*
– *weil mein Gewissen es mir befiehlt.*

Die Berufung auf das *Gewissen als moralische Letztinstanz* ist eine in der Praxis generell anerkannte Form der Begründung. Doch gilt das Gewissen nicht als unfehlbar, so daß auch das durch das Gewissen Gebotene oder Verbotene noch einmal kritisch daraufhin befragt werden muß, inwieweit aus der Stimme des Gewissens vielleicht bloß die Autoritäten sprechen, deren Gebote und Verbote im Verlauf des Erziehungsprozesses angeeignet und internalisiert worden sind bzw. inwieweit sich im Gewissen die moralische Kompetenz eines sich selbst frei bestimmenden Individuums artikuliert.

Eine Entscheidung aus Gewissensgründen akzeptieren wir nur dann, wenn der Handelnde uns glaubhaft versichern kann, daß sein Gewissen nicht herhalten muß, um einen reinen Willkürakt zu verschleiern. Die Beweislast liegt somit bei dem, der sich auf sein Gewissen beruft; er muß uns mit guten Gründen davon überzeugen, daß eine bestimmte Handlung nicht vereinbar ist mit seinem Selbstverständnis als Mensch bzw. Ausdruck dieses seines Selbstverständnisses, so daß er nicht anders handeln konnte oder kann als auf die von ihm angegebene Weise.

Die sechs voneinander unterschiedenen und wohl geläufigsten Argumentationsstrategien werden in alltäglichen Diskussionen über moralische Angelegenheiten selten in begrifflich differenzierter) Weise isoliert voneinander verfolgt. Meistens werden eine ganze Reihe unterschiedlicher Gründe miteinander vermischt zur Rechtfertigung einer Handlung angeführt – so lange, bis zwischen den Kontrahenten entweder ein Konsens erzielt oder ein kommunikativ nicht mehr überbrückbarer Dissens festgestellt wird.

An einem Beispiel sollen nun noch einmal alle sechs Formen einer moralischen Begründung durchgespielt werden, damit deutlich wird, was das Charakteristische einer moralischen Begründung ist.

Angenommen, A wird zum Wehrdienst herangezogen und weigert sich als überzeugter Pazifist, Kriegsdienst zu leisten. Zwischen ihm und seinem Freund B, der ein gemäßigter Patriot ist, entspinnt sich folgender Dialog:

A: »Ich bin Kriegsdienstgegner und kann es mit meinem Gewissen nicht vereinbaren, Waffen zu tragen, um im Notfall andere Menschen damit zu bedrohen oder gar zu töten. Außerdem gibt es genügend andere, die gern Wehrdienst leisten oder denen es wenigstens nichts ausmacht, sich militärisch ausbilden zu lassen.«
B: »Wenn alle so dächten wie du, wie sollen wir dann im Fall eines feindlichen Überfalls uns verteidigen können? Kannst du ernsthaft wollen, daß wir alle ausgerottet werden?«
A: »Wenn alle so handeln würden wie ich, gäbe es überhaupt keine Kriege mehr. Stell dir vor, wie herrlich es wäre, mit allen Menschen auf der Welt in Frieden zu leben.«
B: »Das ist doch bloß eine Utopie. Du hast die Pflicht, dein Vaterland mit allen Kräften zu schützen und zu verteidigen; schon bei PLATON und ARISTOTELES ist Tapferkeit eine Tugend.«
A: »Ich halte es als Christ für meine Pflicht, meine Feinde zu lieben und nicht schon dadurch zu provozieren, daß ich bereit bin, die Waffen gegen sie zu erheben.« Etc. etc.

Ein solcher moralischer Disput macht ausdrücklich oder unausdrücklich die Wertvorstellungen sichtbar, die in den einzelnen Begründungen regulativ wirksam sind und als generell (für die Gruppe) oder gar universell (für die Menschheit insgesamt) gültig behauptet werden, auch dann, wenn sie de facto weder generell noch universell anerkannt sind. Entscheidend ist jedoch in jedem Fall die Bereitschaft, die zur Diskussion stehende Handlung persönlich zu verantworten und gegen kritische Einwände mit »guten« Gründen so lange zu verteidigen, bis der Kontrahent entweder überzeugt ist oder wenigstens bereit ist zuzugeben, daß der Handlung – auch wenn er persönlich anders gehandelt hätte – eine moralische Absicht zugrunde liegt.

Es hat sich gezeigt, daß alle sechs Klassen von moralischen Begründungsstrategien, die in moralischen Disputen meist nicht getrennt voneinander vorkommen, sondern in komplexer Mannigfaltigkeit verwendet werden, gute Gründe für oder gegen die Ausführung einer Handlung nennen, die durchaus zulässig und auch geeignet sind, die Moralität einer Handlung plausibel zu machen. Sie disqualifizieren sich jedoch dann, wenn sie suggestiv zum Zweck der Manipulation eingesetzt werden und damit gerade verhindern sollen, daß sich jemand selbst ein Urteil bildet. Man tut somit gut daran, in einer moralischen Kontroverse die vorgetragenen einzelnen Argumente nicht nur unterscheiden, klassifizieren und auf ihre Stichhaltigkeit hin prüfen zu können, sondern sich darüber hinaus auch Gedanken über die Wahrhaftigkeit der miteinander Redenden zu machen – besonders dann, wenn jemand zugleich eine gewisse rhetorische Begabung erkennen läßt.

6.2 Ethische Begründungen

Im Unterschied zu moralischen Begründungen, vermittels deren einzelne Handlungen moralisch gerechtfertigt werden sollen, geht es in ethischen Begründungsgängen darum, moralisches Handeln und Urteilen *schlechthin* vom Begriff der Moralität her zu begründen und als sinnvoll einsichtig zu machen. Dabei bildet die Ethik unterschiedliche Methoden aus, vermittels deren jeweils ein bestimmter Aspekt des Verhältnisses von Moral und Moralität begriffen wird.

6.2.1 Logische Methode

Alle Methoden der Ethik, sofern sie zu wissenschaftlichen Ergebnissen führen sollen, müssen den Kriterien der formalen Logik genügen, und in diesem weiten Sinn ist jede ethische Methode zugleich eine logische Methode. In einem engeren Sinn kann von einer logischen Methode der Ethik dort die Rede sein, wo sie eine der Aussagenlogik entsprechende »deontische Logik« (von griech. to deon – das Gesollte, die Pflicht) entwickelt, um konsistente und widerspruchsfreie Zusammenhänge zwischen beliebigen normativen Sätzen aufzuweisen.

Einer der Hauptvertreter dieser Normenlogik oder Logik der Handlungsregeln ist der Finne Georg Henrik von WRIGHT:

»Unter deontischer Logik verstehen wir das formale logische Studium normativer Begriffe.« (An Essay in Deontic Logic, 11)

Die deontische Logik ist eine ethische Modallogik, insofern sie entsprechend der Logik der modalen Begriffe *möglich, unmöglich, notwendig* die Logik der deontischen Begriffe *erlaubt, verboten, geboten* konstruiert. Zur Formalisierung werden die Symbole P(ermitted), F(orbidden), O(bligatory) verwendet. Pp bedeutet dann: Es ist erlaubt, daß p der Fall ist.

Zur vollständigen Beschreibung einer die Welt verändernden moralischen Handlung sind nach von WRIGHT vier Kalküle notwendig:

1. ein T-Kalkül (T = Zeit), durch den Anfangs- und Endzustand der Welt vor und nach der Handlung unterschieden werden können (Logik der Veränderung);
2. ein I-Kalkül (I = Intention), durch den der Unterschied zwischen dem durch die Handlung hervorgebrachten Zustand der Welt und dem Zustand, in dem die Welt bliebe, wenn die Handlung nicht ausgeführt wird, deutlich wird;
3. ein M-Kalkül (M = Modalität), der die möglichen und wirklichen Veränderungen der Welt – sofern sie natürlich sind – zu jedem Zeitpunkt angibt;
4. ein P-Kalkül (P = Erlaubnis), der angibt, welche der natürlichen Veränderungen erlaubt, geboten oder verboten ist.

Vermittels der Kalküle 1–3 (Logik der Veränderung, Logik der Handlung, Modallogik) läßt sich nach von WRIGHT die wirklich gewordene und die noch mögliche Geschichte eines Menschen in einem »topologischen Lebensbaum« darstellen.

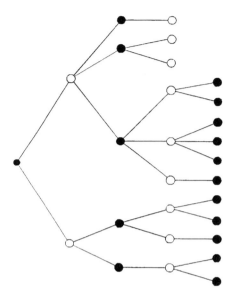

Dieses Schema eines Ausschnitts aus einem natürlichen Lebensbaum besagt folgendes:

Der schwarze Kreis, der als Ausgangspunkt dient, ist die Situation (der Zustand der Welt), in der sich ein Handelnder (H) zu einem bestimmten Zeitpunkt seines Lebens befindet. Die weißen Kreise symbolisieren die Möglichkeit, durch eine Handlung einen neuen Zustand herbeizuführen.

Wo ein schwarzer Kreis nach rechts mit mehreren weißen Kreisen verbunden ist, stehen dem Handelnden entsprechend viele Handlungsmöglichkeiten offen. Ist jedoch ein schwarzer Kreis nach rechts mit nur einem weißen Kreis verbunden, so bedeutet dies, daß der Lauf der Welt in diesem Punkt vollständig determiniert ist und durch einen Eingriff von seiten des Handelnden nicht verändert werden kann. Ist umgekehrt ein weißer Kreis nach rechts mit nur einem schwarzen Kreis verbunden, so bedeutet dies, daß der Handelnde keine freie Wahl hat und entweder unter Zwang handeln muß oder zur Passivität verurteilt ist.

Der jeweilige Freiheitsgrad des in einer Handlungssituation Stehenden läßt sich somit nach von WRIGHT anhand der vorhandenen Änderungsmöglichkeiten errechnen. Dabei sind zwei Extremfälle denkbar:

- Der Handelnde ist »omnipotent«, wenn er den Anfangszustand sowohl lassen wie verändern, den Endzustand sowohl realisieren wie unrealisiert lassen kann;

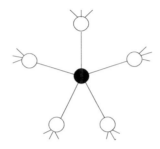

- er ist »impotent«, wenn er nur eine Möglichkeit hat, ihm also keine Wahl bleibt.

Gibt der M-Kalkül an, welche Möglichkeiten ein Mensch hat, innerhalb der Grenzen seiner Fähigkeiten und der kausalen Ordnungen zu leben, so gibt der P-Kalkül (die deontische Logik) an, welche von den natürlichen Möglichkeiten realisiert werden dürfen bzw. sollen.

Der *deontische* Lebensbaum repräsentiert also die normative Ordnung, durch die die Naturordnung restringiert wird, denn nicht alles von Natur aus Mögliche ist auch erlaubt. Dagegen hat die deontische Möglichkeit (das Erlaubte) nur dann einen Sinn, wenn sie zugleich eine natürliche Möglichkeit ist. Eine Norm, die grundsätzlich nicht befolgt werden kann, kann keine Handlungsnorm sein. Andererseits kann aber in der deontischen

208 *Grundformen moralischer und ethischer Argumentation*

Logik nicht *ab esse ad posse,* vom Faktum auf die Erlaubnis geschlossen werden, weil zwischen natürlicher und normativer Welt ein logischer Hiatus besteht. Daher ist eine moralische Handlung erst dann als ganze bestimmt, wenn der deontische Lebensbaum den natürlichen Lebensbaum so einschränkt, daß für eine bestimmte Person zu jedem Zeitpunkt und in jeder Situation angegeben werden kann, welche (von Natur aus möglichen) Handlungen ihr erlaubt, geboten oder verboten sind.

Der oben abgebildete natürliche Lebensbaum könnte folgendermaßen deontisch restringiert werden:

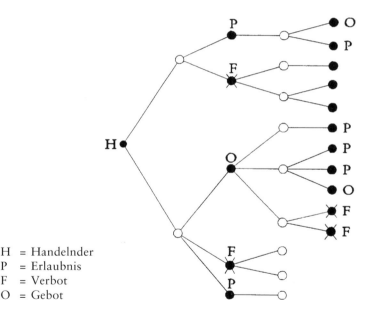

H = Handelnder
P = Erlaubnis
F = Verbot
O = Gebot

Die deontische Logik als eine Methode der Ethik ist wie überhaupt die formale Logik insgesamt ein Hilfsmittel der Wissenschaften, vermittels dessen moralische Einsichten und Erkenntnisse nicht ursprünglich gewonnen, sondern – nachdem sie anderwärts (z.B. durch Erziehung, vernünftige Überlegung,

Beratung mit anderen o.ä.) gewonnen wurden – nachträglich formalisiert werden.

Die logische Methode sagt also nicht direkt, wie gehandelt und was getan werden soll, sondern gibt an, wie man verfahren muß, um zu einem deontisch richtigen Urteil zu gelangen, vorausgesetzt man kann korrekte Zeit- und Zustandsbestimmungen der wirklichen und möglichen Welten liefern, die es erlauben, die abstrakten Symbole der von WRIGHTschen Kalküle durch Einzeldaten zu ersetzen. Sonst bleibt die Erstellung von Lebensbäumen eine bloße Spielerei, die allenfalls für die Fabel eines Romans das Grundgerüst abgibt.

6.2.2 Diskursive Methode

Die diskursive Methode (von lat. discurrere – einen Problemzusammenhang begrifflich-argumentativ »durchlaufen«; in Form eines Gesprächs gemeinsam durchspielen) baut auf der deontischen Logik auf, geht aber über deren Ansatz hinaus, da sie nicht nur die Frage nach den formallogischen Beziehungen zwischen Normen, die in einer Gesellschaft faktisch gelten, beantworten will, sondern auch das *Problem der Rechtfertigung von Normen* mit einbezieht. Insbesondere sind es Paul LORENZEN und Oswald SCHWEMMER einerseits, Jürgen HABERMAS andererseits, die eine diskursive Methode in der Ethik ausgebildet haben.

LORENZEN und SCHWEMMER gehen wie G.H. von WRIGHT von der Parallelität zwischen den Modalbegriffen der Aussagenlogik (notwendig-möglich) und den ethischen Modalbegriffen (obligatorisch-erlaubt) aus (LORENZEN/SCHWEMMER: Konstruktive Logik, Ethik und Wissenschaftstheorie, 148–180). Entsprechend unterscheidet SCHWEMMER vier Klassen von Handlungen:

»1. Es ist geboten, eine bestimmte Handlung auszuführen.
2. Es ist geboten, überhaupt eine Handlung auszuführen, aber freigestellt, welche von mehreren Handlungen (die nicht verboten sind) ausgeführt wird.
3. Es ist verboten, eine bestimmte Handlung auszuführen.

4. Es ist freigestellt, überhaupt eine Handlung auszuführen (aber wenn eine Handlung ausgeführt wird, darf sie nicht verboten sein).« (Philosophie der Praxis, 183)

Wenn man also das Normensystem oder den Moralkodex einer Gesellschaft kennt, ist es nur noch eine Frage der logischen Subsumtion, zu welcher Klasse von Handlungen eine einzelne Handlung gehört.

- *Wenn gilt, daß im Falle eines Verhältnisses mit Folgen der Mann verpflichtet ist, das Mädchen zu heiraten, dann hat Peter die Pflicht (ist es ihm geboten), Eva, die ein Kind von ihm erwartet, zu heiraten. (Handlungstyp 1)*

- *Wenn gilt, daß bei einem Banküberfall mit Geiselnahme alles getan werden muß, um die Geiseln unverletzt zu retten, dann ist die Rettung oberstes Gebot, das durch mehrere freigestellte Maßnahmen (Tränengas, psychologische Beeinflussung, Versprechungen, Scharfschützen u.a.) erreicht werden kann. (Handlungstyp 2)*

- *Wenn gilt, daß keiner einem anderen unberechtigt etwas wegnehmen darf, ist es Hans verboten, seinem Vater hundert Mark zu stehlen, um vor seinen Freunden angeben zu können. (Handlungstyp 3)*

- *Wenn gilt, daß es Privatsache ist, was jeder in seiner Freizeit tut, dann ist es jedem freigestellt, nichts zu tun oder ein Hobby zu betreiben oder sich sonstigen Interessen zu widmen. (Handlungstyp 4)*

Alle diese Handlungen sind geboten, verboten oder erlaubt unter einer hypothetischen Voraussetzung: *wenn gilt, daß ...*

Geht es jedoch darum, die Rechtmäßigkeit dessen, was als geltend behauptet wird, d.h. der faktisch geltenden Normen selber zu überprüfen, bedarf es eines anderen Verfahrens, das von LORENZEN/SCHWEMMER als *Methode der transsubjektiven Beratung* konzipiert ist. Diese Methode ist »diskursiv«, insofern nicht einer allein über die rechtmäßige Geltung von Normen entscheidet, sondern die Handlungsgemeinschaft, deren Mitglieder sich redend untereinander verständigen, um zu einer für alle akzeptablen Handlungsregel zu gelangen. Zugleich ist diese Methode ein »konstruktives« Verfahren, insofern schrittweise vorgegangen und jedes einzelne Argument begründet wird. Man geht also gemeinsam die guten Gründe durch, die jeder für seine Interessen vorbringt, um dann alle diese Gründe so zu modifizieren, daß sie letztlich zu Aspekten eines von allen als stichhaltig anerkannten Grundes werden. Die diskursive Methode der Erlanger basiert auf drei grundlegenden ethischen Prämissen:

1. Konflikte sollen nicht mit Gewalt, sondern durch gemeinsame Beratung aller Betroffenen oder ihrer Vertreter gelöst werden.

2. Jeder, der an einer solchen Beratung teilnimmt, ist berechtigt, seine Interessen ungehindert zu vertreten.

3. Jeder, der an einer solchen Beratung teilnimmt, muß bereit sein, seine eigenen Interessen nicht mit rhetorischen Mitteln oder durch Überredungskünste durchzusetzen, sondern gemäß dem Prinzip der Transsubjektivität zu modifizieren. Das bedeutet: Er muß an seinen subjektiven Wünschen so viele Abstriche machen, daß sie unter einen Überzweck, dessen Anerkennung jedermann zugemutet werden kann, subsumiert werden können.

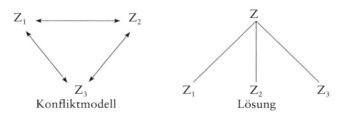

Konfliktmodell — Lösung

Die im Verlauf einer gemeinsamen vernünftigen Willensbildung gewonnenen objektiven Zwecke sind dann die allgemein verbindlichen Normen, deren Befolgung als rechtmäßig gilt. SCHWEMMER nennt dieses Verfahren die »normative Genese eines Systems von Zwecken oder eines Normensystems« (Philosophie der Praxis,

219), im Unterschied zur faktischen Genese als dem naturwüchsigen Entstehen eines Normensystems aus den Handlungsgewohnheiten einer Interaktionsgemeinschaft.

SCHWEMMERs Methode der transsubjektiven Beratung ist ein Konfliktlösungsverfahren, das ohne Zweifel sehr wichtig ist zur Regelung heterogener Ansprüche. Gleichwohl kann diese Methode nur dann als eine *ethische* bezeichnet werden, wenn durch sie ein moralisches, d.h. allgemein verbindliches Ergebnis erzielt wird. SCHWEMMER setzt fraglos voraus, daß man Konflikte gewaltlos lösen soll, aber warum soll man das denn? Um diese Voraussetzung zu begründen und als vernünftig zu erweisen, müßte er auf Freiheit als höchstes Moralprinzip rekurrieren, von dem her einsichtig gemacht werden kann, warum man sich überhaupt durch gemeinsame Beratungen einigen soll, anstatt sein Ziel mit gewaltsamen Mitteln zu erstreben. SCHWEMMER müßte mithin das Beratungsmodell noch einmal transzendieren, und zwar auf jenes Prinzip hin, das die Moralität dieses Modells begründet. Denn allgemeine Werte wie Freiheit und Menschenwürde können nicht in derselben Weise Gegenstand eines Diskurses sein wie subjektive Interessen und Wünsche. Man kann z.B. nicht darüber beraten, ob man sich darauf einigen soll, generell zu lügen, ungerecht zu handeln etc., ohne damit zugleich den Sinn jeglicher Beratung aufzuheben. SCHWEMMERs Methode bleibt also begründungs- und ergänzungsbedürftig, denn in die Ethik gehören auch solche Fragen, die sich nicht unmittelbar auf Mangel- oder Konfliktsituationen beziehen. Wieso sollte es nämlich nicht auch moralische oder moralisch relevante Handlungen geben, in denen keine Konflikte bewältigt werden, in denen schlicht gut gehandelt wird?

Die von HABERMAS konzipierte *Methode des praktischen Diskurses* geht ebenso wie das Beratungsmodell von LORENZEN/SCHWEMMER von der Voraussetzung aus, daß die Rechtmäßigkeit von Geltungsansprüchen nicht autoritativ, d.h. durch den Machtspruch einzelner entschieden werden kann, sondern diskursiv überprüft werden muß. Daher entwickelt er in seiner *Konsensustheorie der Richtigkeit* von Handlungsnormen eine Logik des praktischen Diskurses. Diese Logik schreibt zwei

Ebenen der Argumentation vor, die der Diskurs durchlaufen muß, um zu einem begründeten Ergebnis zu gelangen. Ausgangspunkt der von HABERMAS intendierten »universalistischen Sprachethik« ist das von ihm so genannte »kommunikative Handeln«, ein Begriff, der sich auf das alltagssprachliche Reden über praktische Angelegenheiten bezieht, in dem die Geltung bestimmter Normen fraglos und selbstverständlich (»naiv«) unterstellt wird. Auf der ersten Sprach- bzw. Argumentationsebene findet somit ein Austausch von praxisbezogenen Informationen statt, in denen die Geltung von Normen bzw. die Anerkennung von Werten fraglos vorausgesetzt wird.

Wenn sich z.B. Frau A und Frau B über die verkommenen Sitten der jungen Leute empören, die in vergammelten Klamotten ungepflegt und lärmend auf ihren Mopeds daherknattern, so steht es für sie außer Frage, daß »man« in diesem Alter »ordentlich« auszusehen hat und sich »anständig« benehmen muß.

Solche in handlungsbezogenen Urteilen immer unausdrücklich erhobenen Geltungsansprüche werden in einem praktischen Diskurs einer Kritik unterzogen. Diskursive Verständigung heißt also: fraglos anerkannte Normen und Werte hinsichtlich ihrer allgemeinen Verbindlichkeit in Frage stellen. Auf der *ersten* Argumentationsebene des praktischen Diskurses werden von den Diskursteilnehmern die Geltungsansprüche problematisiert, d.h. bezüglich ihrer Geltung in Frage gestellt. In Rede und Gegenrede werden die Positionen der Kontrahenten geklärt und die Gründe für die jeweilige Beurteilung des fraglichen Verhaltens angeführt.

Frau A und Frau B machen geltend, daß der unästhetische Anblick der jungen Leute und der Radau, den sie veranstalten, auf einen schlechten Charakter schließen ließen. Dem halten die jungen Leute entgegen, daß man nicht vom Äußeren auf den Charakter schließen könne; oft seien gerade die »Saubermänner« charakterlich die größten Schweinehunde. Sie selber dagegen bevorzugten legere Kleidung und Frisuren, um zu demonstrieren, daß sie sich frei und ungezwungen fühlen wollten.

Auf der *zweiten* Argumentationsebene des praktischen Diskurses geht es darum, daß die am Diskurs Beteiligten zu einem Konsens gelangen, der kein bloßes Zufallsergebnis ist und somit nur für sie verbindlich ist, sondern dem auch jeder andere Mensch, sofern er vernünftig und guten Willens ist, muß zustimmen können. Dazu bedarf es nach HABERMAS eines Arguments, das konsenserzielende Kraft hat und die Diskursteilnehmer rational zu motivieren vermag, es als hinreichend begründet anzuerkennen.

Ein solches Argument, das seine konsenserzielende Kraft im Rekurs auf anzuerkennende gute Gründe hervorbringt, muß im wesentlichen drei Anforderungen genügen. Es muß erstens den Übergang von bestimmten (konsensfähigen) Bedürfnissen zu Normen einsichtig machen, die die legitime Befriedigung dieser Bedürfnisse regeln. Dieser Übergang muß durch das »Brückenprinzip der Universalisierung« erfolgen, d.h. es muß gezeigt werden, daß die fraglichen Bedürfnisse allgemeinmenschlicher Natur sind und ihre Befriedigung daher allgemein geboten werden kann.

Ältere Menschen haben ein Bedürfnis nach Ruhe und Gepflegtheit. Junge Leute wollen sich austoben und nach ihrem eigenen Geschmack kleiden. Setzt man voraus, daß beide Bedürfnisse berechtigt sind, also bis zu einem gewissen Grad verallgemeinert werden können, so kann eine Einigung nur durch gegenseitige Rücksichtnahme erzielt werden, indem jeder im Lebensraum des anderen auf vermeidbare Störungen weitgehend verzichtet.

»Es scheint auf der Hand zu liegen, daß praktische Fragen, die sich in Ansehung der Wahl von Normen stellen, nur durch einen Konsensus unter allen Beteiligten und allen potentiell Betroffenen entschieden werden können. Normen regeln legitime Chancen der Bedürfnisbefriedigung; und die interpretierten Bedürfnisse sind ein Stück innerer Natur, zu der jedes Subjekt, soweit es sich zu sich wahrhaftig verhält, einen prinzipiellen Zugang hat.« (Wahrheitstheorien, 250 f.)

Das Argument muß sich zweitens einer ständig kritisch zu überprüfenden ethischen Sprache bedienen, die das moralische Selbstverständnis aller am Diskurs Beteiligten angemessen zum Ausdruck bringt und somit eine wahrhaftige Interpretation ihrer

Ethische Begründungen 215

Bedürfnisse ermöglicht. Es muß jederzeit möglich sein, die Diskursebene zu wechseln, sofern das gewählte Sprach- oder Begriffssystem unangemessen scheint und eine Sprachkritik notwendig macht.

»Angemessen nennen wir die Sprache, die bestimmten Personen und Gruppen unter gegebenen Umständen eine wahrhaftige Interpretation ihrer eigenen partikularen wie auch vor allem der gemeinsamen und konsensfähigen Bedürfnisse erlaubt. Das gewählte Sprachsystem muß die und genau die Interpretationen von Bedürfnissen zulassen, in denen die Diskursteilnehmer sich ihre innere Natur transparent machen und erkennen können, was sie wirklich wollen.« (Ebd., 252)

Frau A und Frau B dürfen nicht dogmatisch auf ihren Begriffen von Ordentlichkeit und Anständigkeit beharren, sondern müssen den damit verbundenen moralischen Anspruch einsichtig machen und gegebenenfalls in einer dem modernen Selbstverständnis gerecht werdenden Sprache formulieren. Das gleiche gilt für die von den jungen Leuten geforderte Form der Selbstverwirklichung. Haben beide überhaupt noch eine gemeinsame Sprache; verstehen sie die Bedürfnisse der anderen?

Das Argument muß schließlich drittens im Zusammenhang mit dem jeweiligen Stand unseres Wissens und Könnens darauf hinweisen, was überhaupt gewollt werden kann und soll.

»Wir einigen uns auf die Interpretationen unserer Bedürfnisse im Lichte der vorhandenen Informationen über Spielräume des Machbaren und des Erreichbaren.« (Ebd., 254)

Doch: Wo liegen die Grenzen für eine Selbstverwirklichung, wenn man auf engstem Lebensraum zusammen existieren muß? Wo wird Rücksichtnehmen-Müssen zu einem unerträglichen Zwang?

Ein praktischer Diskurs, der die verschiedenen Diskursebenen durchläuft, gelingt nach HABERMAS letztlich nur unter Voraussetzung einer »idealen Sprechsituation«. Diese verlangt, daß allen Diskursteilnehmern kommunikative Kompetenz, Redegleichheit, Wahrhaftigkeit und Vernünftigkeit unterstellt werden muß, damit ein echter Konsens zustande kommt (ebd., 155 f.).

Die diskursive Methode ist ein Verfahren, das angibt, wie man in der Alltagspraxis in Konfliktfällen vorgehen soll, um zu einer praktikablen, für alle Betroffenen verbindlichen Lösung zu gelangen. Es stellt sich jedoch die Frage, ob alle zwischenmenschlichen Konflikte diskursiv lösbar sind bzw. wie man weiter verfahren soll, wenn sich der Konflikt schließlich auf zwei miteinander unvereinbare Normen (z.B. Rücksichtnahme versus Selbstverwirklichung) zuspitzt, so daß nach dem Durchlaufen des Diskurses trotz gemeinsamer Bemühungen kein Konsens zustande kommt, sondern der Dissens bestehen bleibt.

HABERMAS hat die Grenzen des praktischen Diskurses selber gesehen:

»Dieser ist freilich ein Verfahren nicht zur Erzeugung von gerechtfertigten Normen, sondern zur Prüfung der Gültigkeit vorgeschlagener und hypothetisch erwogener Normen.« »Mit dem diskursethischen Grundsatz verhält es sich wie mit anderen Prinzipien: er kann nicht die Probleme der eigenen Anwendung regeln. Die Anwendung von Regeln verlangt eine praktische Klugheit, die der diskursethisch ausgelegten *praktischen Vernunft* vorgeordnet ist, jedenfalls nicht ihrerseits Diskursregeln untersteht.« (Diskursethik, in: Moralbewußtsein und kommunikatives Handeln, 113 f.)

6.2.3 Dialektische Methode

Die im vorigen Abschnitt erläuterte diskursive Methode hat manches mit der von PLATON begründeten dialektischen Methode gemeinsam, denn beide Methoden sind *dialogische Verfahren*. In der Form von Rede und Gegenrede wird versucht, zu einer Verständigung darüber zu kommen, was zu tun ist bzw. welche Normen zu Recht Anspruch auf allgemeine Gültigkeit erheben können.

Der Dialog hat also eine vermittelnde Funktion, er vermittelt zwischen normativen und faktischen Ansprüchen durch ständiges argumentierendes Hin- und Hergehen zwischen beiden. Dabei soll das Faktische so verändert werden, daß es dem Anspruch der Norm genügt, und die Norm soll so konkretisiert werden, daß sie als Handlungsregulativ im Faktischen wirksam wird.

Ethische Begründungen 217

Dieses dialektische (von griech. dialegesthai – argumentierend durchgehen) Geschehen hat PLATON in seinem *Höhlengleichnis* im 7. Buch der »Politeia« instruktiv veranschaulicht:

[SOKRATES:] »Sieh nämlich Menschen wie in einer unterirdischen, höhlenartigen Wohnung, die einen gegen das Licht geöffneten Zugang längs der ganzen Höhle hat. In dieser seien sie von Kindheit an gefesselt an Hals und Schenkeln, so daß sie auf demselben Fleck bleiben und auch nur nach vorne hin sehen, den Kopf aber herumzudrehen der Fessel wegen nicht vermögend sind. Licht aber haben sie von einem Feuer, welches von oben und von ferne her hinter ihnen brennt. Zwischen dem Feuer und den Gefangenen geht obenher ein Weg, längs diesem sieh eine Mauer aufgeführt wie die Schranken, welche die Gaukler vor den Zuschauern sich erbauen, über welche herüber sie ihre Kunststücke zeigen. – Ich sehe, sagte er [Glaukon]. – Sieh nun längs dieser Mauer Menschen allerlei Geräte tragen, die über die Mauer herüberragen, und Bildsäulen und andere steinerne und hölzerne Bilder und von allerlei Arbeit; einige, wie natürlich, reden dabei, andere schweigen. – Ein gar wunderliches Bild, sprach er, stellst du dar und wunderliche Gefangene. – Uns ganz ähnliche, entgegnete ich. Denn zuerst, meinst du wohl, daß dergleichen Menschen von sich selbst und voneinander je etwas anderes gesehen haben als die Schatten, welche das Feuer auf die ihnen gegenüberstehende Wand der Höhle wirft? – Wie sollten sie, sprach er, wenn sie gezwungen sind, zeitlebens den Kopf unbeweglich zu halten! – Und von dem Vorübergetragenen nicht eben dieses? – Was sonst? – Wenn sie nun miteinander reden könnten, glaubst du nicht, daß sie auch pflegen würden, dieses Vorhandene zu benennen, was sie sähen? – Notwendig. – Und wie, wenn ihr Kerker auch einen Widerhall hätte von drüben her, meinst du, wenn einer von den Vorübergehenden spräche, sie würden denken, etwas anderes rede als der eben vorübergehende Schatten? – Nein, beim Zeus, sagte er. – Auf keine Weise also können diese irgend etwas anderes für das Wahre halten als die Schatten jener Kunstwerke? – Ganz unmöglich. – Nun betrachte auch, sprach ich, die Lösung und Heilung von ihren Banden und ihrem Unverstande, wie es damit natürlich stehen würde, wenn ihnen folgendes begegnete. Wenn einer entfesselt wäre und gezwungen würde, sogleich aufzustehen, den Hals herumzudrehen, zu gehen und gegen das Licht zu sehn, und, indem er das täte, immer Schmerzen hätte und wegen des flimmernden Glanzes nicht recht vermöchte, jene

Dinge zu erkennen, wovon er vorher die Schatten sah: was, meinst du wohl, würde er sagen, wenn ihm einer versicherte, damals habe er lauter Nichtiges gesehen, jetzt aber, dem Seienden näher und zu dem mehr Seienden gewendet, sähe er richtiger, und, ihm jedes Vorübergehende zeigend, ihn fragte und zu antworten zwänge, was es sei? Meinst du nicht, er werde ganz verwirrt sein und glauben, was er damals gesehen, sei doch wirklicher als was ihm jetzt gezeigt werde? – Bei weitem, antwortete er. – Und wenn man ihn gar in das Licht selbst zu sehen nötigte, würden ihm wohl die Augen schmerzen, und er würde fliehen und zu jenem zurückkehren, was er anzusehen imstande ist, fest überzeugt, dies sei in der Tat deutlicher als das zuletzt Gezeigte? – Allerdings. – Und, sprach ich, wenn ihn einer mit Gewalt von dort durch den unwegsamen und steilen Aufgang schleppte und nicht losließe, bis er ihn an das Licht der Sonne gebracht hätte, wird er nicht viel Schmerzen haben und sich gar ungern schleppen lassen? Und wenn er nun an das Licht kommt und die Augen voll Strahlen hat, wird er nicht das Geringste sehen können von dem, was ihm nun für das Wahre gegeben wird. – Freilich nicht, sagte er, wenigstens nicht sogleich. – Gewöhnung also, meine ich, wird er nötig haben, um das Obere zu sehen. Und zuerst würde er Schatten am leichtesten erkennen, hernach die Bilder der Menschen und der andern Dinge im Wasser, und dann erst sie selbst. Und hierauf würde er was am Himmel ist und den Himmel selbst leichter bei Nacht betrachten und in das Mond- und Sternenlicht sehen als bei Tage in die Sonne und in ihr Licht. – Wie sollte er nicht! – Zuletzt aber, denke ich, wird er auch die Sonne selbst, nicht Bilder von ihr im Wasser oder anderwärts, sondern sie als sie selbst an ihrer eigenen Stelle anzusehen und zu betrachten imstande sein. – Notwendig, sagte er. – Und dann wird er schon herausbringen von ihr, daß sie es ist, die alle Zeiten und Jahre schafft und alles ordnet in dem sichtbaren Raume und auch von dem, was sie dort sahen, gewissermaßen die Ursache ist. – Offenbar, sagte er, würde er nach jenem auch hierzu kommen. – Und wie, wenn er nun seiner ersten Wohnung gedenkt und der dortigen Weisheit und der damaligen Mitgefangenen, meinst du nicht, er werde sich selbst glücklich preisen über die Veränderung, jene aber beklagen? – Ganz gewiß. – Und wenn sie dort unter sich Ehre, Lob und Belohnungen für den bestimmt hatten, der das Vorüberziehende am schärfsten sah und am besten behielt, was zuerst zu kommen pflegte und was zuletzt und was zugleich, und daher also am besten vorhersagen konnte, was nun erscheinen werde: glaubst du, es werde ihn danach noch groß verlangen und er werde die bei jenen Geehrten und Machthabenden beneiden? Oder wird ihm das Homerische begegnen und er viel lieber wollen das Feld als Tagelöhner bestellen einem dürftigen Mann und lieber alles über sich ergehen lassen, als wieder solche Vorstellungen zu haben wie dort und so zu leben? – So, sagte er, denke ich, wird er sich alles eher gefallen lassen, als so zu leben. – Auch das bedenke noch, sprach ich. Wenn ein solcher nun wieder hinunterstiege und sich auf denselben Schemel setzte: würden ihm die Augen nicht ganz voll Dunkelheit sein, da er so plötzlich von der Sonne herkommt? – Ganz gewiß. – Und wenn er wieder in der Begutachtung jener Schatten wetteifern sollte mit denen, die immer dort gefangen gewesen, während es ihm noch vor den Augen flimmert, ehe er sie wieder dazu einrichtet, und das möchte keine kleine Zeit seines Aufenthalts dauern, würde man ihn nicht auslachen und von ihm sagen, er sei mit verdorbenen Augen von oben zurückgekommen und es lohne nicht, daß man auch nur versuche hinaufzukommen; sondern man müsse jeden, der sie lösen und hinaufbringen wollte, wenn man seiner nur habhaft werden und ihn umbringen könnte, auch wirklich umbringen? – So sprächen sie ganz gewiß, sagte er. –« (Staat, 514a–517a)

PLATON vergleicht also den Aufenthaltsort der Menschen mit einer Höhle, in der alle – gefesselt und ohne den Kopf drehen zu können – mit dem Rücken zu einem Feuer sitzen und auf einer Wand lediglich die Schatten von Gegenständen wahrnehmen, die vor dem Feuer hin- und herbewegt werden. Diese Schatten sind für die Höhlenmenschen der Inbegriff der Welt und damit zugleich die wahre Welt, auf die sie sich so, wie sie sich ihnen darstellt, fraglos und kritiklos in ihrem Wissen und Handeln beziehen.

Dieser Bereich der Höhle entspricht dem Bereich der Faktizität. Das ist für PLATON das Leben in einem Staat, in welchem die Menschen – unmündig und versklavt – gänzlich über sich verfügen lassen, indem sie sich in ihrem Denken und Handeln von vorgegebenen Urteilen (von Vorurteilen also) leiten lassen, ohne je durch kritisches Hinterfragen zum wahren Wesen der Dinge vorzudringen.

PLATON hat es offengelassen, wer für die Fesselung verantwortlich ist. Daher ist es durchaus denkbar, daß – um mit KANT zu reden – die Fesseln ein Bild für die selbstverschuldete Unmündigkeit der Menschen sind, die sich aus Trägheit und Bequemlichkeit lieber von anderen bevormunden lassen, anstatt selbst zu handeln und zu denken.

Jedenfalls bleibt dem Gefesselten, der sich ausschließlich mit dem Faktischen, so wie es ihm erscheint, begnügt, der Bereich des Normativen, Unbedingten, der Bereich der Ideen, deren höchste die Idee des Guten ist, verborgen, denn dieser Bereich befindet sich nach PLATON außerhalb der Höhle als die wahre Erde, die die Dinge so zeigt, wie sie wirklich und wahrhaftig sind, d.h. wie sie ihrem Wesen nach sein *sollen*.

Um dieser wahren und wirklichen Welt ansichtig zu werden, bedarf es einer zugleich intellektuellen wie moralischen Anstrengung, eines Aktes der Selbstbefreiung, der Emanzipation, den PLATON als ein äußerst schmerzhaftes, ja gewaltsames Sichabwenden vom Altgewohnten und Vertrauten beschreibt, dem dann der ungemein mühselige Aufstieg aus der unwegsamen Höhle an die Erdoberfläche folgt.

Dieser Weg, der das philosophische Begründungsverfahren veranschaulicht, wird schrittweise, über vier Stufen, zurückgelegt. Ausgangspunkt ist das empirisch-faktisch Gegebene, die wahrgenommenen Schatten, die für den Inbegriff der Welt gehalten werden.

Der *erste Schritt* besteht bildlich gesprochen darin, daß der auf die Schatten Fixierte den Kopf dreht und dabei die Erfahrung macht, daß er gar nicht die eigentlichen Dinge wahrgenommen hat, die ja hinter seinem Rücken vorbeigetragen werden, sondern eben nur deren Schatten.

Das aber bedeutet, daß alles das, was der Mensch unmittelbar erfährt, nicht schon die ganze Erfahrung ist, daß er vielmehr erst aus der kritischen Distanz zum unmittelbar den Sinnen sich Darbietenden begreift, was die Sache an sich selber ist, und warum sie so ist, wie sie ist.

Und im Bereich des Empirischen weiß man erst dann, was eine Sache an sich selber ist, und warum sie so ist, wie sie ist, wenn man ihre Ursache kennt. Die Ursache einer Sache findet man aber nur, wenn man sich von der Sache selber abwendet (den Kopf dreht) und sie zu ihrem Ursprung zurückverfolgt, so daß sie in Zusammenhang mit ihrer Ursache gebracht und aus dieser heraus als Wirkung erkannt wird.

Auf diesen ersten Schritt, der gewissermaßen zeigt, wie aus dem naiven Erkennen ein wissenschaftliches Erkennen wird, das sich des Kausalprinzips bedient, folgt der *zweite Schritt,* das Abwerfen der Fesseln und der Gang aus der Höhle heraus an die Erdoberfläche, wo sich die Höhlenerfahrung auf einer höheren Wissensstufe wiederholt: Der aus dem Dunkel der Höhle ans Licht Tretende ist zunächst geblendet und vermag daher anfangs nur die Schatten der Gegenstände auf der oberen Erde und ihre Widerspiegelungen im Wasser zu erfassen.

Erst nach und nach – darin besteht der *dritte Schritt* – gelingt es ihm, die Gegenstände selber wahrzunehmen und schließlich – darin besteht der *vierte Schritt* – die Sonne als jene Ursache aller Ursachen zu erkennen, die die Dinge sichtbar macht und wachsen und gedeihen läßt.

Die Schritte 2 bis 4 veranschaulichen das philosophische Denken, das sich nicht bloß des auf den Bereich des Empirischen beschränkten Kausalprinzips zur Erklärung alles dessen, was ist, bedient, sondern das, was ist, als Folge eines Sollensgrundes begrifflich konstruiert, eines normativen Grundes also, der als Maßstab (in PLATONs Sprache: als Urbild) für das empirisch Gegebene (das Abbild) fungiert, indem er eine Überprüfung dessen, was ist, an dem, was sein soll, ermöglicht.

PLATON hat mit den Schatten der Dinge auf der oberen Erde die mathematischen Gegenstände, mit den Dingen selbst die Ideen und mit der Sonne die Idee des Guten gemeint. Das mathematische Verfahren ist für PLATON insofern nur ein Abbild der philosophischen Methode, als auch hier zwar auf letzte Gründe – auf Axiome – zurückgegangen wird, diese Axiome jedoch nicht noch einmal auf ein sie ermöglichendes Letztprinzip zurückgeführt werden und daher nur bedingte, keine unbedingten Voraussetzungen sind.

Erst der Philosoph fragt hinter die Ideen so lange zurück, bis er beim Voraussetzungslosen – dem Anhypotheton – als dem schlechthin Unbedingten, bei der Idee des Guten als dem philosophischen Letztprinzip, dem Grund aller Gründe, angelangt ist. Hier ist er an ein Ziel gelangt, über das hinaus kein Ziel mehr denkbar und wünschbar ist; die Rückführung alles Wissens und Handelns auf seine normativen Voraussetzungen endet bei der Idee des Guten.

Doch ist damit die Aufgabe des Philosophen noch nicht endgültig erfüllt; erst jetzt beginnt seine eigentlich moralische Aufgabe: Er muß den Weg, den er gegangen ist, auch wieder zurückgehen und wie SOKRATES in die Höhle zurückkehren, denn der irdische Aufenthaltsort des Menschen ist die Höhle, deren Verhältnisse es so zu verändern gilt, daß sie zu einem wahren Abbild der überirdischen Welt werden, d.h. daß das Empirisch-Faktische dem Normativ-Ideellen entspricht.

Zu diesem Zweck muß der Philosoph als Lehrer tätig werden und sich darum bemühen, die Menschen in der Höhle durch eine »Umlenkung der Seele« erzieherisch so aufzuklären, daß sie selber den Aufstieg aus der Höhle wagen, mithin ihr Denken und Handeln an Ideen orientieren und im Rekurs auf allgemeingültige Prinzipien begründen und legitimieren. Die Bewegungen des Aufstiegs und des Abstiegs spiegeln jene von PLATON als dialektisches Geschehen geschilderte Anstrengung des Begriffs wider, die sich in der Anstrengung einer nach moralischen Prinzipien geführten Praxis (in PLATONs Sprache: in einem tugendhaften Handeln) wiederholt.

Ethische Begründungen 223

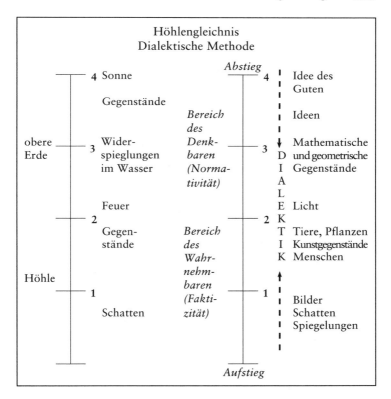

Im wesentlichen sind es zwei grundlegende Einsichten, die durch PLATONs dialektische Begründungsmethode vermittelt werden:
- Erstens kann eine Handlung nur durch den Rekurs auf ein Unbedingtes moralisch begründet werden, d.h. wer einen Anspruch auf Moralität erhebt, erhebt damit den Anspruch, unbedingt gut zu handeln, und stellt damit verbunden die Behauptung auf, daß jedermann diese Handlung prinzipiell als schlechthin gesollt einsehen muß – jeder, dem die dialektische Bewegung des Aufstiegs und Abstiegs zur Gewohnheit geworden ist.

- Zweitens macht der Platonische Ansatz deutlich, daß das Gehen des Weges, der Vollzug und die Begründung einer moralischen Praxis, eine Leistung ist, die jeder selbst zu erbringen hat, die niemand stellvertretend für einen anderen erbringen kann.

Zwar ist eine gewisse Hilfestellung bei moralischen Entscheidungen von seiten eines anderen möglich und auch sinnvoll, doch muß die Entscheidung letztlich vom Handelnden selber getroffen und verantwortet werden: ein Indiz für seine Freiheit.

Daher enden auch die meisten Sokratischen Gespräche (über die Tugend, das Gerechte, das Gute) aporetisch; sie weisen weder durch eine Begriffsdefinition noch durch eine konkrete Handlungsanweisung dem Handelnden den Weg, den er gehen soll. Vielmehr soll durch den Abweis jeglicher dogmatischer Festlegung der Handelnde gerade an seine Freiheit verwiesen werden, an seine ständige Aufgabe, sich in allem, was er denkt und tut, nicht bevormunden zu lassen, sondern seine eigenen Entscheidungen zu treffen, doch so, daß er bereit ist, sie einem anderen gegenüber jederzeit auf ihre Gründe hin durchsichtig zu machen, d.h. zu verantworten.

Die dialektische Methode stellt insofern ein ethisches Begründungsverfahren dar, als jegliche menschliche Tätigkeit – sei sie theoretischer oder praktischer Natur – auf die Idee des Guten als die höchste normative Instanz zurückgeführt wird. Dieses nicht mehr weiter hinterfragbare Letztprinzip als das schlechthin Unbedingte im menschlichen Wissen und Handeln läßt sich nicht in einem direkten Zugriff thematisieren, sondern eben nur dialektisch, im Hin- und Hergehen zwischen dem, was ist, und dem, was sein soll, in der Bewegung des Aufstiegs und des Abstiegs (Reduktion und Deduktion) durch die vier Bereiche, die PLATON als ein zusammengehöriges Sinnganzes in seinem Höhlengleichnis veranschaulicht hat.

6.2.4 Analogische Methode

ARISTOTELES hat in seiner Ethik eine analogische Methode entwickelt, derer sich die moralische Klugheit (Phronesis) bedient, um das jeweils Gute zu ermitteln, indem sie das

Gesollte als die richtige Mitte zwischen zwei Extremen bestimmt, die beide das Moralische verfehlen, insofern sie entweder unterhalb des Maßes bleiben oder über es hinausschießen und insofern Fehlformen menschlichen Verhaltens darstellen.

Das *Finden der richtigen Mitte* kann gemäß der Aristotelischen Mesotes-Lehre auf zwei Weisen geschehen, nämlich arithmetisch und geometrisch. Entsprechend läßt sich die arithmetische Mitte zwischen einem Zuviel und einem Zuwenig rein quantitativ ermitteln, so wie z.B. die Mitte zwischen 6 und 10 = 8 ist. Allerdings ist im Bereich des Praktischen dieser exakt rechnerisch feststellbare Mittelwert nur an sich, nicht jedoch für uns die gesuchte Mitte. Denn zum empirischen Handeln gehört auch ein geschichtliches Moment, das sich nicht abstrakt a priori bestimmen läßt. So kann z.B. Tapferkeit zwar abstrakt als Mitte zwischen Feigheit und Verwegenheit bestimmt werden, Großzügigkeit als Mitte zwischen Verschwendungssucht und Geiz, doch liegt die moralische Leistung der Phronesis als moralischer Klugheit gerade in der richtigen Einschätzung der Situation, durch die die abstrakt festgesetzte Mitte im Hinblick auf die Erfordernisse der Situation in ihren Grenzen fließend wird. Die Phronesis entscheidet also, was in einer gegebenen Situation eine tapfere Handlung ist, ob es z.B. tapfer ist, anzugreifen oder zu verteidigen, den Feind herauszufordern oder hinzuhalten (vgl. Eth. Nic. III, 9; 115a 9 ff.).

Nicht alle Tugenden lassen sich nach ARISTOTELES als Mitte zwischen zwei Extremen, als das richtige Verhältnis zwischen einem Zuviel und einem Zuwenig bestimmen. So muß z.B. das Gerechte geometrisch, d.h. proportional als Gleichheit von Verhältnissen – $A : B = C : D \rightarrow A : C = B : D$ – bestimmt werden, als eine Mitte, von welcher her verbindlich festgesetzt werden kann, was jedem Bürger der Polis nach dem Prinzip der Gleichheit zukommt. Eine Handlung ist dann gerecht, wenn in einer gegebenen Situation der Vergleichspunkt von Personen (z.B. Schuster, Bäcker) und Sachen (Schuhe, Brot) so festgesetzt wird, daß von diesem Maß als der richtigen Mitte her entscheidbar wird, was jedem von ihnen zusteht (wieviele Brote einem Paar Schuhe entsprechen).

»Also muß das Gerechte eine Mindestzahl von vier Gliedern aufweisen, denn die Menschen, für die es das Gerechte darstellt, sind zwei, und die Dinge, an denen es in Erscheinung tritt – die (zu verteilenden) Objekte –, sind zwei. Und zwar wird die Gleichheit dieselbe sein für die in Frage stehenden Personen und für die Sachen. Denn so wie die letzteren, nämlich die Sachen, zueinander in einem Verhältnis stehen, so auch die Personen. Denn wenn die Personen nicht gleich sind, so werden sie nicht gleiche Anteile haben können, sondern hieraus ergeben sich die Streitigkeiten und Zerwürfnisse, wenn entweder gleiche Personen nicht-gleiche Anteile oder nicht-gleiche Personen gleiche Anteile haben und zugeteilt erhalten.« (Eth. Nic. V, 6; 1031a)

So ist es z.B. gerecht, daß ein Schwerarbeiter andere Essensrationen zugeteilt bekommt als eine Stenotypistin.

Die analogische Methode wird in der Ethik stets dort angewendet, wo es darum geht, allgemein anerkannte Normen und Werte in Beziehung zu einer bestehenden Einzelsituation zu setzen, um ethisch verbindlich festzusetzen, welche Handlung in dieser Situation moralisch geboten ist. Dieses analogische Aufeinanderbeziehen von Norm und Situation geschieht unter dem Gesichtspunkt der Vergleichbarkeit und Verhältnismäßigkeit: Es werden ähnliche Situationen mitsamt den entsprechenden Handlungen zum Vergleich herangezogen, bevor die Entscheidung für eine Handlung fällt, die im gegebenen Fall Norm und Situation angemessen miteinander vermittelt.

Von besonderer Bedeutung ist das analogische Verfahren im Strafrecht. Dort wird es angewendet, um die richtige Mitte zwischen einem strafrechtlich relevanten Sachverhalt auf der einen und den Normen des Strafrechts auf der anderen Seite zu ermitteln.

Auch hier geht es um Gerechtigkeit, für die der Richter bei der Urteilsfindung einen Maßstab benötigt. Das Urteil ist gerecht, wenn die Strafe sowohl dem Vergehen angemessen ist als auch dem Gesetz genügt, somit die richtige Mitte trifft.

6.2.5 Transzendentale Methode

Die transzendentale Methode (von lat. transcendere – hinübergehen, überschreiten)[1] ist ein reduktives Verfahren, d.h. sie führt moralisches Handeln auf die konstitutiven Bedingungen seiner Möglichkeit zurück, indem sie die Genesis des Begriffs der Moralität bis zu seinem unbedingten Ursprung rekonstruiert. Diese Rekonstruktion, die die Implikate des Begriffs der Moralität a priori so entfaltet, daß eine logische Begriffsreihe entsteht, in der regressiv jeweils vom Bedingten auf das Bedingende zurückgeschlossen wird, führt zu einem selber nicht mehr bedingten, nicht mehr hinterfragbaren unbedingten Anfang, der zugleich unüberbietbarer Letztgrund und höchste Norm alles (moralisch gerechtfertigten) Sollens ist.

»In einer transzendentalen Reflexion wird nichts ›erkannt‹ in dem Sinn, daß Thesen oder Hypothesen über einen Sachverhalt aufgestellt würden. In der transzendentalen Reflexion geht es vielmehr darum, ein Faktum oder eine Notwendigkeit (z.B. eine notwendige Geltung) oder generell einen logisch unerschlossenen Gehalt transzendentallogisch zu erschließen, d.h. die Regel-Bedingungen zu eruieren, unter denen er als möglich gedacht werden kann. Die Methode besteht darin, den Gehalt als ›Konsequenz‹ darzustellen; und dieses wiederum geschieht dadurch, daß ein Konstrukt notwendig zu denkender Bedingungen aufgestellt wird, aus welchem der Gehalt (das Faktum) als das Bedingte begreifbar wird.« (H. KRINGS: Die Grenzen der Transzendentalpragmatik, in: Prinzip Freiheit, 371)

KANT hat als erster die transzendentale Methode zum Prinzip seines Philosophierens erhoben und in der Ethik angewandt. Ausgehend von der alltäglichen moralischen Erfahrung, die jeder aus seiner eigenen Praxis gewonnen hat und derer er sich in der Form von Sollensforderungen bzw. Geltungsansprüchen bewußt ist, fragt KANT nach dem Grund für dieses immer schon in irgendeiner Weise anerkannte »Faktum des Sittengesetzes«. Ihm geht es dabei nicht um eine empirische Erklärung dafür, warum man dieses soll, jenes nicht soll, sondern um eine Begründung des moralischen Sollens schlechthin: warum der Mensch überhaupt moralisch und nicht vielmehr nicht moralisch handeln soll.

Die transzendentallogische Begründung zielt somit auf einen Grund, der Moralität begründet und sie als konstitutiv für die menschliche Praxis insgesamt erweist. KANT rekonstruiert diesen Grund als das Prinzip der Freiheit, und Freiheit bestimmt er als *Autonomie* (von griech. autos – selbst, nomos – Gesetz). Als Grund des moralischen Sollens wird ein autonomer Wille begriffen, der sich selbst aus Freiheit und um der Freiheit willen ein Gesetz gibt, an das er sich unbedingt bindet. So artikuliert sich Freiheit im Sittengesetz, dessen oberste Regel KANT im *kategorischen Imperativ* formuliert:

»Handle so, daß die Maxime deines Willens jederzeit zugleich als Prinzip einer allgemeinen Gesetzgebung gelten könne.« (Kritik der praktischen Vernunft, in: Werke, Bd. 6, 140)

Dieses unbedingte Gebot fordert: Prüfe jeden Grundsatz, jede Norm, nach der du handeln willst, daraufhin, ob du wollen kannst, daß jeder sie als Grundsatz oder Norm seines Handelns anerkennt und befolgt. Freiheit realisiert sich nur als Freiheit im Verbund mit anderer Freiheit und als Anerkennung anderer Freiheit.

Die transzendentale Methode KANTS hat formal eine gewisse Ähnlichkeit mit der dialektischen Methode PLATONS. Auch PLATON geht von der Alltagspraxis aus und führt die in dieser geltend gemachten moralischen Ansprüche auf legitimierende Gründe und diese wiederum auf einen nicht mehr begründungsbedürftigen Letztgrund zurück: Die Idee des Guten entspricht dem Kantischen Freiheitsprinzip.

Während PLATON jedoch den Ideen eine eigene, vom menschlichen Erkennen unabhängige, ideale Seinsweise zugesteht, sind für KANT die Gründe, die im transzendentalen Regreß durchlaufen werden, reine Gedankenkonstrukte, denen außerhalb der ethischen Reflexion keine selbständige Existenz zukommt. Der transzendentale Begründungsgang bleibt vielmehr innerhalb der Grenzen menschlichen Wissens und kommt schließlich beim Freiheitsprinzip »zum Stehen«, weil sich zeigen läßt, daß dieses Prinzip
– die Bedingung ist, der alle Handlungen und Normen, die Anspruch auf Moralität erheben, genügen müssen;

- ein im Wissen nicht mehr weiter rückführbarer Letztgrund und somit keiner Legitimierung mehr fähig, aber auch nicht bedürftig ist;
- ein Ziel ist, über das hinaus kein höheres gewollt und erstrebt werden kann.

Über Freiheit hinaus ist ein (höheres) moralisches Gut weder vorstellbar noch wünschbar. Daher ist jede Handlung, jede Norm, die sich auf das Freiheitsprinzip zurückführen läßt, ethisch letztbegründet und insofern moralisch qualifiziert. Diese prinzipielle Begründung von Moralität durch eine transzendentale Methode macht jedoch die Anwendung des Freiheitsprinzips auf die geschichtlich je verschiedene Situation des Handelnden keineswegs überflüssig, sondern stets von neuem notwendig.

So gesteht Otfried HÖFFE der transzendentalen Methode normativ-kritische Kompetenz zu, fährt aber fort:

»Es lassen sich jedoch nicht unmittelbar konkrete Handlungsvorschriften ableiten. Darin liegt die Grenze transzendentaler Normenbegründung, daß sie einerseits normative Leitprinzipien begründet, die einer Mannigfaltigkeit von jeweils sittlich verbindlichen Handlungen oder Unterlassungen ihren gemeinsamen Richtungs- und Lebenssinn verleihen, und daß sie andererseits das historisch und individuell besondere Handeln, die Vermittlung der normativen Leitprinzipien mit dem veränderlichen Ethos und den je anderen Lebensverhältnissen und Lebensumständen, offen lassen und entsprechenden Prozessen der Überlegung, Beurteilung und Anerkennung aufgeben. Nach Maßgabe der sittlichen Leitprinzipien muß der Handelnde die individuellen Gestalten seines Tuns und Lassens je neu und je selbst erfinden und realisieren.« (Transzendentale Ethik und transzendentale Politik, in: Prinzip Freiheit, 161 f.)

Daraus folgt, daß die transzendentale Methode ausschließlich ein Letztbegründungsverfahren ist, das im Hinblick auf das tatsächliche Handeln von Menschen einer Ergänzung durch diskursive und analogische Methoden bedarf, die gewissermaßen die Vermittlung zwischen dem transzendental Letztbegründeten (dem Freiheitsprinzip) und der Faktizität leisten.

6.2.6 Analytische Methode

Im Hinblick auf die analytische Methode gilt ganz allgemein zunächst Ähnliches wie für die logische Methode in der Ethik: Wie jedes methodische Vorgehen formal den Ansprüchen der Logik genügen muß, so kommt auch kein ethisches Verfahren ohne Analyse aus, insofern ein komplexer Gegenstand nur durch eine begriffliche Zerlegung der in ihm enthaltenen Momente dargestellt werden kann. In diesem Sinn eines begrifflich zergliedernden, ein vielschichtiges Phänomen in seine impliziten Teilmomente auseinanderlegenden Verfahrens ist jede ethische Methode zugleich ein analytisches Verfahren. Eine besondere Rolle spielt die analytische Methode jedoch in der modernen angelsächsischen Metaethik, die im Anschluß an die analytische Philosophie einerseits, an die Sprachtheorie des späten WITTGENSTEIN andererseits eine *sprachanalytische Methode* in der Ethik ausgebildet hat. Ausgehend von der Einsicht, daß sich in der Alltagssprache menschliche Kommunikation und Interaktion in ausgezeichneter Weise miteinander vermitteln, analysiert die Metaethik die Sprache der Moral, um die Bedeutung und Funktion von in moralischer Absicht verwendeten Wörtern, Urteilen und Argumenten zu untersuchen. Gegenstand der Sprachanalyse sind Sätze, in denen sogenannte moralische Wörter vorkommen wie z.B. gut, böse, freiwillig, Reue, Schuld, Gewissen, wünschen, Pflicht, Lust, wollen, dürfen, verboten etc.

»Üblicherweise hat es die Metaethik mit den folgenden Fragen zu tun. (1) Welches ist die Bedeutung oder Definition ethischer Begriffe wie ›richtig‹, ›falsch‹, ›gut‹, ›schlecht‹? Welches ist die Bedeutung oder Funktion von Urteilen, in denen diese oder ähnliche Begriffe vorkommen? Welches sind die Verwendungsregeln für solche Begriffe oder Urteile? (2) Wie lassen sich moralische von außermoralischen Verwendungen solcher Begriffe unterscheiden? Was bedeutet ›moralisch‹ im Unterschied zu ›außermoralisch‹? (3) Welches ist die Bedeutung verwandter Begriffe wie ›Handlung‹, ›Gewissen‹, ›freier Wille‹, ›Absicht‹, ›versprechen‹, ›entschuldigen‹, ›Motiv‹, ›Verantwortlichkeit‹; ›Grund‹? (4) Kann man ethische Urteile und Werturteile demonstrieren, rechtfertigen oder als gültig erweisen? Wenn ja, in welchem Sinn und auf welche Weise? Welches ist die Logik moralischen Argumentierens?« (W.K. FRANKENA: Analytische Ethik, 114 f.)

P.H. NOWELL-SMITH bestimmt generell daher die Aufgabe des Moralphilosophen als

»Beschreiben, Erklären und Kommentieren der Weise, wie moralische Wörter gebraucht werden.« (Ethics, 181)

R.M. HARE sagt in seinem Buch, das den Titel trägt ›Die Sprache der Moral‹, ausdrücklich:

»Ethik, wie ich sie verstehe, ist das logische Studium der Sprache der Moral.« (13)

Wie informativ die Alltagssprache nicht nur in bezug auf Redegewohnheiten, sondern auch auf die damit verbundenen Verhaltensweisen und Einstellungen ist, zeigt schon ein einfaches Beispiel: Frau X sagt zu Herrn Y: »Frau Z hat einen farbigen Untermieter«. Je nachdem wie sie diesen Satz äußert und einzelne Wörter betont, kann er eine bloße Feststellung sein, ein Vorwurf oder eine Warnung; er kann auch Ausdruck eines Gefühls (Ekel, Abscheu, Angst etc.) sein. Diese Einsicht, daß man mit Sätzen mehr ausdrücken kann als nur Informationen, hat dann in Erweiterung der Sprachanalyse durch die *Sprechakttheorie* dazu geführt, daß solche Äußerungen, die in erster Linie keine Behauptungen über Sachverhalte sind, sondern handlungsbezogene Aussagen, zur Klasse der *performativen* Äußerungen zusammengefaßt wurden. Dies geschah zuerst durch John L. AUSTIN in seiner Schrift ›Zur Theorie der Sprechakte‹ (How to do things with words). AUSTIN unterscheidet an den performativen Sätzen wiederum drei Momente, nämlich

1. den *lokutionären Akt:* Es wird etwas mitgeteilt, und zwar, daß x der Fall war, ist oder sein wird;

2. den *illokutionären Akt,* der sich darauf bezieht, was durch den lokutionären Akt getan wird: Es wird gewarnt, gedroht, ein Versprechen abgegeben, ein Vorwurf erhoben etc.;

3. den *perlokutionären Akt:* Dieser gelingt nur, wenn das durch den Sprecher mittels lokutionärem und illokutionärem Akt

Intendierte beim Hörer die entsprechende Reaktion erzeugt, dieser also tatsächlich erschrickt, eingeschüchtert ist, sich bedroht fühlt, sich auf etwas Versprochenes verläßt, sich betroffen zeigt etc.

Die ursprüngliche sprachanalytische Methode geht in zwei Schritten vor:

In einem *ersten* Schritt wird untersucht, wie Menschen über Handlungen reden, um sie zu erklären, zu begründen, zu entschuldigen oder zu rechtfertigen; daraus entsteht dann so etwas wie eine Statistik des Sprachspiels der Moral, die induktiv-verallgemeinernd so ausgewertet wird, daß menschliche Handlungsgewohnheiten entsprechend den dazugehörigen umgangssprachlichen Redewendungen klassifiziert werden. Dabei zeigt sich, daß Wörter, die umgangssprachlich in moralischer Absicht verwendet werden, im allgemeinen eine imperativische, emotive, wertende oder deskriptive Bedeutung haben können, je nachdem ob jemand durch einen Befehl oder eine Vorschrift, einen Gefühlsappell, eine Empfehlung oder eine Beschreibung von Fakten bzw. Sachverhalten zum Handeln veranlaßt werden soll.

Der Satz z.B. »Dies wäre eine gute Tat« kann je nach Situation und angesprochener Person bedeuten:

- *So solltest du handeln.*
- *So zu handeln bringt nur ein Held fertig; doch du bist eine Niete.*
- *Solche Handlungen dienen dem Allgemeinwohl, das in jedem Fall zu fördern ist.*
- *Durch diese Handlung würde Zustand X aufgehoben und statt dessen Zustand Y herbeigeführt.*

In welcher primären Bedeutung das Wort »gut« in diesem Beispielsatz zu verstehen ist, läßt sich nicht durch eine Begriffsanalyse feststellen, sondern nur durch Analyse des Handlungskontextes, auf den es sich bezieht. Insoweit entscheidet also die praxisbezogene Verwendung eines Wortes im Sprachspiel der Moral über seine Bedeutung.

In einem *zweiten* Schritt werden dann die analytisch-induktiv gewonnenen Erkenntnisse über kommunikatives Handeln auf ihre Wahrheit hin überprüft, indem sie einerseits auf ihre logische Konsistenz hin untersucht und andererseits im tatsächlichen Verhalten einer Gruppe von Menschen empirisch verifiziert werden.

Das sprachanalytische Verfahren ist in der Ethik insofern wichtig, als vermittels dieser Methode allererst das umgangssprachliche Material bereitgestellt wird, aus dem die Ethik Aufschlüsse über die Handlungsgewohnheiten von Menschen erhält. Allerdings werden durch Sprachanalyse Geltungsansprüche nicht hinsichtlich ihrer Moralität *begründet,* sondern hinsichtlich ihrer Faktizität *beschrieben* und systematisch zusammengefaßt.

»Die Metaethik schlägt keine moralischen Prinzipien oder Handlungsziele vor, es sei denn auf mittelbarem Wege; sie besteht ganz und gar aus begrifflicher Analyse. Die analytische Moralphilosophie hat sich in den letzten Jahrzehnten fast ausschließlich auf die Metaethik konzentriert und auf die Behandlung von normativen Fragen ... verzichtet. Ihr Interesse galt der Klärung und dem Verständnis moralischer Begriffe und nicht einer – selbst sehr allgemeinen – Form praktischer Anleitung. Trotzdem sind ihre Untersuchungen wichtig; denn jeder kritische Mensch sollte eine gewisse Vorstellung über Bedeutung und Rechtfertigung seiner moralischen Urteile haben.« (W.K. FRANKENA: Analytische Ethik, 114)

6.2.7 Hermeneutische Methode

Die *hermeneutische* Methode (von griech. hermeneuein – auslegen, erklären), wie sie vor allem von Hans-Georg GADAMER im Anschluß an Martin HEIDEGGER entwickelt worden ist, erhebt die Geschichtlichkeit des Verstehens von Sinn zum Prinzip der Interpretation. Sie betont die Bedeutung der Überlieferung, durch die die Vor-Urteile des Interpreten ebensosehr vorgängig bestimmt sind, wie dieser sie im Sinnhorizont seiner Erwartungen je neu auslegt und in sein Selbstverständnis integriert.

Auch die hermeneutische Methode ist ein Verfahren, dessen sich jede Ethik bis zu einem gewissen Grad bedienen muß, und zwar jeweils dort, wo sie es mit zu deutenden, ethisch relevanten Aussagen zu tun hat, sei es, daß diese Aussagen in Form von Texten anderer Moralphilosophen vorliegen, sei es, daß sie in einem Gespräch Teil der Argumentation des Diskussionspartners sind: Jedesmal müssen fremde Aussagen verstehend angeeignet werden, was wiederum nur im Horizont eines bereits vorhandenen Vor-Verständnisses von Sinn möglich ist. Um Sinnansprüche erheben zu können, muß Sinn immer schon verstanden sein. Um Sinn zu verstehen, muß man immer schon Sinnansprüche erhoben haben. Der Hermeneutik geht es um die Aufklärung der geschichtlichen Vermitteltheit des moralischen Selbstverständnisses.

Diesen Zusammenhang hat Martin HEIDEGGER als den »hermeneutischen Zirkel« beschrieben:

»Alle Auslegung bewegt sich in einer Vorstruktur. Alle Auslegung, die Verständnis beistellen soll, muß schon das Auszulegende verstanden haben. ... Das Entscheidende ist nicht, aus dem Zirkel heraus –, sondern in ihn nach der rechten Weise hineinzukommen. Dieser Zirkel des Verstehens ist nicht ein Kreis, in dem sich eine beliebige Erkenntnisart bewegt, sondern er ist der Ausdruck der existenzialen *Vorstruktur* des Daseins selbst. ... Der ›Zirkel‹ im Verstehen gehört zur Struktur des Sinns, welches Phänomen in der existenzialen Verfassung des Daseins, im auslegenden Verstehen verwurzelt ist.« (Sein und Zeit, 152 f.)

HEIDEGGER bezeichnet diesen Zirkel nicht als einen logischen, sondern als einen ontologischen Zirkel, weil er anstelle einer Denkstruktur eine Seinsstruktur beschreibt, die Art und Weise nämlich, wie der Mensch in der Welt ist und mit seinem In-der-Welt-Sein zugleich einen Sinnanspruch verbindet, den er ebensosehr in die Welt hineinbringt, wie er ihn in der Zuwendung zur Welt als etwas zu Realisierendes vernimmt.

Der hermeneutische Zirkel ist für die Ethik insofern bedeutsam, als das Sichverstehen eines Handelnden *in* seinem Handeln immer schon vermittelt ist durch das verstehende Nachvollziehen der Handlungen anderer. Dem muß die Ethik Rechnung tragen, indem sie sich darauf beschränkt, diesen hermeneutischen Prozeß moralischer Sinnfindung interpretierend zu deuten und damit zugleich den Handelnden über sein vorgängiges Sinnverstehen (Norm- und Wertbewußtsein) aufzuklären. Dies ist sowohl historisch als auch prinzipiell gemeint, d.h. es muß 1. gezeigt werden, daß zielgerichtetes menschliches Wollen und Handeln einen Sinnanspruch erhebt, der auf etwas Unbedingtes verweist; und es muß 2. gezeigt werden, daß solche Sinnansprüche, obwohl sie auf ein Unbedingtes verweisen, immer auch zugleich kulturell und gesellschaftlich bedingt sind, doch derart, daß das Unbedingte niemals im Bedingten aufgeht, sondern über es hinaustreibt zu immer angemesseneren Sinnrealisierungen.

Die geschichtliche Vermittlung des Guten an sich mit der jeweiligen praktischen Situation und das daraus resultierende moralische Wissen und Handeln ist für die hermeneutische Ethik das Grundproblem, dessen Lösung davon abhängt, inwieweit es gelingt, ethische Informationen so verstehbar zu machen, daß sie handlungswirksam werden.

»Für den richtigen Ansatz einer philosophischen Ethik ist also entscheidend, daß sie sich nicht an die Stelle des sittlichen Bewußtseins drängt und doch auch nicht eine rein theoretische, ›historische‹ Kunde sucht, sondern durch die umrißhafte Klärung der Phänomene dem sittlichen Bewußtsein zur Klarheit über sich selbst verhilft.« (H.-G. GADAMER: Wahrheit und Methode, 296)

Die Frage, wie der Mensch handeln soll, um gut zu handeln und sich selbst in seinen Handlungen als moralisches Wesen zu verstehen, wird hermeneutisch dahingehend beantwortet, daß die Ethik mit einer Auslegung der Fakten, des Bestehenden, geschichtlich Gewordenen beginnen muß:

»Der Handelnde muß die konkrete Situation im Lichte dessen sehen, was von ihm im allgemeinen verlangt wird.« (Ebd.)

Diese vom Handelnden durch seine Praxis zu leistende Vermittlung zwischen dem, was ist, und dem, was aufgrund von Tradition und Konvention allgemein gilt, wird von der Ethik hermeneutisch so in ihrer Struktur aufgehellt und verstehbar gemacht, daß dem Handelnden sein Handeln selber durchsichtig wird als ein Geschehen, dessen Produzent und Produkt er gleichermaßen ist: Er bringt handelnd sich selbst als moralische Person hervor, aber eben im geschichtlichen Kontext eines nicht von ihm allein gesetzten, ihm vielmehr partiell vorgegebenen Sinnhorizonts, der sowohl das, was ist, als auch das, was gilt, wesentlich mitbestimmt. Die Aufklärung des eigenen moralischen Selbstverständnisses hinsichtlich der darin enthaltenen Vorurteile über das Moralische, die es kritisch auf ihre Berechtigung hin zu überdenken gilt, ist das Ziel der hermeneutischen Methode.

Die in ihren Grundzügen skizzierten sieben Methoden,[2] deren sich die Ethik bedient, um das Verhältnis von Moral und Moralität zu bedenken, schließen sich nicht gegenseitig aus, sondern ergänzen einander insofern, als sie den Gegenstand der Ethik unter ganz verschiedenen Aspekten und Erkenntnisinteressen reflektieren, so daß ein ethischer Methodenpluralismus nicht zu kontroversen Aussagen in der Ethik führen muß, sondern gerade dazu beiträgt, die Vielschichtigkeit des Verhältnisses von Moral und Moralität, das durch eine einzige Methode nicht vollständig begriffen werden könnte, zu erschließen.

Während die ersten fünf Methoden überwiegend *normative* Verfahrensweisen sind, und zwar in dem Sinn, daß sie (logische, diskursive, dialektische, analoge, transzendentale) Regeln zur Gewinnung oder Überprüfung von Handlungsnormen entwikkeln, die dem Anspruch von Moralität genügen, sind die sechste und siebente Methode vorwiegend *deskriptive* Verfahren, und zwar in dem Sinn, daß es der Sprachanalyse wie der Hermeneutik nicht – oder jedenfalls nicht in erster Linie – um die Frage der Berechtigung von Geltungsansprüchen geht, sondern vorrangig um eine exakte, ohne Wertung vorgenommene Feststellung faktischer Geltungsansprüche und der damit verbundenen empirischen Handlungsgewohnheiten bzw. um eine immanente Aufhellung der Struktur menschlichen Verstehens und des darin immer schon mitverstandenen Werthorizontes.

Übersicht über die dargestellten ethischen Methoden

Methode	Begründet wird	Verfahren	Prinzip
logische	formale Richtigkeit moralischer Urteile und ethischer Aussagen	deontischer Kalkül	Widerspruchsfreiheit Konsistenz
diskursive	Konsens über praktische Angelegenheiten	Beratung Argumentation	Transsubjektivität ideale Sprechsituation
dialektische	tugendhaftes Handeln	Aufstieg zu Ideen (Reduktion) Abstieg zur Faktizität (Deduktion)	Idee des Guten
analogische	was jeweils zu tun ist	Vergleich	Verhältnismäßigkeit
transzendentale	moralische Gültigkeit von Handlungen und Urteilen	Regreß/Reduktion	Freiheit

Methode	Beschrieben wird		Ziel
analytische	Sprachspiel der Moral	statistische Erhebung	Information
hermeneutische	Prozeß des Verstehens	Interpretation	Aufklärung

7 Grundtypen ethischer Theorie

Jede wissenschaftliche Theorie ist der Versuch, auf eine bestimmte Frage oder auch einen Fragenkomplex eine Antwort zu finden, die sich dadurch auszeichnet, daß sie argumentativ begründet und somit rational überzeugend ist. Entsprechend sind grundsätzlich so viele ethische Theorien denkbar, als es Grundfragen gibt, die sich aus dem von uns als Gegenstand der Ethik bezeichneten Verhältnis von Moral und Moralität ausdifferenzieren lassen.

Bevor jedoch die im Verlauf der Geschichte der Ethik formulierten Grundfragen mitsamt den im Hinblick auf sie konzipierten Theorieansätzen im Umriß dargestellt werden, soll vorab auf die beiden Varianten des spezifisch ethischen Erkenntnisinteresses eingegangen werden, das entweder mehr theorie- oder mehr praxisorientiert ist, je nachdem ob man am Moralischen mehr um des Wissens oder mehr um des Handelns willen interessiert ist.

7.1 Neutralität oder Engagement? Zur Haltung des Moralphilosophen

Wie ist das Verhältnis des Ethikers oder Moralphilosophen zum Gegenstand seiner Überlegungen zu bestimmen?

- Soll er aus der Distanz des objektiven Beobachters heraus seinen Gegenstand lediglich beschreiben und sich dabei jedes persönlichen normativen oder wertenden Urteils enthalten?
- Oder soll er zu dem von ihm Dargestellten normativ Stellung nehmen, indem er bestimmte Empfehlungen und Handlungsanweisungen gibt?

- Ist er befugt oder vielleicht sogar verpflichtet, sich zu Angelegenheiten der Moral kritisch zu äußern?

Neutralität oder Engagement – welche Haltung ist dem Moralphilosophen und seinem wissenschaftlichen Anspruch angemessen?

Zunächst ist daran zu erinnern, daß es nicht die Aufgabe des Moralphilosophen ist, Moral zu predigen. Er soll nicht moralisieren, indoktrinieren, anderen dogmatische Vorschriften machen, denn er ist nicht befugt, seine persönliche Meinung in bezug auf das, was zu tun und zu lassen ist, autoritativ für jedermann verbindlich auszugeben. Aber er hat wie jeder andere das Recht und die Pflicht, sich moralisch zu engagieren und aus seinem moralischen Engagement heraus kritisch Stellung zu nehmen. Doch tut er dies dann nicht in seiner Eigenschaft als Moralphilosoph, sondern als verantwortungsbewußtes, moralisch kompetentes Individuum unter anderen verantwortungsbewußten, moralisch kompetenten Individuen, denen er an Moralität nichts voraus hat, sondern nur an Theorie.

Der Moralphilosoph ist in erster Linie Wissenschaftler, dem sein moralisches Engagement zwar zum Anstoß für ethische Überlegungen geworden sein mag, der jedoch *als* Moralphilosoph nicht sein persönliches Engagement vermitteln, sondern argumentativ darüber aufklären soll, was es überhaupt heißt, ein moralisches Engagement zu haben, moralische Kompetenz zu erwerben, und stichhaltige Gründe dafür anzuführen, daß Moralität eine unbedingte Qualität menschlichen Handelns ist. Daher könnte man sagen, daß das grundlegende Interesse des Moralphilosophen ein *Interesse an Freiheit* ist. Dieses Interesse an Freiheit kann mehr theoretischer oder mehr praktischer Natur sein, je nachdem, ob man wissen will, was mit Freiheit gemeint ist, oder ob man sich dafür interessiert, wie Freiheit sich verwirklichen läßt.

Theoretischer und praktischer Aspekt des Freiheitsbegriffs lassen sich jedoch letztlich nur begrifflich, nicht aber »in der Sache« voneinander trennen, da Freiheit ein handlungsbegründendes Prinzip ist, das sich zwar auch im Denken, vorrangig aber in der Praxis bewähren muß. Was Freiheit »in Wahrheit« ist, weiß nur der, der nicht bloß den *Begriff* der Freiheit analysieren kann, sondern darüber hinaus sein theoretisches Wissen in seine Lebenspraxis einzubringen und entsprechend zu handeln versteht.

Um dies an einem bei Moralphilosophen beliebten, hier für unseren Zweck abgewandelten Beispiel zu verdeutlichen:

Ein Sklavenhalter diskutiert mit einem philosophisch gebildeten Sklaven über die Menschenrechte. Im Verlauf des Disputs kommen sie gemeinsam zu dem Ergebnis, daß ein Mensch nur dann wahrhaft als Mensch, d.h. menschenwürdig existiert, wenn er frei über sich selbst verfügt, und zwar im Verbund mit anderen Menschen, denen nach dem Gleichheitsprinzip ebenfalls das Recht auf freie Selbstverwirklichung eingeräumt wird. Am Ende des Gesprächs schickt der Herr den Sklaven befriedigt wieder an seine Arbeit.

Der Sklavenhalter hat also in dieser fiktiven Argumentation in einem gewissen (theoretischen) Sinn durchaus verstanden, was Freiheit ist, und doch wird man sagen müssen, daß er das Wesentliche von Freiheit mißverstanden hat, denn sonst hätte seine Erkenntnis praktische Konsequenzen haben müssen: er hätte den Sklaven freigeben müssen.[1]

Verstehen, was Freiheit ist, heißt: Freiheit wollen und tätig verwirklichen. Ein praktisch folgenlos bleibendes ethisches Theoretisieren verfehlt seinen Zweck: nämlich Freiheit in der Praxis zu realisieren.

7.1.1 Das theoretische Erkenntnisinteresse

Das theoretische Erkenntnisinteresse in der Ethik artikuliert sich wesentlich in deskriptiven Aussagen, d.h. moralische Verhaltensweisen und geltende Normensysteme, in denen sich das jeweilige Freiheitsverständnis einer menschlichen Gemeinschaft zum Ausdruck bringt, werden unvoreingenommen, aus der Distanz des neutralen, wertfreien Betrachters wie jeder andere empirische Sachverhalt beschrieben oder historisch (nach Berichten und Dokumenten über die Lebensform fremder Völker) rekonstruiert.

7.1.2 Das praktische Erkenntnisinteresse

Das praktische Erkenntnisinteresse artikuliert sich wesentlich in normativen Aussagen, jedoch nicht in moralisch-normativen Aussagen, die eine bestimmte einzelne Handlung gebieten bzw. verbieten, sondern in ethisch-normativen Aussagen, die Freiheit schlechthin gebieten, indem sie dazu auffordern, sich bei jeder einzelnen Handlung – wie immer sie im Detail inhaltlich ausfallen mag – durch nichts anderes als durch seine aus kritischer Distanz zu eigenen und fremden Wünschen, Interessen, Bedürfnissen, Ansprüchen gewonnene Einsicht leiten zu lassen.

7.1.3 Die Rolle der Kritik in der Ethik

Beide Grundtypen von ethischer Theorie – sowohl deskriptive als auch normative Ethik – gehen aus einem Interesse an Freiheit hervor.

- Dieses Interesse betont die deskriptive Ethik u.a. dadurch, daß sie sich jeglichen moralischen Urteils über die von ihr dargestellten Sachverhalte enthält und ihre Beurteilung der freien Entscheidung des Lesers überläßt. Um den Leser zu einem positiven oder negativen Urteil herauszufordern, bedarf es keiner moralisierenden oder kritisierenden Worte. Im Gegenteil ist ein völlig sachlicher Tatsachenbericht oft ein sehr viel wirksameres Mittel, um das moralische Bewußtsein zu provozieren, als jede noch so überzeugend vorgetragene Wertung, die häufig als die eigene Urteilsbildung hindernde, ja manipulierende Bevormundung empfunden wird. Insofern dient die deskriptive Ethik, auch wenn sie sich selber ausdrücklich neutral verhält und keine Kritik formuliert, gleichwohl der kritischen Selbstaufklärung des Menschen über sein Handeln.

- Ähnliches gilt für die normative Ethik, die sich ebenfalls moralischer Urteile enthält und – indem sie im Rückgang auf den Begriff der Moralität moralisches Handeln *überhaupt zu* begründen und zu rechtfertigen versucht – auf das Prinzip der Freiheit verweist, das jeder, sofern er guten Willens ist und sich selbst als Handelnden richtig versteht, als kritischen, allgemeingültigen Maßstab von menschlicher Praxis schlechthin anerkennen muß.

In diesen beiden Punkten – im Interesse an Freiheit und in ihrer kritischen Funktion – kommen deskriptive und normative Ethik überein, so verschieden sie im übrigen ihrem Ansatz und ihrer Methode nach sein mögen. Daher ist die folgende Unterteilung ethischer Theorien in deskriptive und normative Modelle nicht im Sinne einer ausschließenden Disjunktion zu verstehen, sondern dient lediglich der Kennzeichnung des Schwerpunkts der jeweiligen Theorie, ihres überwiegend theoretisch oder praktisch orientierten Erkenntnisinteresses. Doch ist daran zu erinnern, daß jede deskriptive Theorie der Ethik normative Implikate enthält, so wie jede normative Theorie der Ethik nicht ohne deskriptive Elemente auskommt, weil Ethik ja gerade das Verhältnis von Sein und Sollen im Zusammenhang menschlicher Praxis reflektiert.

7.2 Modelle einer deskriptiven Ethik

Als deskriptiv werden jene Theorieansätze in der Ethik bezeichnet, die sich überwiegend mit der Frage befassen, wie die menschliche Praxis als ein empirisches, geschichtliches Geschehen so beschrieben, analysiert und interpretiert werden kann, daß die Bedeutung des Moralischen aus dem Handlungskontext erhellt wird.

7.2.1 Der phänomenologische Ansatz (Wertethik)

Der *phänomenologische* Ansatz wurde in der Nachfolge Edmund HUSSERLs insbesondere von Max SCHELER, Nicolai

HARTMANN und Hans REINER zu einer materialen Wertethik ausgebaut. Der Ausdruck »material« ist hier im Gegensatz zu »formal« aufgefaßt.

Für SCHELER ist die KANTsche Ethik eine formale Ethik, da sie keine für das Handeln verbindliche Güterlehre entwickelt, sondern die Moralität einer Handlung von ihrer Form abhängig macht, d.h. davon, ob die durch die Handlung bestätigte Regel so verallgemeinerbar ist, daß sie die Form eines unbedingt gebietenden Gesetzes erhält.

Wenn ich es mir z.B. zur Regel gemacht habe, meine Versprechen immer nur dann zu halten, wenn es mir paßt, muß ich mich fragen, ob ich wollen kann, daß diese Regel ein allgemeines Gesetz wird, das vorschreibt: Jeder soll seine Versprechen nur halten, wenn es ihm paßt.

Eine materiale Ethik im Sinne SCHELERs dagegen betont, daß nicht die Form, sondern der qualitative Inhalt einer Handlung (der durch die Handlung verwirklichte Wert) über ihre Moralität entscheidet. Eine Handlung ist danach dann moralisch, wenn sie ein Gut hervorbringt. Die ethische Materie, auf die hier der Schwerpunkt gegenüber der Form der Gesetzmäßigkeit gelegt wird, ist ein Wert.

Die phänomenologische Ethik nimmt ihren Ausgang von den Gegebenheiten (»Phänomenen«) des moralischen Bewußtseins (»Gewissen«), die in einer »Lehre von den sittlichen Werten, ihrer Rangordnung und den auf dieser Rangordnung beruhenden Normen« beschrieben und analysiert werden.

»Ausgangsgrundlage der ethischen Forschung muß das eigene sittliche Bewußtsein des Forschers mit seinen Gegebenheiten sein. Denn hier ist diejenige Quelle ethischer Erkenntnis, die uns am unmittelbarsten erfahrungsgemäß gegeben und faßbar ist. Diese Quelle gibt uns so die sicherste Erkenntnis, die unbedingt und im Zweifelsfall vor allem andern Berücksichtigung erheischt. Ohne sie wären aber auch alle andern Quellen ethischer Erkenntnis für uns nicht ausschöpfbar. Denn nur von dem aus, was uns im eigenen Erleben unmittelbar zugänglich wird, können wir auch fremdes sittliches Bewußtsein erkennen und verstehen, indem wir die Elemente des eigenen sittlichen Erlebens uns – nur zum Teil nach Stärke und strukturellem

Aufbau anders gestaltet – auf den andern übertragen denken.«
(H. REINER: Die Grundlagen der Sittlichkeit, 93 f.)

Was aber sind Werte, die an und mit den Phänomenen des sittlichen Bewußtseins erfaßt werden? SCHELER behauptet, Werte seien keine Eigenschaften von Dingen oder Menschen, obwohl sie an Dingen und Menschen angetroffen werden. Er verdeutlicht seine These durch eine Analogie zur Farberfassung.

»Wie ich mir ein Rot auch als bloßes extensives Quale z.B. einer reinen Spektralfarbe zur Gegebenheit bringen kann, ohne es als Belag einer körperlichen Oberfläche, ja nur als Fläche oder als ein Raumartiges überhaupt aufzufassen, so sind mir auch *Werte* wie angenehm, reizend, lieblich, aber auch freundlich, vornehm, edel, prinzipiell zugänglich, ohne daß ich sie mir hierbei als Eigenschaften von Dingen oder Menschen vorstelle.«

»Das gilt aber auch für Werte, die der ethischen Sphäre angehören. Daß ein Mensch oder eine Handlung ›vornehm‹ ist oder ›gemein‹, ›mutig‹ oder ›feige‹, ›rein‹ oder ›schuldig‹, ›gut‹ oder ›böse‹, das wird von uns nicht erst durch konstante Merkmale an diesen Dingen und Vorgängen, die wir angeben könnten, gewiß, noch *besteht* es gar in solchen. Es genügt unter Umständen eine *einzige* Handlung oder ein *einziger* Mensch, damit wir in ihm das *Wesen* dieser Werte erfassen können.« (Der Formalismus in der Ethik und die materiale Wertethik, 35, 36 f.)

Materiale Werte können unabhängig von einer Güterwelt, in der sie vermittels menschlicher Handlungen verwirklicht worden sind, a priori durch eine besondere Intuition als ideale Objekte in ihrer Wertqualität anschaulich erfaßt oder gefühlt werden:

»Werte sind klare, fühlbare Phänomene.« (Ebd., 39)

Werten kommt somit nach SCHELER eine eigenständige Existenz, ein Ansichsein zu, nicht im Sinne eines empirischen Seins, sondern eines idealen, eines Gültigseins. Entsprechend ist die »Materie« dieser Werte keine sinnlich wahrnehmbare, gegenständlich-objektive Inhaltlichkeit, sondern eine durch innere Anschauung erfühlte, nichtempirische geistige, nichtsdestoweniger aber objektive Qualität, eine Qualität, die auch dann noch ist (= gültig ist), wenn der Träger des Werts nicht mehr existiert.

»Es ist ... klar, daß die *Wertqualitäten* sich nicht mit den *Sachen* verändern. So wenig die Farbe Blau rot wird, wenn sich eine blaue Kugel rot färbt, so wenig werden die Werte und ihre Ordnung dadurch tangiert, daß sich ihre Träger im Wert ändern. Nahrung bleibt Nahrung, Gift bleibt Gift, welche Körper auch für diese oder jene Organisation vielleicht zugleich giftig und nahrhaft sind. Der Wert der Freundschaft wird nicht angefochten dadurch, daß sich mein Freund als falsch erweist und mich verrät.« (Ebd., 41)

Daraus folgt, daß den Werten Apriorität zukommt, insofern ihre Gültigkeit nicht davon abhängt, ob sie in irgendeinem Sachverhalt oder Menschen verwirklicht sind. Der Begriff des Wertfühlens bedarf jedoch noch einer Präzisierung. SCHELER stellt ihn bewußt als Gegenbegriff gegen die rationale Tätigkeit des Denkens auf, ohne den traditionellen Dualismus zwischen Denken und Fühlen noch weiter vertiefen zu wollen. Vielmehr versteht er unter Fühlen eine intentionale, zielgerichtete Tätigkeit, die sich nur auf Werte bezieht. Werte werden somit nicht gedacht, sondern es gibt ein eigenes »Organ« im Menschen, das von sich selbst her auf sie angelegt ist; analog wie das Auge darauf aus ist, Sichtbares zu registrieren, will das intentionale Fühlen des Werthaften habhaft werden. Der Ausdruck Fühlen soll signalisieren, daß es beim Wertfühlen nicht um die Erfassung einer rationalen Struktur, einer Form geht, sondern eines Materiellen, Qualitativen.

»Sowohl im Wertsehen wie im Wertfühlen sind uns die Werte intuitiv gegeben. Von einem bloßen Erkennen oder Wissen, daß etwas wertvoll ist, ist das Sehen des Wertes ebenso verschieden wie das Fühlen desselben. Wir können den Wert sehend kennen lernen, er kann uns im Wertsehen selbst gegeben sein. Aber wirklich ›erleben‹ tue ich ihn erst im Fühlen. Hier tritt er in eine vollkommen neue, direkte Beziehung zu mir.« (D. von HILDEBRAND: Sittlichkeit und ethische Werterkenntnis, 134)

Das Wertfühlen erfaßt einen Wert sowohl an sich selbst als auch im Verhältnis zu anderen Werten, so daß sich aus den qualitativen Unterschieden zwischen den Wertmaterien eine Rangordnung der Werte ergibt, die zugleich vorschreibt, welche

Werte im Einzelfall vorzuziehen bzw. nachzusetzen sind. So erkennt SCHELER z.B. den Personenwerten den unbedingten Vorrang vor den Sach- oder Güterwerten zu (vgl. Der Formalismus, 117 ff.) und untergliedert den Wertekosmos in die folgenden, von ihm als Wertmodalitäten bezeichneten Klassen von Werten:

- die Werte des Angenehmen und Unangenehmen (Werte des *sinnlichen* Fühlens) auf der untersten Stufe (Genießen – Erleiden, Lust – Schmerz),
- die Werte des Edlen und Gemeinen (Werte des *vitalen* Fühlens) auf der folgenden Stufe (gutes – schlechtes Befinden),
- die Werte des Schönen und Häßlichen, Rechten und Unrechten, Wahren und Falschen (Werte des *geistigen* Fühlens) auf der nächsthöheren Stufe (Billigen – Mißbilligen, Achten – Mißachten),
- die Werte des Heiligen und Unheiligen (Werte des *religiösen* Fühlens) auf der höchsten Stufe (Glaube – Unglaube, Liebe – Haß). (Vgl. ebd., 122 ff.)

Diese aufsteigende Rangordnung der Werte wird von SCHELER als intuitiv einsichtig, d.h. als keiner Begründung bedürftig behauptet, da jeder, sofern er seinen eigenen Umgang mit Werten und wertvollen Dingen richtig analysiert, die Phänomene so deuten müsse, wie SCHELER es tut. Entsprechend ist eine Handlung dann moralisch, wenn von den in einer Situation in Frage kommenden Werten der jeweils ranghöchste verwirklicht wird.

»Sittlich gut ist der wertrealisierende Akt, der seiner intendierten Wertmaterie nach mit dem Werte übereinstimmt, der ›vorgezogen‹ ist, und dem widerstreitet, der ›nachgesetzt‹ ist.« (Ebd., 47)

So verstanden wird das objektive Reich der Werte gleichsam als Regulativ für die moralische Praxis des Menschen wirksam. Dabei wird jedoch vorausgesetzt, daß die moralische Intuition bzw. das sittliche Wertfühlen bei allen Menschen der Anlage nach gleich ausgeprägt ist. Wem es an der entsprechenden

Intuition mangelt, der leidet nach Dietrich von HILDEBRAND an
»Wertblindheit«, d.h. bei dem fällt – allerdings selbstverschuldet
– die Dimension des Sittlichen weitgehend aus. Und wie es
müßig ist, einem Blinden argumentativ das Qualitative der
Farbunterschiede klarzumachen, so kann man auch einem
Wertblinden das Wertfühlen nicht andemonstrieren. Es bleibt
nur die Hoffnung auf eine »plötzliche Bekehrung«.

»Vor dem Bekehrten stehen alle die Werte lebendig in ihrer ewigen
Bedeutung da, gegen die er sich vorher in ahnungsloser oder verstockter Blindheit versündigt hat; in der Reue über sein bisheriges
Leben erschließen sich ihm alle die Unwerte, die er bisher nicht
gescheut hat. Wer die Geschichte der plötzlichen Bekehrungen kennt,
der wird auch die Tatsache kennen, wie der Schleier, der viele oder
alle sittlichen Werte und Unwerte dem Sünder verdeckte, mit einem
Schlage fällt und die Welt ein neues Angesicht für ihn bekommt.«
(D. von HILDEBRAND, ebd., 148)

Das bedeutet, das Organ, vermittels dessen Werte gefühlt
werden, kann defekt oder verkümmert sein, und damit fällt der
Bereich des Werthaften partiell oder ganz für ein Individuum
aus.

Das berechtigte Interesse der Wertethik gilt dem qualitativen
Moment des Moralischen, seiner Materie, nicht bloß seiner
Form. Allerdings wurde auch in der traditionellen Ethik das
materielle Moment nicht gänzlich außer acht gelassen: Gut und
Böse, Freiheit und Gerechtigkeit etc. waren Begriffe, die
durchaus etwas Qualitatives beinhalten, einen Wert bzw.
Unwert. Aber es ist sicher richtig, daß das mit diesen Begriffen
Gemeinte nicht bloß rational (seiner Form nach) angeeignet
wird, sondern daß der ganze Mensch gemeint ist, wenn man z.B.
von jemandem sagt, er sei gerecht oder ehrlich, daß sich sein
Gerecht- oder Ehrlichsein nicht bloß in seinem Denken, sondern
auch in seinem Wollen, Fühlen und Handeln und damit in seiner
Person zum Ausdruck bringt. Dies hat nun die Wertethik
veranlaßt, von einem Wertfühlen als einem unmittelbaren
Erfassen von Werten zu sprechen, um darauf hinzuweisen, daß
in der Moral nicht bloß der Intellekt betroffen ist, der Prinzipien

hinsichtlich ihrer Allgemeingültigkeit problematisiert, sondern daß der Mensch als ganzer gefordert ist, und zwar gefordert auch durch die Werte als eine Materie, die von sich aus auf Verwirklichung durch die menschliche Praxis drängt. Das Ansichsein der Werte meint zugleich ein Gültigsein, ein Sollsein, dessen Realisierung dem Menschen aufgegeben ist.

Eine gewisse Problematik dieser Theorie der Wertethik oder phänomenologischen Ethik besteht darin, daß eine Verständigung über das Wertfühlen nicht ganz einfach ist, zumal das Nichtfühlen ein schuldhafter Ausfall ist. Die Analogie zum Gesichtssinn trägt nur soweit, als man unterstellen kann, daß andere dasselbe sehen wie ich, und wo das nicht der Fall ist, man entweder genauer hinsehen muß oder es sich herausstellt, daß jemand einen Defekt am Auge hat (Rot-Grün-Blindheit, Kurzsichtigkeit etc.). Ein Defekt im Wertfühlen dagegen ist aber offensichtlich etwas, wofür der Betreffende verantwortlich gemacht wird und wo der Schaden nicht, auch nicht durch eine Prothese (analog wie eine Brille), behebbar ist, sondern nur dadurch, daß der Wertblinde sich von sich aus wieder den Werten öffnet, was ebenfalls keine Parallele zum Sehen hat. Die Frage ist also, ob man das Wertfühlen so radikal vom Denken abtrennen kann, wie vor allem SCHELER dies tut; ob nicht vielmehr der Verwirklichungsanspruch von Werten, wie er sich z.B. im Recht auf Freiheit, Unverletzlichkeit des Lebens und Würde der Person zur Geltung bringt, etwas ist, das *auch* rational vermittelbar und nicht bloß intuitiv einsehbar ist. Wie anders sollte sonst eine Verständigung über das, was zu Recht als ein Wert gilt, möglich sein?

In den immer wieder aufflammenden zeitgenössischen Wertdebatten gehen oft verschiedene Typen von Werten durcheinander. In unserer abendländischen, demokratisch fundierten Kultur dominieren drei Gruppen von Werten: zuoberst die *ethischen Grundwerte*, die im Begriff Menschenwürde verankert sind. Das Wort »Würde« ist verwandt mit dem Wort »Wert«.

Modelle einer deskriptiven Ethik 249

WERTE

Ethische Grundwerte

Menschenwürde

Freiheit	Gleichheit	Gerechtigkeit
– der Person	Gleichberechtigung	austeilende
Religions-	– von Mann und Frau	(allg. Wohlfahrt)
Gewissens-	– von Angehörigen	ausgleichende
Meinungs-	anderer Rassen,	richterliche
Presse-	Kulturen, Nationen	
– der Wissenschaft	Chancengleichheit	
– der Kunst		

Moralische Werte

gutes Leben

Individualwerte	Sozialwerte	Ökologische Werte
Selbstbestimmung/	Solidarität	»Würde« der Kreatur
-verantwortung	Subsidiarität	Nachhaltigkeit
Liebe	Toleranz	»Rechte« der Natur
Freundschaft	Fairness	
Lebensqualität	kollektive Verantwortung	
Gesundheit	Frieden/Sicherheit	
(= phys./psych. In-	Gemein-/Bürgersinn	
tegrität)	Familie/Heimat	
Glück	Kulturelle Identität	
	Geborgenheit	

Ökonomische Werte

Freie Marktwirtschaft / Vertragsfreiheit

Arbeit/Handel	Güterwerte
Ertragswert	Eigentum/Besitz
Tauschwert	Waren
Mehrwert	Geld
Gebrauchswert	

Mit Menschenwürde meinen wir demnach den Wert, den wir jedem menschlichen Wesen unangesehen seines Geschlechts, seiner Rasse und seiner individuellen Besonderheiten diskussionslos zugestehen müssen. Der Wert der Menschenwürde verpflichtet dazu, Freiheit, Gleichheit und Gerechtigkeit als Grundwerte zu respektieren, auf die jedes Individuum ein unantastbares Recht hat.

Die mittlere Gruppe von Werten umfaßt die im Verlauf der kulturellen Evolution entstandenen *moralischen Werte,* die für alle Mitglieder der Handlungsgemeinschaft ein gutes Leben ermöglichen sollen. Die Individualwerte sichern das Recht auf persönliche Selbstentfaltung, die Sozialwerte sichern das einvernehmliche Miteinanderumgehen der Individuen, und die ökologischen Werte sichern nicht nur die Lebensqualität der menschlichen Individuen durch einen pfleglichen Umgang mit der Umwelt, sondern gestehen auch außermenschlichen Lebewesen einen Quasi-Subjektstatus zu.

Die unterste Gruppe von Werten umfasst die *ökonomischen Werte.* Freie Marktwirtschaft und Vertragsfreiheit garantieren das Recht, durch Arbeit und Handel Werte zu erwirtschaften und Güterwerte für den Eigenbesitz zu erwerben.

Worauf es bei diesem Wertesystem ankommt, ist die Rang- bzw. Prioritätenordnung unter den drei Wertgruppen. Aus normativer Perspektive ist die Graphik von oben nach unten zu lesen. Das heißt: Die Grundwerte bilden das ethische Fundament sowohl für die moralischen wie für die ökonomischen Werte. Ohne die im Begriff der Menschenwürde zusammengefaßten Werte Freiheit, Gleichheit und Gerechtigkeit verlieren die moralischen und die ökonomischen Werte ihren Wertcharakter. Individueller oder nationaler Egoismus sind die Folge.

Liest man die Graphik von unten nach oben, so in einem deskriptiven, nichtnormativen Sinn. Das heißt: Die ökonomischen Werte sind die materielle Basis, auf welcher die moralischen Werte und die ethischen Grundwerte ihre normative Kraft entwickeln. Die Tendenz geht jedoch heute – und zwar in einer negativen Bedeutung von Wertewandel – dahin, die

Rangordnung umzukehren. Die ökonomischen Werte werden als die eigentlichen, global verbindlichen Werte deklariert, während die beiden übrigen Wertgruppen als Überbauphänomene abgetan werden – als ein idealistischer Luxus, auf den man glaubt, verzichten zu können. So werden z.B. im Zuge von Sparmaßnahmen an den Schulen als erstes die musischen Fächer gestrichen, die den Kindern als späteren *homines oeconomici* keinen monetären Nutzen bringen.

Die in der Menschenwürde verankerten *ethischen* Werte sind die Basis, auf welcher die *moralischen* Werte angemessen verwirklicht werden können und die *ökonomischen* Werte zur materiellen Absicherung eines für alle guten Lebens an die beiden anderen Wertgruppen angebunden werden. Diese Rangordnung wird verkehrt, wenn die Graphik von unten nach oben nicht deskriptiv, sondern normativ gelesen wird, was in der Wirtschaft heute gang und gäbe ist: Die Verabsolutierung der ökonomischen Werte durch Normativierung des Schlagworts »Globalisierung« hat dazu geführt, daß moralische Werte und ethische Grundwerte, die eigentlich die Bedingungen sind, unter denen ein freier Markt erst als solcher *legitimiert* ist, ausgehebelt und aus dem öffentlichen in den privaten Bereich abgedrängt wurden. Die Anerkennung jedes Individuums als gleichwertige Person ist jedoch die Grundvoraussetzung, unter der eine Verständigung über die Verbindlichkeit und den Geltungsbereich von Werten herbeigeführt werden muß.

Eine Korrektur der Diktatur der ökonomischen Werte kann jedoch nicht durch eine Diktatur der ethischen oder der moralischen Werte in die Schranken gewiesen werden. Die *Verabsolutierung ethischer Grundwerte* führt in den Fundamentalismus, der kulturelle Unterschiede, wie sie sich in einer Vielzahl regionaler Moralen niederschlagen, nicht zur Kenntnis nimmt und ökonomische Werte verächtlich macht. Gemäß der Maxime des Fanatikers *fiat iustitia, pereat mundus* (Gerechtigkeit muß sein, und sollte dabei die Welt zugrunde gehen) bekämpft der Fundamentalist als ethisch verbohrter Ideologe rücksichtslos jeden Andersdenkenden.

Die *Verabsolutierung moralischer Werte* hat einen rigorosen Moralismus zur Folge, der sich um allgemein verbindliche, ethische Prinzipien nicht schert, die oberste Wertgruppe also ausblendet, um die eigenen kulturellen Errungenschaften als allgemeinmenschliche Orientierungsformen ideologisch festzuschreiben. Die ökonomischen Werte dienen der Absicherung des Moralismus und der Durchsetzung seiner Ziele.

Fundamentalismus, Moralismus und Ökonomismus sind das Resultat einer Aufspaltung der drei Wertgruppen. Nur wenn es gelingt, sie im Rahmen einer Rangordnung, welche auf der Basis eines normativen Diskurses die Prioritäten festlegt, wieder aufeinander zu beziehen, lassen sich sozialverträgliche Maßnahmen ergreifen, die im Zuge einer fairen Güterabwägung sowohl dem Ich wie dem Wir angemessen Rechnung tragen.

Natürlich wird es nie ohne wirtschaftliche Erträge möglich sein, ein selbstbestimmtes Leben zu führen, aber dies sollte immer nur *ein* Aspekt im Kontext der existentiellen Leistung eines Individuums sein. Deshalb sollte die Theorie des *shareholder value* durch eine Theorie des ›*careholder value*‹ ergänzt werden. Zwar wird dieser Gedanke aus ökonomischer Sicht in der Regel abfällig vom Tisch gewischt, weil in der für Ökonomen typischen Weise das Wort *care* auf den Ausdruck *take care* reduziert und so für die eigenen Vorsichtsmaßnahmen gegen Gewinnverluste in Anspruch genommen wird. Dabei gerät jedoch die ursprüngliche Bedeutung von *care* aus dem Blick. *Care* heißt *Sorge*. Im angelsächsischen Sprachraum wurde unter dem Namen *care-ethics* eine Theorie entwickelt, die Prinzipien einer Ethik der Fürsorglichkeit aufstellt. Vielleicht wäre der *careholder value* ein brauchbares Instrument, um im Sinne eines Korrektivs die Engführung des Wertbegriffs im *shareholder value* zu vermeiden. Ansätze dazu liefert eine »Ethik der Achtsamkeit« (Elisabeth CONRADI).

7.2.2 Der sprachanalytische Ansatz (Metaethik)

Der *sprachanalytische* Ansatz geht aus von der kommunikativen Vermitteltheit menschlichen Handelns und versucht, über eine Analyse der alltäglichen Sprache der Moral Aufschlüsse über Eigenart und Gründe moralischen Handelns zu gewinnen. Trotz gleichen Ausgangspunkts sind die sprachanalytischen Ethiker hinsichtlich der Bedeutung und Funktion moralischer Wörter, Urteile und Argumentationen zu unterschiedlichen Ergebnissen gelangt:

– Während die einen – die »Kognitivisten« – behaupten, die Sprache der Moral beziehe sich auf eine rationale, objektiv überprüfbare Tätigkeit des Menschen,
– vertreten die anderen – die »Nonkognitivisten« – die These, moralische Aussagen brächten ein schlechthin irrationales, rein gefühlsmäßig bedingtes und daher objektiv nicht überprüfbares Verhalten des Menschen zum Ausdruck.
– Im Unterschied zu den Kognitivisten und Nonkognitivisten interessieren sich die »Logisten« schließlich nicht für die Frage, ob moralische Urteile einen rationalen oder irrationalen Ursprung haben, sondern untersuchen die Form, die logische Struktur moralischer Urteile unangesehen ihrer Herkunft.

Die Partei der *Kognitivisten* ist aber nun keineswegs in sich einheitlich. Sie setzt sich aus den »Naturalisten« (R.B. PERRY, C.I. LEWIS) und den »Intuitionisten« (G.E. MOORE, W.D. ROSS) zusammen.

Was beide Richtungen miteinander verbindet, ist die These, daß moralische Attribute – Prototyp ›gut‹ – *objektive* Eigenschaften von Menschen, Handlungen, Sachverhalten, Dingen bezeichnen, denen sie zugesprochen werden. Die Naturalisten sind jedoch der Meinung, es handle sich dabei um quasinatürliche Eigenschaften, während die Intuitionisten behaupten, es handle sich um nichtnatürliche (außerempirische) Eigenschaften.

Grundtypen ethischer Theorie

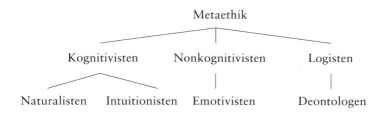

Die *Naturalisten* sind mithin der Ansicht, der Bedeutungsgehalt normativer moralischer Begriffe könne ohne weiteres auf den Bedeutungsgehalt deskriptiver, empirischer (= »natürlicher«) Begriffe reduziert werden, so daß vermittels der Sprache der Moral mitgeteilte Sachverhalte bezüglich ihrer Objektivität und Wahrheit ebenso rational nachgeprüft werden können wie empirische Tatsachen. PERRY bestimmt daher in seiner Werttheorie den Begriff »Wert« als »eine Funktion von Interesse«, wobei er Interesse als Inbegriff für Gefühlsantriebe (wie Instinkt, Begehren, Wollen u.a.) versteht. »X ist wertvoll« besagt demnach nichts anderes als »Es besteht ein Interesse an X«; oder umgekehrt: Alles, woran ein Interesse besteht, ist wertvoll (vgl. General Theory of Value, 116).

Entsprechend werden von den Naturalisten Ausdrücke wie z.B. »gut« als gleichbedeutend mit »angenehm«, »erfolgreich« oder »nützlich«, insgesamt also als einem Interesse dienlich, »das Gute« als äquivalent mit »Lust« oder »Glück« aufgefaßt, woraus folgt, daß jeder, der eine Handlung als moralisch gut beurteilt, nichts anderes meint, als sie sei angenehm, erfolgreich oder nützlich, bzw. das Streben nach dem Guten sei nichts anderes als ein Streben nach Lust oder Glück. Bereits G.E. MOORE hat gegen solche Versuche, normative in deskriptive Ausdrücke zu »übersetzen«, eingewendet, sie beruhten auf einem »naturalistischen Fehlschluß«, da Sollens- und Seinsbegriffe zu zwei verschiedenen, nicht aufeinander rückführbaren Begriffsklassen gehören (Principia Ethica, 41–52). Nach W.D. ROSS können moralische Begriffe nur wiederum durch moralische Begriffe definiert werden, so wie z.B. »verbindlich« durch »was Pflicht ist« erläutert werden kann (Foundations of Ethics, 6).

Das Argument des naturalistischen Fehlschlusses, das auf D. HUME zurückgeht, wird seither gegen alle ethischen Konstrukte vorgebracht, die unvermerkt von der deskriptiven auf die normative Sprachebene überwechseln, sei es, daß aus metaphysischen Aussagen über die Natur des Menschen auf seine Pflichten geschlossen wird; sei es, daß aus dem Verlauf der Evolution des Organischen das Entstehen des Moralbewußtseins erklärt wird; sei es, daß die Geltung normativer Ansprüche im Rekurs auf faktische Bedürfnisse, Interessen, Neigungen, Wünsche begründet wird.

Um dem naturalistischen Fehlschluß zu entgehen, begründen die *Intuitionisten* die Rationalität moralischer Aussagen durch den Rekurs auf ein spezifisch moralisches Vermögen, einen als moralische Intuition bezeichneten moralischen Sinn, der das Normative aufgrund unmittelbarer Einsicht in die Gefordertheit (oder Unerlaubtheit) einer durch die Sprache der Moral als allgemein verbindlich ausgegebenen Handlung erfaßt.

In der moralischen Intuition wird nach ROSS das jeweils Gute als eine »prima facie Verbindlichkeit« erfaßt, d.h. das in einer konkreten Situation Gesollte wird »auf den ersten Blick« als ursprüngliche Sollensforderung erlebt und spontan ohne weitere begriffliche Aufschlüsselung als berechtigter (oder unberechtigter) Anspruch eingesehen.

Daß die moralische Intuition als unmittelbare Erkenntnis des Guten ein rationales Vermögen ist, geht nach Meinung der Intuitionisten daraus hervor, daß das intuitiv Erkannte verallgemeinerbar, in allgemeingültigen, für jedermann verbindlichen Normen formulierbar ist. Doch haben HARE und andere bezweifelt, ob moralische Normen tatsächlich durch einen moralischen Sinn erfaßt werden oder ob sie nicht vielmehr durch Erziehung vermittelt und in einem Lernprozeß ebenso angeeignet werden wie z.B. Verkehrsregeln.

Die *Nonkognitivisten* sprechen als »*Emotivisten*« (Ch.L. STEVENSON, A.J. AYER) moralischen Aussagen jegliche Rationalität ab, da solche Sätze ein bloßes Gefühl zum Ausdruck brächten, aber nichts an der moralisch beurteilten Sache selber bezeichneten, keine objektiven Eigenschaften, sondern nur subjektive Gefühle.

AYER behauptet, moralische Begriffe seien unanalysierbare Pseudobegriffe, die sich nicht auf einen objektiven, bezüglich seiner Wahrheit überprüfbaren Sachverhalt beziehen, sondern bloß Gefühle der Billigung oder Mißbilligung signalisieren sollen, deren Wahrheit wissenschaftlich nicht kontrollierbar ist (Sprache, Wahrheit und Logik, 135 ff.). Sprechakttheoretisch gewendet ist AYER der Meinung, moralische Wörter brächten lediglich die illokutionäre Rolle des Sprechakts zum Ausdruck (Gefühle zu äußern und zu erzeugen), hätten aber keine deskriptive oder konstative Bedeutung (durch die mitgeteilt wird, was der Fall ist).

Wenn z.B. Jim urteilt, »Es ist schlecht, daß John gestohlen hat«, drückt er nach AYER über die (überprüfbare) Tatsache hinaus, daß John gestohlen hat, nur seine Mißbilligung über diese Tat aus, d.h. Jims Urteil bedeutet nichts anderes als »John hat gestohlen, pfui!« und hat damit den Status von Aussagen wie »Hurra, das Leben ist schön!« oder »Mhm, Eis schmeckt lecker«.

STEVENSON beschreibt den Bedeutungsgehalt von »Das ist gut (schlecht)« ebenfalls durch »Ich billige (mißbillige) dies«, fügt aber noch die Aufforderung hinzu: »Tu du das gleiche« (Ethics and Language, 21). Für ihn sind moralische Aussagen Appelle an den Gesprächspartner, sich seiner Überzeugung anzuschließen. Insofern dienen moralische Argumentationen, selbst wenn sie rationale Begründungen enthalten, letztlich nicht einem Plädoyer der Vernunft, sondern einer Strategie der Überredung durch Wecken von Emotionen.

Gegen die emotive Theorie läßt sich von der Alltagspraxis her einwenden, daß moralische Urteile dort keineswegs bloß mitteilen wollen, daß man eine Handlung mag oder nicht mag – so wie der eine eben Schokolade, der andere lieber Nüsse mag, ohne daß man irgend jemanden für seinen Geschmack zur Verantwortung ziehen kann. Vielmehr erheben moralische Urteile unangesehen dessen, daß sie in der Tat häufig Emotionen mit ins Spiel bringen, Anspruch auf allgemeine Verbindlichkeit.

Das bedeutet aber, daß Moralität etwas ist, das anzuerkennen man prinzipiell jedermann zumutet. Eine solche Zumutung ist jedoch nur dann berechtigt, wenn ihre Berechtigung jedermann rational einsichtig gemacht werden kann, wenn sie also vernünftig ist und nicht etwas bloß Subjektives, Gefühlsmäßiges, Privates ausdrückt, das sich objektiven Maßstäben entzieht und somit auch selber nicht als objektiver Maßstab fungieren kann.

HARE als Vertreter der Logisten sieht das Unterscheidende moralischer Urteile darin, daß sie nicht wie Tatsachenaussagen vermittels deskriptiver Sprache in der Form von Indikativsätzen einen Sachverhalt beschreiben, sondern vermittels präskriptiver Sprache in der Form von Imperativen und Werturteilen die Realisierung eines Sachverhalts vorschreiben:

»Ein Indikativsatz hat die Funktion, jemandem mitzuteilen, daß etwas der Fall ist; ein Imperativ dagegen hat die Funktion, jemandem mitzuteilen, daß etwas dazu gebracht werden soll, der Fall zu sein.« (Die Sprache der Moral, 23)

Die beiden Sätze »Du wirst die Wahrheit sagen« (Tatsachenaussage) und »Sag die Wahrheit!« (Imperativ) haben einen gemeinsamen Sachverhalt: »Dein Sagen der Wahrheit in der unmittelbaren Zukunft«. Wird dieser Sachverhalt als Bestandteil einer Tatsachenaussage aufgefaßt, so kann er durch die Formulierung »Dein Sagen der Wahrheit in der unmittelbaren Zukunft, ja« als wahr bestätigt werden, wohingegen der gleiche Sachverhalt als Bestandteil eines Imperativs in der Formulierung »Dein Sagen der Wahrheit in der unmittelbaren Zukunft, bitte« sprachlich ausgedrückt ist (ebd., 37 ff.). Hier kann der Sachverhalt nur dadurch bestätigt werden, daß der Aufgeforderte das Verlangte wirklich tut; wohingegen eine solche Aufforderung im Anschluß an eine reine Tatsachenaussage (»Alle Neger schwarz, bitte«) sinnlos wäre.

Während also die Bejahung der Tatsachenaussage in der Anerkennung des Sachverhalts als wahr besteht, besteht die Bejahung des Imperativs im Tun des Geforderten. Grundsätzlich aber gilt:

258 *Grundtypen ethischer Theorie*

»Ein gültiger imperativischer Schluß kann nur aus Prämissen gefolgert werden, von denen wenigstens eine ein Imperativ ist.« (Ebd., 50) Entsprechend läßt sich aus einer allgemeinen Norm, deren Gültigkeit anzuerkennen man im Erziehungs- und Sozialisationsprozeß gelernt hat (Man soll immer die Wahrheit sagen), und einer Tatsachenaussage (Du stehst in der Situation y, in der eine Lüge zur Katastrophe führen kann) eine Handlungsanweisung folgern (Sag' die Wahrheit!). Dabei ist jedoch festzuhalten, daß der Mittelsatz, in welchem Norm und Situation so aufeinander bezogen werden, daß daraus eine bestimmte Handlung als praktisch notwendige Folge abgeleitet werden kann, primär keinen logischen, sondern einen ursprünglichen moralischen Anspruch formuliert, dessen sprachliche Äußerung in einem moralischen Urteil erst nachträglich in Form eines logischen Ableitungsschemas konstruiert wird.

Diese logische Form ist jedoch nicht Bedingung der Moralität der Vermittlung von Norm und Faktum, sie dient lediglich der Strukturierung von Aussagen, in denen ein wie auch immer formulierter Anspruch auf Moralität erhoben wird. Oder kürzer ausgedrückt: Die Logik entscheidet nur über die *formale* Gültigkeit eines moralischen Urteils oder Arguments, nicht aber über dessen *moralische* Gültigkeit.

Das allen nichtnormativen, deskriptiven Modellen der Ethik Gemeinsame besteht darin, daß kein Anspruch erhoben wird, ein Kriterium oder einen Maßstab an die Hand zu geben, vermittels deren über die Moralität von Geltungsansprüchen entschieden werden kann. Vielmehr wird das im alltäglichen Selbstverständnis von Menschen enthaltene Normen- und Wertsystem im Zusammenhang mit typischen Situationen, Verhaltensweisen und Redewendungen unter verschiedensten Gesichtspunkten dargestellt und erläutert.

Inwieweit das an der Faktizität abgelesene Verhältnis von Kommunikation und Interaktion auf Regeln zurückgeführt werden kann, die nicht nur de facto als moralisch gelten, sondern prinzipiell als moralisch gelten sollen, d.h. moralisch gültig sind, bleibt dem Urteil des kritisch Handelnden überlassen. Gleichwohl ist die Frage zu klären, ob die Forderung nach Allgemeingültigkeit moralischer Prinzipien in der Tat als sinnlos abgewiesen werden muß, sei es, weil man entweder wie der Emotivist der Ansicht ist, daß moralische Prinzipien allenfalls subjektiv gültig sind, da sich in ihnen bloß die Gefühle eines einzelnen Subjekts zum Ausdruck bringen, die als private nicht verallgemeinerungsfähig sind und somit auch keinen normativen Anspruch erheben können, oder sei es, weil man wie die Logisten den jeweiligen Moralkodex einer Gesellschaft als Ergebnis eines Gruppenkonsenses auffaßt, der innerhalb der Gruppe de facto allgemeine Geltung hat, ohne daß diese Geltung noch einmal hinsichtlich ihrer Rechtmäßigkeit problematisiert werden kann. Solche Fragen nach der Allgemeingültigkeit moralischer Prinzipien sprengen den Rahmen jedweder deskriptiven Ethik und leiten über zu den normativen Ethikmodellen.

7.2.3 Der evolutionäre Ansatz (Naturalistische Ethik)

Eine Sonderstellung unter den Modellen einer deskriptiven Ethik nimmt die evolutionäre Ethik ein, die in der zweiten Hälfte der 80er Jahre insbesondere von Hans MOHR, Rupert RIEDL, Gerhard VOLLMER und Franz M. WUKETITS entwickelt wurde. Sie beschreiben im Rahmen einer Soziobiologie, wie sich moralisches Verhalten im Verlauf der Evolution des Lebendigen herausgebildet hat. Edgar MORSCHER definiert die evolutionäre Ethik als »eine rein empirische Untersuchung moralischer Einstellungen und Verhaltensweisen, die sich auf die Evolutionstheorie stützt«. (Was ist und was soll Evolutionäre Ethik?, 77)

Als Vorläufer auf dem Gebiet der evolutionären Ethik kann im 19. Jahrhundert Herbert SPENCER bezeichnet werden, der im 9. und 10. Buch seines großangelegten Werks »A System of Synthetic Philosophy« (1862–1892) Darwins Lehren von der Variabilität der Arten und des Mechanismus der natürlichen Auslese für die Rekonstruktion der sozialen Evolution fruchtbar zu machen suchte, indem er die moralischen Normensysteme als Ausdruck der Anpassung an die jeweiligen sozialen Gegebenheiten interpretierte.

Der Begründer der vergleichenden Verhaltensforschung (Ethologie) Konrad LORENZ ging davon aus, daß die stammesgeschichtliche Evolution des Menschen, der er seine biologische Ausstattung verdankt, sich sehr viel langsamer vollzieht als die rasant verlaufende kulturgeschichtliche Evolution des Geistes. Um lebensfähig zu bleiben, mußte der Mensch die Diskrepanz von Natur und Geist überbrücken; zu diesem Zweck bildete sich die Moral heraus, die nur »ein Kompensationsmechanismus ist, der unsere Ausstattung mit Instinkten an die Anforderungen des Kulturlebens anpaßt.« (Das sogenannte Böse. Zur Naturgeschichte der Aggression, 352) Die Moral dient demnach der Kompensation eines stammesgeschichtlichen Defizits: Der ursprüngliche Aggressionstrieb, der der Motor aller menschlichen Antriebskräfte und im Konkurrenzkampf lebensnotwendig ist, stammt aus der Steinzeit, und damit sein Potential unter den kulturellen Bedingungen der Moderne nicht zerstörerisch wirkt, bedarf es hemmender und kanalisierender Einflüsse einer Moral, die durch soziale Prägung (Gewöhnung mittels Belohnung, Ritualisierung, Nachahmung) bestimmte Verhaltensmuster »andressiert.« (Vgl. Die Rückseite des Spiegels, Kap. V, VI, X)

Die evolutionäre Ethik hat die These, daß die Moral Resultat der organischen Evolution ist und somit auf biologische Ursachen zurückgeführt werden kann, zu einer umfassenden Theorie ausgebaut. Die Entstehung von Normen und Werten verdankt sich dem Selektionsvorteil, die die Gruppenbildung mit sich brachte.

»Unsere kognitiven Strukturen entstanden im Pliozän und – vor allem – Pleistozän beim Leben in relativ kleinen, aus Verwandten und Freunden bestehenden, territorial verankerten Gruppen. ... Dieser Umstand ließ nicht nur die Evolution kooperativen Verhaltens zu (weil über die Gesamtfitness eine positive Bilanz für die Sippe resultierte), sondern begünstigte auch die Kommunikation und Tradierung von Erkenntnis und von technischem Know-how innerhalb einer Population, weil eine rasche und zuverlässige Verbreitung von praktisch relevanter Erkenntnis die Überlebenschance der Sozietät gewaltig erhöhte.« (Hans MOHR, Natur und Moral, 45 f.)

Noch deterministischer formuliert Hans KRIEG:

»Jenes Verhalten, welches wir ethisch nennen, bedeutet nichts anderes als ein Sich-Fügen in das Gesetz, nach dem der Mensch im Laufe seiner Stammesentwicklung angetreten ist.« (Marquartsteiner Vorträge, 30)

Die Genese der Moral biologisch zu erklären, heißt jedoch nicht, einen Maßstab zur Beurteilung der Berechtigung normativer Geltungsansprüche zu liefern. »Die biologischen Wurzeln unserer Moral stellen ... weder eine Rechtfertigung des Bösen noch eine Garantie für das Gute dar.« (E. OESER, Psychozoikum, 48)

Auch Franz M. WUKETITS weist ausdrücklich darauf hin, daß die evolutionäre Ethik keine normativen Ansprüche erhebt.

»In der Evolution unserer Spezies also liegt ... *nicht* der ›Grund‹ dafür, daß wir uns so oder so verhalten müssen, sehr wohl aber können wir in unserer eigenen Evolution jenen Bereich entdecken, in dem wir als reflektierende Wesen mit *Sollenserfahrung* geworden sind.« (Moral – Eine biologische oder biologistische Kategorie?, 166)

Die Kritiker der evolutionären Ethik haben eine Reihe von Einwänden vorgebracht, die einerseits gegen den Anspruch, andererseits auf das methodische Verfahren und die dadurch gewonnenen Erkenntnisse gerichtet sind.

- Man kann eine Naturgeschichte des Seins, nicht aber eine Naturgeschichte des Sollens im Evolutionsprozeß aufzeigen. Hier geschieht eine Verwechslung von Genesis und Geltung, die den naturalistischen Fehlschluß nach sich zieht. »Das Sollen durch ›natürliche Erklärung‹ aus einem Sein entstehen zu lassen, ist unmöglich. Aus puren Fakten folgt niemals ein Sollen.« (R. LÖW: Leben aus dem Labor, 35)
- Die Evolutionstheorie klärt uns über unsere Stammesgeschichte auf, aber eine solche Erklärung ist weder eine Begründung noch eine Rechtfertigung. »Die wichtigste Aufgabe der Humanethologie und Humansoziobiologie [besteht darin], die Ursachen der Befreiung des menschlichen Verhaltens von angeborenen Programmen aufzuklären – im Vergleich zu seinen tierischen Verwandten – und nicht etwa die, die letzten Spuren

solcher biologischen Fesseln aufzuspüren.« (H. MARKL: Evolution, Genetik und menschliches Verhalten, 68)

- Wenn die evolutionäre Ethik nichts zur Lösung der Frage ›Was sollen wir tun?‹ beiträgt, da die biotischen Wurzeln der Moral nicht als rationales Kriterium zur Beurteilung der *normativen* Richtigkeit von Handlungen fungieren können, welche Relevanz hat sie dann für die Praxis? »Die Moralfähigkeit des Menschen selber hat keine natürliche Genese.« (W. LÜTTERFELDS: Jenseits von Aporien und Sackgassen, 188) »Die Evolution ist ein Beweis dafür, daß die Moral *keine* biologische Kategorie ist. Moral ist das Resultat einer Evolution des Menschen, die das Biotische als Ursprüngliches in eine Komplexität eingebunden hat. ... Die Wurzeln des Moralischen liegen nicht im biotischen Geschehen, sondern im Überschreiten biotischer Bedingungen.« (K.F. WESSEL: Biotische Determination – nur eine Voraussetzung der evolutionären Ethik, 195)

- Wenn eine Theorie sich nicht eigentlich für das Ethos als solches interessiert, sondern die empirischen Voraussetzungen untersucht, unter denen sich in der Stammesgeschichte die Herausbildung norm- und wertorientierten Handelns als vorteilhaft erwies, dann ist nicht einzusehen, »warum man den Beitrag der Biologie zur Ethik mit dem grandiosen Titel ›evolutionäre Ethik‹ dekorieren soll.« (M. HAMPE: Die Abstraktheit der Suche nach den biologischen Wurzeln der Moral, 178) Die evolutionäre Ethik ist im strikten Sinn gar keine Ethik, allenfalls eine »Theorie der evolvierten Moral.« (A. PIEPER: Evolutionäre Ethik und Philosophische Ethik: Unvereinbare Gegensätze?, 191)

Es ist aufschlußreich, sich die ursprüngliche Bedeutung von ›evolutio‹ als (1) das Aufrollen einer Buchrolle, (2) die Entfaltung eines Gedankens in Erinnerung zu rufen. Die organische Entwicklung wird somit nach dem Muster einer Begriffsentwicklung vorgestellt; der Evolutionsprozeß stellt sich gemäß dem Bild des Aufrollens einer Buchrolle, durch das eine Schrift lesbar und damit eine Geschichte erzählbar wird, als eine vom Naturwissenschaftler entzifferbare Entwicklungsgeschichte der Natur dar. Dies spricht für die These, daß die Vorstellung einer organischen Evolution die Bedingung der Möglichkeit in der Selbstreflexivität eines Bewußtseins hat, das seine eigenen Leistungen als systematisches ›Evolvieren‹ von Begriffen begreift. Auch eine evolutionäre Ethik kann nicht umhin, dieses ›Apriori‹ des Bewußtseins als die unhintergehbare Bedingung anzuerkennen, die immer schon in Anspruch genommen ist, wenn aus den verfügbaren ›Daten‹ der Verlauf der Evolution erschlossen wird. Auch die Zurückbuchstabierung der empirischen Genese der Moral kann daher nicht anders als unter Zugrundelegung der das moralische Selbstbewußtsein konstituierenden normativen Prinzipien geschehen. Daraus folgt, daß das Frühere im Evolutionsprozeß nicht an sich erklärt werden kann, sondern stets nur unter Zugrundelegung des Späteren. Im Bild gesprochen: Wir können nicht lesen, weil es ein Buch gibt, das sich von selbst geschrieben und in uns die Fähigkeit des Lesens entwickelt hat. Vielmehr verhält es sich genau umgekehrt: Weil wir lesen können, existiert für uns überhaupt erst ein ›Buch der Natur‹, das wir beim Aufrollen mit Schriftzeichen versehen und so als Geschichte unserer Herkunft lesbar machen – im Licht unseres kognitiven und moralischen Selbstverständnisses.

7.2.4 Der körperbewußte Ansatz (Leibzentrierte und emotivistische Ethik)

In idealistischen Menschenbildern wurde die Animalität des animal rationale weitgehend ausgeblendet und einseitig dessen Rationalität herausgestellt. Körperliche Bedürfnisse wurden ebenso vernachlässigt wie Gefühle und Affekte. Arthur SCHOPENHAUER war einer der wenigen, der seine Ethik auf das Gefühl des Mitleids und der Empathie mit allen leidensfähigen Lebewesen gründete. Ein Jahrhundert später beklagte Günther ANDERS eine Apokalypse-Blindheit der Menschen. Daß sie außerstande sind, die Gefahr einer radikalen Vernichtung nicht nur ihrer selbst, sondern auch aller vergangenen und zukünftigen Menschen zu sehen, liege daran, daß die Größe und Unüberschaubarkeit des technischen Apparats einerseits zu einer Schwächung der »moralischen Hemmungsenergien« geführt und andererseits einer Unmoral Vorschub geleistet habe, die alle persönlich zurechenbare Schuld und Verantwortung durch die Delegierung an die anderen negiert. ANDERS zitiert ein molussisches Sprichwort: »Schmutz geteilt durch tausend ist sauber« (Die Antiquiertheit des Menschen, 1, 246f.).

Den Menschen sind die Gefühle abhanden gekommen: »*Wir leben im Zeitalter der Unfähigkeit zur Angst*« (ebd., 264), und die vordringliche Aufgabe kritischer Mahner sieht ANDERS darin, diese »Analphabeten der Angst« wieder »das Fürchten zu lehren (266f.). Wer Angst hat, hört auf, sich zu überschätzen, da er einsieht, daß er kleiner ist als jene Titanen glauben, die sich Macht über die Erde anmaßen, ohne die irreversiblen Folgen ihres Größenwahns zu berücksichtigen. ANDERS spricht von einer »Plastizität« und »Modellierbarkeit« der Gefühle (ebd., 309), die sich mit dem menschlichen Selbstverständnis verändern. Der Mensch als von Natur aus nicht festgelegtes Wesen kompensiere diesen »Blanko-Scheck« durch selbst auferlegte Verbindlichkeiten, indem er sozial und psychologisch stets etwas Neues aus sich mache. Diesen ständigen Selbsterneuerungen müsse sich der Mensch auch gefühlsmäßig anpassen, wozu eine gewisse Gewöhnungszeit nötig ist, denn die Veränderungsgeschwindigkeit von Gefühlen ist niedriger als die von Mensch und Welt. Ist der Fortschritt rasant, so hinkt die Menschheit emotional hinter sich her: »Immer wieder tritt deshalb die Notwendigkeit ein, dem Fühlen nachzuhelfen oder Gefühle ganz ausdrücklich herzustellen.« (Ebd., 311)

Im ausgehenden 20. Jahrhundert bekräftigte Hans JONAS diese These, indem er einer »Heuristik der Furcht« das Wort redete. (Das Prinzip Verantwortung, 63f.) Angesichts der Gefahren, die nicht nur von den modernen Waffensystemen ausgehen, sondern auch von den technischen Möglichkeiten einer genetischen Manipulation der menschlichen Natur, befürwortete er die Ausmalung schlimmstmöglicher Szenarien, um mittels Unheilsprognosen jene Abwehrgefühle zu erzeugen, die zur Verhinderung einer schlechterdings nicht wünschenswerten Zukunft beitragen.

ANDERS und JONAS haben kategorische Forderungen zur Wiederbelebung des Gefühlshaushalts aufgestellt und Wege vorgeschlagen, wie man sich dem Trend, alles Machbare tatsächlich zu machen, widersetzen kann. Insofern sind ihre Ethikkonzepte nicht deskriptiv, sondern normativ. Doch sie finden Unterstützung in der neueren Anthropologie und Psychologie, die einerseits mittels phänomenologischer Beschreibung dem Körper, andererseits aufgrund neurophysiologischer Forschungsergebnisse der Rolle von Gefühlen im moralischen Verhalten ein starkes Gewicht zusprechen.

Maurice MERLEAU-PONTY hat den Leib ins Zentrum seines Denkens gerückt. Die Leibperspektive als Ausgangspunkt aller Wahrnehmungsakte ist der Fluchtpunkt, von dem her das Unsichtbare (die geistigen Vollzüge des Bewußtseins) und das Sichtbare (die gegenständliche Welt) sowohl als getrennte Bereiche wie als Einheit erlebt werden. Im Zwischenraum der Leiblichkeit (»Chiasma«) berühren sich nicht nur Selbst und Welt, sondern auch Selbst und anderes Selbst, dessen Existenz zur Kommunikation und damit zur Auseinandersetzung mit fremden Lebensentwürfen zwingt. (Phänomenologie der Wahrnehmung; Das Sichtbare und das Unsichtbare).

Hans BLUMENBERG ist in seiner Anthropologie ebenfalls dem Phänomen des Leibes nachgegangen. Der Mensch ist sichtbar (als Körper) und doch zugleich undurchsichtig (hinsichtlich seiner Selbstorganisation). »Fremdkörper und Fremdleiber sind primär undurchsichtig für die Aufmerksamkeit, und von ihnen her wird auch der Eigenleib als primär undurchsichtig oder in den Stand der Undurchsichtigkeit versetzbar eingeschätzt.« (Beschreibung des Menschen, 659) Das Leibzentrum, von dem her sich alles Wirkliche erschließt, ist als Körper mit Bodenhaftung dem Risiko der Visibilität ausgesetzt, vor dem es sich durch Verstellung oder Masken zu schützen sucht. »Die ›Einfühlung‹ stabilisiert das Mißtrauen, der andere werde mich nur so sehen, als hätte ich mich selbst an seine Stelle versetzt, um auf mich zu blicken; er werde die Undurchsichtigkeit zu meinen Ungunsten auslegen, das Äußere für das Innere, das Symptom für die Tiefe nehmen.« (Ebd., 845) BLUMENBERG setzt gegen die mimischen Täuschungsmanöver eine »Ethik des Zuhörens« (ebd., 892), die einen Raum des Vertrauens schafft, in welchem Fremd-Innen-Erfahrungen ungeschützt ausgetauscht werden können. Die praktische Vernunft als Platzhalterin der Freiheit ermöglicht gelingende zwischenmenschliche Kommunikation, indem sie auf der moralischen Evidenz des Satzes »Ich kann, denn ich soll« aufbauend die Undurchsichtigkeit des Gegenübers durchbricht und ein wechselseitiges Verständnis ermöglicht. (Ebd., 893)

Körperempfindungen, die jahrhundertelang als Störfaktor bei der moralischen Urteilsbildung in Mißkredit waren, wurden in jüngster Zeit vor allem durch klinische Psychologen rehabilitiert. Daniel GOLEMAN betont die Wichtigkeit der emotionalen Intelligenz. Er führt den Verlust an sozialer Kompetenz darauf zurück, daß mangels Ausbildung der Fähigkeiten des Herzens niemand mehr das »emotionale Alphabet« beherrsche. (Emotionale Intelligenz, 7f.) Brutalität, Aggression und Gewalt seien das Resultat einer unkontrollierten Emotionalität, die der Intelligenz ermangelt. Der intelligente Umgang mit Emotionen setzt nach GOLEMAN voraus, daß man über seine Gehirnfunktionen besser Bescheid weiß. Entsprechend interessieren ihn die Hirnareale, von denen die Steuerung des Gefühlslebens ausgeht, und anhand von Fallbeispielen zeigt er, daß es neben den herkömmlichen Formen von Intelligenz (IQ) noch andere gibt, die etwas mit Menschenkenntnis zu tun haben (personale, interpersonale, intrapersonale Intelligenz) und auf Gefühlen beruhen (EQ). Fehlen die »höheren Werte des menschlichen Herzens«: Glaube, Hoffnung, Hingebung, Liebe, wird das soziale Netz brüchig. Zwischen den beiden Extremen des emotionslosen Rationalisten und des Sklaven der Leidenschaft gilt es nach GOLEMAN eine Mitte zu finden, in welcher die emotionale Intelligenz den Umgang mit überschießenden Gefühlen, die Kontrolle der Impulse und vor allen Dingen Empathie lehrt. Dem Typus des »Soziopathen« (ebd., 139ff.) könne nur durch frühzeitige Einübung in Empathie vorgebeugt werden. Aufgabe der Erziehung sei daher eine »Schulung der Gefühle« (ebd., 328ff.), die großes Gewicht auf die emotionale Bildung legt, deren Programm GOLEMAN unter den Titeln »emotionale Selbstwahrnehmung«, »Umgang mit Emotionen«, »Emotionen produktiv nutzen«, »Empathie: Deuten von Emotionen«, »Umgang mit Beziehungen« auflistet. (Ebd., 355)

Ronald DE SOUSA plädiert sogar für die »Rationalität des Gefühls«. Vernunft und Gefühl sind für ihn »keine natürlichen Gegner« (Rationalität des Gefühls, 11), sondern eher Partner bei der Suche nach Objektivität. Gefühle bringen wertenden Objektbezug in das praktische Urteil ein. Anhand von »Schlüsselszenarien« (ebd., 298ff.) rekonstruiert er, wie sich das Gefühlsrepertoire samt entsprechendem Vokabular im jeweiligen Beziehungsnetz vom Säuglingsalter an aufbaut und hinsichtlich der Wertqualitäten mit zunehmendem Alter immer komplexer wird. Man lernt von Kind an, auf bestimmte Situationen angemessen zu reagieren (beschämt, eifersüchtig, wütend, gelassen, freudig etc.), und eben darin zeige sich die Rationalität des Gefühls: »daß ein Gefühl in einer gegebenen Situation dann und nur dann angemessen [...] ist, wenn diese Situation relevantermaßen einer passenden Schlüsselszene ähnlich ist« (ebd., 308), in welcher der Konflikt beispielhaft gelöst wurde.

Mit Hilfe der Vernunft allein können laut DE SOUSA keine Entscheidungen gefällt werden; es bedarf immer jenes in den Schüsselszenarien erworbenen emotionalen Wissens, um die Unzulänglichkeit der Vernunft durch Gefühle zu ergänzen. (Ebd., 319) In den Gefühlen haben sich gleichsam unsere Werturteile über die Welt sedimentiert; insofern vermögen sie Denkprozesse zu manipulieren und zu kontrollieren – aus Gründen, die durchaus rational sind (Minimierung von Leiden, Steigerung von Freuden). DE SOUSA bezeichnet daher die den Gefühlen eigentümliche Rationalität als axiologische, d.h. wertbezogene Rationalität und hält abschließend fest: »Gefühle sind eine Art Wahrnehmung – Wahrnehmung der axiologischen Ebene der Wirklichkeit. [...] Das Ideal emotionaler Rationalität ist die angemessene Gefühlsreaktion. [...] Die menschliche Welt zu fühlen, wie sie ist, das emotionale Äquivalent der Wahrheit zu erfahren heiße, all dies zu fühlen, mit dem ganzen Wesen, alles zugleich.« (Ebd., 525f.)

Carola MEIER-SEETHALER hat DE SOUSAs Ansatz weiter geführt, indem sie einen erweiterten Vernunftbegriff formuliert, der Rationalität sowohl im Sinne von *Verstand* als auch im Sinne von *Sorge* umfasst. (Vgl. Gefühl und Urteilskraft, 250) Ihre »Vision eines weltweiten Projekts zur interkulturellen Ethikforschung« (ebd., 389ff.) zielt auf die ›Kartierung‹ überregionaler Wertvorstellungen bzw. »der sprachlichen Ausdrucksformen für wertorientiertes Fühlen und Denken«. Damit hätte man einen anthropologischen Fundus von »Schlüsselszenarien«, auf dessen Basis die emotionale Vernunft Projekte entwickeln könnte, die auf globale Akzeptanz stoßen und die Besonnenheit fördern.

»Aus der Perspektive der emotionalen Vernunft besteht Sachlichkeit nicht in einer kühlen, von den eigenen und den Gefühlen anderer abgespaltenen Denkart, sondern läßt sich eher mit dem Begriff der Besonnenheit umschreiben. Besonnenheit nimmt zwar Abstand zur eigenen Betroffenheit in der Reflexion, aber im Spiegel ihres Bewußtseins erscheinen Ich und Mitwelt als lebendige Wirklichkeiten, denen wir nur gerecht werden, wenn die Erkenntniskräfte des Denkens und Fühlens zusammenwirken.« (Ebd., 395)

Joachim BAUER schließlich ist dem Geheimnis der Spiegelneurone nachgegangen, die aus biologischer Perspektive eine Bestätigung für die Fähigkeit intuitiven Verstehens und des Mitleidens liefern. Spiegelphänomene sind entscheidend für den Selbstwerdungsprozeß, in welchem die Identitätsbildung Hand in Hand mit der Einfühlung in die Mitmenschen erfolgt. »Im Antlitz des anderen Menschen begegnet uns unser eigenes Menschsein. Erst indem wir uns gegenseitig als Menschen erkennen und anerkennen, werden wir zum Mitmenschen, und erst dadurch erleben wir uns als Menschen.« (Warum ich fühle, was du fühlst, 115)

Fühlen und Denken entwickeln sich gemäß dem körperbewußten Denkansatz gleichursprünglich und sind gleichermaßen wichtig für das selbstbestimmte Handeln sozialkompetenter Individuen. Die Erfindung neuer Schlüsselszenarien könnte in der Tat zur Wiedergewinnung der im Zeitalter von Wirtschaft und Technik verloren gegangenen Gefühle beitragen. Utopische Konstrukte einer Welt, in welcher niemand leben möchte, wären als Instrumente einer Heuristik der Furcht geeignet, die maßlos gewordene Zweckrationalität emotional wieder anzubinden an die Bedürfnisse von Lebewesen, die außer Kopf und Hand auch noch ein Herz besitzen und einander als ganzheitliche Personen widerspiegeln.

7.3 Modelle einer normativen Ethik

Im Unterschied zur deskriptiven Ethik, die sich auf eine Analyse der zum Bereich des Moralischen gehörenden Gewissens- bzw. Sprachphänomene beschränkt, geht es der normativen Ethik weniger um eine *Beschreibung* als um eine *Begründung* moralischer Geltungsansprüche und Normen, sei es im Rekurs auf ein höchstes (Moral-)Prinzip, das unbedingt gebietet, sei es im Aufweis eines höchsten Gutes, dessen Verwirklichung als für jedermann verbindlich behauptet wird.

7.3.1 Der transzendentalphilosophische Ansatz (Willensethik, konstruktive, sprachpragmatische und generative Ethik)

Der *transzendentale* Ansatz in der Ethik wurde von KANT und FICHTE grundgelegt und

- sowohl in der konstruktiven Ethik (O. SCHWEMMER)
- als auch in der sprachpragmatischen Ethik (K.-O. APEL)
- wie in der generativen Ethik (H. KRINGS) weiterentwickelt bzw. transformiert.

KANT interessiert sich vorrangig nicht für die Frage, unter welchen Bedingungen moralisches Handeln und Urteilen *wirklich* steht (Frage nach den empirischen Ursachen einer Handlung), sondern unter welchen Bedingungen moralisches

Handeln als moralisches *möglich* ist (Frage nach den verbindlichen Gründen einer Handlung). KANT geht es somit um eine Regel, vermittels derer Handlungen hinsichtlich ihrer Moralität bzw. ihres moralischen Geltungsanspruchs beurteilt werden können.

»Eine Metaphysik der Sitten [= Ethik] ist ... unentbehrlich notwendig, nicht bloß aus einem Bewegungsgrunde der Spekulation, um die Quelle der a priori in unserer Vernunft liegenden praktischen Grundsätze zu erforschen, sondern weil die Sitten selber allerlei Verderbnis unterworfen bleiben, solange jener Leitfaden und oberste Norm ihrer richtigen Beurteilung fehlt.« (Grundlegung zur Metaphysik der Sitten, in: Werke, Bd. 6, 14)

Eine Ethik ist für KANT zwar auch aus spekulativen Gründen – zur Befriedigung des Wissenwollens, d.h. der theoretischen Vernunft – nötig, vorrangig aber zur Verbesserung der Sitten, deren Befolgung vernünftigerweise nur dann geboten werden kann, wenn es einen Maßstab, eine oberste Norm gibt, vermittels welcher sie auf ihre Rechtmäßigkeit, ihre legitime Geltung hin überprüft werden können.

Diese oberste Norm moralischer Urteile rekonstruiert KANT in einer Analyse des Begriffs der praktischen Vernunft als Freiheitsprinzip. Das Freiheitsprinzip ist jedoch kein ontologisches, kein Seinsprinzip, durch das Realität jeweils als schon konstituiert gedacht werden muß, sondern ein praktisches Sollensprinzip, d.h. ein normatives Prinzip mit regulativer Funktion, das angibt, warum und wie moralische Willensbestimmung überhaupt geschehen soll.

Daher steht für KANT der Begriff des Willens im Mittelpunkt seiner ethischen Überlegungen, denn eine Handlung qualifiziert sich nicht aus sich selbst heraus oder durch ihre Folgen als moralisch, sondern ausschließlich durch den ihr zugrundeliegenden guten Willen.

»Der gute Wille ist nicht durch das, was er bewirkt oder ausrichtet, nicht durch seine Tauglichkeit zu Erreichung irgend eines vorgesetzten Zweckes, sondern allein durch das Wollen, d.i. an sich gut.« (Ebd., 19)

Wenn sich der Wille weder durch einen für erstrebenswert gehaltenen Zweck noch durch die Mittel, die zur Erreichung des Zwecks nötig sind, als gut erweist, worin besteht dann sein An-sich-Gut-Sein? KANT bestimmt den guten Willen als vernünftig.

»Ein jedes Ding der Natur wirkt nach Gesetzen. Nur ein vernünftiges Wesen hat das Vermögen, nach der Vorstellung der Gesetze, d.i. nach Prinzipien, zu handeln, oder einen Willen. Da zur Ableitung der Handlungen von Gesetzen Vernunft erfordert wird, so ist der Wille nichts anderes als praktische Vernunft.« (Ebd., 41)

Vernünftigkeit besteht nach KANT mithin nicht darin, gesetzlos zu handeln, sondern darin, ebenfalls wie die Natur nach Gesetzen zu handeln, aber eben nicht nach Naturgesetzen – das wäre gerade nicht mit Freiheit vereinbar –, sondern nach Prinzipien, d.h. nach Gesetzen, die ein Wille selber hervorgebracht hat.

Das Gutsein des Willens besteht somit in seiner Vernünftigkeit, und aufgrund der ihm immanenten Vernünftigkeit ist der gute Wille autonom.

»Autonomie des Willens ist die Beschaffenheit des Willens, dadurch derselbe ihm selbst (unabhängig von aller Beschaffenheit der Gegenstände des Wollens) ein Gesetz ist. Das Prinzip der Autonomie ist also: nicht anders zu wählen als so, daß die Maximen seiner Wahl in demselben Wollen zugleich als allgemeines Gesetz mit begriffen seien.« (Ebd., 74 f.)

Das Gesetz des Willens ist somit, sich selbst zu wollen, und zwar sich selbst als guter Wille zu wollen. Sich selbst als guter Wille zu wollen aber heißt: sich nur solche Maximen zur Handlungsregel zu machen, die mit dem guten Willen vereinbar sind, die sich also auf das autonome Gesetz des Willens zurückführen lassen.

Autonomie als Prinzip der Moralität jeglicher Willensbestimmung und oberste Norm moralischer Urteile setzt Freiheit voraus.

»... was kann denn wohl die Freiheit des Willens sonst sein als Autonomie, d.i. die Eigenschaft des Willens, sich selbst ein Gesetz zu sein? ... Also ist ein freier Wille und ein Wille unter sittlichen Gesetzen einerlei.« (Ebd., 81)

Freiheit ist sowohl der Grund als auch die Folge jenes Gesetzes, das der Wille sich selber gibt. Indem der Wille sich selbst als guter Wille will, setzt er Freiheit als Bedingung dieses Wollens des Guten voraus. Das, was der Wille als guter Wille will, ist aber ebenfalls Freiheit: Er will Freiheit um der Freiheit willen, und eben darin erweist sich sein Gutsein. Diese Norm, Freiheit um der Freiheit willen zu wollen, ist sein Prinzip bzw. ist für ihn Gesetz. Dieses Gesetz ist somit ebenfalls ein Produkt von Freiheit, und es gebietet Freiheit.

Mit dem Begriff der Freiheit hat KANT den nicht mehr weiter reduzierbaren Letztpunkt seines transzendentalen Begründungsganges erreicht. Der moralisches Handeln begründende gute Wille hat seinen Grund im Prinzip der Freiheit, dem gemäß er sein Wollen auf das Wollen von Freiheit als dem unbedingt Gesollten einschränkt und sich diese Einschränkung zum Gesetz seines Wollens macht.

Die *konstruktive* Ethik greift KANTs transzendentalen Ansatz auf, versucht aber das Moralprinzip als höchstes Prinzip zweckrationalen Handelns zu deuten, durch das Konflikte gewaltlos mit den Mitteln vernünftiger Kommunikation gelöst werden sollen. SCHWEMMER formuliert entsprechend als Moralprinzip die Forderung:

»Stelle in einer Konfliktsituation fest, ob es miteinander verträgliche Supernormen zu den Normen gibt, die als Gründe für die miteinander unverträglichen Zwecke benutzt werden, und stelle zu diesen Supernormen Subnormen auf, die miteinander verträglich sind.« (LORENZEN/SCHWEMMER: Konstruktive Logik, Ethik und Wissenschaftstheorie, 167)

Diese als Neuformulierung des kategorischen Imperativs verstandene Regel einer vernünftigen und moralischen Beratung setzt jedoch stillschweigend voraus, daß Konflikte gewaltlos gelöst werden sollen, und untersucht nicht mehr eigens die Bedingungen, unter denen dieses Sollen als sinnvoll gerechtfertigt werden kann. Dazu wäre wiederum ein Rekurs auf das

Freiheitsprinzip notwendig, das dem Prinzip der Zweckrationalität logisch vorausgedacht werden muß, da nicht der zwischen den Teilnehmern an einer Beratung tatsächlich erzielte Konsens Kriterium der Moralität des Ergebnisses ist, sondern das Freiheitsprinzip, das von allen bereits anerkannt sein muß, bevor Zwecke als verbindlich festgesetzt werden können.

Die *sprachpragmatische* Ethik verbindet den transzendentalen Ansatz KANTs einerseits mit der Sprachanalyse und andererseits mit dem insbesondere von Charles Sanders PEIRCE begründeten amerikanischen Pragmatismus, der als Kriterium der moralischen Verbindlichkeit von Normen fordert, sie müßten sich von einer unbegrenzten Handlungsgemeinschaft in einem unbegrenzten Handlungsverlauf (»in the long run«) konsistent befolgen lassen. Entsprechend rekurriert APEL auf das apriorische Konstrukt einer »idealen Kommunikationsgemeinschaft« als transzendentale Bedingung moralischen Handelns.

»Damit scheint mir das Grundprinzip einer Ethik der Kommunikation angedeutet zu sein, das zugleich die ... Grundlage einer Ethik der demokratischen Willensbildung durch Übereinkunft (›Konvention‹) darstellt. Die angedeutete Grundnorm gewinnt ihre Verbindlichkeit nicht etwa erst durch die faktische Anerkennung derer, die eine Übereinkunft treffen (›Vertragsmodell‹), sondern sie verpflichtet alle, die durch den Sozialisationsprozeß ›kommunikative Kompetenz‹ erworben haben, in jeder Angelegenheit, welche die Interessen (die virtuellen Ansprüche) Anderer berührt, eine Übereinkunft zwecks solidarischer Willensbildung anzustreben; und nur diese Grundnorm – und nicht etwa das Faktum einer bestimmten Übereinkunft – sichert den einzelnen normgerechten Übereinkünften moralische Verbindlichkeit.« (Transformation der Philosophie II, 426)

APEL hat somit das Problem gesehen, das in SCHWEMMERs Ansatz ungelöst bleibt. Analog wie HABERMAS auf eine »herrschaftsfreie«, ideale Sprechsituation rekurrieren muß, um einen faktischen und somit bloß zufälligen Konsens von einem gültigen, rechtmäßigen Konsens unterscheiden zu können, führt APEL den Begriff einer idealen Kommunikationsgemeinschaft ein, der als letztes Beurteilungskriterium fungieren soll. Entsprechend formuliert er »zwei grundlegende regulative Prinzipien für die langfristige moralische Handlungsstrategie jedes Menschen«:

»Erstens muß es in allem Tun und Lassen darum gehen, das *Überleben* der menschlichen Gattung als der *realen* Kommunikationsgemeinschaft sicherzustellen, zweitens darum, in der realen die ideale Kommunikationsgemeinschaft zu verwirklichen.« (Ebd., 431)

APEL faßt seine Position folgendermaßen zusammen:

»Nur solche Normen sind letztlich rechtfertigbar, deren allgemeine Befolgung aller Voraussicht nach Konsequenzen hat, die in einem argumentativen Diskurs über Normenlegitimation ... von allen Betroffenen zwanglos akzeptiert werden können. Dieses Grundprinzip ... ist ... *reflexiv letztbegründbar;* denn wir haben es bei jeder ernsthaften Argumentation als *normatives Verfahrensprinzip der Problemlösung in einer – kontrafaktisch antizipierten – idealen Kommunikationsgemeinschaft* notwendigerweise schon anerkannt, und wir können es daher als *nichthintergehbare normative Bedingung der Möglichkeit des argumentativen Diskurses* nicht ohne *performativen Selbstwiderspruch* bestreiten.« (Diskurs und Verantwortung, 219)

Den Ansatz zu einer *generativen* Ethik hat Hermann KRINGS vorgelegt. Er unterscheidet zunächst »reale« Freiheit, »praktische« Freiheit und »transzendentale« Freiheit als drei Aspekte der menschlichen Freiheit.

»Der Ausdruck reale Freiheit soll den Inbegriff aller politischen, sozialen und persönlichen Freiheiten bezeichnen.«
»Praktische Freiheit betrifft ... zunächst nicht die Freiheit des Handelns, sondern ist handlungsbegründende Freiheit. ...
Durch den Begriff der praktischen Freiheit wird die Handlung nicht als kosmisch-metaphysisch, sondern als transzendental begründet gedacht.« (System und Freiheit, 41, 53)

KRINGS' Versuch einer Letztbegründung setzt beim Begriff der praktischen Freiheit ein, die nach KANT »als die reine Form einer unbedingten praktischen Setzung« zu verstehen sei (ebd., 57). KRINGS befragt den Kantischen Freiheitsbegriff noch einmal daraufhin, wie er als Ursprung von Regelhaftigkeit, Geltung und

Verbindlichkeit *generiert*, d.h. in seinem Entstehungsprozeß als geltungsbegründende Instanz sichtbar gemacht werden kann. Diese Ursprungsdimension von Freiheit bezeichnet KRINGS als transzendentale Freiheit. Transzendentale Freiheit ist der Name für einen unbedingten Entschluß, den Entschluß nämlich, Freiheit als letztes Um-willen anzuerkennen und zu bejahen.

»Demnach ist transzendentale Freiheit als der unbedingte Entschluß von Freiheit für Freiheit zu bestimmen. Die Generierung der primären transzendentalen Regel verläuft nach der Formel, daß Freiheit sich dadurch konstituiert, daß Freiheit anerkannt wird. ... Die transzendentale Freiheit kann daher auch als transzendentaler Entschluß bezeichnet werden. Dieser ist alles andere als ›Dezision‹. Der transzendentale Ent-schluß konstituiert die primäre transzendentale Regel, die es ermöglicht, daß praktische Entschlüsse, d.h. hier Entschlüsse der praktischen Freiheit, begründbar und nicht dezisionistisch sind.« (Ebd., 62)

Transzendentale Freiheit ist somit die Idee des Unbedingten im menschlichen Wollen und Handeln und meint den ursprünglichen Entschluß, das Sichöffnen für andere Freiheit.

»Der Begriff Freiheit ist mithin ab ovo ein Kommunikationsbegriff. Freiheit ist primär nicht die Eigenschaft eines individuellen Subjekts, die allein für sich bestehen und begriffen werden könnte; vielmehr ist der Begriff des individuellen Subjekts erst durch jenen Kommunikationsbegriff verstehbar. Empirisch bedeutet das: ein Mensch allein kann nicht frei sein. Freiheit ist nur dort möglich, wo Freiheit sich anderer Freiheit öffnet.«
»Im Akt der transzendentalen Freiheit ist mit dem Sich-Öffnen für andere Freiheit nicht nur die eigene Freiheit gesetzt, sondern auch die andere Freiheit bejaht.« (Ebd., 125, 126)

Die Idee einer generativen Ethik, wie KRINGS sie im Umriß skizziert hat, knüpft an KANTs transzendentalen Ansatz an, sucht aber – der Intention nach wie FICHTE – über den Kantischen Ansatz hinausgehend nach einem letzten höchsten Prinzip, das nicht nur reduktiv ermittelt, sondern auch aus sich selbst entfaltet und immanent expliziert wird. Diese in den Bildern des Ursprungs oder des Entschlusses vorgenommene Selbstexplikation von Freiheit als oberste geltungsbegründende Instanz ist letzter Grund für Moralität und damit unverzichtbarer Sinngrund menschlicher Praxis schlechthin.

7.3.2 Der existentialistische Ansatz (Daseinsethik)

Der *existentialistische* Ansatz stellt den Begriff der menschlichen Existenz in den Mittelpunkt ethischer Überlegungen und versucht, menschliches Handeln aus der Gesamtheit menschlichen Selbstseins, das als Einheit von Denken, Wollen, Fühlen und Handeln begriffen wird, zu begründen. Diese Einheit im konkreten Vollzug seines Daseins je und je geschichtlich neu herzustellen, ist die bleibende moralische Aufgabe jedes einzelnen.

Als erster hat Sören KIERKEGAARD den Versuch unternommen, die Ethik existentialistisch zu begründen. KIERKEGAARD setzt sich mit seinem Ausgangspunkt beim menschlichen Existieren zur Wehr gegen jede Wesensphilosophie (Gegensatz von essentia – Wesen und existentia – Dasein). Die traditionelle Philosophie, als deren Repräsentanten er vor allem HEGEL sah, war für ihn ausschließlich Wesensmetaphysik, indem sie nicht nach dem Sein, sondern nach dem Wesen der Dinge fragte und dieses Wesen abstrakt, vermittels allgemeiner Begriffe formulierte. Was für die Dinge noch angehen mag, ist im Hinblick auf den Menschen jedoch nach KIERKEGAARD nicht mehr zulässig, denn der Mensch interessiert als Individuum und hinsichtlich seiner Individualität, so daß man die abstrakte Frage nach dem Wesen des Menschen nicht unabhängig von der Frage nach der Seinsweise des einzelnen als Individuum stellen kann. Wenn man aber danach fragt, wodurch denn ein Individuum dieses bestimmte Individuum ist, kann man diese Frage nicht mehr auf herkömmliche Weise in Form eines philosophischen Systems beantworten, weil dieses System ja wieder nur ein abstrakter Begriffsapparat ist, aus dem der einzelne als einzelner herausfällt. Wodurch der einzelne zu dem bestimmten Individuum wird, das er ist, läßt sich nur gewissermaßen biographisch an fiktiven Figuren zeigen. Daher hat KIERKEGAARD so viele verschiedene Pseudonyme erfunden, von denen jedes aus einem anderen Aspekt deutlich machen soll, was Existieren für es heißt. Selbstverständlich kommen auch hier abstrakte Erörterungen vor, aber sie stehen immer in irgendeinem Zusammenhang mit jenem ursprünglichen Seinsvollzug, der als Existenz bezeichnet wird. Hier ist für KIERKEGAARD SOKRATES das Vorbild, der seine Schüler auch kein begriffliches Wissen, keine Formeln von Tugend, keine Definitionen des Gerechten und Guten gelehrt, sondern ihnen exemplarisch vorgelebt hat, was es heißt, ein tugendhafter, gerechter, guter Mensch zu sein.

Für KIERKEGAARD ist Menschsein als Existenz nicht statisches, ontisches Sein, sondern wesentlich Bewegung, Prozeß, Selbstwerden. Existieren heißt: unter einem Unbedingtheitsanspruch handeln und sich durch solches Handeln als ein trotz seiner Gebundenheit an sein jeweiliges Sosein freies Individuum zu erweisen. Um moralisch handeln zu können, muß sich der einzelne in einem Akt autonomer Selbstbestimmung unbedingt entschlossen haben, er selbst zu sein und Freiheit als Moralprinzip anzuerkennen,

»denn allein indem man unbedingt wählt, kann man das Ethische wählen. Durch die absolute Wahl ist somit das Ethische gesetzt.« (Entweder-Oder II, 189)

Dabei versteht KIERKEGAARD unter dem »Setzen des Ethischen« das Hervorbringen von Moralität aus dem unbedingten Streben nach dem Guten, d.h. die Wahl der Freiheit.

»Durch diese Wahl wähle ich eigentlich nicht zwischen Gut und Böse, sondern ich wähle das Gute; indem ich aber das Gute wähle, wähle ich eben damit die Wahl zwischen Gut und Böse. Die ursprüngliche Wahl ist ständig zugegen in einer jeden folgenden Wahl.« (Ebd., 232 f.)

Mit der ursprünglichen Wahl bringt der einzelne in freier Selbstbejahung sich selbst als moralische Person hervor, die bereit ist, ihr künftiges Wollen und Handeln den Normen des Guten und Bösen zu unterstellen. Nur wer sich ethisch wählt, wird er selbst als der, der er sein soll: er wird ein »Selbst«.

»Der Mensch ist Geist. Was aber ist Geist? Geist ist das Selbst. Was aber ist das Selbst? Das Selbst ist ein Verhältnis, das sich zu sich selbst verhält, oder ist das an dem Verhältnis, daß das Verhältnis sich zu sich selbst verhält; das Selbst ist nicht das Verhältnis, sondern daß das Verhältnis sich zu sich selbst verhält.« (Die Krankheit zum Tode, 31)

Menschsein realisiert sich nach KIERKEGAARD als doppeltes, in sich reflexes Verhältnissein, als Tätigkeit eines Sichverhaltens, das sich im Verhältnis zu anderem (Welt, Mitmenschen, Gott) zugleich wesentlich auf sich selbst und im Zusichselbstverhalten zugleich wesentlich auf anderes bezieht. Diese Verhältnisstruktur menschlichen Existierens als geistigen Selbstseins gilt es stets von neuem in Akten freier Selbstbestimmung geschichtlich zu vollziehen. Die ethische Aufgabe des einzelnen besteht darin, zu existieren, sich zu verhalten und in diesem Sichverhalten als der offenbar zu werden, der er ist.

Was KIERKEGAARD in ›Entweder-Oder‹ durch den Akt des Wählens als der Grundweise individuellen Existierens signalisiert hat, das präzisiert er in ›Die Krankheit zum Tode‹ weiter unter dem Begriff des Selbst als Sichverhalten. Nur wer sich verhält und in diesem Sichverhalten offenbar macht, wie er sich entschieden hat, gibt sich als der zu erkennen, der er durch freie Selbstbestimmung geworden ist. Er existiert im ursprünglichen Wortsinn von ex-sistere – heraussstehen, sich zeigen und handelnd eröffnen als der, der man wirklich ist.

Einen existenzphilosophischen Ansatz, der aber nicht eigentlich zu einer Ethik ausgearbeitet wurde, findet man in diesem Jahrhundert bei Martin HEIDEGGER und deutlicher ausgeprägt bei Karl JASPERS. HEIDEGGER versteht sich zwar weniger als einen Existenzphilosophen und bezeichnet sich lieber, zum mindesten in der Periode um ›Sein und Zeit‹, als Fundamentalontologen, aber insofern die Frage nach dem Sinn von Sein eine Analytik des Daseins miteinschließt, dessen Seinscharaktere er als Existenzialien begreift – wie z.B. Angst, Sorge, Sein zum Tode –, kann man auch HEIDEGGER zur Existenzphilosophie rechnen, ebenso wie JASPERS, der sich auch selbst dazu bekannte. Entsprechend betreibt er die Daseinsanalyse als Existenzerhellung, indem er vor allem jene Grundsituationen – wie Kampf, Leid, Schuld, Tod – thematisiert, in denen der einzelne im Sichzusichselbstverhalten über sich hinausgetrieben wird auf das Transzendente hin.

Auch bei den französischen Existentialisten finden sich Ansätze zu einer existentiellen Moral, so bei Jean-Paul SARTRE, der davon ausgeht, daß die Existenz der Essenz, das Dasein dem Wesen vorausgeht. Der Mensch ist eine Nullpunktexistenz, d.h. er beginnt als radikal Freier, dem nichts vorgegeben ist, der sein Wesen selbst hervorbringt und somit sich selbst erst als der erschafft, der er dann ist. Der Mensch als Existierender wählt sich selbst seinem Wesen nach, indem er im Bewußtsein seiner Verantwortung zugleich alle Menschen wählt. (Vgl. Ist der Existentialismus ein Humanismus?, Frankfurt 1983, 12 f.)

Wieder anders reflektiert Albert CAMUS auf die Existentialität des Menschen. Bestand für KIERKEGAARD der ethische Sinn menschlichen Handelns in der unbedingten Selbstwahl, durch die der einzelne zu dem wird, der er sein soll, so findet Albert CAMUS im *Protest* gegen die Absurdität des Lebens jenes Moment der Unbedingtheit, aufgrund dessen sich die Menschen in der gemeinsamen Empörung über die Sinnlosigkeit der Welt solidarisch miteinander verbinden:

»Weit entfernt, eine allgemeine Unabhängigkeit zu fordern, will die Revolte die Anerkennung der Tatsache, daß die Freiheit überall da eine Grenze habe, wo sich ein menschliches Wesen befindet, denn die Grenze ist eben die Macht der Revolte dieses Wesens.« (Der Mensch in der Revolte, 230)

Die einzige dem Menschen nach CAMUS mögliche Freiheit, zu der er moralisch aufgerufen ist, realisiert sich im Protest und als Protest gegen die Unmenschlichkeit des Daseins. Der Mensch existiert nur als Protestierender; so hält er seinen Anspruch auf Humanität und ein menschenwürdiges Leben hoch, ohne daß damit freilich die Sinnlosigkeit der Welt aufgehoben würde.

Eine existentielle Ethik akzentuiert also das Dasein des Menschen als eines Individuums unter anderen Individuen. Sie denkt das Moralische in seiner geschichtlichen Struktur und

Einmaligkeit als etwas, das nicht in zeitloser Präsenz »west«, sondern sich in der Zeit ereignet, den Augenblick zu einem sinnerfüllten je Jetzt des Lebens macht. Indem ein Individuum moralisch handelt, existiert es als Mensch, und indem es so existiert, wird es einerseits es selbst als diese bestimmte Person offenbar, andererseits als jemand, der sich frei mit anderen verbunden hat, um Freiheit zu realisieren. Die menschliche Existenz erweist sich daher als der originäre Ort, an dem Moralität als geschichtlicher Sinn des Lebens hervorgebracht wird, wobei das Moment des Geschichtlichen, Natürlichen, des Werdens, das alle Existenzphilosophen betonen, zugleich die Endlichkeit menschlichen Handelns in den Blick rückt. Die Handlung selber als bestimmtes empirisches Geschehen vergeht, ebenso wie der Mensch, der diese Handlung ausgeführt hat, eines Tages nicht mehr sein wird. Was bleibt und die einzelne Handlung als moralische überdauert, ist ihre Gültigkeit, ihr Sinn.

7.3.3 Der eudämonistische Ansatz
(Hedonistische und utilitaristische Ethik)

Der *eudämonistische* Ansatz (von griech. eudaimonia – Glück) in der Ethik, der teleologisch das Glück als höchstes Ziel, an dem alles menschliche Handeln interessiert ist, bestimmt, geht auf ARISTOTELES zurück, wird aber insbesondere von

– der *hedonistischen* Ethik einerseits,
– der *utilitaristischen* Ethik andererseits

ausdrücklich vertreten.

Für ARISTOTELES ist das Glück Inbegriff eines schlechthin gelungenen, sinnerfüllten Lebens:

»Das oberste Gut ist zweifellos ein Endziel. ... Als vollkommen schlechthin bezeichnen wir das, was stets rein für sich gewählt wird und niemals zu einem anderen Zweck. Als solches Gut aber gilt in hervorragendem Sinne das Glück. Denn das Glück erwählen wir uns stets um seiner selbst willen und niemals zu einem darüber hinausliegenden Zweck.« (Eth. Nic. I, 5; 1097a 25–b1)

Man erstrebt das Glück also nicht um irgend etwas willen; vielmehr erstrebt man alles, was man erstrebt, um des Glücks willen. Zwar streben nach ARISTOTELES alle Menschen nach Glück, aber wirklich glücklich ist jedoch nur der zu nennen, der moralisch handelt, zugleich aber aller äußeren und leiblichen Güter (günstige Umstände, Gesundheit etc.) teilhaftig ist, deren er ebenfalls bedarf, um ein vollkommenes Leben zu führen.

»Das Glück setzt moralische Vollkommenheit voraus und ein Vollmaß des Lebens.« (Ebd., I, 10; 1100a 4–5)

Die *hedonistische* Ethik (von griech. hedone – Lust) geht ebenfalls davon aus, daß das Glück höchstes Ziel menschlichen Strebens ist, versteht unter Glück jedoch Lust, Freude. Daraus leitet sie den Grundsatz ab, jeder solle tun, was ihm Freude macht. Bezüglich dessen, was die meiste Freude macht, gehen die hedonistischen Ansichten allerdings auseinander. Während ARISTIPPOS von Kyrene (435–355 v.Chr.) den sinnlichen Genuß zum Maßstab menschlichen Handelns erklärt, wobei es Kennzeichen des Weisen ist, daß er die Lust genießt, ohne sich von ihr beherrschen zu lassen, erkennt EPIKUR (342–271) den geistigen und seelischen Freuden den Vorrang zu, da sie dauerhafter und unabhängiger von äußeren Umständen und Störungen seien. Glückselig ist letztlich nur derjenige, dem es gelingt, seine Triebe und Begehrungen so zu harmonisieren, daß keine überschießende Leidenschaft mehr dominiert. Eine solche Harmonisierung ist die *Ataraxie* (= Unerschütterlichkeit), eine gewisse Seelenruhe, die es z.B. dem Philosophen erlaubt, in heiterer Gelassenheit über den Dingen zu stehen, und das ist das eigentliche, wahre Glück, die Lust am Gleichmaß, an der Ausgewogenheit der Interessen.

Der Hedonismus kann egoistisch oder altruistisch fundiert sein, je nachdem ob er vorrangig die Befriedigung der eigenen Lust oder auch die der Bedürfnisse der Mitmenschen zum Ziel hat.

Der Hedonismus ist keineswegs eine bloß antike Theorie. Max STIRNER z.B., der zur Zeit von MARX und ENGELS lebte, mit deren kommunistischer Theorie er sich ebenso kritisch auseinandergesetzt hat wie mit den humanistischen und liberalistischen Zeitströmungen, hat in seinem Buch ›Der Einzige und sein Eigentum‹ eine hedonistische Theorie entwickelt, die auf dem Egoismus basiert.

»Der ›Egoismus‹ ruft Euch zur *Freude* über Euch selbst, zum Selbstgenusse.«
»Suchet nicht die Freiheit, die Euch gerade um Euch selbst bringt, in der ›Selbstverleugnung‹, sondern suchet *Euch selbst,* werdet Egoisten, werde jeder von Euch ein *allmächtiges Ich.«*
»Dem Egoismus gilt der Zorn des Liberalen, denn der Egoist bemüht sich ja um eine Sache niemals der Sache wegen, sondern seinetwegen: ihm muß die Sache dienen. Egoistisch ist es, keiner Sache einen eigenen oder ›absoluten‹ Wert beizulegen, sondern ihren Wert in Mir zu suchen.« (Der Einzige und sein Eigentum, 180, 181, 186)

Weiter heißt es bei STIRNER:

»*Ich* bin meine Gattung, bin ohne Norm, ohne Gesetz, ohne Muster.«
»Ja, *Ich benutze* die Welt und die Menschen! ... Ich kann lieben, ... ohne den Geliebten für etwas Anderes zu nehmen, als für die *Nahrung* meiner Leidenschaft. ... Nur meine Liebe speise Ich mit ihm, dazu nur benutze Ich ihn: Ich *genieße* ihn.«
»Mein Verkehr mit der Welt besteht darin, daß Ich sie genieße und so sie zu meinem Selbstgenuß verbrauche.« (Ebd., 200, 330, 358)

STIRNER führt seine Theorie des radikalen egoistischen Genusses konsequent durch. Was er aber nicht mehr bedenkt, ist das Problem, wie denn eine Gemeinschaft von Menschen gemäß dem so verstandenen Prinzip des Egoismus existieren kann. Auch hier muß doch eine Minimalvoraussetzung erfüllt sein, nämlich die, daß nicht nur *ich* berechtigt bin, meinen Egoismus zu befriedigen, sondern auch jeder andere, der es mir zum Teil ja ermöglicht, egoistisch handeln zu können. Also muß auch hier eine Einschränkung vorgenommen werden derart, daß die Befriedigung meiner Wünsche ihre Grenze dort hat, wo sie die Befriedigung der Wünsche anderer beeinträchtigt. Um das Prinzip des Egoismus aufrechterhalten zu können, müssen also gewisse Zugeständnisse gemacht werden, d.h. es bedarf einer Regel, die egoistisches Verhalten um seiner Erhaltung willen einschränkt. Diese Regel kann wie bei HOBBES in Form eines Staatsvertrags fixiert werden; sie könnte aber auch in Form eines stillschweigenden Konsenses aller praktiziert werden.

In der Philosophie der Gegenwart sind es vor allem Herbert MARCUSE und Arno PLACK, die eine hedonistische Ethik vertreten.

Gestützt auf FREUDs Analyse des Lustprinzips, versucht MARCUSE den Nachweis zu erbringen, daß die Unterdrückung der ursprünglichen Triebbedürfnisse des Menschen (= Lustprinzip) durch Kultur und Zivilisation und damit verbunden durch das Leistungsprinzip (= Realitätsprinzip) geschieht, die für eine ungehemmte Entfaltung individueller Bedürfnisse keinen Raum lassen.

»In einer verdrängenden Sozialordnung, die die Gleichsetzung von normal, gesellschaftlich nützlich und gut fordert, müssen die Manifestationen der Lust um ihrer selbst willen als ›Blumen des Bösen‹ erscheinen.« (Triebstruktur und Gesellschaft, 54)

Die Unterdrückung und Verdrängung von Lust unter gleichzeitiger Bildung der moralischen, d.h. auf Triebbefriedigung weitgehend verzichtenden, Persönlichkeit stellt einen Prozeß der »Entindividualisierung« dar (ebd.), an dessen Ende die bereits im Todestrieb sich andeutende vollständige Destruktion des Individuums steht.

Dieser zerstörerischen Tendenz kann nach MARCUSE nur durch eine neue Moral entgegengewirkt werden, in der das Lustprinzip wieder in sein Recht eingesetzt wird. Eine solche ›libidinöse Moral‹ (ebd., 225) fordert eine freie Triebbefriedigung ohne repressive Kultur, ein spielerisches Sichausleben der Sinnlichkeit im unbegrenzten Genuß, ohne Druck und Zwang (ebd., 171 ff.).

Dies ist auch die These von Arno PLACK, dem es um eine Ethik geht, die die ursprüngliche Natur des Menschen ungehindert zur vollen Entfaltung bringt:

»Wenn es der anthropologische Sinn einer Ethik ist, den Menschen mit sich selber zu versöhnen, dann kann sie ihm nur dazu raten, sich selber anzunehmen in seiner vollen Leibhaftigkeit. Da die vitalen

Antriebe nur unersättlich erscheinen, solange sie nie ganz befriedigt werden, ergibt sich daraus die Erlaubnis, ja die Forderung einer unbedingten sexuellen Freiheit. ... Der gesund entwickelte Trieb könnte sich selber sein Maß setzen und seine Richtung. Er bedürfte keiner Reglementierung, um perverses Verhalten zu vermeiden.« (Die Gesellschaft und das Böse, 337)

»Keuschheit, persönlicher Ehrgeiz, Machtstreben, Streben nach Besitz als solchem – das sind Tugenden, die sich sinnvoll zusammenschließen im Geiste einer Moral der Aggressivität und der Macht. ... Was aber hat, so könnte man fragen, eine wissenschaftliche Ethik an ihre Stelle zu setzen? Nichts, müßten wir sagen, wenn erwartet wird, daß wir anstelle dieser problematischen Werte völlig neue Tugenden propagieren. Wissenschaftliche Ethik propagiert keine Werte; sie vertraut darauf, daß die menschliche Natur, wenn sie nur in Ruhe gelassen wird und nicht von klein auf verbogen, aus sich selber heraus ein Verhalten entwickelt, das dem Individuum wie der Gemeinschaft am besten entspricht.« (Ebd., 345)

Die *utilitaristische* Ethik (von lat. utilis – nützlich) ist insofern eudämonistisch fundiert, als sie ihr höchstes Ziel im größtmöglichen Glück der größtmöglichen Zahl sieht. Im Hinblick auf dieses Ziel formuliert sie das Nutzenprinzip als Moralprinzip: Eine Handlung ist dann moralisch, wenn sie die nützlichsten Folgen für alle Betroffenen hat, d.h. wenn die Folgen einer Handlung darin bestehen, daß sie ein Maximum an Freude und ein Minimum an Leid hervorbringt. Einer der klassischen Utilitaristen, Jeremy BENTHAM, definiert:

»Unter Nützlichkeit ist jene Eigenschaft an einem Objekt zu verstehen, durch die es dazu neigt, Gewinn, Vorteil, Freude oder Glück hervorzubringen. ... Man kann also von einer Handlung sagen, sie entspreche dem Prinzip der Nützlichkeit ..., wenn die ihr innewohnende Tendenz, das Glück der Gemeinschaft zu vermehren, größer ist als irgendeine andere ihr innewohnende Tendenz, es zu vermindern.« (Eine Einführung in die Prinzipien der Moral und der Gesetzgebung, in: Einführung in die utilitaristische Ethik, hrsg. v. O. HÖFFE, 36)

Bevor gehandelt wird, muß ein Nutzenkalkül durchgeführt werden, in welchem die von der Handlung erwarteten Freuden und Leiden hinsichtlich ihrer Intensität, ihrer Dauer, ihrer Gewißheit oder Ungewißheit, ihrer Nähe oder Ferne, ihrer Folgenträchtigkeit, ihrer Reinheit und ihres Ausmaßes berechnet werden. Dann werden die Werte aller Freuden ebenso wie die Werte aller Leiden addiert. Überwiegt der Wert der Freuden, so ist die Tendenz der Handlung insgesamt gut und die Handlung somit moralisch geboten (vgl. ebd., 49–51).

John Stuart MILL, ebenfalls einer der klassischen Utilitaristen, betont desgleichen, daß das Prinzip der Nützlichkeit die Grundlage und Norm aller moralisch guten Handlungen ist, durch die das Glück aller von diesen Handlungen Betroffenen gefördert wird (Der Utilitarismus, 13, 30). MILL unterscheidet jedoch anders als BENTHAM qualitativ zwischen höherrangigen geistig-seelischen und niedrigeren körperlich-sinnlichen Freuden. Daher ist nach seiner Ansicht die Befriedigung der höheren Bedürfnisse in jedem Fall der der niedrigeren vorzuziehen:

»Es ist besser, ein unzufriedener Mensch zu sein als ein zufriedengestelltes Schwein; besser ein unzufriedener SOKRATES als ein zufriedener Narr. Und wenn der Narr oder das Schwein anderer Ansicht sind, dann deshalb, weil sie nur die eine Seite der Angelegenheit kennen.« (Ebd., 18)

Der zeitgenössische Utilitarismus bezieht das Prinzip der Nützlichkeit nicht mehr auf einzelne Handlungen (Handlungsutilitarismus), sondern auf Handlungsregeln (Regelutilitarismus). So formuliert R.B. BRANDT:

»Der Handlungsutilitarismus ist mithin eine ziemlich atomistische Theorie: die Richtigkeit einer einzelnen Handlung wird durch ihre Folgen für die Welt bestimmt. Der Regelutilitarismus dagegen vertritt die Ansicht, daß die Richtigkeit einer Handlung nicht durch ihren relativen Nutzen bestimmt wird, sondern durch den Nutzen, der daraus resultiert, daß man eine relevante moralische Regel hat.« (Einige Vorzüge einer bestimmten Form des Regelutilitarismus, in: Einführung in die utilitaristische Ethik, 137)

Entsprechend entwickelt BRANDT eine Theorie des »idealen Moralkodex«, der so konzipiert ist, daß durch seine Befolgung das meiste Gute pro Person und damit das optimale Wohlergehen aller, die die Regeln dieses Kodex anerkennen, hervorgebracht wird (vgl. ebd., 148).

Gemäß dem Handlungsutilitarismus muß jede einzelne Handlung direkt am Nutzenprinzip überprüft werden, während der Regelutilitarismus vorschlägt, jede Handlung auf die Regel hin zu befragen, die sie befolgt, und die Regel am Nutzenprinzip zu überprüfen. Hat man einen Moralkodex solcher überprüfter Regeln, so gilt eine Handlung dann als verbindlich bzw. nützlich, wenn sie einer zu diesem Kodex gehörenden Regel folgt.

Eine andere Variante des Utilitarismus, die sich von der universalistischen Vorstellung eines guten Lebens leiten läßt, vertritt P. SINGER, der als moralisches Handlungskriterium das Prinzip der gleichen Erwägung von Interessen formuliert.

»Dies bedeutet, daß wir Interessen einfach als Interessen abwägen, nicht als meine Interessen oder die Interessen der Australier oder die Interessen der Weißen. Dies verschafft uns ein grundlegendes Prinzip der Gleichheit: das Prinzip der gleichen Erwägung von Interessen. ... Interesse ist Interesse, wessen Interesse es auch immer sein mag.« (Praktische Ethik, 32 f.)

Die Kritiker des Utilitarismus bezweifeln in der Regel die Durchführbarkeit des Nutzensummenkalküls. So stellt J.L. MACKIE lapidar fest:

»Im strengen Sinn ist es unmöglich, unsere Regeln auf utilitaristischer Grundlage zu rechtfertigen. Es gibt keinen gemeinsamen Maßstab für alle Interessen und Zielsetzungen, wie es die Utilitaristen für das Glück oder die Nützlichkeit behaupten. ... Das utilitaristische Kalkül ist ein Mythos ...« (Ethik, 176 f.)

7.3.4 Der vertragstheoretische Ansatz (Gerechtigkeitsethik)

Der *vertragstheoretische* Ansatz gründet moralische Normen auf Übereinkunft. In einem gemeinsamen Willensbildungsprozeß werden die für alle verbindlichen Prinzipien und Handlungsregeln ermittelt und vertraglich festgelegt. So ist nach Thomas HOBBES der Vertrag die einzige vernünftige, ein humanes Zusammenleben ermöglichende Alternative zum Naturzustand, in welchem sich die Menschen, von Selbstsucht getrieben, gegenseitig bekämpfen.

Auch Jean-Jacques ROUSSEAU vertritt in seiner Lehre vom *contrat social* die These, daß die Ungleichheiten zwischen den Menschen nur durch einen Gesellschaftsvertrag aufgehoben werden können, in dem sich die partiellen Willenskräfte zu einem Gesamtwillen vereinigen.

Im Anschluß an diese Vertragstheorien hat John RAWLS eine umfassende vertragstheoretische Begründung der Moral unternommen. Seine Theorie der Gerechtigkeit ist zugleich aus einer Auseinandersetzung mit dem Utilitarismus hervorgegangen.

RAWLS' Kritik am Nutzenprinzip richtet sich dagegen, daß das Ziel dieses Prinzips – das größtmögliche Glück der größten Zahl – insofern ungerecht ist, als es nicht das Glück des Individuums, sondern der Mehrheit im Auge hat. Daher ist es utilitaristisch durchaus legitimierbar, daß ein einzelner oder eine Minderheit für das Glück der Mehrheit aufgeopfert wird, wenn das größte Glück der größten Zahl nur durch dieses Opfer erreicht werden kann. Dies jedoch ist nach RAWLS ethisch unzulässig.

»Die Gerechtigkeitsauffassung, die ich entwickeln möchte, läßt sich durch die folgenden beiden Grundsätze ausdrücken: Erstens hat jede Person, die an einer Praxis beteiligt ist, oder durch sie beeinflußt wird, das gleiche Recht auf die größte Freiheit, sofern sie mit der gleichen Freiheit für alle vereinbar ist; zweitens sind Ungleichheiten willkürlich, es sei denn, man kann vernünftigerweise erwarten, daß sie sich zu jedermanns Vorteil entwickeln, und vorausgesetzt, daß die Positionen und Ämter, mit denen sie verbunden sind oder aus denen sie sich gewinnen lassen, allen offenstehen.« (Gerechtigkeit als Fairneß, 37)

RAWLS will Gerechtigkeit als Fairneß verstanden wissen, der gemäß

»freie Personen, die keine Herrschaft übereinander ausüben, sich an einer gemeinschaftlichen Tätigkeit beteiligen und sich untereinander auf die Regeln einigen bzw. die Regeln anerkennen, die diese Tätigkeit definieren und die jeweiligen Anteile an Vorteilen und Lasten festlegen.« (Ebd., 57)

Die Einigung auf solche allgemein verbindlichen Regeln geschieht nun nach RAWLS durch einen Vertrag. Dieser Vertrag ist jedoch nicht Ergebnis eines tatsächlichen Übereinkommens, sondern eines Gedankenexperiments. RAWLS versucht nämlich nachzuweisen, daß jeder Mensch, sofern er vernünftig und guten Willens ist, die beiden RAWLSschen Gerechtigkeitsgrundsätze als ethische Prinzipien anerkennen würde, wenn er sich folgendes vorstellt:

In einem hypothetisch angenommenen »Urzustand« müssen sich Menschen für eine gemeinsame Lebensform entscheiden. Ein ebenfalls hypothetisch angenommener »Schleier des Nichtwissens« sorgt dafür, daß diese Menschen weder wissen, welche besonderen Fähigkeiten sie haben, noch welche Position sie in der künftigen Gesellschaft innehaben werden.

Da aus diesem Grund keiner irgendwelche Privilegien für sich beanspruchen kann und somit jeder damit rechnen muß, die ungünstigste Position zu erhalten, werden sich alle für eine Gesellschaftsform entscheiden, in der zu leben sie auch dann bereit wären, wenn sie zur Gruppe der am wenigsten Begünstigten gehören sollten.

Gewählt würde danach eine Form des Zusammenlebens, die gerecht ist, d.h. die jedem prinzipiell die gleiche, möglichst große Anzahl von Grundfreiheiten einräumt und wirtschaftliche sowie soziale Ungleichheiten nur unter der Voraussetzung zuläßt, daß faire Chancengleichheit herrscht in bezug auf den Zugang zu Ämtern und Positionen und daß Vorteile für die besser Gestellten nur dann wahrgenommen werden dürfen, wenn sie zugleich mit erheblichen Vorteilen für die am wenigsten Begünstigten verbunden sind (vgl. Eine Theorie der Gerechtigkeit, Kap. 2 u. 3, bes. 336 f.).

Dieses fiktive Vertragsmodell soll nach RAWLS bei allen Einzel- und Gruppenentscheidungen als Norm fungieren; das bedeutet: um zu ethisch gerechtfertigten Handlungen zu gelangen, ist es erforderlich, das Vertragsmodell unter den jeweils gegebenen realen Umständen so lange durchzuspielen, bis ein von allen anzuerkennendes gerechtes Ergebnis erzielt worden ist.

Im Hinblick auf die eudämonistischen und vertragstheoretischen Ethikmodelle gilt es folgendes zu bedenken:

Glück ist kein Ziel, das man unmittelbar erstreben kann; erstrebbar ist nur ein inhaltlich bestimmtes Ziel, durch das man glücklich zu werden hofft. Daher richtet sich die moralische Qualität des Glücksstrebens nach der Moralität des jeweiligen Ziels, das mit ihm verbunden ist.

Nicht alles, was nützt, ist eo ipso moralisch, und nicht alles, was moralisch ist, ist eo ipso nützlich. Die Folgen einer Handlung sind zweifellos in ethische Überlegungen miteinzubeziehen, aber das Nutzenprinzip kann allein nicht als Moralkriterium fungieren.

Die durch ein Gedankenexperiment gewonnenen Gerechtigkeitsgrundsätze sind in der Realität nicht unmittelbar anwendbar. Das, was der Fall ist, muß erst einmal in bezug auf seine Voraussetzungen und Änderungsmöglichkeiten durchsichtig gemacht werden, bevor nach einer gerechten Lösung gesucht werden kann.

7.3.5 Der traditionale Ansatz
(Tugendethik und kommunitaristische Ethik)

Die Tugendethik geht zurück auf ARISTOTELES, dessen Begriff der *areté* (= sittliche Tüchtigkeit) die Grundlage für die Polis-Gemeinschaft bildete. Der einzelne Bürger wird nicht als *zóon politikón* (Gemeinschaftswesen) geboren, sondern muß sich tauglich machen für die Gesellschaft, indem er sich darin einübt, nach Einsicht und Plan zu handeln, wobei er sich auf die überlieferten, für alle verbindlichen Wertvorstellungen und Normen als Orientierungshilfe stützt. Aristoteles unterscheidet zwischen ethischen Tugenden (Charaktertugenden), und rationalen Tugenden. Erstere sind praxisbezogen; durch Gewöhnung entstanden, bezeichnen sie eine sittliche Grundhaltung, die sich entsprechend dem jeweiligen Handlungskontext als Tapferkeit, Großzügigkeit, Besonnenheit, Mäßigkeit, Wahrhaftigkeit oder Gerechtigkeit bestimmen läßt. Rationale Tugenden sind Verständigkeit und Klugheit, die bei zu treffenden Entscheidungen dafür sorgen, daß Augenmaß und Urteilskraft zur Wahl der für die jeweilige Situation angemessenen und somit richtigen Mittel führen. Tugend insgesamt ist aus aristotelischer Sicht die Qualität einer Lebensform, die ein individuell und kollektiv gutes Leben ermöglicht. (Vgl. Eth. Nic., 2–6; 1103 a 14–1145 a 10)

Nach Aristoteles trat die Tugendethik immer mehr hinter jenem Typus von Ethik zurück, der als Prinzipienethik einer Pflichten- und Sollensmoral den Vorrang gab. Ausschlaggebend für moralische Beurteilungen ist aus prinzipienethischer Sicht nicht mehr die handelnde Person, deren Charaktereigenschaften die Handlung als gut qualifizieren, sondern die an allgemein verbindlichen Vernunftprinzipien messbare Handlung unangesehen des Akteurs. Erst im letzten Viertel des 20. Jahrhunderts erlebte die Tugendethik vor allem im englischen Sprachraum eine Renaissance. Der entscheidende Mangel prinzipienethischer Ansätze wurde darin gesehen, daß die normative Kraft moralischer Prinzipien ins Leere geht, weil sie geschichtliche Zusammenhänge nicht berücksichtigen und daher zu abstrakt sind, um in konkreten Situationen handlungswirksam werden zu können. Zudem werde moralisches Handeln bis zu einem gewissen Grad kontingent, wenn es nicht auf die Tugend der handelnden Person, sondern auf ethische Prinzipien zurückgeführt wird, deren Befolgung außer-, ja sogar unmoralische Gründe haben kann.

Alasdair MACINTYRE vermisst bei den rationalen Ethikmodellen einen normativ gehaltvollen Begriff der menschlichen Natur, der die kulturellen Prägungen und die gemeinschaftsbildende Funktion des tradierten Ethos mit reflektiert. Die Tugend des einzelnen ist nach MacIntyre Garant für die lebenspraktische Vernetzung disparater Handlungen, die in einem historischen Kontext und nach Maßgabe feststehender Rollenmuster ausgeführt werden, welche ihrerseits bestimmte Zielvorgaben enthalten. Sie repräsentieren das kollektiv Gute, das es individuell umzusetzen gilt. Die Frage »Welche Art von Leben ist für ein menschliches Wesen wie mich das beste?« wird von MacIntyre dahin gehend beantwortet, daß er die Tugend als die das Leben gut machende Eigenschaft schlechthin auszeichnet und das sich unabhängig von vorgegebenen ethischen Prinzipien bildende tugendhafte »Selbst« als ein geschichtliches Wesen auffaßt, dem es gelungen ist, in Verbindung mit Sitte und Tradition einen eigenen Lebensplan zu entwerfen – als Gesamtmuster von Zielen, die durch unterschiedliche Konstellationen hindurch beharrlich verfolgt werden.

Was für die Tugendethiker die Prinzipienethik ist, ist in der politischen Theorie für die Kommunitaristen der Liberalismus. Während die Vertreter des Liberalismus (JOHN RAWLS, ROBERT NOZICK, ISAIAH BERLIN u.a.) den Individuen maximale Freiheitsspielräume zugestehen und für einen Minimalstaat plädieren, dessen Aufgabe darin besteht, die Freiheit vor inneren und äußeren Übergriffen zu schützen, lehnen die Kommunitaristen (CHARLES TAYLOR, MICHAEL WALZER u.a.) den mit dem Liberalismus verbundenen Individualismus ab und verweisen auf die Gemeinschaft, deren tradierten Verhaltensnormen sich der einzelne weder entziehen kann noch soll. Er ist in seinen Entscheidungen kontextgebunden und damit wertverhaftet, was ihn nicht der Notwendigkeit enthebt, sich über die gewachsene Moral ein eigenes Urteil zu bilden.

Der traditionale Ansatz bei dem, was gewöhnlich gilt und üblich ist, trägt der Tatsache Rechnung, daß Kulturalisierung und Sozialisierung die moralischen Urteile entscheidend mit prägen. Aus tugendethischer und kommunitaristischer Perspektive liegt daher die Betonung auf der Eingebundenheit des Individuums in das Kollektiv, von dessen Wertschätzungen es sich nicht ohne Realitätsverlust frei machen kann. Andererseits wäre es eine Unterbestimmung, ein moralisch kompetentes Individuum entweder als einen zur Tugend abgerichteten Menschen oder als einen jeglicher Kritik unfähigen Wertkonservativisten aufzufassen. Ohne einer Prinzipienethik das Wort zu reden oder einem schrankenlosen Liberalismus anzuhängen, erweist sich jemand als moralisch urteilsfähig, wenn er in jeder Situation selbst entscheidet, welchen Werten und Normen er sich verpflichtet fühlt, und damit von seiner Tugend einen eigenständigen Gebrauch zu machen versteht. Beide Aspekte gehören zusammen, wie WILLIAM K. FRANKENA zusammenfassend festhält:

»Ich meine daher, wir sollten die Moral der Prinzipien und die Moral der Charaktereigenschaften, Handeln und Sein, nicht als rivalisierende Formen der Moral auffassen, zwischen denen es zu entscheiden gilt, sondern als zwei einander ergänzende Aspekte derselben Sache. Dann gibt es für jedes Prinzip eine entsprechende sittlich gute Eigenschaft (häufig unter demselben Namen), die aus der Disposition oder Neigung besteht, dem Prinzip entsprechend zu handeln; und für jede sittlich gute Eigenschaft gibt es ein Prinzip, das jene Handlungsweise definiert, in der die Eigenschaft Ausdruck findet. Um ein berühmtes Wort Kants abzuwandeln: Prinzipien ohne Eigenschaften sind unvermögend, Eigenschaften ohne Prinzipien sind blind.« (Analytische Ethik, 84)

7.3.6 Der materialistische Ansatz (Physiologische und marxistische Ethik)

Einen *materialistischen* Ansatz in der Ethik haben zunächst die französischen Materialisten des 18. Jahrhunderts und dann die Marxisten vertreten. Die Grundthese der Materialisten lautet: Alles ist materiell begründet, selbst der Geist ist eine sublime Form von Materie.

Zu den französischen Materialisten zählen vor allem J.O. DE LA METTRIE, P.T. D'HOLBACH und C.A. HELVETIUS. Sie gehen davon aus, daß der Mensch wie eine Maschine konstruiert ist und funktioniert. So stellt LA METTRIE in seinem Werk ›L'homme machine‹ von 1748 die These auf, daß der Mensch als ein Exemplum hochorganisierter Materie ausschließlich mechanistischen Gesetzen gehorche. Entsprechend sieht HOLBACH in seinem ›Système de la nature‹ von 1770 den Grundirrtum der traditionellen Philosophie darin, daß sie den Menschen als ein freies, unabhängiges Wesen auffaßte.

»Der Grund für die Irrtümer, in die der Mensch verfallen ist, als er sich selbst betrachtete, liegt ... darin, daß er glaubte, er setze sich selbst in Bewegung und wirke immer durch seine eigene Energie; daß er glaubte, er sei in seinem Wirken und im Willen, der die Triebfeder des Wirkens ist, von den allgemeinen Gesetzen der Natur und der Gegenstände unabhängig, die diese Natur oft ohne sein Wissen und immer ohne seinen Willen auf ihn wirken läßt: hätte er sich aufmerksam beobachtet, so hätte er erkannt, daß alle seine Bewegungen nichts weniger als spontan sind; er hätte gefunden, daß seine Entstehung von Ursachen abhängt, die völlig außerhalb seiner Macht liegen; daß er ohne seine Einwilligung in das System kommt, in dem er einen Platz einnimmt; daß er von dem Augenblick an, in dem er geboren wird, bis zu demjenigen, in dem er stirbt, fortwährend durch Ursachen modifiziert wird, die ohne seinen Willen Einfluß auf seine Maschine ausüben, seine Seinsweise modifizieren und sein Verhalten bestimmen.« (System der Natur oder von den Gesetzen der physischen und der moralischen Welt, 70 f.)

Für HOLBACH steht fest, »daß alle unsere Ideen, Lehren, Zuneigungen, die wahren oder falschen Begriffe, die wir uns machen, auf unseren materiellen und physischen Sinnen basieren. Der Mensch ist also ein physisches Wesen« (ebd., 156) und sonst nichts. Nach HOLBACH »ist der Wille eine Modifikation des Gehirns, durch die es zum Handeln geneigt oder durch die es darauf vorbereitet ist, die Organe in Gang zu setzen, die es bewegen kann« (ebd., 159). Der Mensch ist somit in keinem Augenblick seines Lebens frei. Die mächtige Antriebskraft, die seinen Willen ohne eigenes Zutun materialiter bewegt, ist der *amour propre,* das Selbstinteresse oder die Eigenliebe.

»Es gehört zum Wesen des Menschen, sich selbst zu lieben, sich erhalten zu wollen und nach einer glücklichen Existenz zu suchen. So ist das Interesse ... die einzige Triebkraft all seiner Handlungen; er geht sicheren Schritts auf dem Pfad der Tugend, wenn er durch wahre Ideen sein Glück in einem Verhalten erblickt, das ... ihn selbst für die anderen zu einem Gegenstand ihres Interesses macht. Die Moral wäre eine nutzlose Wissenschaft, wenn sie den Menschen nicht zeigte, daß ihr größtes Interesse darin besteht, tugendhaft zu sein. ... Tugend ist nur die Kunst, durch Förderung der Glückseligkeit anderer sich selbst glücklich zu machen.« (Ebd., 254 f.)

HELVETIUS sieht in seinem Werk ›De l'homme, de ses facultés intellectuelles et de son éducation‹ von 1772 ebenso wie HOLBACH alle Moral in der Selbstliebe begründet.

»Die Menschen lieben sich selbst: alle wollen glücklich werden und glauben es vollkommen zu werden, wenn sie mit genügend Macht ausgestattet wären, um sich jede Art von Vergnügen zu verschaffen. Das Machtstreben hat also seinen Ursprung in dem Streben nach Lust.« (Vom Menschen, seinen geistigen Tätigkeiten und seiner Erziehung, 109)

Richtig verstandene Selbstliebe ist die Quelle aller Moral. »Der Tüchtige sieht im Interesse nur den allgemeinen und machtvollen Antrieb, die Triebfeder aller Menschen, die bald zum Laster und bald zur Tugend führt« (ebd., 137). Weiterhin sind Interesse und Bedürfnis »die Grundlagen jeglicher Gemeinschaftsbildung« (ebd., 139), aber da der einzelne seine Ziele nur erreichen kann, indem er andere nicht daran hindert, ihre Ziele zu verfolgen, muß er immer das Gemeinwohl im Auge behalten, von dem sein eigener Nutzen abhängt (vgl. ebd., 362 ff.).

Die Ethik der französischen Materialisten betrachtet mithin alle Handlungen des Menschen, auch die moralischen, als physiologisch bedingt. Selbst der Geist oder die Seele und das Denken stellen nichts anderes als physiologisch erklärbare Begleiterscheinungen der physischen Lebensvorgänge dar. Alles läuft nach mechanischen Gesetzen ab, und für Freiheit bleibt kein Raum. Daher wird für die Materialisten eine Theorie der Erziehung, die – auf dem Prinzip der Selbstliebe aufbauend – die Menschen zu glücklichen Gemeinschaftswesen heranbilden soll, besonders dringlich. HELVETIUS bestätigt ausdrücklich: »Ich habe den Geist, die Tugend, das menschliche Ingenium als Produkte der Erziehung betrachtet« (ebd., 35). »Die Erziehung vermag alles« (ebd., 446). HOLBACH stimmt dem zu, wenn er sagt: »Die Gewohnheit bindet uns entweder ans Laster oder an die Tugend« (System der Natur, 118), und Erziehung als die Kunst bestimmt, »die Menschen rechtzeitig ... die Gewohnheiten, Anschauungen und Seinsweisen annehmen zu lassen, die in der Gesellschaft, in der sie leben, Allgemeingut sind« (ebd., 120).

Die Problematik einer solchen materialistischen Ethik liegt auf der Hand: Wenn der *amour propre* als materielles Grundprinzip der menschlichen Natur zum Moralprinzip erhoben wird, erhält ein Seinsprinzip den Status eines Sollensprinzips. Ganz davon abgesehen, daß hierbei logische Schwierigkeiten entstehen, bleibt bei den Materialisten außer acht, daß einerseits die Natur des Menschen allererst nach bestimmten normativen Vorstellungen geformt werden soll, die andererseits als solche nicht schon in der Natur enthalten sind, sondern an sie herangetragen werden und insofern begründungsbedürftig sind. Um den Menschen zur Tugend erziehen zu können, bedarf es eines Maßstabs, der nicht an der menschlichen Natur bzw. an den faktisch vorhandenen Moralen abgelesen werden kann, eben weil die Natur an ihm gemessen werden soll. Entweder wird also die Natur selber schon als ein normativer Begriff gedacht, dann kann sie aber nicht als ein bloß materielles Phänomen aufgefaßt werden; oder aber die materielle Natur wird an einem Moralprinzip gemessen, das aus einer normativen Vorstellung vom »guten Menschen« stammt, vom Menschen, wie er sein soll. Um aber eine solche Vorstellung, die über das empirisch gegebene Materielle hinausgeht, überhaupt entwickeln zu können, muß moralische Freiheit vorausgesetzt werden. Daher ist es Aufgabe der Gesetzgeber, die besonderen Interessen der Individuen mit den allgemeinen des Staats zu vereinen, d.h. die Moral mit der Gesetzgebung zu verbinden.

DIDEROT stellt in seiner Enzyklopädie den Imperativ auf: »Handle so, daß alle deine Handlungen auf deine Selbsterhaltung und auf die Erhaltung der anderen abzielen: das ist der Ruf der Natur; aber sei vor allem ein rechtschaffener Mensch. Es gibt keine Wahl zwischen der Existenz und der Tugend.«

LA METTRIE schließlich vertritt in seinem Werk ›L'homme machine‹ von 1748 die These, daß der Mensch als ein Exemplum hochorganisierter Materie ausschließlich mechanistisch funktioniere:

»Der Materialist, überzeugt, daß er nur eine Maschine oder ein Tier ist, was auch seine Eitelkeit dagegen vorbringen mag, (wird) dennoch niemals seinesgleichen mißhandeln; ... dem allen Lebewesen auferlegten Naturgesetz folgend, will er keinem anderen zufügen, was er nicht will, daß es ihm angetan werde.«

Die Ethik der französischen Materialisten sieht mithin alle Handlungen des Menschen, auch die moralischen, als physiologisch bedingt an, da auch der Geist bzw. die Seele oder das Denken physiologisch erklärbare Begleiterscheinungen der physischen Lebensvorgänge seien. Daher lautet der materialistische Imperativ: Handle deiner Natur gemäß (dann handelst du automatisch gut)! Das Prinzip dieser Natur ist das Selbstinteresse, der *amour propre,* der in der Moral sein Recht fordert.

In der marxistischen Ethik verlagert sich der Schwerpunkt von der menschlichen Natur auf die ökonomische Basis als die materielle Grundlage aller menschlichen Handlungen und Handlungsnormen. Der Ansatz der marxistischen Ethik basiert auf der Einsicht, daß das gesellschaftliche Bewußtsein und damit auch die gesellschaftliche Moral durch die Produktionsverhältnisse entscheidend mitbestimmt sind. Karl MARX hat deshalb die Analyse des Bestehenden als seine Hauptaufgabe betrachtet und es abgelehnt, über Werte und Normen an sich (den ideologischen Überbau) unabhängig von den zugrundeliegenden gesellschaftlichen Produktions- und Verkehrsformen nachzudenken.

Obwohl sich die marxistische Ethik auf die materiellen ökonomischen Verhältnisse gründet, ist sie dennoch keine deskriptive, sondern eine normative Ethik, insofern das Bestehende, insbesondere die in den kapitalistischen Ländern vorherrschende Klassenmoral, einer vehementen Kritik unterzogen wird. Diese Kritik orientiert sich an einer neuen, alle durch das Klassensystem bedingten Ungleichheiten und Ungerechtigkeiten aufhebenden Moral.

Friedrich ENGELS bezeichnet diese als eine »wirklich menschliche Moral« jenseits aller Klassenmoralen:

»Aber über die Klassenmoral sind wir noch nicht hinaus. Eine über den Klassengegensätzen und über der Erinnerung an sie stehende, wirklich menschliche Moral wird erst möglich auf einer Gesellschaftsstufe, die den Klassengegensatz nicht nur überwunden, sondern auch für die Praxis des Lebens vergessen hat.« (Die ewigen Wahrheiten der Moral, in: Texte zur Ethik, 36)

Mit der Überwindung der Herrschaftsmoral werden auch die meisten ihrer Normen überflüssig, soweit sie den überkommenen materiellen Verhältnissen entsprechen und kein Anlaß besteht, gegenstandslos gewordene Gebote oder Verbote in einer neuen Gesellschaft aufrechtzuerhalten.

»In einer Gesellschaft, wo die Motive zum Stehlen beseitigt sind, wo also auf die Dauer nur noch höchstens von Geisteskranken gestohlen werden kann, wie würde da der Moralprediger ausgelacht werden, der feierlich die ewige Wahrheit proklamieren wollte: Du sollst nicht stehlen!« (Ebd., 35)

Ziel der marxistischen Ethik, wie sie vor allem in der früheren Sowjetunion vertreten wurde, ist der Kommunismus als Gesellschaftsform, in der alle Klassenunterschiede dadurch aufgehoben sind, daß alle Mitglieder der Gesellschaft in gleicher Weise an den Produktionsmitteln beteiligt werden und das Privateigentum abgeschafft wird. Damit die in der klassenlosen Gesellschaft antizipierte Idee der sozialen Gerechtigkeit verwirklicht werden kann, muß sich das Proletariat aus der Unterdrückung durch die Herrschenden – notfalls gewaltsam – befreien, um seine Interessen, die die Interessen des gesamten Volks sind, durchzusetzen.

Alexander F. SCHISCHKIN sieht die kommunistische Moral aus dem Kampf gegen die »heuchlerische Moral der alten Ausbeutergesellschaft« hervorgehen (Grundlagen der marxistischen Ethik, 46)

»Die marxistische Ethik ist, wie die Theorie des Marxismus überhaupt, parteilich. Sie ist weit entfernt von einer leidenschaftslosen Betrachtung der Entwicklungsprozesse der Moral, sie lehrt vielmehr, alles wahrhaft Fortschrittliche in dieser Entwicklung zu unterstützen. Parteilichkeit der marxistischen Ethik heißt:

1. Anerkennung des Klassencharakters der Moral in der Klassengesellschaft, Verbindung der kommunistischen Moral mit den Aufgaben des Kampfes des Proletariats und aller Werktätigen für den Aufbau der neuen Gesellschaft, mit der Erziehung des neuen Menschen;

2. Anerkennung der führenden Rolle der marxistischen Partei im Klassenkampf des Proletariats, beim Aufbau der neuen Gesellschaft, bei der Erziehung des neuen Menschen;

3. unversöhnlicher Kampf gegen die bürgerliche Moral, ihre religiösen oder philosophischen Verkleidungen und ihre Überreste in unserer Gesellschaft.« (Ebd., 53)

An die Stelle der alten, bloß das Bestehende sanktionierenden Moral treten neue Normen, in denen sich das Selbstverständnis einer erneuerten Gesellschaft widerspiegelt,

»die frei ist von der Macht der blinden Kräfte der gesellschaftlichen Entwicklung, von Not und Ausbeutung, und wahrhaft menschliche Beziehungen zwischen den Menschen herstellt.«
»Im Programm der KPdSU sind klar und exakt die wichtigsten Moralforderungen unserer Gesellschaft formuliert:
Treue zur Sache des Kommunismus, Liebe zur sozialistischen Heimat, zu den Ländern des Sozialismus;
gewissenhafte Arbeit zum Wohle der Gesellschaft: Wer nicht arbeitet, soll auch nicht essen;
Sorge eines jeden für die Erhaltung und Mehrung des gesellschaftlichen Eigentums; hohes gesellschaftliches Pflichtbewußtsein, Unduldsamkeit bei Verstößen gegen die gesellschaftlichen Interessen;
Kollektivgeist und kameradschaftliche gegenseitige Hilfe: Einer für alle, alle für einen;
humanes Verhalten und gegenseitige Achtung der Menschen: Der Mensch ist des Menschen Freund, Genosse, Bruder; Ehrlichkeit und Wahrheitsliebe, sittliche Sauberkeit, Schlichtheit und Bescheidenheit im gemeinschaftlichen wie im persönlichen Leben;
gegenseitige Achtung in der Familie, Sorge für die Erziehung der Kinder; Unversöhnlichkeit gegenüber Ungerechtigkeit, Schmarotzertum, Unehrlichkeit, Strebertum und Habgier; Freundschaft und Brüderlichkeit aller Völker der UdSSR, Unduldsamkeit gegenüber nationalem Zwist und Rassenhader;
Unversöhnlichkeit gegenüber den Feinden des Kommunismus, des Friedens und der Völkerfreiheit;
brüderliche Solidarität mit den Werktätigen aller Länder, mit allen Völkern.« (Ebd., 49, 236 f.)

So richtig die Betonung des materiellen Fundaments einer gemeinsamen Lebensform und Interaktion zweifellos ist, so darf doch darüber nicht vergessen werden, daß die »Natur« des Menschen und die mit ihr vorgegebenen faktischen Interessen problematisiert werden müssen. Über die »wahren« Interessen von Menschen sollen sich die Menschen selber allererst verständigen, um gemeinsam zu entscheiden, welche Mittel nicht nur geeignet, sondern auch legitim sind, um das allgemein Gewollte zu erreichen.

7.3.7 Der lebensweltliche Ansatz (Ethik der Lebenskunst)

In der zeitgenössischen Ethik ist das klassische dualistische Menschenbild vielfach auf Widerspruch gestoßen – und mit ihm die Unterscheidung zwischen einer auf das Glück ausgerichteten (»teleologischen«) Strebensethik und einer reinen (»deontologischen«) Pflichtethik, die das Glücksbedürfnis für sekundär erklärt. Der Ruf nach einer ganzheitlichen Berücksichtigung der menschlichen Antriebskräfte hat einen Typus von Ethik evoziert, der den Ansprüchen von Kopf, Herz, Hand und Bauch gleichermaßen gerecht zu werden versucht. Als eigentliche moralische Instanz gilt nicht mehr die reine Vernunft, sondern die praktische Urteilskraft, die ihre Klugheitskompetenz in der Anwendung von Normen auf bestehende Konflikte unter Beweis stellt.

So plädiert Hans KRÄMER für eine »integrative Ethik«, die den Gegensatz zwischen Wollen und Sollen in einer Lebenskunstlehre überwindet. »Das Programm einer Integrativen Ethik bedeutet heute für die ethische Theorienbildung primär die Reetablierung und zeitgemäße Erneuerung des Typus der Strebens-, Selbst- und Glücksethik, aber nicht ohne und auch nicht gegen die Moralphilosophie, sondern als deren notwendiges Komplement und Pendant.« (Integrative Ethik, 122) Anzuerkennen sei ein »Pluralismus von Lebenstechniken« (ebd., 187), der nicht Beliebigkeit signalisiert, sondern von einem »bilanzbewußten Lebenszeitverhalten« zeugt. (Ebd., 313) Als verantwortlich Handelnder erlegt der Mensch sich selbst

Hemmungen auf, mittels welcher er auf der Basis von Klugheitserwägungen seinem Können freiwillig Grenzen setzt.

Wilhelm SCHMID hat in der Nachfolge Friedrich NIETZSCHEs und Michel FOUCAULTs die Philosophie der Lebenskunst wieder entdeckt und Grundzüge einer individuellen Lebensführung entwickelt, deren Form- und Stilelemente eine der Produktion von Kunstwerken vergleichbare ästhetische Daseinsgestaltung ermöglichen. Der künstlerische Selbstbildungsprozess ist jedoch kein isoliertes Unternehmen, sondern geschieht in einem kollektiven, letztlich im globalen Umfeld.

»Eine reflektierte Lebenskunst [...] kann sich [...] nicht mehr in der Pflege privater Gärten erschöpfen. Unwiderruflich ist die Erde selbst zum Garten des Menschen geworden, zu einem Garten aber am Rande des Abgrunds; der Mensch, jeder einzelne, kann diesen Garten kultivieren, darin besteht seine Lebenskunst[:] den globalen Blick von Außen einzuüben – nicht um die kleinen alltäglichen und persönlichen Verhältnisse gering zu schätzen, sondern um die räumliche und zeitliche Erweiterung des Horizonts zur Grundlage seiner klugen Wahl zu machen.« (Philosophie der Lebenskunst, 460)

Wilhelm VOSSENKUHL versteht die Ethik als Konfliktwissenschaft, die keine fertigen Problemlösungen anbietet, sehr wohl aber an exemplarischen Fällen Verfahren entwickelt, wie man zu moralisch verantwortbaren Ergebnissen gelangt. Die richtige Lebensführung orientiert sich an einer Vorstellung vom Guten, die dem Leben Qualität gibt. Das moralisch Gute ist eine notwendige, aber keine hinreichende Bedingung für ein gutes Leben. Hinzu kommen müssen noch eine Reihe von Gütern und Leistungen, die den Lebensstandard sichern. VOSSENKUHL geht von der plausiblen Annahme aus,

»das gute Leben in allen menschlichen Gesellschaften werde möglich, wenn die Menschenrechte geachtet werden, die natürliche Umwelt nicht weiter geschädigt wird, jeder Arbeit und Einkommen hat, die Bildungsmöglichkeiten chancengerecht verteilt sind, soziale Gerechtigkeit herrscht, die medizinische Versorgung optimal ist, die Renten gesichert, die Amtsträger gerecht und unbestechlich sind und jeder Mensch jedem anderen gegenüber seine Pflichten erfüllt.« (Die Möglichkeit des Guten, 251)

Modelle einer normativen Ethik 301

Um diese konfliktträchtigen Leistungen und Güter in ein sozialverträgliches Gesamtmodell zu integrieren, bedarf es einer moralischen Ökonomie, die die Verteilung knapper Ressourcen so regelt, daß ein Maximum an gutem Leben für jeden ermöglicht wird. Die von VOSSENKUHL vorgeschlagene Maximenmethode zielt auf die Korrektur von Normen, die entweder eine nicht akzeptable Verteilungspraxis begünstigen (»Knappheitsmaxime«), die berechtigten Ansprüche einer Gruppe unberücksichtigt lassen (»Normenmaxime«) oder das Wertgefüge der für ein gutes Leben unverzichtbaren Güter insgesamt gefährden (»Integrationsmaxime«). (Ebd., 342ff.)

Otfried HÖFFE, sowohl ARISTOTELES- als als KANT-Experte, hat keine Mühe, die traditionell strikt voneinander getrennten Begriffe Glück und Moral im Rahmen einer Ethik der Lebenskunst miteinander zu verbinden. Vorausgesetzt, man versteht unter Glück »die Qualität eines gelungenen Lebens«, die sich dem persönlichen Einsatz verdankt, also das Resultat von Tugenden ist, deren Träger autonom handelt und dabei nicht nur das eigene Glück, sondern auch das der andern im Auge behält.

»Es muß nicht sein, daß entweder das eudämonistische Glück nur unter Mißachtung der Freiheit oder aber die Freiheit als Autonomie bloß unter Hintanstellung des Glücks erreichbar sind. Vielleicht stecken in der Eudaimonie auch kategorische Momente und in der Autonomie Momente des guten Lebens.« (Lebenskunst und Moral, 85)

Gestützt auf moralanthropologische und handlungstheoretische Analysen weist HÖFFE nach, daß eudämonistische Strebensethik und moralische Pflichtenethik sich nicht gegenseitig ausschließen, sondern einander ergänzen, sofern Glücksverlangen und Moral als Ausgangs- und Zielpunkt einer *philosophischen Lebenskunst* reflektiert werden, die dem Sehnsuchtsglück und dem Zufallsglück wenig Raum gibt, stattdessen solche Ziele als erstrebenswert auszeichnet, die als selbst gewählte den Anforderungen von Besonnenheit, Klugheit und Gerechtigkeit standhalten. Das Glück einer moralischen Lebensführung ist das eines im ganzen geglückten Selbstentwurfs.

8 Feministische Ethik

In den 80er Jahren wurden im Gefolge der feministischen Philosophie Ansätze zu einer weiblichen Ethik entwickelt, die gleichsam quer zu allen ethischen Positionen, Richtungen und Theorien steht, da sie aus einer massiven Kritik an der einseitig männerorientierten und frauenverachtenden traditionellen Ethik hervorgegangen ist und ihre eigenen Themen noch suchen muß. Immerhin kann das Ziel von Moralphilosophinnen nicht darin gesehen werden, eine geschlechtsspezifische Ethik zu propagieren derart, daß einer einseitigen männlichen Ethik eine ebenso einseitige weibliche Ethik kontrastierend oder dominierend gegenübergestellt wird. Vielmehr sollte es darum gehen, die Interessenschwerpunkte der ethischen Reflexion von Frauen in den moralphilosophischen Diskurs der Moderne einzubringen und durch den Abbau von Vorurteilen auf argumentativer Ebene eine Korrektur (1) an herkömmlichen Fehleinschätzungen bezüglich der Frau als moralischem Subjekt und (2) an der Rangordnung unter den »herr«schenden ethischen Prinzipien herbeizuführen.

(1) Was die Verzerrungen des Frauenbildes durch die männliche Perspektive in der traditionellen Ethik betrifft, so findet sich bei den meisten großen Philosophen die Ansicht, Frauen seien Männern in jeder Hinsicht unterlegen: sowohl physisch als auch geistig. Der Mann als verstandeszentriertes Wesen durchdringt die Welt mittels rationaler Prinzipien; Wissenschaft und Technik sind die Instrumente, die er ausbildet, um – gemäß F. BACONs Diktum »Wissen ist Macht« – Macht über das Seiende insgesamt zu gewinnen. Nur der Mann ist Mensch im eigentlichen Sinn, weil er allein imstande ist, das Allgemeine zu erkennen und sich das Besondere mit Hilfe des Allgemeinen verfügbar zu machen.

Die Frau hingegen ist pures Sinnenwesen und konzentriert ihre schwachen Verstandeskräfte auf die Befriedigung leiblich-materieller Bedürfnisse. Sie ist aufgrund ihrer naturalen Ausstattung außerstande, die Stufe echten Menschseins zu erreichen, und muß sich dem Diktat des männlichen Verstandes unterordnen, um als Mensch anerkannt zu sein.

Einige wenige Schlaglichter mögen genügen, um das über die Frau aus der Sicht der Philosophen Gesagte zu bestätigen:[1]

»... das Männliche ist von Natur mehr zur Leitung und Führung geeignet als das Weibliche, wenn dieses nicht etwa widernatürlich veranlagt ist.« (ARISTOTELES: Politik I, 12; 1259b 2–3)

»Frauen können wohl gebildet sein, aber für die höheren Wissenschaften, die Philosophie und für gewisse Produktionen der Kunst, die ein Allgemeines fordern, sind sie nicht gemacht. ... Der Unterschied zwischen Mann und Frau ist der des Tieres und der Pflanze: das Tier entspricht mehr dem Charakter des Mannes, die Pflanze mehr dem der Frau, denn sie ist mehr ruhiges Entfalten, das die unbestimmtere Einigkeit der Empfindung zu seinem Prinzip erhält. Stehen Frauen an der Spitze der Regierung, so ist der Staat in Gefahr, denn sie handeln nicht nach den Forderungen der Allgemeinheit, sondern nach zufälliger Neigung und Meinung.« (G.W.F. HEGEL: Grundlinien der Philosophie des Rechts, 166)

»Nun ist ... die Unterlegenheit der Frau unbezweifelbar. Sie ist weniger als der Mann für die Stetigkeit und Wirksamkeit der geistigen Arbeit geeignet, da ihre geistigen Fähigkeiten eine geringere innere Kraft haben.« (A. COMTE: Die Soziologie, 124)

»Amazonen sind auch auf geistigem Gebiet naturwidrig.« (M. PLANCK: Gutachten in: Die akademische Frau, 256)

Im Bereich der Moral wird den Frauen aufgrund ihrer praktischen Veranlagung, welche sie für das Haushaltswesen und die Aufzucht von Kindern geradezu prädestiniert, von den Ethikern größere Kompetenz zugesprochen als im Bereich der Theorie. Sie werden wegen ihrer Tugendhaftigkeit und Sittsamkeit gerühmt, wegen ihrer Duldsamkeit und Frömmigkeit gepriesen. Noch M. SCHELER beschreibt am Anfang dieses Jahrhunderts die Frau als »das von Hause aus *konservative* Wesen ..., die Hüterin der Tradition, der Sitte, aller älteren Denk- und Willensformen«

(Vom Umsturz der Werte, 201 f.) Bewahren, Pflegen und Erhalten charakterisieren Grundinteressen der Frau.

Diese Anerkennung der moralischen Qualitäten von Frauen vermag jedoch nicht darüber hinwegzutäuschen, daß genau die weiblichen Verhaltensmuster gelobt werden, die eine Demutshaltung bekunden gegenüber der Autorität der Männer, deren Wohl erste Priorität hat. Denn der Mann hat nicht nur größere Körper- und Geisteskräfte, sondern auch einen stärkeren Willen als die Frau, der ihn zum legitimen Herrscher über das schwache Geschlecht bestimmt. »Das Glück des Mannes heißt: ich will. Das Glück des Weibes heißt: er will.« (F. NIETZSCHE: Also sprach Zarathustra, »Von alten und jungen Weiblein«) Auch in der Praxis ist der Mann der Frau hinsichtlich des Allgemeinen überlegen und daher berechtigt, ihr Verhaltensregeln vorzuschreiben.

»Die Erforschung der abstrakten und spekulativen Wahrheiten, die Prinzipien und Axiome der Wissenschaften, alles, was auf die Verallgemeinerung der Begriffe abzielt, ist nicht Sache der Frauen. Ihre Studien müssen sich auf das Praktische beziehen. Ihre Sache ist es, die Prinzipien anzuwenden, die der Mann gefunden hat.« (J.-J. ROUSSEAU: Emile, 421)

Die Frau, zur Autonomie nicht fähig, muß dem Mann das durch ethisch-praktisch-politische Freiheit konstituierte Feld überlassen, dessen Normengefüge sie unterstellt wird, ohne an den Willensbildungsprozessen, deren Resultat die öffentlichen Regelsysteme sind, beteiligt gewesen zu sein.

(2) Der Rückblick auf die Geschichte der abendländischen Philosophie aus weiblicher Perspektive[2] zeigt, daß das männliche Erkenntnisinteresse darauf abzielte, *das Allgemeine um des Allgemeinen willen* zu reflektieren. Der »Logozentrismus« (J. DERRIDA) männlicher Rationalität hatte jedoch Folgen für das Besondere, Individuelle, Einzelne: für unsere empirische Lebenswelt. Sie wurde gegenüber dem rein geistig-metaphysischen Konstrukt einer durch und durch vernünftigen, gesetzmäßig strukturierten Welt abgewertet und ihre Mannigfaltigkeit

einem sie rigoros in die Einheit des Systems zwingenden Prinzip unterworfen. Die Zerstörungen, die unter der Vorherrschaft des alles Empirisch-Materielle unterdrückenden Logos auf dem Gebiet des Besonderen angerichtet wurden, sind mittlerweile nicht mehr zu übersehen. Sie fangen bei der Vernichtung des natürlichen Lebensraumes an und hören bei der bezüglich der menschlichen Natur vielfach gepredigten Leibfeindlichkeit noch lange nicht auf.

Hier scheint den künftigen Moralphilosophinnen eine wichtige Aufgabe zu erwachsen. Die Frauen mußten sich seit jeher – entsprechend dem ihnen auferlegten Rollenverständnis – um das Besondere kümmern. Da ihnen der Zugang zum Logos verwehrt wurde, konnten sie das ihnen von den Männern vorgegebene *Allgemeine* nicht um seiner selbst, sondern nur *um des Besonderen willen* denken und handelnd verwirklichen. Daraus resultiert jedoch ihre Stärke auf dem Gebiet der Urteilskraft, die Besonderes und Allgemeines sowohl theoretisch als auch praktisch zu vermitteln hat, und diese Stärke gilt es im Hinblick auf die uns heute bedrängenden Probleme fruchtbar zu machen. Hat die einseitige Ausrichtung auf die Leistungen des Verstandes im Horizont einer Ideologie des Nutzens von Wissenschaft und Technik zu einem Allmachtswahn geführt, so die Verabsolutierung der Prinzipien der praktischen Vernunft zu einem moralischen Rigorismus, der nicht weniger destruktiv ist: fiat iustitia, pereat mundus (frei übersetzt: besser keine Welt, als eine nicht schlechthin und in jeder Beziehung moralische).

Die Wiederanbindung von Verstand und Vernunft an die Sinne durch theoretische resp. praktische Urteilskraft, die die allgemeinen und besonderen Ansprüche aller drei Erkenntnisvermögen zu gewichten hat, ist das Gebot der Stunde. Frauen und Männer müssen auf dem Boden der ihnen gemeinsamen Rationalitätsstruktur verstärkt auf die Kraft der Urteilskraft setzen, wenn die Menschheit nicht nur überleben, sondern auch den zukünftigen Generationen ein Mindestmaß an Lebensqualität ermöglicht werden soll.

Die *Männer* müssen lernen, dem Besonderen einen nicht verrechenbaren Eigenwert zuzubilligen und es als etwas um seiner selbst willen Schätzenswertes anzuerkennen. Von ihnen wird nicht die Preisgabe des Interesses am Allgemeinen gefordert, sondern eine andere Einstellung bezüglich des Stellenwertes, der dem Allgemeinen zukommt, und der Verzicht auf Denkweisen, die einer Vergewaltigung des Besonderen Vorschub leisten. Die *Frauen* hingegen, die bereits mehr als die Männer in die vermittelnden Tätigkeiten der Urteilskraft eingeübt sind, aber bisher wenig Gelegenheit hatten, sich ihres Verstandes und ihrer Vernunft souverän zu bedienen, sie müssen lernen, sich auf dem Gebiet des Allgemeinen Autonomie zu erwerben, ohne den Fehler des Logozentrismus zu wiederholen. Erst wenn es beiden Geschlechtern gelingt, Verstand und Vernunft in den Dienst der Urteilskraft zu stellen, die die allgemeinen Geltungsansprüche in einen ausgewogenen Zusammenhang mit den Interessen des Besonderen bringt, wird es möglich sein, jenseits der Geschlechterdifferenz ein *menschlich Allgemeines zu* entwerfen, das den Besonderungen gerecht wird.

Bevor dieses Ziel ins Auge gefaßt werden kann, sind im Rahmen einer frauenspezifischen Ethik eine Reihe von Fragen zu klären, um die bestehenden männlichen Vorurteile aus dem Weg zu räumen.

- Gibt es *biologische Unterschiede* zwischen Männern und Frauen (z.B. in bezug auf das Aggressionspotential), die die Vorherrschaft von Männern und die Benachteiligung von Frauen *moralisch* rechtfertigen?
- Welchen Einfluß hat *die Natur* (die biologische und genetische Ausstattung) auf das Verhalten? Gibt es angeborene Verhaltensmuster, durch die Männer und Frauen geschlechtsspezifisch determiniert sind?
- Wie ist das Gewicht *sozialer Rollenfestschreibungen* zu veranschlagen? In welchem Maß engen patriarchale Strukturen den Verhaltensspielraum nicht nur von Frauen, sondern auch den von Männern in unzulässiger Weise ein?
- Wie lassen sich die *affektiven Schwierigkeiten,* die Männer mit der Anerkennung der – auf kognitiver Ebene durchaus

zugestandenen – Gleichberechtigung von Frauen haben, erklären und beseitigen?

An diese allgemeineren Fragestellungen, die in jüngster Zeit von feministischer Seite unter psychologischen, soziologischen, ethnologischen, wissenschaftshistorischen, juristischen, medizinischen, literaturwissenschaftlichen und philosophischen Gesichtspunkten kritisch erörtert wurden, schließen sich die im engeren Sinn moralphilosophischen Fragestellungen an.

- Wie verläuft der Prozeß der *Erkenntnisgewinnung*? Welche Rolle spielen dabei die verschiedenen Erkenntnisvermögen: sinnliche Wahrnehmung, Verstand, Vernunft, Urteilskraft? Welche Rationalitätskriterien verbürgen *objektive* Gültigkeit?
- Wie ist es zur Vorherrschaft des *Logozentrismus* gekommen? Wodurch wurde er gerechtfertigt? Wie läßt er sich beschränken?
- Wie kann eine positive Einstellung gegenüber dem »*Anderen der Vernunft*« herbeigeführt werden? Welche Kriterien müssen erfüllt sein, damit eine solche Aufwertung des »Subjektiven« positiv beurteilt wird?
- Wie läßt sich ein *alternatives Konzept von moralischer Autonomie* gewinnen, das nicht mehr am Modell von Herrschaft und Knechtschaft orientiert ist, sondern eine Form von Selbstbestimmung entwickelt, die der Vorstellung von Gerechtigkeit als Fairneß entspricht?
- Lassen sich geschlechtsübergreifende Konzepte von *Identität* eruieren, die gleichwohl den Sinn des Menschseins als Frau resp. als Mann nicht in Frage stellen?
- Welche Moralphilosophen haben sich zur Diskriminierung von Frauen bereits kritisch geäußert?[3] Gibt es ethisch relevante Ansätze von Männern, in denen Frauen eine Nische für ihre Anliegen finden könnten?[4]

Die ersten Anstöße zu einer feministischen Ethik gab Simone de BEAUVOIR. Die Amerikanerin Carol GILLIGAN und die Französin

Luce IRIGARAY haben mit ihren Arbeiten über die weibliche Moral den Stein ins Rollen gebracht. Im deutschsprachigen Raum sind es vor allem Kornelia KLINGER, Herta NAGL-DOCEKAL, Elfriede Walesca TIELSCH und Brigitte WEISSHAUPT, die Bausteine zu einer Ethik *von* Frauen (aber nicht nur *für* Frauen) geliefert haben.

S. de BEAUVOIRs Werk »Das andere Geschlecht« erschien 1949. »Man kommt nicht als Frau zur Welt, man wird es« (265) – so lautet die provokante These der Verfasserin. Die weibliche Geschlechtsidentität gründet nicht in der Natur, sondern wurde historisch erlernt und als sozial zugewiesener Status verinnerlicht.

»Ein Mann (hingegen) fängt niemals damit an, sich erst einmal als Individuum eines bestimmten Geschlechts vorzustellen: daß er ein Mann ist, versteht sich von selbst. ... Das Verhältnis der beiden Geschlechter ist nicht das von zwei Elektrizitäten, zwei Polen (denn): Der Mann ist so sehr zugleich der positive Pol und das Ganze, daß im Französischen das Wort ›homme‹ (Mann) den Menschen schlechthin bezeichnet. ... Die Frau erscheint so sehr als das Negative, daß die bloße Begriffsbestimmung eine Beschränkung bedeutet.« (10)

Immer wurde die Frau als das »Andere« bestimmt, als das kontradiktorische Gegenteil des Mannes, der als autonomes Subjekt das Absolute, Wesentliche ist, während die Frau nur Objekt für den Mann ist, unselbständig und abhängig ihrem ganzen Sein und Wesen nach. S. de BEAUVOIR fordert vehement die Gleichberechtigung der Frauen als Menschen. Sie sollen die ihnen seit jeher aufoktroyierte soziale Rolle als solche durchschauen und ihre eigentliche menschliche Natur entdecken, die auch sie zur Wahrnehmung von Freiheit und Verantwortung aufruft.

C. GILLIGAN hat in ihrem Buch »Die andere Stimme« (1982) ebenfalls das implizite androzentrische Selbstverständnis der traditionellen Moral heftig angegriffen. Auch sie bemüht sich um den Nachweis, daß es keine biologischen oder genetischen Faktoren sind, durch die das weibliche Geschlecht benachteiligt ist, sondern daß die unterschiedliche Bewertung der Entwicklungsprozesse von Jungen und Mädchen zur Diskriminierung des Weiblichen geführt hat. Sie setzt sich insbesondere mit den Arbeiten des Entwicklungspsychologen Lawrence KOHLBERG kritisch auseinander, der anhand empirischer Untersuchungen in der Entwicklung des moralischen Bewußtseins sechs Stufen feststellte. Die höchste Stufe ist die des autonomen Gewissens, dessen moralisches Prinzip eine universale Gerechtigkeit ist. Diese oberste Stufe einer postkonventionellen Moral wird nur von wenigen (Männern, versteht sich) erreicht; Frauen kommen in der Regel nicht über Stufe 3 der konventionellen Moral hinaus, auf der das Rollenethos, verbunden mit dem Prinzip der Goldenen Regel, alles Handeln bestimmt. GILLIGAN wirft KOHLBERG vor, er habe einseitig nur die männliche Entwicklung untersucht, für seine Theorie aber einen Anspruch auf Allgemeingültigkeit erhoben, der als solcher nicht gerechtfertigt ist. Der »Gerechtigkeitsperspektive«, unter der die Entwicklung des männlichen moralischen Bewußtseins vonstatten geht, stellt GILLIGAN die »Fürsorgeperspektive« gegenüber, die in der Entwicklung des weiblichen moralischen Bewußtseins eine ungleich höhere Wertschätzung erfährt. Ihr geht es jedoch nicht darum, diese beiden Perspektiven gegeneinander auszuspielen; sie will vielmehr deutlich machen, daß die Fähigkeit zum Mitgefühl und zur Übernahme von persönlicher Verantwortung für andere eine beziehungsorientierte Form von Rationalität und Moralität kennzeichnet, die keineswegs minderwertig oder weniger »reif« ist als die von den Männern erstrebte Fähigkeit, ihren Willen nach abstrakt-allgemeinen Prinzipien von Recht und Gerechtigkeit zu bilden. »Eine Änderung der Definition von Reife ändert somit nicht bloß die Beschreibung des höchsten Stadiums (der moralischen Entwicklung), sondern faßt das Verständnis der Entwicklung in neue Begriffe und ergibt schließlich eine völlig andere Bedeutung.« (29) Das heißt: Was bisher als Schwäche der Frauen ausgelegt wurde, erweist ihre eigentliche Stärke im Bereich der Moral: die Fähigkeit, in ihrem Handeln und Urteilen den Standpunkt der jeweils betroffenen Mitmenschen ebenso zu berücksichtigen wie die konkreten lebensweltlichen Verhältnisse.

L. IRIGARAY, wie GILLIGAN eine Psychologin (Schülerin von J. LACAN) mit ausgeprägten philosophischen Kenntnissen, setzt den Hebel ihrer Kritik an der »phallokratischen Ordnung« und den darin liegenden Tiefenstrukturen von Maskulinität an, um zu zeigen, daß das »von Männern regierte Universum ... den Inhalt des Denkens durch Zerstörung des Sinnlichen aus-(löscht).« (Genealogie der Geschlechter, 186) Durch die männliche Attitüde zur bloßen Ware degradiert, blieb den Frauen nichts anderes übrig, als ihre Identität durch Selbstverleugnung und Unterwerfung unter die kollektive Sittlichkeit der Männer zu erstreben. Die Folge ist jedoch, daß sie ohne sittliches Bewußtsein handeln. »Wenn die Frauen eine Pflicht ausüben, die durch die Gewißheiten des anderen Geschlechts definiert ist, verharren sie zwangsläufig ... nur in einem *Pathos* der Pflicht, ohne eigenen Einsatz, ohne sittlichen Zweck.« (193)
IRIGARAY beklagt das Fehlen einer »geschlechtlich differenzierten Ethik« (227), einer »Ethik des Paares« (210), deren Gegenstand die Vermittlung der sexuellen Differenz in individueller Konkretion ist. Ihre These »Das menschliche Geschlecht ist in zwei Funktionen, zwei Aufgaben aufgeteilt, nicht in zwei Geschlechter« (193), impliziert zwei Forderungen. (1) Die Frauen müssen handlungsleitende Norm- und Wertvorstellungen entwickeln, die *ihrem* Verhältnis zu sich selbst, zu den Mitmenschen und zur Welt im ganzen entsprechen. (2) Auf dem beiden Geschlechtern als Gattungssubjekten gemeinsamen Boden des Menschseins sollen männliche und weibliche Moral einander nicht bekämpfen, sondern ergänzen, wobei die Vermittlung im Dialog zu leisten ist, in der diskursiven Überwindung von Differenzen durch Anerkennung der alternativen und als solche notwendigen Funktion des jeweils anderen Geschlechts.
Die feministische Ethik verdankt sich einem Perspektivenwechsel, der durch die Einführung der neuen Kategorie »gender« »Geschlecht« als soziales Konstrukt in den Blick rückte und damit eine Abgrenzung gegen das natürliche Geschlecht (»sex«) ermöglichte. Aus der Gender-Perspektive stellen sich menschliche Individuen nicht als biologische Wesen mit unterschiedlichen Naturalien bzw. genetischen Ausstattungen dar,

sondern als Wesen, die in ihrem Selbstverständnis durch historische, soziale, kulturelle Prozesse so geprägt sind, daß sich diese Prägungen tiefgreifend auch in ihre Körper »eingeschrieben« und die Geschlechtsidentität so entscheidend geformt haben, daß der Eindruck entstehen konnte, sie sei das Ergebnis von Naturgesetzen resp. der biologischen Evolution. Auch wenn der Schwerpunkt feministischer Untersuchungen auf der weiblichen Sozialisation in einer patriarchalen Gesellschaft liegt, fällt doch von dort aus der Blick auch auf die männliche Sozialisation, die jene Stereotype des Männlichen als Vorbild des Allgemeinmenschlichen herausgebildet hat, von denen her das Weibliche stets als minderwertig deklariert wurde.

Das Reflektieren aus der Gender-Perspektive erschließt nicht nur eine ganz andere Sicht der Dinge, sondern auch eine neue Gegenständlichkeit: das erkennende, fühlende, wollende, handelnde Subjekt, das weder geschlechtslos noch neutral ist, aber auch nicht unausweichlich determiniert ist durch soziale Geschlechterrollen. Vor allem jedoch wird der Blick für das Ausgegrenzte, Ausgeschlossene, Diffamierte, Diskriminierte geschärft, das dem blinden Fleck in der herkömmlichen Sichtweise zum Opfer fiel. Die feministische Ethik versteht sich also als kritisches Instrument und damit als Korrektiv der traditionellen Ethik. Aus der Gender-Perspektive geht es ihr zunächst nicht um die Begründung und Rechtfertigung von angeblich geschlechterübergreifenden (›allgemeinmenschlichen‹) Moralvorstellungen und Handlungsprinzipien, sondern um die Bloßlegung der diesen vorgängigen *Konstruktion* von Geschlecht (gender), die sich unter deskriptivem Gesichtspunkt als ein kulturelles Apriori, unter normativem Gesichtspunkt als ein interessenbedingtes Apriori erweist – und damit gerade nicht als eine natürliche Determination. Ziel dieser Bloßlegung ist es, den biologischen Unterschied (die Kategorie ›sex‹) als immer schon mit ideologischen Vorurteilen behafteten, der Willkür der Natur zugeschriebenen Unterschied, in den Hintergrund treten zu lassen und den Blick zu öffnen für eine durch keine Geschlechtsstereotype verstellte Perspektive.

Die sich an die GILLIGAN-Kontroverse anschließende Debatte über die Gender-Perspektive ist noch in vollem Gang und kaum mehr zu überblicken. Dabei gehen die Thesen weit auseinander. Während die einen – insbesondere Seyla BENHABIB – im Fahrwasser der Frankfurter Schule oder der Rawlsschen Gerechtigkeitstheorie traditionelle Konzepte genderperspektisch zu reformulieren und für Modelle einer nichtpatriarchalen Gesellschaft fruchtbar zu machen suchen, werfen die anderen – allen voran Judith BUTLER – im Zuge postmoderner Überlegungen die Genderperspektive bereits wieder über Bord, da sie auch diese noch für ein biologisch konnotiertes, in seiner Wurzel männliches Konstrukt halten und statt dessen eine strikt kontextuelle Lesart favorisieren, die das Muster der Zweigeschlechtlichkeit auflöst und eine Vielfalt von Geschlechtsidentitäten erlaubt.

Der Streit um die Geschlechterdifferenz hat seinen Brennpunkt in der Problematik der Subjektkonstitution. BENHABIB geht davon aus, daß sich die Ichidentität des Subjekts in einer Kommunikationsgemeinschaft herausbildet, deren Mitglieder zugleich autonome und individuelle Subjekte sind, insofern sie zwei komplementäre Standpunkte einzunehmen vermögen:

»Der Standpunkt des ›verallgemeinerten Anderen‹ verlangt von uns, jedes Individuum als ein rationales Wesen zu betrachten, das mit den gleichen Rechten und Pflichten ausgestattet ist, die wir auch uns selbst zuschreiben. Indem wir diese Perspektive einnehmen, abstrahieren wir aber zugleich von der Individualität und konkreten Identität des anderen. Wir unterstellen ihm oder ihr zwar, wie uns selbst, konkrete Bedürfnisse, Wünsche und Leidenschaften, doch was seine oder ihre moralische Würde ausmacht, ist nicht das, was uns voneinander unterscheidet, sondern vielmehr das uns als sprechenden und handelnden Akteuren Gemeinsame. […] Demgegenüber verlangt der Standpunkt des ›konkreten Anderen‹ von uns, in jedem vernünftigen Wesen ein Individuum mit einer konkreten Geschichte, Identität und affektiv-emotionalen Konstitution zu sehen. Diesen Standpunkt nehmen wir ein unter Absehung davon, was unsere Gemeinschaftlichkeit ausmacht, und versuchen, die Verschiedenheit des anderen zu verstehen, d.h., seine/ihre Bedürfnisse, Motivationen, Bestrebungen und Wünsche zu begreifen.« (Kritik, Norm und Utopie, Frankfurt 1992, 231 f.)

Demgegenüber beharrt BUTLER darauf, daß das Subjekt gerade nicht autonom, sondern eine kulturelle Konstruktion ist, ein durch das herrschende Macht- und Diskursgeflecht konstituiertes Selbst, das durch imperialistische Ausschließungsverfahren gebildet wird.

»Die Kritik des Subjekts beinhaltet keine Verneinung oder Nichtanerkennung des Subjekts, sondern eine Infragestellung seiner Konstruktion als vorgegebene oder normativ als Grundlage dienende Prämisse. [...] Das Subjekt weist nicht erst eine intakte ontologische Reflexivität auf und ist dann in einem zweiten Schritt in einem kulturellen Kontext situiert. Vielmehr ist dieser kulturelle Kontext sozusagen immer schon da als der disartikulierte Prozeß der Konstruktion des Subjekts. Genau dieser Prozeß wird durch eine Denkstruktur verschleiert, die ein bereits fertiges Subjekt in ein äußerliches Netz kultureller Bedingungen einsetzt.« (Kontingente Grundlagen, Frankfurt 1993, 41, 44)

Für BUTLER gibt es demnach keine prädiskursive Geschlechtsidentität – weder eine biologische (sex) noch eine soziale (gender); diese werden vielmehr performativ, d.h. im Diskurs erzeugt, welcher die in den herrschenden Normen und Werten sedimentierten Konventionen transportiert und in handlungsregulierenden Fiktionen so inszeniert, daß die Mitglieder der Gemeinschaft sie in ihren Interaktionen »zitieren« müssen. (Vgl. Körper von Gewicht, Berlin 1995, 306) »Wo ein ›Ich‹ vorhanden ist, das sich äußert oder spricht und damit eine Wirkung im Diskurs erzielt, da ist zuerst ein Diskurs, der dem ›Ich‹ vorhergeht und es ermöglicht und in der Sprache die zwingende Stoßrichtung seines Willens bildet. Deshalb gibt es kein ›Ich‹, das *hinter* dem Diskurs steht und seine Volition oder seinen Willen *durch* den Diskurs vollstreckt.« (298) Deshalb unterzieht BUTLER nicht nur das androzentristische Subjekt der klassischen Subjektphilosophie, sondern auch die auf der Gender-Prämisse beruhende Konstruktion des Subjekts einer Kritik. »Das Subjekt des Feminismus dekonstruieren heißt also nicht, den Gebrauch dieses Begriffs zensieren, sondern ihn im Gegenteil in eine Zukunft vielfältiger Bedeutungen entlassen, ihn von den maternalen oder rassischen Ontologien befreien und ihm freies

Spiel geben als einem Schauplatz, an dem bislang unvorhergesehene Bedeutungen zum Tragen kommen können.« (Kontingente Grundlagen, 50)

Im deutschsprachigen Raum liegt der Schwerpunkt feministisch orientierter Philosophinnen auf folgenden Themenbereichen: Frau und Natur im patriarchalischen Denken (K. KLINGER); weibliches Selbstverständnis in feministischen Konzepten (H. NAGL-DOCEKAL); die Philosophin in der Tradition der abendländischen Philosophie (E.W. TIELSCH); weibliche Identitätsbildung im Kontext einer nicht sexistischen Vernunft (B. WEISSHAUPT).

Die Diskussion hat erst begonnen. Noch fehlt das System einer weiblichen Ethik; und erst recht fehlt der Entwurf einer ganzheitlichen Ethik, die die Prinzipien von männlich und weiblich orientierten Moralen integriert.

Anmerkungen

1 Die Aufgabe der Ethik

1 Wir werden im folgenden durchgängig die Begriffe »Moral«, »Moralität« und »moralisch« verwenden und dabei aus Platzgründen auf die Wiedergabe der synonymen Begriffe »Sitte«, »Sittlichkeit« und »sittlich« in Klammern verzichten.
2 Vgl. hierzu auch B. Williams: Der Begriff der Moral, 32 f.: »Es wäre eine Platitüde, wenn man eigens feststellen wollte, daß ein welterfahrener Mensch manchmal zur Einsicht kommt, daß seine spontane moralische Reaktion auf ein ihm fremdartig erscheinendes Verhalten provinziell und deshalb zu unterdrücken oder umzustellen ist. Aber es ist wichtig, zwischen den verschiedenen Reaktionen zu unterscheiden, die in verschiedenen Arten solcher Fälle angebracht sind: Manchmal scheinen einem bestimmte Dinge auf einmal keine Frage der Moral mehr zu sein; manchmal geht einem auf, daß etwas, das man bei sich zu Hause mißbilligt haben würde, hier den relevanten moralischen Aspekten nach, etwas ganz anderes ist. [...] Aber zu behaupten, daß derartige Anpassungsreaktionen in jedem Falle das einzig Richtige wären und daß angesichts zweifelsfrei unmenschlicher Praktiken a priori die Forderung gelte, sie zu akzeptieren, würde ein eigenes – psychologisch wie moralisch gleichermaßen wenig plausibles – Moralprinzip erfordern.

[...] Nehmen wir an, ein Einbrecher kommt gerade dazu, wie der rechtmäßige Besitzer des Hauses jemanden ermorden will, ist er dann etwa moralisch verpflichtet, sich nicht einzumischen, weil seine Anwesenheit unrechtmäßig ist?

Damit soll nicht bestritten werden, daß man sich oft in die Angelegenheiten anderer Gesellschaften eingemischt hat, wo man es besser unterlassen hätte, daß man sich oft ohne Einsicht eingemischt hat, und oft mit einer Brutalität, die wesentlich schlimmer war als die, die unterbunden werden sollte. Ich behaupte nur, daß es nicht einfach aus dem Wesen der Moral folgen kann, daß keine Gesellschaft sich jemals in die Angelegenheiten einer anderen einmischen sollte oder daß es nicht mehr als rational ist, jedes beliebige Verhalten von Angehörigen anderer Gesellschaften zu akzeptieren.«

3 Vgl. hierzu L.W. BECK: Akteur und Betrachter, 111: »Indem wir dieselben Regeln befolgen und wissen, daß wir dies tun, stehen wir miteinander in sprachlicher Kommunikation über das, was nicht Regel ist.« Regeln ordnen demnach etwas an sich selber Ungeregeltes oder Regelloses, jedoch nicht um der Ordnung oder Regelung willen, sondern um der Freiheit willen. Die Regeln sollen die Freiheit nicht aufheben (»reglementieren« oder »verregeln«), sondern garantieren.

2 Ethik als praktische Wissenschaft

1 Science-fiction-Literatur und utopische Zukunftsromane machen auf Gefahren aufmerksam, die den Menschen in einer völlig durchtechnisierten Welt drohen. Wo alle Macht in den Händen von Wissenschaftlern und Technikern liegt, zählt der einzelne nicht mehr. Seine individuellen Freiheitsrechte werden dem reibungslos wie eine Maschine funktionierenden Staatsapparat aufgeopfert, der keiner autonomen Bürger, sondern angepaßter, gehorsamer menschlicher Wesen bedarf, die keine Störfaktoren darstellen.

Den Extremfall einer solchen Konditionierung schildert Aldous HUXLEY in den ersten drei Kapiteln seines Zukunftromans »Schöne neue Welt« (Hamburg 1982). In der »Brut- und Normzentrale« werden Menschen nach Bedarf gezüchtet und verschiedenen Normierungsverfahren unterzogen. Vgl. z.B. 30 f.:

»Auf Regal 10 wurden ganze Reihen künftiger Chemiearbeiter an die Einwirkungen von Blei, Ätznatron, Teer und Chlor gewöhnt. Der erste Schub einer Lieferung von zweihundertfünfzig Raketeningenieuren in embryonalem Zustand passierte soeben Meter 1100 auf Regal 3. Eine besondere Vorrichtung bewirkte, daß ihre Behälter ständig kreisten. ›Zur Stärkung des Gleichgewichtssinns‹, bemerkte Päppler. ›Reparaturen an der Außenseite einer Rakete in der Luft sind eine kitzlige Aufgabe. Wir verlangsamen, wenn die Embryos aufrecht stehen, den Kreislauf des Blutsurrogats, bis sie halb verhungert sind, und beschleunigen ihn, wenn sie auf dem Kopf stehen. Sie gewöhnen sich also daran, Kopfstehen mit Wohlbehagen zu assoziieren. Ja, sie sind nur dann wirklich glücklich, wenn sie auf dem Kopf stehen können.‹«

2 Vgl. KANT: Grundlegung zur Metaphysik der Sitten, in: Werke, Bd. 6, 43 f., 45 f.: »Alle *Imperativen* nun gebieten entweder *hypothetisch,* oder *kategorisch.* Jene stellen die praktische Notwendigkeit einer möglichen Handlung als Mittel, zu etwas anderem, was man will (oder doch möglich ist, daß man es wolle), zu gelangen, vor. Der kategorische Imperativ würde der sein, welcher eine Handlung als für sich selbst, ohne Beziehung auf einen anderen Zweck, als objektiv-notwendig vorstellte. [...]

Der hypothetische Imperativ sagt also nur, daß die Handlung zu irgend einer *möglichen* oder *wirklichen* Absicht gut sei. Im ersteren Falle ist er ein *problematisch-,* im zweiten assertorisch-praktisches Prinzip. Der kategorische Imperativ, der die Handlung ohne Beziehung auf irgend eine Absicht, d.i. auch ohne irgend einen anderen Zweck für sich als objektiv notwendig erklärt, gilt als ein *apodiktisch (praktisches)* Prinzip.«

»Das Wollen nach diesen dreierlei Prinzipien wird auch durch die *Ungleichheit* der Nötigung des Willens deutlich unterschieden. Um diese nun auch merklich zu machen, glaube ich, daß man sie in ihrer Ordnung am angemessensten so benennen würde, wenn man sagte: sie wären entweder *Regeln* der Geschicklichkeit, oder *Ratschläge* der Klugheit, oder *Gebote (Gesetze)* der Sittlichkeit. Denn nur das *Gesetz* führt den Begriff einer *unbedingten* und zwar objektiven und mithin allgemein gültigen *Notwendigkeit* bei sich, und Gebote sind Gesetze, denen gehorcht, d.i. auch wider Neigung Folge geleistet werden muß. Die *Ratgebung* enthält zwar Notwendigkeit, die aber bloß unter subjektiver gefälliger Bedingung, ob dieser oder jener Mensch dieses oder jenes zu seiner Glückseligkeit zähle, gelten kann; dagegen der kategorische Imperativ durch keine Bedingung eingeschränkt wird, und als absolut- obgleich praktisch-notwendig ganz eigentlich ein Gebot heißen kann. Man könnte die ersteren Imperative auch *technisch* (zur Kunst gehörig), die zweiten *pragmatisch* (zur Wohlfahrt), die dritten *moralisch* (zum freien Verhalten überhaupt, d.i. zu den Sitten gehörig) nennen.«

3 KANT hat bereits in der »Grundlegung zur Metaphysik der Sitten« das Bild des Kompasses benutzt, um zu verdeutlichen, wie die empirisch-praktische Vernunft die moralischen Kategorien ‹ Guten und Bösen auf Einzelfälle anwendet.

»So sind wir denn in der moralischen Erkenntnis der gemeinen Menschenvernunft bis zu ihrem Prinzip gelangt, welches sie sich zwar freilich nicht so in einer allgemeinen Form abgesondert denkt, aber doch jederzeit wirklich vor Augen hat und zum Richtmaße ihrer Beurteilung braucht. Es wäre hier leicht zu zeigen, wie sie mit diesem Kompasse in der Hand in allen vorkommenden Fällen sehr gut Bescheid wisse, zu unterscheiden, was gut, was böse, pflichtmäßig, oder widrig sei, wenn man, ohne sie im mindesten etwas Neues zu lehren, sie nur, wie SOKRATES tat, auf ihr eigenes Prinzip aufmerksam macht, und daß es also keiner Wissenschaft und Philosophie bedürfe, um zu wissen, was man zu tun habe, um ehrlich und gut, ja sogar um weise und tugendhaft zu sein.« (Werke, Bd. 6, 30 f.)

3 Ethik als praktische Wissenschaft unter anderen praxisbezogenen Wissenschaften

1 Auch E. BRUNNER, ein evangelischer Theologe, vertritt die These, daß die Moral nicht in der Natur des Menschen gründet, sondern notwendig auf einem religiösen Fundament beruht.

»Die Menschenrechte, die Würde der Person, das Gebot, den Nächsten zu lieben – das sind keine Naturfakta, sondern das sind Postulate, die entweder völlig in der Luft hängen und keinerlei Überzeugungskraft besitzen, oder aber in einem religiösen Verständnis des Menschen begründet sind. Hinter der Forderung der Menschenrechte und dem Prinzip der Personenwürde steht die Ehrfurcht vor etwas höherem als die Natur, die Ehrfurcht vor einer Instanz, die den Menschen eine Würde verleiht, ihnen Rechte anerschaffen hat und von uns die Nächstenliebe fordert.«

»Das ist unser Resultat: Die Forderung einer autonomen, einer vom Glauben losgelösten Ethik bringt uns, je weiter diese Loslösung vom Glauben betrieben wird, desto mehr um das Verständnis des Guten. Wo, wie bei NIETZSCHE, diese Loslösung eine vollkommene ... chließlich aus der Ethik der moralische Nihilismus oder ... ung des sittlich Guten in das reine Vital- und Macht- ... gekehrt, soll uns die Erkenntnis des sittlich Guten als ... ebe bewahrt bleiben und soll diese Erkenntnis nicht bloß ... chtiger Imperativ sein, sondern zur Lebenswirklichkeit und zur Tat werden, so ist das nicht anders möglich als dadurch, daß das Gute aus dem Glauben an den Gott der Liebe fließt.« (Religiöse Moral als Alternative zum ethischen Nihilismus, in: Texte zur Ethik, 145, 147)

Die entgegengesetzte These vertrat Paul Thiry D'HOLBACH, ein französischer Materialist des 18. Jahrhunderts.

»Hat die Religion das menschliche Wissen auch nur einen Schritt vorwärts gebracht? Hat diese so gewichtige und so erhabene Wissenschaft die Moral nicht ganz verdunkelt? Hat sie nicht die wesentlichsten Pflichten unserer Natur ungewiß und problematisch gemacht? Hat sie nicht schändlich alle Begriffe von Recht und Unrecht, von Laster und Tugend verwirrt? Welche Ideen haben unsere Theologen denn wirklich von der Tugend? Sie werden uns sagen, Tugend sei das, was dem Willen des unbegreifbaren Wesens, das die Welt regiert, entspricht. Aber was ist das für ein Wesen, von dem ihr unaufhörlich zu uns sprecht, ohne es verstehen zu können; und wie sollen wir seinen Willen erkennen? Darauf werden sie euch sagen, was dieses Wesen nicht ist, ohne euch sagen zu können, was es ist; wenn sie versuchen, euch eine Idee von diesem hypothetischen Wesen zu geben, so werden sie es mit einer Menge widersprüchlicher und miteinander unvereinbarer Attribute überhäufen und es zu einem unbegreiflichen Hirngespinst machen; oder aber sie werden euch auf die übernatürlichen Offenbarungen verweisen, durch die dieses Phantom seine göttlichen Absichten den Menschen bekannt gemacht habe. Aber wie wollen sie die Echtheit dieser Offenbarungen beweisen? [...] Man wird sich stets irren, wenn man der Moral eine andere Basis als die Natur des Menschen geben will; eine festere und gewissere Basis kann es nicht geben.« (Religion als Ursache moralischer Perversionen, in: Texte zur Ethik, 148 f.)

Der Gegensatz zwischen BRUNNER und HOLBACH entzündet sich am Begriff der menschlichen Natur, mithin in bezug auf die anthropologische Bestimmung des Menschen. Während BRUNNER aus christlicher Überzeugung und im Hinblick auf die Faktizität die Verderbtheit der menschlichen Natur behauptet und damit die Unmöglichkeit einer Begründung der Moral durch die menschliche Natur, ist für HOLBACH die menschliche Natur das einzig sichere Fundament für eine Moral, und die Religion bedeutet für ihn einen bloß theologischen Überbau, der eher schadet als nützt, auch wenn HOLBACH durchaus zugibt, daß die Natur des

Menschen nicht ausnahmslos gut ist, sondern entarten kann. HOLBACH war jedoch kein Theologe, für den eine natürliche oder vernünftige Letztbegründung der Moral ausgeschlossen ist, da alle Moral religiös fundiert sein muß; Ethik kann demzufolge nur als theologische Ethik begriffen werden.

2 Vgl. den Auszug aus dem »Leviathan«, in: Texte zur Ethik, 171: »So liegen also in der menschlichen Natur drei hauptsächliche Konfliktursachen: Erstens Konkurrenz, zweitens Mißtrauen, drittens Ruhmsucht.

Die erste führt zu Übergriffen der Menschen des Gewinnes, die zweite der Sicherheit und die dritte des Ansehens wegen. Die ersten wenden Gewalt an, um sich zum Herrn über andere Männer, deren Frauen, Kinder und Vieh zu machen, die zweiten, um dies zu verteidigen und die dritten wegen Kleinigkeiten wie ein Wort, ein Lächeln, eine verschiedene Meinung oder jedes andere Zeichen von Geringschätzung, das entweder direkt gegen sie selbst gerichtet ist oder in einem Tadel ihrer Verwandtschaft, ihrer Freunde, ihres Volks, ihres Berufs oder ihres Namens besteht.

Daraus ergibt sich klar, daß die Menschen während der Zeit, in der sie ohne eine allgemeine, sie alle im Zaum haltende Macht leben, sich in einem Zustand befinden, der Krieg genannt wird, und zwar in einem Krieg eines jeden gegen jeden.«

3 Hier wird noch einmal besonders deutlich, wie unverzichtbar die Anthropologie für die Ethik ist und welche Konsequenzen die anthropologische Basis für die Ethik hat. Geht man wie SOKRATES und ROUSSEAU davon aus, daß der Mensch ursprünglich gut ist, so besteht die Aufgabe der Erziehung im wesentlichen darin, dem Zögling eine Einsicht in seine Natur zu vermitteln. Geht man aber etwa im Gefolge des Christentums davon aus, daß der Mensch ursprünglich verderbt ist, so kann der Erzieher den Maßstab des Guten nicht aus der Natur nehmen, sondern muß ihn mit den Mitteln der Vernunft an die Natur heranbringen und diese danach bilden.

4 Anton Hügli hat in seinem Buch »Philosophie und Pädagogik« (Darmstadt 1999) die pädagogische Ethik als den Ort der Begegnung von Philosophie und Pädagogik herausgestellt und als die eigentliche Pädagogik bezeichnet, die aber noch auf der Suche nach der ihr gemäßen Ethik sei. Diese Ethik müsse im Zusammenhang mit der Frage nach dem Stellenwert des guten Lebens und des Glücks in der Ethik der Gegenwart entwickelt werden. (Vgl. S. 120–144)

4 Grundfragen der Ethik

1 Paul RICŒUR hat eine zweibändige »Phänomenologie der Schuld« verfaßt (Freiburg/München 1977). Der erste Band mit dem Titel »Die Fehlbarkeit des Menschen« sucht nach dem »Ort« des Bösen in der Endlichkeit des Menschen, dessen »Schwäche« darin besteht, daß ihm die Synthese von Endlichem und Unendlichem mißlingen kann. »Zu sagen, der Mensch ist fehlbar, besagt in eins, daß die Einschränkung eines Wesens, das nicht mit sich selbst zusammenfällt, die Urschwäche ist, aus der das Böse hervorgeht. Und dennoch, *hervorgehen* kann das Böse aus dieser Schwäche nur, weil es *gesetzt wird*« (S. 289), und zwar frei, mithin aus einer gewissen Stärke gesetzt wird.
 Im zweiten Band mit dem Titel »Symbolik des Bösen« geht RICŒUR auf das Rätsel des unbegreiflichen Übergangs von der Möglichkeit in die Wirklichkeit der Setzung des Bösen, von der Unschuld in die Schuld ein, indem er die großen abendländischen Mythen und ihre Symbolsprache daraufhin untersucht, in welcher Weise sie über den »Fall« des Menschen sprechen und sein Schuldbekenntnis zum Ausdruck bringen.

6 Grundformen moralischer und ethischer Argumentation

1 Der Ausdruck »transzendental« ist nicht zu verwechseln mit »transzendent«. Ein transzendentes Verfahren würde den Erfahrungsbereich im Hinblick auf einen außerhalb aller Erfahrung liegenden übersinnlichen Bereich zu überschreiten suchen, wohingegen das transzendentale Verfahren gerade nicht nach außerhalb aller Erfahrung liegenden, sondern nach den ihr immanenten Gründen fragt, nach dem logischen Apriori der Erfahrung.
2 Man könnte diese Methoden wiederum in *teleologische* (von griech. telos = Ziel) und deontologische (von griech. to deón = die Pflicht) Methoden untergliedern im Hinblick darauf, ob sie sich auf ein (wie auch immer inhaltlich bestimmtes) höchstes Ziel (z.B. Lust, Glück, Liebe etc.) richten, oder ob sie unabhängig von jeder empirischen Zielsetzung ausschließlich zur Bestimmung dessen, was Pflicht ist, dienen.

7 Grundtypen ethischer Theorie

1 H. KRINGS hat in seiner Auseinandersetzung mit APELs transzendentalpragmatischem Ethik-Modell darauf aufmerksam gemacht, daß das Sklavenhalterbeispiel bei APEL mehrdeutig ist.
»Der Duktus der APELschen Beispielerzählung ist nicht eindeutig. Einerseits erscheint es so, als ob der Römer als Konsequenz des Diskurses über eine gerechte Gesellschaftsordnung den Sklaven *hinterher* freilassen müßte. Das ist aber nicht schlüssig, da es über die gerechte Gesellschaftsordnung bekanntlich verschiedene Meinungen gibt und Diskurs nicht ohne weiteres mit Konsens gleichzusetzen ist. Andererseits sagt APEL ganz mit Recht: ›Dieser Mann hat die Lebens-Funktion des argumentativen Diskurses als der nicht hintergehbaren Legitimationsinstanz allen Handelns nicht begriffen und daher auch nicht explizit mitakzeptiert; er hat sich insofern überhaupt nicht *ernsthaft* auf einen argumentativen Diskurs eingelassen.‹ (37) Das bedeutet, daß der Diskurs, wiewohl die Gesprächspartner ›für die Dauer der Diskussion die *dafür* gültigen Normen der idealen Sprechsituation befolgen‹, gar nicht zustandegekommen ist. Dafür hätte der Römer den Sklaven *zuvor* freilassen müssen. Das hat der Römer nicht getan. Aber warum sollte er es tun? Doch nicht um des Diskurses willen. Er hätte es um der Menschenwürde willen tun sollen. Der Imperativ, einen Menschen nicht wie eine Sache zu behandeln, kann durch einen Diskurs weder in Frage gestellt, noch als Konsequenz gewonnen werden, da er unbedingt ist. APELs eigenes Beispiel läuft darauf hinaus, daß nicht der Diskurs die Freigabe des Sklaven, sondern die Freigabe des Sklaven allererst den Diskurs ermöglicht.« (Die Grenzen der Transzendentalpragmatik, in: Prinzip Freiheit, hg. v. H.M. Baumgartner, 364 f.)
2 Zur Ergänzung der in der UdSSR vertretenen marxistischen Ethik durch die in der DDR konzipierte sozialistische Ethik vgl. die Artikel »Ethik« und »Moral«, in: M. Buhr / A. Kosing (Hrsg.): Kleines Wörterbuch der Marxistisch-Leninistischen Philosophie, Berlin [4]1979.

8 Feministische Ethik

1 Vgl. hierzu ausführlich die Anthologie von Annegret STOPCZYK: Was Philosophen über Frauen denken (1980).
2 Vgl. insbesondere die folgenden Sammelbände, die von Frauen herausgegeben wurden: Wie männlich ist die Wissenschaft? (1986); Weiblichkeit in der Moderne (1986); Die Revolution hat nicht stattgefunden (1989); Denkverhältnisse (1989); Feministische Philosophie (1990).
3 Hier wären exemplarisch zu nennen: AGRIPPA VON NETTESHEIM, der die repressiven Formen männlicher Gewalt für die Unterdrückung der Frauen verantwortlich macht; Ludwig FEUERBACH plädiert aus Gründen der Gerechtigkeit und Gleichheit für die Emanzipation der Frau. John Stuart MILL sieht die Ungleichheit der Rechte von Männern und Frauen als Folge des Faustrechts und ruft die Männer auf, an der Emanzipation der Frauen tatkräftig mitzuwirken. Herbert SPENCER schließlich räumt den Frauen die gleichen Freiheiten im Sozialbereich ein. (Vgl. hierzu: Was Philosophen über Frauen denken, 64–66; 195; 198; 213)
4 Gegen den einseitigen Intellektualismus der abendländischen Philosophie hat sich schon NIETZSCHEs Moralkritik gewendet und an die Stelle einer sich selbst genügenden »reinen« Vernunft provokativ den Leib als »große Vernunft« gesetzt, die ihre sinnlich-materiellen Wurzeln nicht verleugnet, sondern ausdrücklich anerkennt. Im Fahrwasser NIETZSCHEs hat Jacques DERRIDA in seiner Kritik des Logozentrismus das verdrängte Differente, nicht Logoshafte in den Blick gerückt. Theodor W. ADORNO schließlich wollte in seiner negativen Dialektik durch eine Entzauberung des Begriffs dem Besonderen, Einzelnen wieder zu seinem Recht verhelfen.

Zitierte Autoren und ergänzende Literaturhinweise

1 Die Aufgabe der Ethik

Zitierte Autoren

Aristoteles: Nikomachische Ethik (Eth. Nic.), übers. u. kommentiert v. F. Dirlmeier, Darmstadt ⁵1969.
Beck, L.W.: Akteur und Betrachter. Zur Grundlegung der Handlungstheorie, Freiburg/München 1976.
Epiktet: Handbüchlein der Ethik, Stuttgart 1958.
Herskovits, M.J.: Ethnologischer Relativismus und Menschenrechte, in: Texte zur Ethik (siehe dort), 36–42.
Kant, I.: Werke in zehn Bänden, hrsg. v. W. Weischedel, Darmstadt 1960.
Nietzsche, F.: Also sprach Zarathustra, in: Kritische Studienausgabe, Bd. 4, Berlin 1980.
Patzig, G.: Ethik ohne Metaphysik, Göttingen 1971.
Piaget, J.: Das moralische Urteil beim Kinde, Frankfurt/M. ⁴1981.
Platon: Sämtliche Werke, hrsg. v. W.F. Otto, E. Grassi u. G. Plamböck, 6 Bde., I; Hamburg 1957.
Texte zur Ethik, hrsg. v. D. Birnbacher u. N. Hoerster, München 1976.
Williams, B.: Der Begriff der Moral. Eine Einführung in die Ehtik, Stuttgart 1978.

Ergänzende Literatur

Bien, G.: Die Grundlegung der politischen Philosophie bei Aristoteles, Freiburg/München 1973.
Brandt, R.B.: Drei Formen des Relativismus, in: Texte zur Ethik, 42–51.
Hare, R.M.: Eine moderne Form der Goldenen Regel, in: Texte zur Ethik, 109–124.
Höffe, O.: Praktische Philosophie. Das Modell des Aristoteles, München/Salzburg 1971.

Hoerster, N.: Normenbegründung und Relativismus, in: Philosophisches Jahrbuch 81 (1974) 247–258.
Kuhn, H.: Sokrates. Versuch über den Ursprung der Metaphysik, München 1959.
Pieper, A.: Pragmatische und ethische Normenbegründung. Zum Defizit an ethischer Letztbegründung in zeitgenössischen Beiträgen zur Moralphilosophie, Freiburg/München 1979 (bes. Kap. 1: Ethik als praktische Wissenschaft, 11–34, und Kap. 7: Anerkennung, zum Verhältnis von Toleranz und Autonomie, 175–201).

2   Ethik als praktische Wissenschaft

Zitierte Autoren

Alt, F.: Frieden ist möglich. Die Politik der Bergpredigt, München 1983.
Apel, K.-O.: Transformation der Philosophie, 2 Bde., Frankfurt/M. 1973.
Aristoteles: Nikomachische Ethik (siehe unter Kap. 1).
– Metaphysik, übers. v. H. Bonitz, München 1966.
– Politik, übers. v. E. Rolfes u. mit einer Einleitung von G. Bien, Hamburg ⁴1981.
Bacon, F.: Neu-Atlantis, in: Der utopische Staat, hg. v. K.J. Heinisch, Reinbek 1960, 171ff.
Bayertz, K. (Hrsg.): Ökologische Ethik, Freiburg 1988.
Berka, K. / Kreiser, L. (Hrsg.): Logik-Texte, Berlin 1971.
Biervert B. / Held, M. (Hrsg.): Ökonomische Theorie und Ethik, Frankfurt/New York 1987.
– / Wieland, J. (Hrsg.): Sozialphilosophische Grundlagen ökonomischen Handelns, Frankfurt/M. 1990.
Birnbacher, D. (Hrsg.): Ökologie und Ethik, Stuttgart 1980.
– Verantwortung für zukünftige Generationen, Stuttgart 1988.
Brenner, A.: Ökologie-Ethik, Leipzig 1996.
Campanella, T.: Sonnenstaat, in: Der utopische Staat, hg. v. K.J. Heinisch, Reinbek 1960, 111ff.
Chancen und Risiken der Gentechnologie. Der Bereich der Enquête-Kommission »Chancen und Risiken der Gentechnologie« des 10. Deutschen Bundestages, Bonn 1987.

Van den Daele, W. / Kron, W.: Anmerkungen zur Legitimation der Naturwissenschaften, in: Physik, Philosophie und Politik – Festschrift f. C.F. von Weizsäcker zum 70. Geburtstag, hrsg. v. K.-M. Meyer-Abich, München 1982, 416–429.

Descartes, R.: Von der Methode des richtigen Vernunftgebrauchs und der wissenschaftlichen Forschung, übers. u. hrsg. v. U. Gäbe, Hamburg 1960.

Fraser-Darling, F.: Die Verantwortung des Menschen für seine Umwelt, in: Ökologie und Ethik (siehe dort), 9–19.

Gehlen, A.: Der Mensch. Seine Natur und Stellung in der Welt, Wiesbaden 1976.

Gerhardt, V. (Hrsg.): Der Begriff der Politik. Bedingungen und Gründe politischen Handelns, Stuttgart 1990.

Glucksmann, A.: Philosophie der Abschreckung, Stuttgart 1984.

Günzler, C.: Anthropologische und ethische Dimensionen der Schule, Freiburg/München 1976.

Höffe, O.: Sittlich-politische Diskurse. Philosophische Grundlagen, Politische Ethik, Biomedizinische Ethik, Frankfurt/M. 1981.

– Politische Gerechtigkeit. Grundlegung einer kritischen Philosophie von Recht und Staat, Frankfurt/M. 1987.

– Kategorische Rechtsprinzipien, Ein Kontrapunkt der Moderne, Frankfurt/M. 1990.

Hösle, V.: Philosophie der ökologischen Krise, München 1991.

Homann, K.: Rationalität und Demokratie, Tübingen 1988.

Hospers, J.: Zweifel eines Deterministen, in: Texte zur Ethik (siehe unter Kap. 1), 330–338.

Huber, W. / Reuter, H.-R.: Friedensethik, Stuttgart 1990.

Huxley, A.: Schöne neue Welt, Hamburg 1981.

Jonas, H.: Das Prinzip Verantwortung. Versuch einer Ethik für die technologische Zivilisation, Frankfurt/M. 1979.

– Technik, Medizin und Ethik. Zur Praxis des Prinzips Verantwortung, Frankfurt/M. 1985.

Kant, I.: Sämtliche Werke (siehe unter Kap. 1).

Kersting, W.: Die Ethik in Hegels »Phänomenologie des Geistes«, Hannover 1974.

– Wohlgeordnete Freiheit. Immanuel Kants Rechts- und Staatsphilosophie, Berlin/New York 1984.

Korff, W.: Artikel »Sozialethik« in: Staatslexikon, Bd. 4, Freiburg/Basel/Wien 1988, Sp. 1281–1290.

Koslowski, P.: Prinzipien der Ethischen Ökonomie. Grundlegung der Wirtschaftsethik und der auf die Ökonomie bezogene Ethik, Tübingen 1988.
Löw, R.: Leben aus dem Labor. Gentechnologie und Verantwortung – Biologie und Moral, München 1985.
Meinberg, E.: Homo oeconomicus. Das neue Menschenbild im Zeichen der ökologischen Krise, Darmstadt 1995.
Morris, Ch. W.: Zeichen, Sprache und Verhalten, Düsseldorf 1973.
Orwell, G.: 1984, Zürich 1950.
Ottmann, H.: Philosophie und Politik bei Nietzsche, Berlin/New York 1987.
– / Karl Graf Ballestrem (Hrsg.): Politische Philosophie des 20. Jahrhunderts, München 1990.
Patzig, G.: Ethik ohne Metaphysik (siehe unter Kap. 1).
Peirce, Ch. S.: Ausgewählte Schriften, hrsg. v. K.-O. Apel, Frankfurt/M. 1967.
Pfordten, D. v.d.: Ökologische Ethik. Zur Rechtfertigung menschlichen Verhaltens gegenüber der Natur, Reinbek 1996.
Plessner, H.: Die Stufen des Organischen und der Mensch, Berlin ^{2}1965.
Rock, M.: Theologie der Natur und ihre anthropologisch-ethischen Konsequenzen, in: Ökologie und Ethik (siehe dort), 72–102.
Ropohl, G.: Technologische Aufklärung, Frankfurt/M. 1991.
Scheler, M.: Die Stellung des Menschen im Kosmos, Bern ^{7}1966.
Schulz, W.: Philosophie in der veränderten Welt, Pfullingen 1972.
Sitter, B.: Wie läßt sich ökologische Gerechtigkeit denken?, in: Zeitschrift für evangelische Ethik 31 (1987), 271–295.
Spaemann, R.: Technische Eingriffe in die Natur als Problem der politischen Ethik, in: Ökologie und Ethik (siehe dort), 180–206.
Thurnherr, U.: Philosophische Praxis, in: Pieper, A. / Thurnherr, U. (Hg.): Angewandte Ethik. Eine Einführung, München 1998, 360ff.
Tugendhat, E.: Rationalität und Irrationalität der Friedensbewegung und ihrer Gegner. Versuch eines Dialogs, Berlin 1983.
Ulrich, P.: Transformation der ökonomischen Vernunft. Fortschrittsperspektiven der modernen Industriegesellschaft, Bern/Stuttgart 1986.
– Integrative Wirtschaftsethik. Grundlagen einer lebensdienlichen Ökonomie, Bern u.a. 1997.

Vollrath, E.: Grundlegung einer philosophischen Theorie des Politischen, Würzburg 1987.
– Artikel »Politische Ethik«, in: Staatslexikon, Bd. 4, Freiburg/Basel/Wien 1988, Sp. 453–460.
Weischenberg, S.: Medienethik, in: Pieper, A. / Thurnherr, U. (Hg.): Angewandte Ethik, Eine Einführung, München 1998, 219ff.

Ergänzende Literatur

Beckmann, J. (Hg.): Fragen und Probleme einer medizinischen Ethik, Berlin 1996.
Birnbacher, D. / Wolf, J.-C.: Verantwortung für die Natur, Hannover 1988.
Brenner, A.: Ökologie-Ethik, Leipzig 1996.
Dreier, W.: Sozialethik, Düsseldorf 1983.
Gutmann, G. / Schütter, A. (Hrsg.): Ethik und Ordnungsfragen der Wirtschaft, Baden-Baden 1989.
Habermas, J.: Legitimationsprobleme im Spätkapitalismus, Frankfurt/M. 1973.
– Faktizität und Geltung. Beiträge zur Diskurstheorie des Rechts und des demokratischen Rechtsstaates, Frankfurt/M. 1992.
– Die Zukunft der menschlichen Natur. Auf dem Weg zu einer liberalen Eugenik? Frankfurt/M. 2001.
Herbig, J.: Die Gen-Ingenieure. Der Weg in die künstliche Natur, Frankfurt/M. 1980.
– (Hrsg.): Biotechnik. Genetische Überwachung und Manipulation des Lebens, Reinbek 1981.
Höffe, O.: Ethik und Politik. Grundmodelle und -probleme der praktischen Philosophie, Frankfurt/M. 1993.
– Wirtschaftsbürger, Staatsbürger, Weltbürger. Politische Ethik im Zeitalter der Globalisierung, München 2004
Hoerster, N.: Abtreibung im säkularen Staat. Argumente gegen den § 218, Frankfurt/M. 1991.
Hösle, V.: Praktische Philosophie in der modernen Welt, München 1992.
Homann, K. / Blome-Drees, F.: Wirtschafts- und Unternehmensethik, Göttingen 1992.
Ilting, K.-H.: Naturrecht und Sittlichkeit, Stuttgart 1983.
Kaulbach, F.: Einführung in die Metaphysik, Darmstadt 1972.
Koslowski, P.: Ethik des Kapitalismus, Tübingen ^{2}1984.

Künzli, A.: Menschenmarkt. Die Humangenetik zwischen Utopie, Kommerz und Wissenschaft, Reinbek 2001.
Lübbe, H.: Politische Philosophie in Deutschland, Basel/Stuttgart 1963.
Maak, T. / Lunau, Y. (Hg.): Weltwirtschaftsethik. Globalisierung auf dem Prüfstand der Lebensdienlichkeit. Bern u.a. 1998.
Marquard, O. / Seidler, E. / Staudinger, H. (Hrsg.): Medizinische Ethik und soziale Verantwortung, Paderborn 1989.
Meyer-Abich, K.-M. (Hrsg.): Frieden mit der Natur, Freiburg i.Br. 1979.
Mittelstraß, J.: Leonardo-Welt. Über Wissenschaft, Forschung und Verantwortung, Frankfurt/M. 1992.
Philosophische Anthropologie, 2 Bde., hrsg. v. H.-G. Gadamer u. F. Vogler, München 1975.
Pieper, A.: Zum Verhältnis von Pragmatik, Ethik und Metaethik, in dies.: Pragmatische und ethische Normenbegründung (siehe unter Kap. 1), 64–95.
Pieper, A. / Thurnherr, U. (Hg.): Angewandte Ethik. Eine Einführung, München 1998.
Richter, H.E.: Alle redeten vom Frieden, Reinbek 1982.
Riedel, M.: Metaphysik und Metapolitik, Frankfurt/M. 1975.
Risse, W.: Metaphysik. Grundthemen und Probleme, München 1973.
Ritter, J.: Metaphysik und Politik. Studien zu Aristoteles und Hegel, Frankfurt/M. 1969.
Sass, H.-M. (Hrsg.): Medizin und Ethik, Stuttgart 1989.
Schlitt, M.: Umweltethik, Paderborn 1992.
Schreiber, H.-P.: Die Erprobung des Humanen. Ethische Probleme der Fortpflanzungs- und Gentechnologie, Bern/Stuttgart 1987.
Schütz, M.R.: Journalistische Tugenden. Leitplanken einer Standesethik, Wiesbaden 2003
Schulz, W.: Vergeistigung und Verleiblichung, in ders.: Philosophie in der veränderten Welt, Pfullingen, 1972, 335–467.
Sitter, B.: Plädoyer für das Naturrechtsdenken. Zur Anerkennung von Eigenrechten der Natur, Basel 1984.
Stoecker, R.: Der Hirntod. Ein medizinethisches Problem und seine moralphilosophische Transformation, Freiburg/München 1999.
Ströker, E. (Hrsg.): Ethik der Wissenschaften? Paderborn 1983.
Suhr, D.: Die kognitiv-praktische Situation in Sozialethik und Jurisprudenz, 1977.
Thurnherr, U.: Angewandte Ethik zur Einführung, Hamburg 2000.

Tugendhat, E.: Ethik und Politik, Frankfurt/M. 1993.
Waibl, E.: Ökonomie und Ethik, 2 Bde., Stuttgart 1992.
Wehowsky, S. (Hrsg.): Schöpfer Mensch? Gen-Technik, Verantwortung und unsere Zukunft, Gütersloh 1985.
Wolf, J.-C.: Der moralische Status von Tieren, in: Information Philosophie 5 (1985), 6–16.
– Verhütung oder Vergeltung? Einführung in ethische Straftheorien, Freiburg/München 1992.

3 Ethik als praktische Wissenschaft unter anderen praxisbezogenen Wissenschaften

Zitierte Autoren

Albert, H. / Topitsch, W. (Hrsg.): Werturteilsstreit, Darmstadt 1971.
Brunner, E.: Religiöse Moral als Alternative zum ethischen Nihilismus, in: Texte zur Ethik (siehe unter Kap. 1), 144–148.
Bueb, B.: Lob der Disziplin. Eine Streitschrift, Berlin 2006.
Dawkins, R.: Das egoistische Gen, Berlin 1978.
Derbolav, J.: Systematische Perspektiven der Pädagogik, Heidelberg 1971.
Dilthey, W.: Gesammelte Schriften, Leipzig/Berlin ^{2}1938.
Ellscheid, G.: Das Naturrechtsproblem. Eine systematische Orientierung, in: Kaufmann, A. / Hassemer, W. (Hrsg.): Einführung in die Rechtsphilosophie und Rechtstheorie der Gegenwart, Heidelberg 1985, 125–192.
Ernst, W.: Artikel »Moraltheologie«, in Staatslexikon, Bd. 3, Freiburg/Basel/Wien 1987, Sp. 1227–1232.
Fellsches, J.: Moralische Erziehung als politische Bildung, Heidelberg 1977.
Feuerbach, L.: Das Wesen des Christentums [1849], Stuttgart 1994.
Fichte, J.G.: Deduzierter Plan einer in Berlin zu errichtenden höheren Lehranstalt, in: Die Idee der deutschen Universität, Darmstadt 1956.
– Von den Pflichten des Gelehrten, Hamburg 1971.
Gaarder, J.: Sofies Welt. Roman über die Geschichte der Philosophie, München 1993.
Habermas, J.: Erkenntnis und Interesse, Frankfurt/M. 1968.

Handreichungen für das Unterrichtsfach Ethik mit Abdruck des curricularen Lehrplans, hrsg. v. Staatsinstitut für Schulpädagogik, München 1973.
Herbart, J.F.: Sämtliche Werke, hrsg. v. K. Kehrbach, Langensalza 1887.
Herder, J.G.: Ideen zur Philosophie der Geschichte der Menschheit, Darmstadt, 1966.
Hobbes, Th.: Psychologische Grundlegung des Egoismus, in: Texte zur Ethik (siehe unter Kap. 1), 169–178.
Höffe, O.: Ethik und Politik, Grundmodelle und -probleme der praktischen Philosophie, Frankfurt/M. 1979.
d'Holbach, P.T.: Religion als Ursache moralischer Perversionen, in: Texte zur Ethik (siehe unter Kap. 1), 148–153.
Jaspers, K.: Einführung in die Philosophie, München 1953.
– Der philosophische Glaube angesichts der Offenbarung, München 1984.
Jonas, H.: Der Gottesbegriff nach Auschwitz. Eine jüdische Stimme, Frankfurt/M. 1987.
Kant, I.: Sämtliche Werke (siehe unter Kap. 1).
Kaufmann, A.: Recht und Sittlichkeit, in: Recht und Staat in Geschichte und Gegenwart, Heft 282/283, Tübingen 1964.
Kierkegaard, S.: Philosophische Brosamen, München 1976.
Krautwig, N.: Sittlichkeit, in: Handbuch theologischer Grundbegriffe, 4 Bde., hrsg. v. H. Fries, München 1970, Bd. 4, 105–111.
Küng, H. (Hg.): Ja zum Weltethos. Perspektiven für die Suche nach Orientierung, München 1995.
Lessing, G.E.: Die Erziehung des Menschengeschlechts, Stuttgart o.J.
Lipman, M.: Harry Stottlemeiers Entdeckung, Hannover 1983.
Meier-Seethaler, C.: Gefühl und Urteilskraft. Ein Plädoyer für die emotionale Vernunft, München 1997.
Nietzsche, F.: Also sprach Zarathustra, Sämtliche Werke, Studienausgabe, Bd. 4, München 1980.
Platon: Sämtliche Werke (siehe unter Kap. 1).
Rawls, J.: Eine Theorie der Gerechtigkeit, Frankfurt/M. 1975.
Rousseau, J.-J.: Emile oder Über die Erziehung des Menschen in einer Reihe von Briefen, Stuttgart 1975.
Schiller, F.: Über die ästhetische Erziehung des Menschen, Stuttgart 1975.

Schleiermacher, F.: Grundriß der philosophischen Ethik, Leipzig 1911.
– Pädagogische Schriften, hrsg. v. E. Weniger, Düsseldorf/München ²1966.
Schulz, W.: Philosophie in der veränderten Welt (siehe unter Kap. 2).
– Vernunft und Freiheit, Stuttgart 1981.
Singer, W.: Selbsterfahrung und neurobiologische Fremdbestimmung. Zwei konflikträchtige Erkenntnisquellen, in: Der Mensch – ein freies Wesen?, hrsg. v. H. Schmidinger / C. Sedmak, Darmstadt 2005, S. 135–160.
Weber, M.: Methodologische Schriften, Frankfurt/M. 1968.
Wright, R.: Diesseits von Gut und Böse. Die biologischen Grundlagen unserer Ethik, München 1994.

Ergänzende Literatur

Alexy, R.: Theorie der Grundrechte, Frankfurt/M. 1986.
Böckle, F.: Gesetz und Gewissen. Grundfragen theologischer Ethik in ökumenischer Sicht, Luzern/Stuttgart 1965.
– Fundamentalmoral, München 1977.
Erikson, E.H.: Einsicht und Verantwortung. Die Rolle des Ethischen in der Psychoanalyse, Hamburg 1971.
Fischer, J.: Leben aus dem Geist. Zur Grundlegung christlicher Ethik, Zürich 1994.
Habermas, J. / Luhmann, N.: Theorie der Gesellschaft, Frankfurt/M. 1971.
Hart, H.L.A.: Recht und Moral, Göttingen 1971.
Höffe, O.: Grundwerte als verbindliche Erziehungsziele, in ders.: Sittlich-politische Diskurse, Frankfurt/M. 1981, 77–97.
Hügli, A.: Philosophie und Pädagogik, Darmstadt 1999.
Kaufmann, A. / Hassemer, W. (Hrsg.): Einführung in die Rechtsphilosophie und Rechtstheorie der Gegenwart, Heidelberg 1985.
Krings, H.: Neues Lernen, München 1972.
»Lifeline«: vorgestellt bei F. Fellsches: Moralische Erziehung als politische Bildung, Heidelberg 1977, 204–215; ausführlich bei P. McPhail: Moral education in secondary school, London 1972.
Martens, E.: Sich im Denken orientieren. Philosophische Anfangsschritte mit Kindern, Hannover 1979.

Pieper, A.: »Ein Seil geknüpft zwischen Tier und Übermensch.« Philosophische Erläuterungen zu Nietzsches erstem »Zarathustra«, Stuttgart 1990.
Psychologie, hrsg. v. P. R. Hofstätter, Frankfurt/M. 1974.
Stoeckle, B.: Grenzen der autonomen Moral, München 1974.
Zoller, E.: Die kleinen Philosophen. Vom Umgang mit ›schwierigen‹ Kinderfragen, Zürich 1991.

4 Grundfragen der Ethik

Zitierte Autoren

Aristoteles: Nikomachische Ethik (siehe unter Kap. 1).
Freud, S.: Abriß der Psychoanalyse, Hamburg 1960.
Kant, I.: Sämtliche Werke (siehe unter Kap. 1).
Mill, J.St.: Der Utilitarismus, Stuttgart 1976.
Platon: Sämtliche Werke (siehe unter Kap. 1).
Ricœur, P.: Phänomenologie der Schuld, 2 Bde., Freiburg/München 1977.
Schelling, F.W.J.: Sämtliche Werke, hrsg. v. K.F.A. Schelling, Stuttgart 1856–61.
Skinner, B.F.: Jenseits von Freiheit und Würde, Reinbek 1973.
Spinoza, B.de: Die Ethik, übers. v. J. Stern, Stuttgart 1977.

Ergänzende Literatur

Baumgartner, H.M. (Hrsg.): Prinzip Freiheit. Eine Auseinandersetzung um Chancen und Grenzen transzendentalphilosophischen Denkens, Freiburg/München 1980.
Bien, G. (Hrsg.): Die Frage nach dem Glück, Stuttgart/Bad Cannstatt 1978.
Bieri, P.: Das Handwerk der Freiheit. Über die Entdeckung des eigenen Willens, München/Wien 2001.
Binswanger, M.: Die Tretmühlen des Glücks, Freiburg i. Br. 2006.
Breuninger, R. (Hrsg.): Glück, Ulm 2006.
Dalferth, I. U.: Das Böse. Essay über die Denkform des Unbegreiflichen, Tübingen 2006.
Drescher, H.: Glück und Lebenssinn. Eine religionsphilosophische Untersuchung, Freiburg/München 1991.

Fenner, D.: Glück. Grundriss einer integrativen Lebenswissenschaft, Freiburg/München 2003.
Höhler, G.: Das Glück. Analyse einer Sehnsucht, Düsseldorf/Wien 1981.
Kohler, G.: Über das Böse, das Glück und andere Rätsel. Zur Kunst des Philosophierens, Zürich 2005.
Krings, H.: System und Freiheit, Freiburg/München 1980.
Neiman, S.: Das Böse denken. Eine andere Geschichte der Philosophie, Frankfurt am Main 2004.
Pieper, A.: Das Gute, in: Philosophie – Ein Grundkurs, hrsg. v. E. Martens u. H. Schnädelbach, Hamburg 1985, 262–305; 2. Auflage, 2 Bde., Hamburg 1991.
– Gut und Böse, München 1997.
– Glückssache. Die Kunst, gut zu leben, Hamburg 2001 / München 2003.
Pothast, U. (Hrsg.): Seminar: Freies Handeln und Determinismus, Frankfurt/M. 1978.
Safranski, R.: Das Böse oder Das Drama der Freiheit, München u.a. 1997.
Schummer, J. (Hg.): Glück und Ethik, Würzburg 1998.
Simon, J. (Hrsg.): Freiheit. Theoretische und praktische Aspekte des Problems, Freiburg/München 1977.
Steinvorth, U.: Freiheitstheorien in der Philosophie der Neuzeit, Darmstadt 1987.
Thomä, D.: Vom Glück in der Moderne, Frankfurt am Main 2003.
Wolf, J.-C.: John Stuart Mills »Utilitarismus«. Ein kritischer Kommentar, Freiburg/München 1992.

5   Ziele und Grenzen der Ethik

Zitierte Autoren

Kaulbach, F.: Ethik und Metaethik. Darstellung und Kritik metaethischer Argumente, Darmstadt 1974.

Ergänzende Literatur

Pieper, A.: Pragmatische und ethische Normenbegründung (siehe unter Kap. 1), bes. Kap. 8: Ethik als Philosophie der Freiheit, 201–231.

6 Grundformen moralischer und ethischer Argumentation

Zitierte Autoren

Aristoteles: Nikomachische Ethik (siehe unter Kap. 1).
Austin, J.L.: Zur Theorie der Sprechakte, Stuttgart 1979.
Frankena, W.K.: Analytische Ethik, München 1972.
Gadamer, H.-G.: Wahrheit und Methode, Tübingen ²1965.
Habermas, J.: Wahrheitstheorien, in: Wirklichkeit und Reflexion – Festschrift f. W. Schulz, Pfullingen 1973, 211–265.
– Vorbereitende Bemerkungen zu einer Theorie der kommunikativen Kompetenz, in: ders. / N. Luhmann: Theorie der Gesellschaft oder Sozialtechnologie, Frankfurt/M. 1971, 101–141.
– Diskursethik – Notizen zu einem Begründungsprogramm, in ders.: Moralbewußtsein und kommunikatives Handeln, Frankfurt/M. 1983, 53–125.
Hare, R.M.: Die Sprache der Moral, Frankfurt/M. 1972.
Heidegger, M.: Sein und Zeit, Tübingen 1963.
Höffe, O.: Transzendentale Ethik und transzententale Politik, in: Prinzip Freiheit (siehe unter Kap. 4: Baumgartner), 141–170.
Kant, I.: Sämtliche Werke (siehe unter Kap. 1).
Krings, H.: Die Grenzen der Transzendentalpragmatik, in: Prinzip Freiheit (siehe unter Kap. 4: Baumgartner), 348–378.
Lorenzen, P. / Schwemmer, O.: Konstruktive Logik, Ethik und Wissenschaftstheorie, Mannheim 1975.
Nowell-Smith, P.H.: Ethics, Harmonsworth 1954.
Platon: Sämtliche Werke (siehe unter Kap. 1).
Schwemmer, O.: Philosophie der Praxis. Versuch zur Grundlegung einer Lehre vom moralischen Argumentieren, Frankfurt/M. 1971.
von Wright, G.H.: An Essay in Deontic Logic and the General Theory of Action, Amsterdam 1972.

Ergänzende Literatur

Apel, K.-O.: Sprachanalytik, Semiotik, Hermeneutik = Bd. 1 von: Transformation der Philosophie, Frankfurt/M. 1973.
Habermas, J.: Theorie des kommunikativen Handelns, 2 Bde., Frankfurt/M. 1981.
Hoche, H.-U.: Elemente einer Anatomie der Verpflichtung, Freiburg/ München 1992.

von Kutschera, F.: Einführung in die Logik der Normen, Werte und Entscheidungen, Freiburg/München 1973.
Lenk, H. (Hrsg.): Normenlogik. Grundprobleme der deontischen Logik, Pullach 1974.
Pieper, A.: Sprachanalytische und transzendentale Methode, in dies.: Pragmatische und ethische Normenbegründung (siehe unter Kap. 1), 96–121.
Riedinger, M.: Das Wort ›gut‹ in der angelsächsischen Metaethik, Freiburg/München 1984.
von Wright, G.H.: Norm und Handlung. Eine logische Untersuchung, Königstein/Ts. 1979.

7 Grundtypen ethischer Theorie

Zitierte Autoren

Anders, G.: Die Antiquiertheit des Menschen, 2 Bde.; Bd. 1: Über die Seele im Zeitalter der zweiten industriellen Revolution, München 1956; Bd. 2: Über die Zerstörung des Lebens im Zeitalter der dritten industriellen Revolution, München 1980.
Apel, K.-O.: Transformation der Philosophie, 2 Bde., Bd. 2: Das Apriori der Kommunikationsgemeinschaft, Frankfurt/M. 1973.
– Diskurs und Verantwortung. Das Problem des Übergangs zur postkonventionellen Moral, Frankfurt/M. 1988.
Aristoteles: Nikomachische Ethik (siehe unter Kap. 1).
Ayer, A.J.: Sprache, Wahrheit und Logik, Stuttgart 1970.
Bauer, Joachim: Warum ich fühle, was du fühlst. Intuitive Kommunikation und das Geheimnis der Spiegelneurone, Hamburg 2005.
Bentham, J.: Eine Einführung in die Prinzipien der Moral und der Gesetzgebung, in: Einführung in die utilitarische Ethik (siehe dort), 133–162.
Berlin, J.: Four Essays on Liberty, London/New York 1969 (dt. Frankfurt/M. 1993).
Blumenberg, H.: Beschreibung des Menschen. Aus dem Nachlaß hrsg. v. M. Sommer, Frankfurt am Main 2006.
Buhr, M. / Kosing, A. (Hrsg.): Kleines Wörterbuch der Marxistisch-Leninistischen Philosophie, Berlin ⁴1979.
Camus, A.: Der Mythos von Sisyphos, Reinbek 1982.
– Der Mensch in der Revolte, Reinbek 1953.

Conradi, E.: Take Care. Grundlagen einer Ethik der Achtsamkeit, Frankfurt am Main 2001

Einführung in die utilitaristische Ethik. Klassische und zeitgenössische Texte, hrsg. v. O. Höffe, München 1975, 2. Auflage Tübingen 1992.

Engels, F.: Die ewigen Wahrheiten der Moral, in: Texte zur Ethik (siehe unter Kap. 1), 31–36.

Frankena, W.K.: Analytische Ethik. Eine Einführung, München 1972.

Goleman, D.: Emotionale Intelligenz, München/Wien 1996.

Hampe, M.: Die Abstraktheit der Suche nach den biologischen Wurzeln der Moral, in: EuS*, (1990), Heft 1, 176–178.

Hare, R.M.: Sprache der Moral (siehe unter Kap. 6).

Heidegger, M.: Sein und Zeit (siehe unter Kap. 6).

Helvetius, C.A.: Vom Menschen, seinen geistigen Fähigkeiten und seiner Erziehung, Frankfurt/M. 1972.

von Hildebrand, D.: Die Idee der sittlichen Handlung – Sittlichkeit und ethische Werterkenntnis, Darmstadt 1969.

Höffe, O.: Lebenskunst und Moral. Oder macht Tugend glücklich? München 2007.

d'Holbach, J.T.: System der Natur oder von den Gesetzen der physischen und der moralischen Welt, Frankfurt/M. 1978.

Jaspers, K.: Vernunft und Existenz, München 1960.

Jonas, H.: Das Prinzip Verantwortung. Versuch einer Ethik für die technologische Zivilisation, Frankfurt am Main 1979.

Kant, I.: Sämtliche Werke (siehe unter Kap. 1).

Kierkegaard, S.: Entweder/Oder, 2 Bde., Düsseldorf 1957.

– Die Krankheit zum Tode, München 1976.

Krämer, H.: Integrative Ethik, Frankfurt am Main 1992.

Krieg, H.: Marquartsteiner Vorträge, Stuttgart 1986.

Krings, H.: Die Grenzen der Transzendentalpragmatik (siehe unter Kap. 6).

– System und Freiheit, Freiburg/München 1980.

Lorenz, K.: Das sogenannte Böse. Zur Naturgeschichte der Aggression, Wien ³1964.

– Die Rückseite des Spiegels. Versuch einer Naturgeschichte menschlichen Erkennens, München/Zürich 1973.

Lorenzen, P. / Schwemmer, O.: Konstruktive Logik, Ethik und Wissenschaftstheorie (siehe unter Kap. 6).

Lütterfelds, W.: Jenseits von Aporien und Sackgassen?, in: EuS* (1990), Heft 1, 186–188.

MacIntyre, A.: Der Verlust der Tugend. Zur moralischen Krise der Gegenwart, Frankfurt/M. 1987.
Mackie, J.L.: Ethik. Auf der Suche nach dem Richtigen und Falschen, Stuttgart 1981.
Marcuse, H.: Triebstruktur und Gesellschaft. Frankfurt/M. 1970.
Markl, H.: Evolution, Genetik und menschliches Verhalten, München/Zürich 1986.
Meier-Seethaler, C.: Gefühl und Urteilskraft. Ein Plädoyer für die emotionale Vernunft, München 1997.
Merleau-Ponty, M.: Phänomenologie der Wahrnehmung, Berlin 1966.
– Das Sichtbare und das Unsichtbare, München 1986.
de la Mettrie, J.O.: Der Mensch, eine Maschine, Leipzig 1909.
Mill, J. St.: Der Utilitarismus, Stuttgart 1976.
Mohr, H.: Natur und Moral. Ethik in der Biologie, Darmstadt 1987.
Moore, G.E.: Principia Ethica, Stuttgart 1970.
Morscher, E.: Was ist und was soll Evolutionäre Ethik?, in: Conceptus 20 (1986), 73–77.
Nozick, R.: Anarchie, Staat und Utopie, München 1976.
Oeser, E.: Psychozoikum. Evolution und Mechanismus der menschlichen Erkenntnisfähigkeit, Berlin/Hamburg 1987.
Perry, R. B.: General Theory of Value, Cambridge/Mass. 1950.
Pieper, A.: Evolutionäre Ethik und Philosophische Ethik: Unvereinbare Gegensätze?, in EuS*, (1990), Heft 1, 190–192
Plack, A.: Die Gesellschaft und das Böse. Eine Kritik der herrschenden Moral, Frankfurt/M. 1979.
Rawls, J.: Gerechtigkeit als Fairneß, Freiburg/München 1977.
– Eine Theorie der Gerechtigkeit, Frankfurt/M. 1975.
Reiner, H.: Die Grundlagen der Sittlichkeit, Meisenheim a. Glan 1974.
Riedl, R.: Die Strategie der Genesis, München 1976.
– / Wuketits, F. M. (Hrsg.): Die evolutionäre Erkenntnistheorie, Berlin/Hamburg 1987.
Ross, W.D.: Foundations of Ethics, Oxford 1960.
Sartre, J.-P.: Das Sein und das Nichts. Versuch einer phänomenologischen Ontologie, Hamburg 1962.
– Ist der Existentialismus ein Humanismus?, in: Drei Essays Frankfurt/M. 1983, 7ff.
Scheler, M.: Der Formalismus in der Ethik und die materiale Wertethik, Bern ^{5}1960.
Schischkin, A. F.: Grundlagen der marxistischen Ethik, Berlin 1964.

Schmid, W.: Philosophie der Lebenskunst. Eine Grundlegung, Frankfurt am Main 1998.
Singer, P.: Praktische Ethik, Stuttgart 1984.
Sousa, R. de: Die Rationalität des Gefühls, Frankfurt am Main 1997.
Spencer, H.: The Principles of Ethics, 1977.
Stevenson, Ch.L.: Ethics and Language, New Haven/London 1968.
Stirner, M.: Der Einzige und sein Eigentum, Stuttgart 1972.
Taylor, Ch.L.: Multikulturalismus und die Politik der Anerkennung, Frankfurt/M. 1993.
Vollmer, G.: Über die Möglichkeit einer Evolutionären Ethik, in: Conceptus 20 (1986), 51–68.
Vossenkuhl, W.: Die Möglichkeit des Guten. Ethik im 21. Jahrhundert, München 2006.
Walzer, M.: Sphären der Gerechtigkeit. Ein Plädoyer für Pluralität und Gleichheit, Frankfurt/M. 1992.
– Kritik und Gemeinsinn, Frankfurt/M. 1990.
Wessel, K.-F.: Biotische Determination – nur eine Voraussetzung der evolutionären Ethik, in: EuS* 1 (1990), Heft 1, 194–195.
Wuketits, F.M.: Moral – Eine biologische oder biologistische Kategorie?, in: EuS* 1 (1990), Heft 1, 161–168.
*Ethik und Sozialwissenschaften. Streitforum für Erwägungskultur.

Ergänzende Literatur

Apel, K.O. (Hrsg.): Sprachpragmatik und Philosophie, Frankfurt/M. 1976.
Bayertz, K. (Hrsg.): Evolution und Ethik, Stuttgart 1993.
Brenner, A.: Bioethik und Biophänomen. Den Leib zur Sprache bringen, Würzburg 2006.
Craemer-Ruegenberg, I.: Moralsprache und Moralität – Zu Thesen der sprachanalytischen Ethik, Freiburg/München 1975.
Fahrenbach, H.: Existenzphilosophie und Ethik, Frankfurt/M. 1970.
Fetscher, I.: Zum Problem der Ethik im Lichte der Marxschen Geschichtstheorie, in: Probleme der Ethik zur Diskussion gestellt, hrsg. v. G.-G. Grau, Freiburg/München 1972, 15–43.
Foot, Ph.: Virtues and Vices, Berkeley/Los Angeles 1978.
Höffe, O.: Strategien der Humanität. Zur Ethik öffentlicher Entscheidungsprozesse, Freiburg/München 1975.
– Demokratie im Zeitalter der Globalisierung, München 1999.

Hoerster, N.: Utilitaristische Ethik und Verallgemeinerung, Freiburg/München ²1977.
Honneth, A. (Hg.): Kommunitarismus. Eine Debatte über die moralischen Grundlagen moderner Gesellschaften, Frankfurt/M. 1994.
Kambartel, F. (Hrsg.): Praktische Philosophie und konstruktive Wissenschaftstheorie, Frankfurt/M. 1974.
Köhler, W.R.: Zur Geschichte und Struktur der utilitaristischen Ethik, Frankfurt/M. 1979.
Kühn, H.-J.: Soziale Gerechtigkeit als moralphilosophische Forderung. Zur Theorie der Gerechtigkeit von John Rawls, Bonn 1984.
Künzli, A.: Marxistische Ethik und sozialistische Moral, in: Zeitschrift für evangelische Ethik 17(1973), Heft 5.
Kuhlmann, W.: Reflexive Letztbegründung. Untersuchungen zur Transzendentalpragmatik, Freiburg/München 1985.
Lütterfelds, W. (Hrsg.): Evolutionäre Ethik zwischen Naturalismus und Idealismus. Beiträge zu einer Theorie der Moral, Darmstadt 1993.
Müller, P.: Transzendentale Kritik und moralische Theologie. Eine Auseinandersetzung mit den zeitgenössischen Transformationen der Transzendentalphilosophie im Hinblick auf Kant, Würzburg 1983.
Nussbaum, M.C.: Gerechtigkeit oder das gute Leben, Frankfurt/M. 2000.
Pieper, A.: Sprachanalytische Ethik und praktische Freiheit. Das Problem der Ethik als autonomer Wissenschaft, Stuttgart 1973.
– Albert Camus, München 1984.
von Savigny, E.: Analytische Philosophie, Freiburg/München 1970.
Singer, M.G.: Verallgemeinerung in der Ethik. Zur Logik moralischen Argumentierens, Frankfurt/M. 1975.
Wimmer, R.: Universalisierung in der Ethik. Analyse, Kritik und Rekonstruktion ethischer Rationalitätsansprüche, Frankfurt/M. 1980.
Wuketits, F.M.: Gene, Kultur und Moral. Soziobiologie pro und contra, Darmstadt, 1989.
– Verdammt zur Unmoral? Zur Naturgeschichte von Gut und Böse, München 1993.

8 Feministische Ethik

Zitierte Autoren

Adorno, Th.W.: Negative Dialektik, Frankfurt/M. 1975.
Andreas-Griesebach, M. / Weisshaupt, B. (Hrsg.): Was Philosophinnen denken II, Zürich 1986.
Aristoteles: Politik, übers. v. E. Rolfes, Hamburg 1981.
Beauvoir, S.de: Das andere Geschlecht. Sitte und Sexus der Frau, Hamburg 1968.
– Für eine Moral der Doppelsinnigkeit, in: Soll man de Sade verbrennen? München 1964.
Bendkowski, H. / Weisshaupt, B. (Hrsg.): Was Philosophinnen denken, Zürich 1983.
Benhabib, S.: Kritik, Norm und Utopie. Die normativen Grundlagen der Kritischen Theorie, Frankfurt/M. 1992.
Butler, J.: Kontingente Grundlagen, in: Der Streit um Differenz. Feminismus und Postmoderne in der Gegenwart, hg. v. S. Benhabib, J. Butler u.a., Frankfurt/M. 1993.
– Körper von Gewicht. Die diskursiven Grenzen des Geschlechts, Berlin 1995.
Conrad, J. / Konnertz, U. (Hrsg.): Weiblichkeit in der Moderne, Tübingen 1986.
Derrida, J.: Die Schrift und die Differenz, Frankfurt/M. 1985.
Deuber-Mankowsky, A. / Ramming, U. / Tielsch, E.W. (Hrsg.): Die Revolution hat nicht stattgefunden, Tübingen 1989.
Gilligan, C.: Die andere Stimme. Lebenskonflikte und Moral der Frau, München 1984.
Hegel, G.W.F.: Grundlinien der Philosophie des Rechts, Theorie Werkausgabe Bd. 7. Frankfurt/M. 1971.
Irigaray, L.: Das Geschlecht, das nicht eines ist, Berlin 1979.
– Speculum. Spiegel des anderen Geschlechts, Frankfurt/M. 1980.
– Genealogie der Geschlechter, Freiburg 1989.
– Ethik der sexuellen Differenz, Frankfurt/M. 1991.
Klinger, K.: Das Bild der Frau in der Philosophie und die Reflexion von Frauen auf die Philosophie, in: Wie männlich ist die Wissenschaft? (Hausen/Nowotny), 62–84.
– Das Bild der Frau in der patriarchalen Philosophiegeschichte, in: Feministische Philosophie (Nagl-Docekal), 244–276 (Bibliographie).

Kohlberg, L.: The Philosophy of Moral Development. Moral Stages and the Idea of Justice, San Francisco 1981.
Kulke, Ch.: (Hrsg.): Rationalität und sinnliche Vernunft. Die Frau in der patriarchalen Realität, Berlin 1985.
List, E. / Studer, H. (Hrsg.): Denkverhältnisse. Feminismus und Kritik, Frankfurt/M. 1989.
Nagl-Docekal, H. (Hrsg.): Feministische Philosophie, Wien/München 1990.
Nietzsche, F.: Also sprach Zarathustra (siehe Kap. 3).
Planck, M.: Gutachten in: Die akademische Frau. Gutachten hervorragender Universitätsprofessoren, Frauenlehrer und Schriftsteller über die Befähigung der Frau zum wissenschaftlichen Studium und Berufe, hrsg. v. A. Kirchhoff, Berlin 1897, 256f.
Rousseau, J.-J.: Emile, Paderborn 1978.
Scheler, M.: Vom Umsturz der Werte, Bd. III, Bern 1955.
Stopczyk, A. (Hrsg.): Was Philosophen über Frauen denken, München 1980.
Tielsch, E.W.: Die Philosophin. Geschichte und Ungeschichte ihres Berufsstandes seit der Antike, in: Was Philosophinnen denken (Bendowski/Weisshaupt) 309–328.
– Femina sapiens. Die Geschichte der Wissenschaftlerin zwischen patriarchalem Denkverbot, eigenem Erkenntnisdrang und häuslicher Weiblichkeitskultur, in: Rationalität und sinnliche Vernunft (Kulke), 209–227.
Weisshaupt, B.: Selbstlosigkeit und Wissen, in: Weiblichkeit in der Moderne (Conrad/Konnertz), 21–38.
– Schatten des Geschlechts über der Vernunft, in: Die Revolution hat nicht stattgefunden (Deuber-Mankowsky u.a.), 209–302.

Ergänzende Literatur

Frauenlexikon. Traditionen, Fakten, Perspektiven, hrsg. v. A. Lissner, R. Süssmuth, K. Walter, Freiburg/Basel/Wien 1988.
Gössmann, E. (Hrsg.): Archiv für philosophie- und theologiegeschichtliche Frauenforschung, bisher 4 Bände, München 1984–1988.
Harrison, B.W.: Die neue Ethik der Frauen. Kraftvolle Beziehungen statt bloßen Gehorsams, München 1991.
Meier-Seethaler, C.: Gefühl und Urteilskraft. Ein Plädoyer für die emotionale Vernunft, München 1997.

- Jenseits von Gott und Göttin. Plädoyer für eine spirituelle Ethik, München 2001.
Nagl-Docekal, H. / Pauer-Studer, H. (Hrsg.): Jenseits der Geschlechtermoral, Beiträge zur feministischen Ethik, Frankfurt/M. 1993.
Nunner-Winkler, G. (Hrsg.): Weibliche Moral. Die Kontroverse um eine geschlechtsspezifische Ethik, Frankfurt/M. 1991.
Pieper, A.: Aufstand des stillgelegten Geschlechts. Einführung in die feministische Ethik, Freiburg/Basel/Wien 1993.
- Gibt es eine feministische Ethik?, München 1998.

Bibliographie

Ethik-Lexika

Lexikon der Bioethik, 3 Bde., Gütersloh 1998.
Lexikon der Ethik, hrsg. v. O. Höffe, München ⁵1997.
Lexikon der Lebenskunst, hrsg. v. A. Breuner / J. Zirfas, Leipzig 2002.
Wörterbuch christlicher Ethik in 84 Artikeln mit Literaturangaben, hrsg. v. B. Stoeckle, Freiburg/Br. 1975.
Wörterbuch der ökologischen Ethik, hrsg. v. B. Stoeckle, Freiburg/Br. 1986.

Geschichte der Ethik

Balmer, H.P.: Philosophie der menschlichen Dinge. Die europäische Moralistik, Bern/München 1981.
Derbolav, J.: Abriß europäischer Ethik. Die Frage nach dem Guten und ihr Gestaltwandel, Würzburg 1983.
Hauskeller, M.: Geschichte der Ethik. Antike, München 1997; Mittelalter, München 1999.
Howald, E. / Dempf, A. / Litt, Th.: Geschichte der Ethik vom Altertum bis zum Beginn des 20. Jahrhunderts, München/Wien 1978.
Jodl, F.: Geschichte der Ethik als philosophischer Wissenschaft, Stuttgart o.J.
Macintyre, A.: Geschichte der Ethik im Überblick. Vom Zeitalter Homers bis zum 20. Jahrhundert, Königstein/Ts. 1982.
Pieper, A. (Hrsg.): Geschichte der neueren Ethik, 2 Bde., Tübingen 1992.
Rohls, J.: Geschichte der Ethik, Tübingen 1991.
Wolf, J.-C. / Schaber, P.: Analytische Moralphilosophie, Freiburg/München 1998.

Sammelbände zur Ethik

Analytische Handlungstheorie, Bd. 1: Handlungsbeschreibungen, hrsg. v. G. Meggle; Bd. 2: Handlungserklärungen, hrsg. v. A. Beckermann, Frankfurt/M. 1977.

Angewandte Ethik. Die Bereichsethiken und ihre theoretische Fundierung, hg. v. J. Nida-Rümelin, Stuttgart 1996.
Angewandte Ethik. Eine Einführung, hg. v. A. Pieper und U. Thurnherr, München 1998.
Bedürfnisse, Werte und Normen im Wandel, 2 Bde., hrsg. v. H. Stachowiak, München/Paderborn/Wien/Zürich 1982.
Diskurs: Sittliche Lebensformen, hrsg. v. W. Oelmüller, R. Dölle und R. Piepmeier, Paderborn 1978.
Ethik. Ein Grundkurs, hg. v. H. Hastedt und E. Martens, Reinbek 1994.
Ethische und politische Freiheit, hg. v. J. Nida-Rümelin und W. Vossenkuhl, Berlin 1998.
Freiheit oder Gerechtigkeit. Perspektiven Politischer Philosophie, hg. v. P. Fischer, Leipzig 1995.
Funkkolleg Praktische Philosophie/Ethik, Reader 1 und 2, 2 Bde., hrsg. v. K.-O. Apel, D. Böhler u. G. Kadelbach, Frankfurt/M. 1984.
Handlungstheorien interdisziplinär, 4 Bde., hrsg. v. H. Lenk, München 1980.
Jahrbuch für Wissenschaft und Ethik, hg. v. C.F. Gethmann und L. Honnefelder, Berlin 1996ff.
Materialien zur Normendiskussion, 3 Bde., hrsg. v. W. Oelmüller, Paderborn 1978/79.
Menschenbild und Menschenwürde, hg. v. E. Herms, Gütersloh 2001.
Philosophische Probleme der Handlungstheorie, hrsg. v. H. Poser, Freiburg/München 1982.
Rehabilitierung der praktischen Philosophie, 2 Bde., hrsg. v. M. Riedel, Freiburg/Br. 1972/74.
Seminar: Sprache und Ethik. Zur Entwicklung der Metaethik, hrsg. v. G. Grewendorf u. G. Meggle, Frankfurt/M. 1974.
Werte, Rechte, Normen, hrsg. v. A. Paus, Graz/Wien/Köln 1979.

Die unter »Zitierte Autoren und ergänzende Literaturhinweise«, S. 308ff., aufgeführten Titel werden hier nicht noch einmal genannt.

Neue Publikationen zur Ethik

Anzenbacher, A.: Einführung in die Ethik, Düsseldorf 1992.
Balser, P. / Rippe, K.P. / Schaber, P.: Menschenwürde vs. Würde der Kreatur. Begriffsbestimmung, Gentechnik, Ethikkommissionen, Freiburg/München 1998.

Bayertz, K.: Warum überhaupt moralisch sein?, München 2006.
Bielefeldt, H.: Neuzeitliches Freiheitsrecht und politische Gerechtigkeit. Perspektiven der Gesellschaftsvertragstheorien, Würzburg 1990.
Birnbacher, D.: Analytische Einführung in die Ethik, Berlin 2003.
Bittner, R.: Moralisches Gebot oder Autonomie, Freiburg/München 1983.
Düsing, K.: Fundamente der Ethik, Stuttgart 2005.
Foot, Ph.: Die Natur des Guten, Frankfurt am Main 2004.
Gert, B.: Die moralischen Regeln. Eine neue rationale Begründung der Moral, Frankfurt/M. 1983.
Gfeller, N.: Kleine Geschichte der Ethik, Zürich 2005.
Hastedt, H. / Martens, E. (Hg.): Ethik. Ein Grundkurs, Hamburg 1994.
Henrich, D.: Ethik zum nuklearen Frieden, Frankfurt/M. 1990.
Honnefelder, L. (Hrsg.): Sittliche Lebensformen und praktische Vernunft, Paderborn 1992.
Köhl, H.: Abschied vom Unbedingten. Über den heterogenen Charakter moralischer Forderungen, Freiburg/München 2006.
Lenk, H. / Ropohl, G. (Hrsg.): Technik und Ethik, Stuttgart 1987.
Linke, D.B.: Die Freiheit und das Gehirn. Eine neurophilosophische Ethik, Reinbek 2006.
Lohmar, A.: Moralische Verantwortlichkeit ohne Willensfreiheit, Frankfurt am Main 2005.
MacIntyre, A.: Verlust der Tugend. Zur moralischen Krise der Gegenwart, Frankfurt am Main 2006.
Marx, W.: Gibt es auf Erden ein Maß? Grundbestimmungen einer nichtmetaphysischen Ethik, Hamburg 1983.
– Ethos und Lebenswelt, Hamburg 1986.
Pauer-Studer, H.: Einführung in die Ethik, Wien 2003.
Pawlenka, C.: Utilitarismus und Sportethik, Paderborn 2002.
Pleines, J.-E.: Studien zur Ethik, Hildesheim 1992.
Quante, M.: Einführung in die Allgemeine Ethik, Darmstadt 2003.
Rentsch, Th.: Die Konstitution der Moralität. Transzendentale Anthropologie und praktische Philosophie, Frankfurt/M. 1993.
Ricken, F.: Allgemeine Ethik, Stuttgart 1983.
Rinderle, P.: Politische Vernunft. Ihre Struktur und Dynamik, Freiburg/München 1998.
Saner, H.: Identität und Widerstand. Fragen in einer verfallenden Demokratie, Basel 1988.

Schulz, W.: Grundprobleme der Ethik, Pfullingen 1989.
Schweidler, W.: Geistesmacht und Menschenrechte. Der Universalanspruch der Menschenrechte und das Problem der Ersten Philosophie, Freiburg/München 1994.
Schwemmer, O.: Ethische Untersuchungen. Rückfrage zu einigen Grundbegriffen, Frankfurt/M. 1986.
Schweppenhäuser, G.: Grundbegriffe der Ethik zur Einführung, Hamburg 2003.
Siep, L.: Konkrete Ethik. Mannigfaltigkeit, Natürlichkeit, Gerechtigkeit, Frankfurt am Main 2004.
Spaemann, R.: Moralische Grundbegriffe, München 1982.
– Glück und Wohlwollen. Versuch über Ethik, Stuttgart 1989.
Spector, H.: Analytische und postanalytische Ethik. Untersuchungen zur Theorie moralischer Urteile, Freiburg/München 1993.
Stäblein, R. (Hrsg.): Moral. Erkundungen über einen strapazierten Begriff, Baden-Baden 1993.
Taureck, B.: Ethikkrise – Krisenethik. Analysen – Texte – Modelle, Reinbek 1992.
Thurnherr, U.: Vernetzte Ethik. Zur Moral und Ethik von Lebensformen, Freiburg/München 2001.
Trapp, R.: Nicht-klassischer Utilitarismus. Eine Theorie der Gerechtigkeit, Frankfurt/M. 1988.
Tugendhat, E.: Probleme der Ethik, Stuttgart 1984.
– Vorlesungen über Ethik, Frankfurt/M. 1993.
Waldenfels, B.: Der Spielraum des Verhaltens, Frankfurt/M. 1980.
Weischedel, W.: Skeptische Ethik, Frankfurt/M. 1976.
Wetz, F.J.: Illusion Menschenwürde. Aufstieg und Fall eines Grundwertes, Stuttgart 2005.
Williams, B.: Ethik und die Grenzen der Philosophie, Hamburg 1999.
Wolf, U.: Das Problem des moralischen Sollens, Berlin 1984.
– Das Tier in der Moral, Frankfurt/M. 1990.

Register

Personen

Adorno, Th.W. 323
Agrippa, v. Nettesheim 323
Albert, H. 126
Alt, F. 104 f.
Anders, G. 263 ff.
Apel, K.-O. 85, 103, 269, 273 f., 322
Aristippos 281
Aristoteles 24 f., 60 ff., 66 ff., 75 ff., 82, 108 f., 135, 161, 169, 177, 181, 203, 224 ff., 280 f., 289 f., 303
Austin, J.L. 231
Ayer, A.J. 255 f.

Bacon, F. 109 f., 302
Bauer, J. 268
Baumgartner, H.M. 322
Bayertz, K. 101
Beauvoir, S. de 307 f.
Beck, L.W. 316
Benhabib, S. 312
Bentham, J. 284 f.
Berka, K. 81
Berlin, I. 291
Biervert, B. 99
Birnbacher, D. 102
Blumenberg, H. 265 f.
Brandt, R.B. 285
Brunner, E. 318
Bueb, B. 163
Buhr, M. 322
Butler, J. 312 f.

Campanella, T. 110 f., 136
Camus, A. 279
Comte, A. 124, 303
Conradi, E. 252

Daele, W. van den 102
Dawkins, R. 128
Derbolav, J. 152
De Sousa, R. 267 f.
Derrida, J. 304, 323
Descartes, R. 75, 77 f.
Diderot, D. 295
Dilthey, W. 151 f.
Duns Scotus, J. 64

Ellscheid, G. 142
Engels, F. 281, 296
Epiktet 21
Epikur 281
Ernst, W. 133

Fellsches, J. 152, 155
Feuerbach, L. 75, 139, 323
Fichte, J.G. 60, 147 f., 269, 275
Foucault, M. 300
Frankena, W.K. 231, 233, 292
Fraser-Darling, F. 100
Freud, S. 122, 124, 165, 283

Gaarder, J. 161
Gadamer, H.-G. 233, 235
Gehlen, A. 75

Gerhardt, V. 63
Gilligan, C. 307–312
Glucksmann, A. 104f.
Goethe, J.W.v. 132
Goleman, D. 266f.
Gorgias 24
Grotius, H. 64
Günzler, C. 73

Habermas, J. 122, 209, 212–216, 273
Hampe, M. 262
Hare, R.M. 231, 255, 257f.
Hartmann, N. 243
Hegel, G.W.F. 75, 122, 276, 303
Heidegger, M. 233f., 278
Helvetius, G.A. 292ff.
Herbart, J.F. 150
Herder, J.G. 147
Herskovits, J. 34, 51
Herz, M. 160
Hildebrand, D. von 245, 247
Hippokrates 35, 93
Hobbes, Th. 64, 112, 143, 172, 283, 286
Höffe, O. 63, 66, 157, 159, 229, 284, 301
Hoerster, N. 28
Holbach P.T. d' 292ff., 319f.
Homann, K. 99
Hospers, J. 73f.
Huber, W. 105
Hügli, A. 320
Hume, D. 255
Husserl, E. 242
Huxley, A. 316

Irigaray, L. 308, 310

Jaspers, K. 139, 161, 278

Jonas, H. 100f., 106, 139, 264f.

Kant, I. 22, 62, 65, 75ff., 79, 85, 88, 91, 112, 120, 146f., 160, 166f., 176, 180, 219, 227f., 243, 269–275, 292, 317
Kaufmann, A. 141
Kaulbach, F. 185
Kersting, W. 63
Kierkegaard, S. 75, 148f., 276ff.
Klinger, K. 308, 314
Kohlberg, L. 309
Korff, W. 97
Kosing, A. 322
Koslowski, P. 98f.
Krämer, H. 299
Krautwig, N. 132f.
Kreiser, L. 81
Krieg, H. 261
Krings, H. 227, 269, 274f., 322
Krohn, W. 102
Küng, H. 134–139

Lacan, J. 310
La Mettrie, J.O. 292, 295
Leibniz, G.W. 185
Lessing, G.E. 147
Lewis, C.I. 253
Lipman, M. 161f.
Löw, R. 96, 261
Lorenz, K. 260
Lorenzen, P. 209f., 212, 272
Lütterfelds, W. 262

Machiavelli, N. 62
MacIntyre, A. 290
Mackie, J.L. 286
Marcuse, H. 283

Markl, H. 262
Marx, K. 75, 281, 296f.
Meier-Seethaler, C. 139, 268
Meinberg, E. 71
Merleau-Ponty, M. 265
Mill, J.St. 166, 285, 323
Mohr, H. 259f.
Moore, G.E. 253
Morris, Ch.W. 84
Morscher, E. 259
Morus, T. 136

Nagl-Docekal, H. 308, 314
Nietzsche, F. 45, 56, 75, 149, 300, 304, 318, 323
Nowell-Smith, P.H. 231
Nozick, R. 291

Ockham, W. v. 64
Oeser, E. 261
Ottmann, H. 63

Patzig, G. 28, 33, 51, 78
Peirce, Ch.S. 85, 273
Perry, R.B. 253f.
Pestalozzi, H. 68
Piaget, J. 18ff., 22, 143
Pieper, A. 106, 118, 262
Plack, A. 283
Planck, M. 303
Platon 24f., 64f., 75, 108, 144f., 148, 161, 166, 176, 203, 216–224, 228
Plessner, H. 75
Protagoras 24, 144

Rawls, J. 141, 287f., 291
Reiner, H. 243f.
Reuter, R. 105
Ricœur, P. 321

Riedl, R. 259
Rock, M. 100
Ropohl, G. 106
Ross, W.D. 253ff.
Rosseau, J.-J. 143, 287, 304, 320
Rushdie, S. 51f.

Sartre, J.-P. 279
Scheler, M. 29, 75, 242–246, 248, 303
Schelling, F.W.J. 75, 177
Schiller, F. 147
Schischkin, A.F. 297f.
Schleiermacher, F. 150f.
Schmid, W. 300
Schopenhauer, A. 75, 263
Schulz, W. 78, 123f.
Schwemmer, O. 209–212, 269, 272f.
Singer, P. 286
Singer, Wolf 129
Sitter, B. 102
Skinner, B.F. 168
Sokrates 24f., 144f., 148, 177, 196, 222, 277, 285, 318, 320
Spaemann, R. 100f.
Spencer, H. 259, 323
Spinoza, B. de 75, 166, 168
Stevenson, Ch.L. 255f.
Stirner, M. 281f.
Stopczyk, A. 323

Taylor, Ch. 291
Thomas von Aquin 64
Thurnherr, U. 106, 118
Tielsch, E.W. 308, 314
Topitsch, E. 126
Tugendhat, E. 103

Ulrich, P. 99
Vollmer, G. 259
Vollrath, E. 63
Vossenkuhl, W. 300f.

Walzer, M. 291
Weber, M. 125
Weischenberg, S. 106

Weisshaupt, B. 308, 314
Wessel, K.-F. 262
Williams, B. 54, 315
Wittgenstein, L. 230
Wolff, Ch. 64
Wright, G.H. von 204–209
Wright, R. 128
Wuketits, F.M. 259, 261

Sachen

Anerkennung 14, 32, 36, 42, 182, 273
Anthropologie 72–76
Aufklärung 22, 183
Autonomie 19, 45, 90f., 112f., 129f., 170f., 178, 228, 304

Basisnorm 32, 50, 54
Bedürfnis 14, 40, 42, 69, 73, 143, 170f., 183, 214f., 281–285, 294
Begründung 142f., 199, 263
– ethische 204–237
– moralische 189–204
Bioethik 95ff.
Biologie 96, 128–132
Böse, das 116, 123, 146, 186, 321

Chancengleichheit 70f.

Demokratie 62
Determination 168–175
Determinismus 128, 169

Diskurs, praktischer 212–216, 322
Disziplin 146, 163

Egoismus/Selbstliebe 21, 71, 97, 112, 139, 282f., 293–296
Ehrenkodex 36
Engagement 13, 15, 30, 145, 238ff.
Entfremdung 63
Erkenntnisinteresse 79, 240f., 304
Erlaubnis 11
Erziehung 24f., 143–147, 151–155, 171, 174, 179, 267, 294, 297, 320
Ethik 13, 23–27, 34, 58, 65–72, 114ff., 127f.
– angewandte 92–114
– Aufgabe der 14f., 17–59, 92, 149
– evolutionäre 259–263
– feministische 302–314
– Grenzen der 185–188

- medizinische 93 ff.
- ökologische 100–105
- Ziele der 12, 15, 60, 182–184

Ethikkommission 95, 106–114
Ethikunterricht 154, 156–160
Ethos 25 ff., 35, 42, 60, 68, 107, 109, 111–114, 121, 134–139, 229
Evolution 251–255

Fairneß 70 f., 287
Feminismus 302–314
Folgen 41, 156, 195–199, 284 f.
Freiheit 13 f., 20 ff., 31 f., 37, 42–46, 49, 52, 62, 65 f., 80, 91, 97, 99, 111 f., 114, 116, 123, 128 ff., 142 f., 147 f., 168–175, 178, 201, 212, 224, 228 f., 239–242, 247, 249 f., 270–276, 279 f., 291, 294, 313
- des Handelns 21, 143, 173 f.
- des Willens 21, 129, 173
- moralische 32, 160, 172, 174

Friede 103 ff.
Friedensethik 103 ff.

Gefühl 159 f., 170, 193, 255 f., 259, 263–269
Gerechtigkeit 20, 32, 43, 45, 50, 62, 67, 80, 97, 103, 108, 110, 137, 141, 225 f., 247, 249 f., 277, 286–289, 297
Gewalt 14, 33, 48, 52, 62, 105, 211, 320
Gewissen 38, 114, 201 f.
Gleichheit 32, 50, 80, 97, 140, 249 f.

Glück(seligkeit) 74, 112, 138, 165–168, 175, 177, 181, 284–289, 299, 301, 317, 320 f.
Gott 76, 132 f., 139, 142, 177 f., 278, 319
Grundfreiheiten 175, 249
Grundwerte 22, 66
Gruppenmoral 32, 35 f., 57
Gut, höchstes 44, 169, 181, 269, 280
Gut und Böse 49, 123, 136 f., 143, 175, 181, 247, 277, 318
Gute, das 11, 24 ff., 67, 111, 116 f., 138, 146, 160 ff., 169, 174, 222, 235, 254, 277, 290, 300, 318
- Idee des 25, 151, 176, 220 ff., 224, 228

Handeln/Handlung 11, 15, 24, 27 f., 41, 44, 49, 66, 70, 72, 79, 85 f., 99, 115 f., 119, 125, 167, 179 f., 182, 187 ff., 193 f., 222, 232 f., 257 ff., 279 f., 284 f., 296, 317
- moralische(s) 11, 15 ff., 23, 39 f., 57, 59 f., 126, 134, 168, 186, 197, 207, 227, 269

Heteronomie 14, 170 f., 178
Höhlengleichnis 217–224
Humanität 12, 30, 50, 62, 70, 85, 110, 114, 167, 279

Imperativ 18, 47, 101, 257, 295 f., 317, 322
- hypothetischer 85, 317
- kategorischer 172 f., 228 f., 272

Interesse 14, 254, 286, 294, 297, 299

Jurisprudenz 140–143

Kasuistik 187 f.
Kind 17–20, 143, 161 ff.
Kinderphilosophie 151, 157 ff.
Klassenmoral 296
Kommunikation 153, 273 f.
Kommunitarismus 291
Kompetenz, moralische 15, 45 f., 63, 67, 99, 109, 145, 158, 161, 184, 187, 200 f., 239
Konflikt 14, 17, 37 ff., 95, 117, 121, 152, 156, 191, 196, 211 f., 216, 272, 299 f., 320
Konsens 14, 57, 91, 190, 202, 212–216, 273, 283, 322
Konvention 33, 235, 273
Körper 265 f.
Kosmologie 77
Kritik 241 f., 302
Kultur 34, 50 f., 55 ff., 75, 143, 260

Leben, gutes 155, 286, 300 f.
Lebenskunst 295–301
Legalität 66, 140
Lehrer 144–150, 154, 160, 222
Liberalismus 291
Liebe 105, 133, 149, 167, 321
Logik 24, 81, 83, 258
– deontische 82, 205 ff.
– der Ethik 83
– ethische 82
Lust 136, 138, 254, 281, 294, 321

Macht 25, 48, 61, 97, 99, 201, 284, 294, 318
Mathematik 24
Medienethik 106
Mensch 68–78, 97, 111, 147, 149, 153, 169 ff., 178, 182, 219, 247, 279 f., 292, 295, 298, 303, 320 f.
Menschenrechte 34, 56, 66, 112, 318, 322
Menschenwürde 32, 37, 56, 70, 97, 114, 130, 212, 248–251, 322
Metaethik 83, 86–91, 230, 233, 253–259
Metaphysik 24, 76–81
Methode 11, 236
– analogische 224 ff.
– analytische 230 ff.
– dialektische 216–224
– diskursive 209–216
– hermeneutische 233–236
– logische 204–209
– transzendentale 227 ff.
Moral 14, 20, 23 f., 26–30, 32–39, 42 ff., 49 f., 55–59, 62, 75, 78, 113, 126, 128, 149, 166 f., 238, 260 f., 290, 309, 319 f.
– Begriff der 11, 20, 42 ff., 58, 87
– christliche 35
– Sprache der 28, 230 f., 253
– Sprachspiel der 86, 232
Moralität/Sittlichkeit 17, 42–46, 49 f., 55–59, 61, 64, 79 f., 114, 117, 123, 126, 140, 143 f., 166, 174, 180, 194, 227, 238, 258, 276, 280, 309

Moralkodex 12, 27, 33, 45, 89, 199f., 259, 285
Moralprinzip 28, 58, 166, 197, 212, 277, 315

Natur 14, 26, 64f., 69ff., 100–103, 109f., 127, 130, 132, 140, 143, 146, 172, 198f., 260, 293, 318
– menschliche 64, 75, 101, 143, 146, 166, 170, 283f., 290, 294f., 299, 305, 319
Naturrecht 64f., 124, 142
Neutralität 238, 240
Norm 32f., 38ff., 44ff., 49ff., 57, 63, 87, 101f., 111, 117, 126, 133f., 141, 169, 186f., 190, 192f., 200, 207–216, 226ff., 242, 254–259, 270ff., 289, 296
Nutzen 68, 70f., 106f., 111, 115, 139, 201, 284f., 294

Ökonomik 24, 61, 66–71
Ontologie 77
Ordnung 14, 42, 59, 62, 64, 136, 207, 244ff., 316

Pädagogik 143–163, 320
Pflicht 11, 65, 101, 136, 166f., 190, 196, 255, 321
Physik 24, 76
Politik 24, 61f., 66ff., 105
Pragmatik 84ff.
Praxis 12f., 18, 25, 30, 45f., 59ff., 66, 77, 98, 114–118, 173f., 183f.
– philosophische 118

Prinzip 43–46, 50, 58f.
– der Verallgemeinerung 41, 214
Psychologie 77, 87, 120–124, 126f., 152

Recht 63–66, 128, 140
– positives 64, 142
Rechtsnorm 63–66, 140–143
Rechtsphilosophie 63–66
Regel 14, 18f., 20, 31f., 34f., 42, 44, 57, 90, 146, 190ff., 243, 270, 286ff., 316f.
– goldene 40f., 138, 309
Relativismus 34, 49–59
Richtig/Falsch 179, 212, 285

Schuld 39, 45f., 123, 177, 180
Seele 108, 120
Sein 25, 74–78, 128, 193, 242, 244, 254, 261, 270, 276–279
Sinn 43f., 57, 64, 76, 78, 80, 125, 149, 176, 201, 234f., 276, 278f., 302–305
Sitte 24ff., 28, 37, 171, 270, 303
Solidarität 70f., 133
Sollen 11, 72, 74, 128, 193, 221, 242, 248ff., 261, 270
Sozialethik 97f.
Soziologie 87, 124–128
Spiel 32, 143
Sprache 80, 89

Tabu 37
Technikethik 106
Theologie 13, 70f., 77, 132–140

Toleranz 34, 51, 97, 137, 150, 200
Tradition 33, 42, 289 ff.
Tugend 25 f., 62, 67, 71, 108, 111, 145, 166 ff., 177, 181, 184, 222, 225, 277, 284, 289–292, 303, 318, 321

Utilitarismus 195, 284 ff.
Utopie 74, 142, 167

Verantwortung 13, 41, 46, 98–101, 107, 114, 121, 123, 158 f., 168, 184, 264
Verbindlichkeit 11, 32, 49, 57, 88, 92, 134, 172, 194, 212, 255 ff., 273
Vergeistigung 75
Verleiblichung 75
Vernunft 45, 65, 85, 102, 108, 136, 170 f., 173, 177, 270, 305

Wahrheit 38, 43, 45, 77 f., 81, 83, 99, 111, 233, 303
Weltethos 134 ff.
Wert 28, 32, 37 f., 42, 45, 50 f., 56 f., 69 f., 87, 95, 99, 111, 126, 140, 195, 212 f., 226, 242–252, 260, 296
Wille 20, 40, 45, 86, 114, 141, 160 f., 170 f., 176 f., 270 ff., 292, 304, 319
– guter 13, 46, 174, 176 ff., 186, 270 ff.
Willkür 46, 91, 171 f.
Wirklichkeit 80
Wirtschaft 67 ff.
Wirtschaftsethik 98 f.
Wissenschaftsethik 99 f.
Wissenschaftstheorie 79, 86
Wollen 20, 40, 168, 176, 270 ff., 317

Zweckrationalität 69

Dagmar Fenner

Ethik.

Wie soll ich handeln?

UTB 2989 basics
2008, VIII, 244 Seiten,
€[D] 16,90/Sfr 31,00
ISBN 978-3-8252-2989-4

Eine gut verständliche und anschauliche Einführung in ein Pflichtthema des Philosophiestudiums: Dagmar Fenner definiert alle wichtigen Begriffe der philosophischen Ethik und stellt die bedeutendsten Konzepte vor. Der Band gibt damit einen systematischen Überblick über die ethischen Grundbegriffe und ihren Zusammenhang untereinander. Eine Fülle von Beispielen aus der ethischen Alltagspraxis und zahlreiche Abbildungen und Tabellen erleichtern den Zugang ebenso wie die unkomplizierte Sprache. Übungsaufgaben mit Lösungen dienen der Kontrolle des Lernfortschritts.

Narr Francke Attempto Verlag GmbH + Co. KG
Postfach 2560 · D-72015 Tübingen · Fax (07071) 9797-11
Internet: www.francke.de · E-Mail: info@francke.de

Otfried Höffe (Hrsg.)

Einführung in die utilitaristische Ethik

Klassische und zeitgenössische Texte

UTB 1683 S
4., erweiterte Auflage 2008, 290 Seiten,
€[D] 19,90/Sfr 35,90
ISBN 978-3-8252-1683-2

Der Utilitarismus ist seit J. Bentham (1748-1832) und J. St. Mill (1806-1873) eine der einflussreichsten und am lebhaftesten diskutierten ethischen Theorien. Seine Bedeutung für die Moralphilosophie und für die philosophische Grundlegung der Rechts-, Sozial- und Wirtschaftswissenschaften ist weit über den englischen Sprachraum hinaus unbestritten. Die wichtigsten klassischen und zeitgenössischen Texte des Utilitarismus werden dem deutschsprachigen Leser hier zugänglich gemacht. Zusammen mit der instruktiven und kritischen Einleitung des Herausgebers, die auch neueste Entwicklungen berücksichtigt, bietet die Textsammlung Philosophen, Theologen, Politologen, Nationalökonomen, Juristen und allen an moralphilosophischen Fragen Interessierten eine umfassende Einführung in die utilitaristische Ethik.

Narr Francke Attempto Verlag GmbH + Co. KG
Postfach 2560 · D-72015 Tübingen · Fax (07071) 97 97-11
Internet: www.francke.de · E-Mail: info@francke.de

Gunther Klosinski

Über Gut und Böse

Wissenschaftliche Blicke
auf die gesellschaftliche Moral

2007, 172 Seiten,
€[D] 29,90/SFR 52,20
ISBN 978-3-89308-382-4

Um die gesellschaftliche Moral steht es heute nach landläufiger Meinung nicht zum Besten: allerorten wird ein Werteverfall, ein Schwund an Glaubwürdigkeit, eine weit verbreitete Bereicherungsmentalität beklagt. Die Autoren dieses Buches fragen hier nach: Hat wirklich nur das Böse Konjunktur? Und grundsätzlicher: Welche gesellschaftlichen Rahmenbedingungen beeinflussen unsere Vorstellungen von Moral? Wie entwickelt sich im Kind die Vorstellung von Gut und Böse? Bei der Beschreibung der gesellschaftlichen Verhältnisse bleiben die Autoren freilich nicht stehen – ihnen geht es zentral darum, wie pädagogische, psychiatrische, soziologische, kriminologische und theologische Konzepte von Gut und Böse zu Leitlinien und Maßstäben für unser Handeln und für unsere Erziehung in einer pluralistischen Gesellschaft werden können.

Narr Francke Attempto Verlag GmbH + Co. KG
Postfach 25 60 · D-72015 Tübingen · Fax (0 7071) 97 97-11
Internet: www.attempto-verlag.de

Hermann Steinthal

Was ist Wahrheit?

Die Frage des Pilatus in
49 Spaziergängen aufgerollt

2007, XII, 206 Seiten,
€[D] 24,90/SFr 41,70
ISBN 978-3-89308-395-4

Was ist Wahrheit? Eine schwere Frage, der sich Hermann Steinthal mit der gebotenen Leichtigkeit nähert. In 49 Spaziergängen, in denen er sich so angeregt mit den Lesern unterhält wie einst die großen Philosophen der Antike mit ihren Schülern, durchwandert er das Feld der Wahrheit auf immer neuen Wegen, stets kurzweilig und bei aller Gelehrsamkeit für jeden gut verständlich. Da ein geglücktes Leben nicht anders vorstellbar ist als ein an der Wahrheit orientiertes Leben, kann man die Leser nur dazu einladen, den Autor auf seinem Weg zu begleiten und ihm aufmerksam zuzuhören.

Attempto VERLAG

Narr Francke Attempto Verlag GmbH + Co. KG
Postfach 25 60 · D-72015 Tübingen · Fax (0 7071) 97 97-11
www.attempto-verlag.de · info@attempto-verlag.de